스포츠코칭
심리학

(사)한국코칭능력개발원 시리즈 9
스포츠코칭
심리학

저자 • 이양주, 박정근, 최만식, 김정후, 안종성, 김용빈

초판 1쇄 발행 • 2025년 4월 18일

발행인 • 이광호
발행처 • 대한미디어
신고번호 • 제2004-000154호
전화 • (02) 2267-9731
팩스 • (02) 2271-1469
홈페이지 • www.daehanmedia.com

ISBN 978-89-5654-576-9 93690
정가 22,000원

※ 이 책의 저작권은 저자가 소유하며, 저작권법에 의하여 보호받는 저작물이므로 무단으로 전재하거나 복제하여 사용할 수 없습니다.
※ 잘못 만들어진 책은 구입처 및 본사에서 교환해 드립니다.

(사)한국코칭능력개발원 시리즈 9

스포츠코칭 심리학

| 저자 |

이양주, 박정근, 최만식, 김정후, 안종성, 김용빈

서문

스포츠코칭심리학은 스포츠 상황에서 인간과 인간의 움직임을 과학적으로 탐구해서 그 지식을 현장에 적용하는 스포츠 응용 과학의 한 분야로 스포츠 참가자의 경기력 향상과 운동지속 삶의 질 향상을 유인하는 데 목적이 있다. 따라서 인간의 심리 행동을 이해하기 위해서는 스포츠심리학의 이해와 학습이 선행되어야 한다. 스포츠심리학은 광의의 개념으로 운동제어, 운동학습, 운동발달, 스포츠심리학, 건강운동심리학을 포함하고 있다. 본 교재는 협의의 스포츠심리학과 건강운동심리학 그리고 스포츠 코칭을 다루었으며 스포츠와 운동심리학을 개정증보판으로 제작하였다.

본 교재의 저자들은 스포츠심리학을 전공하였고 대학교수로 재직하고 있으며 한국연구재단에 다수의 논문을 게재하였고 스포츠코칭심리상담사 1급 자격증을 소지한 전문가들로 구성하였다.

본 교재를 통해 학부와 대학원에서 스포츠심리학, 스포츠코칭론을 전공하는 학생, 스포츠멘탈트레이너와 심리상담사를 준비하는 예비 스포츠코칭심리상담사, 그리고 스포츠지도사 국가자격증 취득을 대비하는 수험생들에게 유용한 길잡이가 되길 소망한다.

본 교재의 구성은 각 장의 개요, 주요 분야 설명 순으로 정리하였다.

1장에서는 스포츠심리학의 이해로 과학적인 사고를 통한 스포츠심리학의 접근에 관하여 기술하였으며, 스포츠심리학의 개념, 용어 정립, 역사, 스포츠심리학자의 역할, 목적 및 응용분야, 연구 경향, 미래의 스포츠심리학 등을 쉽게 이해하도록 기술하였다.

2장에서는 성격과 스포츠의 관계로 성격의 개념, 성격의 구조, 성격이론, 성격 측정, 성격과 운동수행의 관계, 스포츠와 성격 연구의 문제점 등을 기술하였다.

3장에서는 스포츠와 동기의 관계로 동기의 개념, 내외제동기, 인지평가이론, 자기결정성이론, 귀인이론, 성취목표성향, 스포츠 동기유발 전략 등을 기술하였다.

4장에서는 스포츠와 불안으로 각성, 불안, 스트레스의 개념, 불안의 측정, 불안이 운동수행에 미치는 영향과 이론, 불안의 현장 적용 등을 기술하였다.

5장에서는 스포츠와 자신감으로 자신감의 개념, 이론, 자신감 연구, 자신감 측정, 자신감 향상 전략, 자신감 연구의 문제점 등을 기술하였다.

6상에서는 스포츠 의사소통으로 의사소통의 개념, 의사소통의 과정, 목적과 기능, 의사소통의 종류, 효과적인 메시지 받기, 스포츠 지도자들의 효과적 의사소통 등을 기술하였다.

7장에서는 스포츠집단과 응집력으로 집단의 정의, 집단의 형성과 유형, 집단수행, 응집력의 정의, 응집력의 본질과 원인, 응집력 이론, 응집력의 측정, 팀 응집력과 운동수행, 응집력과 집단 안정성, 만족도, 순응성, 응집력에 영향을 미치는 요인들 등을 기술하였다.

8장에서는 스포츠와 리더십으로 리더십의 정의, 리더십 연구동향, 리더십 이론, 다차원 스포츠 리더십 모형, 효과적인 리더십 4요인 등을 기술하였다.

9장에서는 스포츠와 공격성으로 공격성의 정의, 공격적 행동과 적극적 행동, 공격성 이론, 공격과 운동수행, 공격을 부추기는 요인들, 공격 및 폭력 근절책 등을 기술하였다.

10장에서는 사회적 촉진으로 사회적 촉진의 개념, 관중의 유형과 특징, 사회적 촉진 연구, 사회적 촉진에 미치는 중재변인, 스포츠에서의 사회적 촉진 등을 기술하였다.

11장에서는 심리기술 입문으로 스포츠 심리기술의 개념, 심리기술 이론, 심리리술의 측정, 심리기술훈련의 실시, 심리기술훈련의 주의점 등을 기술하였다.

12장에서는 심리기술훈련의 실제로 점진적이완기법, 명상, 바이오피드백, 심상훈련, 호흡 훈련법, 자생훈련, 주의집중, 자기대화, 목표설정, 인지적 재구성, 체계적 둔감법, 루틴 등을 기술하였다.

13장에서는 건강운동심리학으로 건강운동심리학의 개념, 운동과 정신건강, 운동의 심리적 효과에 대한 가설, 운동심리 이론, 운동중독, 운동참여와 중재 전략 등을 기술하였다.

14장에서는 스포츠심리상담으로 스포츠심리상담의 정의, 스포츠심리상담 모델, 심리상담사의 역할과 윤리, 상담의 절차와 과정, 상담의 초기 기술, 상담프로그램 개발, 스포츠심리상담 사례 등을 기술하였다.

제15장에서는 스포츠 코칭으로 스포츠 코칭의 개념, 스포츠 코칭 리더십 모델, 강화와 처벌, 그리고 코칭행동의 보완 등을 기술하였다.

2025년 4월 저자일동

차 례

| 서문 | ·· 4

| 제1장 |
스포츠코칭 심리학 개관

1. 스포츠심리학 ·· 14
2. 스포츠심리학 용어 정립과 영역 ·· 15
3. 스포츠심리학의 역사 ·· 18
4. 스포츠심리학자의 역할 ··· 20
5. 스포츠심리학의 목적 및 응용분야 ····································· 21
6. 스포츠심리학 연구 경향 ·· 22
7. 스포츠심리학 연구의 미래 ··· 24

| 제2장 |
스포츠와 성격

1. 성격의 개념 ·· 28
2. 성격의 구조 ·· 29
3. 성격이론 ··· 30
4. 성격 측정 ··· 36
5. 성격과 운동수행의 관계 ·· 39
6. 운동선수 성격 연구의 문제점 ··· 42

제3장
스포츠와 동기

1. 동기의 개념 ················ 46
2. 내적동기 및 외적동기 ················ 46
3. 인지평가이론 ················ 47
4. 자기결정이론 ················ 48
5. 귀인이론 ················ 49
6. 성취목표성향 ················ 57
7. 스포츠 동기유발 전략 ················ 58

제4장
스포츠와 불안

1. 각성, 불안, 스트레스의 개념 ················ 62
2. 불안의 측정 ················ 63
3. 각성, 불안이 운동수행에 미치는 영향 ················ 69
4. 각성, 불안의 현장적용 ················ 77

제5장
스포츠와 자신감

1. 자신감의 정의 ················ 82
2. 자신감 이론 ················ 84
3. 자신감 연구 ················ 90
4. 자신감 측정 ················ 92
5. 자신감 향상 전략 ················ 94
6. 자신감 연구의 문제점 ················ 100

| 제6장 |
의사소통

1. 의사소통의 정의 …………………………………… 104
2. 의사소통의 과정 …………………………………… 104
3. 의사소통의 목적과 기능 …………………………… 105
4. 의사소통 종류 ……………………………………… 105
5. 효과적인 메시지 받기 ……………………………… 111
6. 스포츠 지도자들의 효과적인 의사소통 …………… 113

| 제7장 |
스포츠집단과 응집력

1. 집단 정의 …………………………………………… 120
2. 집단 형성과 유형 …………………………………… 122
3. 집단수행 …………………………………………… 124
4. 응집력의 정의 ……………………………………… 126
5. 응집력의 본질과 원인 ……………………………… 128
6. 응집력 이론 ………………………………………… 131
7. 응집력의 측정 ……………………………………… 134
8. 팀 응집력과 운동수행 ……………………………… 135
9. 응집력과 집단 안정성 ……………………………… 136
10. 집단 응집력과 만족도 …………………………… 137
11. 집단 응집성과 순응성 …………………………… 138
12. 집단 응집력에 영향을 미치는 요인들 ………… 138

| 제8장 |
스포츠와 리더십

1. 리더십의 정의 …………………………… 144
2. 리더십 연구동향 ………………………… 144
3. 리더십 이론 ……………………………… 145
4. 다차원 스포츠 리더십 모형 …………… 154
5. 효과적인 리더십의 4요인 ……………… 156

| 제9장 |
스포츠와 공격성

1. 공격성의 정의 …………………………… 162
2. 공격적 행동과 적극적 행동 …………… 163
3. 공격성 이론 ……………………………… 164
4. 공격과 운동수행 ………………………… 168
5. 공격을 부추기는 요인들 ………………… 170
6. 공격 및 폭력 근절책 …………………… 174

| 제10장 |
사회적 촉진

1. 사회적 촉진의 개념 ……………………… 180
2. 관중의 유형과 특징 ……………………… 180
3. 사회적 촉진 연구 ………………………… 181
4. 사회적 촉진에 미치는 중재변인 ……… 185
5. 스포츠에서의 사회적 촉진 ……………… 186

| 제11장 |

심리기술 입문

1. 스포츠 심리기술 ·········· 194
2. 심리기술 방법 ·········· 197
3. 심리기술의 측정 ·········· 203
4. 심리기술훈련의 실시 ·········· 203
5. 심리기술훈련의 주의점 ·········· 207

| 제12장 |

심리기술훈련의 실제

1. 점진적 이완기법 ·········· 210
2. 명상 ·········· 212
3. 바이오피드백 ·········· 213
4. 심상 ·········· 214
5. 호흡 훈련법 ·········· 218
6. 자생훈련 ·········· 220
7. 주의집중 ·········· 222
8. 자기대화 ·········· 227
9. 목표설정 ·········· 228
10. 인지적 재구성 ·········· 231
11. 체계적 둔감법 ·········· 231
12. 루틴 ·········· 233

| 제13장 |

건강운동 심리학

1. 건강운동심리학의 이해 ·········· 238
2. 운동과 정신건강 ·········· 238
3. 운동의 심리적 효과에 대한 가설 ·········· 242
4. 운동심리 이론 ·········· 243
5. 운동중독 ·········· 247
6. 운동참여와 중재 전략 ·········· 248

| 제14장 |
스포츠 심리상담

1. 스포츠심리상담의 정의 ········· 256
2. 스포츠심리상담 모델 ··········· 257
3. 심리상담사의 역할과 윤리 ······· 259
4. 상담의 절차와 과정 ············ 259
5. 상담의 초기 기술 ·············· 261
6. 상담프로그램 개발 ············· 264
7. 스포츠심리상담 사례 ··········· 264

| 제15장 |
스포츠 코칭

1. 스포츠 코칭의 개념 ············ 278
2. 코칭 리더십 모델 ·············· 278
3. 코칭행동의 강화와 처벌 ········· 285
4. 코칭행동의 보완 ··············· 287

| 참고문헌 | ································· 290
| 찾아보기 | ································· 310
| 저자소개 | ································· 314

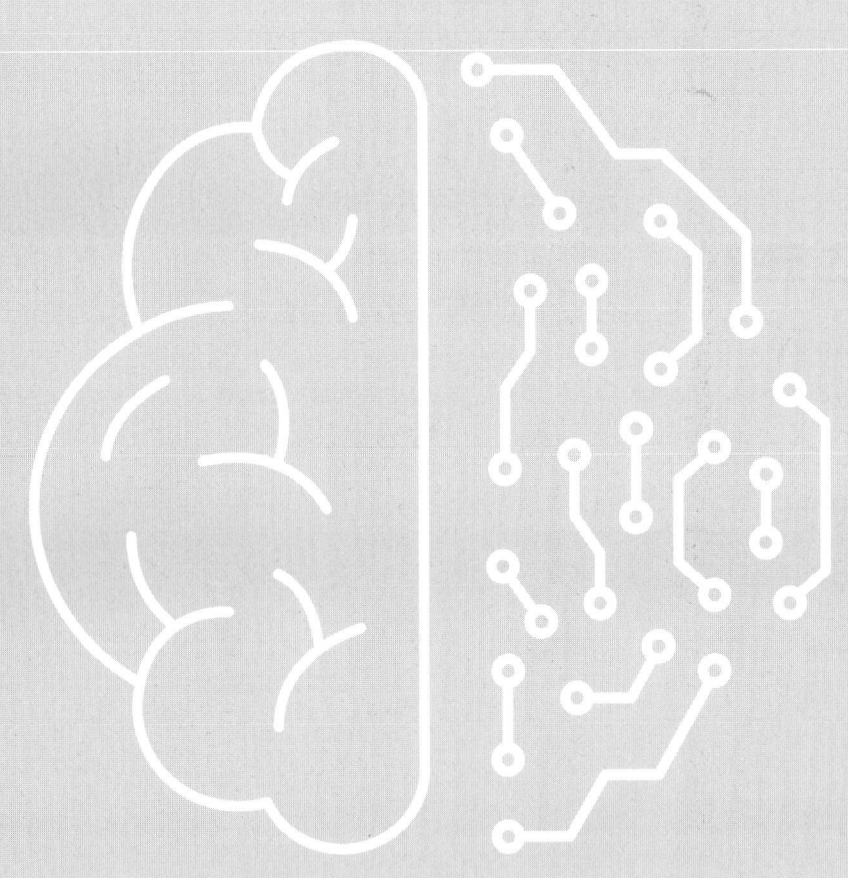

제 1 장

스포츠코칭심리학 개관

스포츠코칭심리학은 스포츠 상황에서 발생하는 인간의 심리와 행동을 과학적으로 탐구해서 그 지식을 현장에 적용하는 스포츠 과학의 한 분야이다. 따라서 스포츠 상황에서 발생하는 기전을 이해하기 위해서는 스포츠심리학에 대한 이해가 선행되어야 한다. 이 장에서는 스포츠심리학의 정의, 연구 영역, 역사, 스포심리학자의 역할, 응용분야, 그리고 미래방향에 대하여 알아보고자 한다.

1. 스포츠심리학

스포츠와 운동에 관련된 많은 용어가 혼용되고 있다. 과거에는 체육과 체육교육에 관련된 용어들이 주류를 형성하였다면, 오늘날은 스포츠과학 또는 스포츠와 운동과학(sport and exercise science)으로 대변되고 있다. 스포츠와 운동과학은 광범위한 모체 학문(parent disciplines)으로부터 나온 지식을 스포츠에 응용한 종합 학문(multidisciplinary)분야이다〈표 1.1〉.

표 1.1 체육학과에서 사용하고 있는 체육 명칭

• Physical Education • Physical Education & Exercise Science • Physical Education & Human Movement • Physical Education & Sport Programs	
• Kinesiology • Health & Physical Education • Health & Human Movement • HPERD • Interdisciplinary Health Science	• Kinesiology & Exercise Science • Health & Human Performance • Health Promotion • Allied Health
• Sport & Exercise Science • Sport Science & Leisure Studies • Sport Studies	• Sport, Exercise & Leisure Science • Sport Science • Sport Management
• Human Movement • Movement Studies • Sciences of Human Movement • Human Performance & Leisure	• Human Movement Studies • Movement Exercise • Human Performance
• Exercise Science • Exercise & Movement	• Exercise & Sport Studies
• Wellness & Fitness • Recreation • Leisure Science	• Wellness Education • Recreation & Wellness Programs • Physical Culture

스포츠심리학은 스포츠과학의 하위영역이라고 할 수 있다. 스포츠와 운동 영역에서 인간 행동을 과학적으로 연구하는 한 분야로 다른 스포츠과학처럼 모체학문(심리학)에서부터 관련 있는 정보만 선택해서 스포츠 상황에 맞게 이론적 모델과 구성을 개발하는 것을 넘어 이제는 독특한 학문 분야로서 자리매김하고 있다.

스포츠심리학은 이론이나 구성, 측정 방법을 심리학뿐만 아니라 다른 스포츠 과학 분야에서도 가져왔다. 만약 장거리 달리기, 자전거 타기, 수영과 같은 에어로빅 활동의 심리학적 효과에 관해 연구한다면, 심리적 효과뿐만 아니라 생리적인 효과에 대한 이해도 필요하다. 그러므로 운동학습이나 제어, 스포츠 사회학, 역학 또는 스포츠와 운동과학의 다른 분야로부터의 지식이나 기술이 스포츠나 운동행동의 심리학적 측면에 더 깊은 통찰력을 제공해 준다(박정근, 1996).

스포츠심리학이란 스포츠와 운동 상황에서의 인간과 인간 행동을 과학적으로 탐구하고 그 지식의 현장 보급에 초점을 둔 운동과학(체육학)의 한 분야라고 정의할 수 있다. 스포츠 및 운동심리학자들은 엘리트 운동선수, 어린이, 장애인, 노인층 및 일반 운동 참여자들을 이해하고 그들이 운동 참여를 통해 최고의 수행, 개인적 만족감, 그리고 성취감을 느끼도록 돕기 위한 방법을 찾는다(박정근, 1996).

스포츠심리학은 두 가지 관점에서 접근한다. 스포츠심리학을 거대한 심리학 분야 내의 하위영역이라는 관점에서 본다면, 스포츠심리학은 응용심리학 혹은 심리학의 원리가 스포츠에 적용된 연구 분야로 정의할 수 있다. Smith(1989)는 스포츠심리학은 주류 심리학에 포함되기 위해 준비하는 단계라고 주장했다. 스포츠심리학은 1986년 미국심리학회 내에서 47분과로 승인받았고, 유럽에서는 심리학 내의 전공으로서 인식됐다는 것이 이에 대한 증거이다.

다른 관점인 스포츠와 운동과학 분야 속의 하위영역으로서 스포츠심리학을 보는 견해는 체육(혹은 스포츠와 운동) 과학자들에 의해 주장된 것이다. Henry(1981)는 체육의 학문적 영역이 심리학, 생리학, 해부학, 사회학과 같은 분야의 단순한 신체활동의 응용이 아닌 독립적인 한 분야로 인식되어야 한다고 주장했다. Dishman(1983), Gill(1986), Morgan(1989), Roberts(1989) 등은 스포츠심리학을 스포츠과학의 광범위한 한 분야로 보는 것에 의견을 같이하였다. 결론적으로 스포츠심리학은 지난 반세기에 걸쳐 스포츠 상황과 관련된 인간의 행동을 과학적으로 연구하는 학문으로써 독자적인 학문체계를 이루며 급속한 성장을 해왔다.

2. 스포츠심리학 용어 정립과 영역

국내 스포츠심리학회에서는 용어 정의에 대해 많은 토론이 있었다. 일부 학자들은 개념을 같이 하지만 용어의 선택에서 다소 차이를 보이기도 했다. 통합적 용어나 명칭 마련의 필요성을 인지하여 그 용어나 명칭을 찾는 노력을 하였지만 뚜렷한 결론이 나지 않았다.

스포츠심리학은 운동제어, 운동학습, 운동발달, 스포츠심리운동학, 건강운동심리학의 하위 전문영역을 포함한다(정청희 등, 2009).

스포츠심리학을 보는 두 가지 관점과 아울러 광의의 스포츠심리학과 협의의 스포츠심리학으로 나누기도 한다. 광의의 스포츠심리학은 운동학습, 운동제어, 운동발달, 스포츠심리학, 건강운동심리학을 한데 묶어서 스포츠심리학이라고 하며, 협의의 스포츠심리학은 운동제어, 운동학습 및 운동발달을 포함하지 않고 단지 스포츠심리학만을 스포츠심리학이라 한다〈그림 1.1〉.

스포츠심리학은 협의로 운동수행, 즉 스포츠 수행에 영향을 미치는 요인과 그 기제의 규명을 위한 학문이며, 주 대상은 수행자의 심리적 상태 및 선행조건이 되는 심리적, 사회적 요인에 있다. 스포츠심리학은 스포츠와 운동 상황에서 사람들과의 행동 그리고 그러한 지식의 실제적 적용의 과학적인 학문이다(Gill, 2000).

그림 1.1 스포츠심리학의 영역

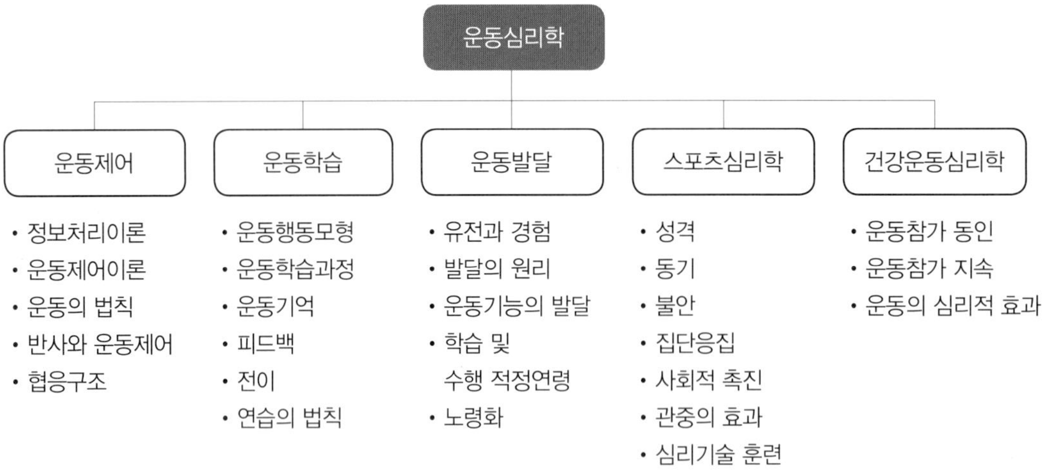

```
                            운동심리학
   ┌─────────┬─────────┬─────────┬─────────┬─────────┐
 운동제어   운동학습   운동발달   스포츠심리학  건강운동심리학
```

운동제어	운동학습	운동발달	스포츠심리학	건강운동심리학
• 정보처리이론	• 운동행동모형	• 유전과 경험	• 성격	• 운동참가 동인
• 운동제어이론	• 운동학습과정	• 발달의 원리	• 동기	• 운동참가 지속
• 운동의 법칙	• 운동기억	• 운동기능의 발달	• 불안	• 운동의 심리적 효과
• 반사와 운동제어	• 피드백	• 학습 및 수행 적정연령	• 집단응집	
• 협응구조	• 전이	• 노령화	• 사회적 촉진	
	• 연습의 법칙		• 관중의 효과	
			• 심리기술 훈련	

스포츠심리학은 비교적 짧은 기간 내에 양질의 팽창을 거듭하여 학문적 체제의 기틀을 마련하였다. 스포츠심리학은 스포츠 상황에서 인간의 사고, 감정, 행동들을 이해하여 개인적 발달과 운동수행 향상을 연구하는 학문이다(Vealey & Garner-Holman, 1998). 스포츠과학 내에서 주로 심리학을 모 학문으로 하여 발달한 하위학문은 스포츠심리학과 운동행동(운동제어, 운동학습, 운동발달) 연구로 분리된다. 물론 일부 국가나 학자들은 이 분야를 크게 스포츠 또는 체육심리학 범주 속에서 하나의 학문영역으로 간주하고 있지만, 구체적인 연구목표와 방법론에서 상당한 차이를 보인다. 운동제어(motor control)는 인간의 움직임이 어떻게 생성되고 조절(제어)되는가에 관심을 가지는 분야이고 운동학습은 운동기술을 효율적으로 습득하는 데 필요한 원리를 발견하는데 관심을 두는 분야이다. 즉, 운동제어와 운동학습은 인지, 지각, 학습, 신경생리 등의 이론을 바탕으로 움직임의 행동적 신경 생리적 메커니즘을 분석하고, 운동발달은 이러한 맥락에 따라 주로 발달적 측면에서 유아들의 운동수행을 연구하고 있다(유진, 1997).

종합해 보면 현재의 스포츠심리학은 운동제어, 운동학습, 운동발달, 스포츠심리학, 건강운동심리학을 모두 포함하는 광의의 스포츠심리학 관점을 지지하고 있으며 스포츠심리학 연구영역은 사회, 운동, 응용, 교육, 코칭 등으로 나날이 팽창하고 있다. 〈표 1.2〉는 스포츠심리학과 관련된 한국과 미국의 주요사건 일지를 보여주고 있다.

표 1.2 스포츠심리학 주요 사건 비교

한국	국제(미국)
1945~1954: 경북대, 서울대 체육심리학 과목개설	1898: 노먼 트리플릿의 최초 사회심리학 실험
1950: 한국체육학회 창립	1925: 일리노이대학교에 운동연구실 (Athletic Research Lab.)설립
1972: 최초의 역서 Oxendine의 "체육심리학"발간(김대식,김지학,이훈구)	1967: NASPSPA 창립(3월 13일)
1989: 4월 한국스포츠심리학회 창립 (초대회장 김종선)	1979: JSEP 창간(초대 편집장 Dan Landers)
1990: 3월 한국스포츠심리학회지 창간	1980: USOC 스포츠심리학자 등록제 시행
1993: 1961~1992 국내 논문수 1,581편 (석사논문 56%)	1985: AAASP 창립(초대 회장 John Silver)
1994: 춘계 심포지엄(5월)에서 스포츠심리학의 영역, 명칭 논의	1987: USOC Shane Murphy 채용
2003: ASPASP 학술대회 한국개최	1989: AAASP 스포츠심리 자격제도 시행
2004: 스포츠심리상담사 자격증 시행	1995: USOC, AAASP 스포츠심리 자격제도 "합병"선언
2018: 아시아남태평양스포츠심리학회 학술대회	1996: 올림픽 팀 스포츠심리학자 100명
	1998: AAASP 스포츠심리컨설턴트 101명
	2000: 스포츠심리학 전공 대학원 100개교
	2017: AASP 자격제도 CMPC로 변경

〈표 1.3〉은 스포츠심리학과 관련하여 주요 학술단체를 보여주고 있다.

표 1.3 주요학술단체

ISSP : The International Society of Sport Psychology(1965)
FEPSAC : Fdration Europeme de Psychologie du Sport et des Actives Corporelles(1967)
NASPSPA : North American Society for the Psychology of Sport and Physical Activity(1968)
CSPLSP : Canadian Society for Psychomotor Learning and Sport Psychology(1969)
AAASP : The Association for the Advancement of Applied Sport Psychology(1985)
　　　　(AASP로 2006년 변경)
ASPASP : The Asian South Pacific Association of Sport Psychology(1989)
ISMT : The International Society for Mental Training (1989)
JSSP : Japanese Society of Sport Psychology(1973)
KSSP : 한국스포츠심리학회(1989)

3. 스포츠심리학의 역사

스포츠심리학의 역사는 19세기 말에서 시작되었고 시대를 구분하면 5단계로 나눌 수 있다. 여기서는 각 시대에 중추적으로 활동했던 학자들과 주요 사건들을 중심으로 Weinberg 등(1995)이 주장한 내용을 토대로 스포츠심리학의 역사를 언급하고자 한다.

1) 초기시대(1885~1920)

스포츠심리학은 북미에서 1890년대에 시작되었다. 인디애나 대학의 심리학과 교수인 Norman Triplett(1898)은 사이클 선수들을 상대로 관중의 효과를 실험했고, 이를 통해 타인의 존재가 사이클 수행에 미치는 영향을 규명하였다. 이 연구는 스포츠심리학 최초의 연구로 간주한다. 따라서 스포츠심리학은 1880년대 북미에서 태동하였다는 것을 알 수 있다. 이후에 Triplett은 어린이들은 혼자일 때보다 친구들과 함께 일 때 낚싯줄을 더 빨리 끌어당길 수 있다는 사실을 발견하였다. 이러한 실험은 사이클 선수가 혼자일 때보다는 다른 선수와 같이 질주하는 상황에서 경기력이 향상된다는 점과 맥을 같이 하는 것이다.

태동기의 심리학자와 체육학자들은 스포츠와 운동기술 학습에 필요한 심리적 요소를 탐색하기 시작하였다. 당시에 학자들이 관심을 가졌던 주제로는 반응시간의 측정, 운동기술 학습의 원리, 스포츠와 성격 및 도덕발달 등이 있다.

2) Griffith 시대(1921~1938)

미국 스포츠심리학의 아버지로 불리는 Coleman Griffith는 1925년 일리노이 대학에서 최초로 스포츠심리학 실험실을 설립하였고, 미국 최초의 코치아카데미를 설립하는 데 크게 공헌했다. 또한 시카고 컵스 야구팀 선수들의 심리상담자 역할과 노틀 담 축구팀의 코치직을 수행하며 선수들의 사기를 높이는 방법을 찾기 위한 연구 활동을 했다. 그는 선수 훈련과정에서 심리학적 지식을 적용한 '코칭 심리(1926)'와 '운동선수의 심리(1928)'라는 전문 서적을 발간하는 등 스포츠심리학의 이론과 실제적 측면에서 커다란 업적을 남겼다. 하지만 불행하게도 그의 연구는 후속 연구자의 관심을 받지 못하고 1920년~1930년대에 고립되었다.

3) 미래를 위한 준비(1939~1965)

캘리포니아 버클리대학의 Franklin Henry는 스포츠심리학뿐만 아니라 운동과학(체육학)의 학문화에 큰 공헌을 하였다. 무엇보다도 그는 평생 스포츠와 운동기술 습득에 관련된 심리적인 측면을 과학적으로 연구하였다. 또한 Griffith와는 달리 Henry는 이후에 대학교수가 되어 많은 후진 학자를 양성하였고 이 후배 학자들과 중심을 이뤄 당시의 대학 교과과정을 개편하여 체계적인 운동과학 교과과정을 설립하였으며, 최초의 스포츠심리학 대학원 과정을 개설하였다. 이는 현재의 운동과학이라 불리는 학문분야의 모태가 되었다.

4) 학문적 스포츠심리학의 설립(1966~1979)

1960년대 중반에 체육은 학문영역으로 자리를 잡았고 스포츠심리학은 운동학습과 분리된 독립된 분야가 되었다. 당시 운동학습 연구자들은 운동기술 학습의 기제, 연습 조건, 피드백, 타이밍 등에 관심을 가지고 연구를 수행하였고, 스포츠심리학자들은 불안, 자긍심, 성격과 같은 심리적 요인들이 스포츠와 운동기술 수행에 어떻게 영향을 미치는지, 또 스포츠 및 체육에 참여하는 사람들이 심리적 측면의 발달에 어떤 영향을 미치는지에 대한 연구를 수행하였다. 또한 이 시기에는 현장에 관한 관심의 증가와 함께 국제스포츠심리학회(1965), 북미스포츠심리학회(1967), 유럽스포츠심리학회(1967) 등의 스포츠심리학 전문학회가 설립되었다. Martens(1979)는 스포츠심리학자에게 실험실의 한계를 언급하고 학자들에게 실험실에서 스포츠 현장으로 발길을 돌리게 하는 결정적인 역할을 하였다.

5) 현대의 스포츠심리학(1980~현재)

1970년대 중반 이후의 두드러진 현상 중 하나는 스포츠심리학의 응용 분야에 관한 관심이 증대하고 있다는 점이다. 스포츠심리학의 이론과 지식의 현장 적용에 관한 연구를 수록한 각종 학술지가 발간되기 시작하였으며, 스포츠의 대중화를 주도한 올림픽대회의 열기로 스포츠에 관한 관심이 증대되면서 각종 언론매체도 스포츠심리학 지식의 적용 가능성과 필요성을 보도하기 시작하였다.

또한 이 시기에는 스포츠심리학 전공자의 배경이 매우 다양해졌다. 운동과학 분야뿐만 아니라 임상심리, 상담심리 등 일반심리를 전공한 많은 전문가가 스포츠에 관심을 두기 시작하였다. 이러한 추세는 전문학회의 회원구성이나 1987년 스포츠심리학이 미국심리학회의 47번째 분과(APA Division 47)로 정식 인정된 사실에서 입증되었다. 그리고 스포츠심리학 전문단체인 응용스포츠심리학회(AASP)에서 '스포츠 심리상담 전문가' 자격 기준을 마련하고 자격 기준을 구체적으로 제시하고 상담자 자격을 인정하기 시작하였다. 최근에는 스포츠 참여와 운동이 질병을 예방하고 건강 증진에 효과가 높다는 다양한 연구 결과가 발표되면서 건강운동심리학에 관한 관심과 연구가 활발히 진행되고 있다.

4. 스포츠심리학자의 역할

현재 스포츠심리학은 스포츠와 운동과학에서는 필수 불가결한 학문으로 자리매김하고 있다. 그러나 학문의 필요성은 인정하지만, 학자들의 역할과 진로 문제에서는 선진국에 비해 부족한 경향이 있다. 이에 스포츠심리학자의 역할을 간단하게 언급해 본다.

스포츠심리학자는 연구, 교육, 상담의 3가지 역할을 주로 담당한다. 즉, 스포츠심리학 관련 연구를 수행하고 대학이나 대학원, 체육단체 등에서 교육을 담당하며 스포츠 참가자들을 대상으로 멘탈코칭과 심리상담도 시행한다. 또한 스포츠심리학자는 정보(지식)를 적절히, 직접적 그리고 효과적으로 사용할 수 있는 능력을 갖추고 있어야 하며, 코치나 선수에게 도움이 될 수 있는 정보나 지침을 제공할 수 있어야 한다. 그리고 스포츠심리학자는 상호 이해, 사기, 응집, 일반적 효율성에 이바지하는 데 도움을 줄 수 있다. 특히 엘리트 선수들의 훈련 프로그램이나 경쟁은 아주 심도 있고 다양하므로 스포츠심리학자의 중재 역할이 아주 중요하다. 또한 코치는 실제로 선수들 개개인의 문제를 이해하지 못하는 경우가 많으므로 선수와 코치 간의 중재자 역할도 필요하다.

운동선수나 일반 참가자들의 질적인 수행은 시합 전이나 시합 중에 중요한 기능을 하는 마음과 감정조절 능력에 의해 좌우된다. 수행의 촉진자로서의 스포츠심리학자는 스포츠의 본질을 측정해서 이러한 정신적, 감정적 요구를 선수들에게 알려주고, 각 선수의 단점을 파악하고 있어야 한다. 선수들은 이완, 심상, 주의집중, 불안, 좌절 극복이나 긍정적 사고와 같은 특수 프로그램을 받는다. 시합 시 잠재력에 가깝게 수행할 수 있도록 선수들의 심리적인 준비는 어떠한 과정이 포함되는가와 어떻게 통제하는가를 이해해야 한다.

스포츠 상황에서는 갈등 및 위기관리가 성공의 열쇠가 될 수 있으므로 스포츠심리상담사의 역할은 상당히 중요하다. 상담사를 통해 선수들은 갈등을 인지하고 어떻게 문제를 해결하는지 배우게 된다. 또한 스포츠심리학자는 경기상황을 분석하고, 선수들의 심리상태를 파악하기 위해서 상황에 맞는 설문지나 검사 도구를 채택하여 그 결과를 선수들에게 알려주는 정보를 분석하는 역할도 필요하다.

5. 스포츠심리학의 목적 및 응용분야

스포츠심리학은 두 가지 연구의 목적을 가진다. 첫째, 심리적 요인이 스포츠 수행에 어떠한 영향을 미치는가를 알아보는 것이다. 둘째, 스포츠 참가가 심리에 어떤 영향을 미치는가를 이해하는 것이다.

스포츠심리학의 응용 분야는 엘리트 선수의 최고수행 접근이나 부상선수의 회복, 청소년의 운동 중도포기, 그리고 일반인들의 운동참여와 정신건강, 노인, 장애인 등 다양하다. 스포츠 참여자들의 이해가 필요한 주제로는 성격과 스포츠, 동기의 이해, 성취동기와 경쟁심, 각성, 스트레스 및 불안과 운동수행이 있으며 스포츠와 운동 상황의 이해를 위한 주제들로는 경쟁과 협동의 이해, 피드백, 강화, 내적동기가 있고 집단의 상호작용 이해로는 집단과 팀의 역동성, 집단의 응집력, 리더십, 의사소통이 포함된다. 또한 운동수행 향상을 위한 주제들로는 심리적 기술훈련, 각성조절, 심상훈련, 자신감, 목표설정, 주의집중 등이 있다. 최근에는 스포츠뿐만 아니라 일반인들의 스포츠참여와 지속, 정신건강을 다루는 건강운동심리학, 긍정심리학의 주제들도 있다. 그 주제로는 운동과 심리적 복지, 운동집착, 운동 상해와 회복심리, 중도포기와 과훈련 등이 있다.

6. 스포츠심리학 연구 경향

1) 한국의 스포츠심리학

한국의 스포츠심리학은 86아시안게임과 88서울올림픽대회를 계기로 도약을 시작하였다. 한국스포츠심리학회는 1989년에 한국체육학회 분과학회로 창립되었다. 학문의 역사로 보면 짧은 역사이지만 그동안 전국적 규모의 회원이 수천 명에 달하며, 해마다 개최된 학술대회와 다수의 외국 학자 초청 강연, 활발한 연구 활동, 대학원의 전공 프로그램의 세분화 등의 비약적인 발전을 해왔다.

1990년대 후반부터는 많은 스포츠심리학자가 배출되어 스포츠심리학의 다양한 영역의 연구가 활발히 진행되었다. 최근에는 각 대학교 체육학과에 스포츠심리학 전공이 개설되어 연구, 교육, 상담, 코칭, 현장 적용 등 다양한 분야에서 활발한 활동이 이어지고 있다.

2002년부터는 한국스포츠심리학회에서 발간하는 한국스포츠심리학회지가 한국연구재단(NRF)에 등재 학술지로 인정받기 시작하여 양적, 질적인 발전을 이루고 있고 2004년에는 스포츠심리상담사 자격제도를 시작하였다. 현재 스포츠심리학 전공자로서 진출할 수 있는 직업으로는 연구원, 지도자, 교사, 대학교수, 스포츠심리상담사로 확대되고 있다.

2) 외국의 스포츠심리학

초기의 스포츠심리학 연구(1950~1960)는 비체계적이고 비이론적인 실증주의적 성격연구들로 특색을 이룬다(Landers, 1995). 이러한 성격특성 연구의 이론적 방법론적 문제점은 1970년대에 이르러 스포츠심리학자들 간의 논쟁을 불러일으켰고, 스포츠심리학 연구에 상호작용적 패러다임의 도입과 스포츠상황에 적합한 측정도구의 개발을 독려하였다.

스포츠경쟁불안 검사지(SCAT)의 개발(Martens, 1977)은 스포츠심리학의 학문적 정체성을 새롭게 하는 계기였다고 할 수 있다. SCAT은 기존의 일반심리학에서 빌려온 이론적 개념을 탈피하여 스포츠 경쟁상황에서 특성불안의 개념을 이해하는 상호작용적 기틀과 심리특성적 절차를 포함하고 있기 때문이다. Martens의 SCAT에 뒤이어, 스포츠심리학자들은 다양한 연구 분야에서 스포츠-특수 검사지를 다차원적 또는 위계적 모델에 따라 개발하기 시작하였다. 일부 스포츠심리학자들은 특성 지향적 관점의 설문지를 넘어선 상태(state) 지향적 설문지 CSAI-2를 개발하였다.

1960년대는 운동학습의 연구가 왕성했던 시기로 간주된다(Landers, 1995). 많은 스포츠심리학 연구가 운동학습 실험실에서 이루어졌다. 이 실험실은 운동학습 실험도구를 사용하여 다양한 심리적 변인들이 어떻게 운동수행에 영향을 미치는가를 연구하는 장의 역할을 하였다. 실험실에서 독립변인을 조작하고 운동과제(motor task)를 사용하여 심리적 이론을 검증한 많은 연구는 과학적 통제와 연구의 내적 타당도를 충족시키는 데 공헌했다. 그러나 가공적인 실험실 상황에서 시행된 연구 결과를 실제 스포츠 현장에 일반화시킬 수 없다는 주장이 나왔고, Martens(1979)는 "Smocks and Jocks(실험가운과 운동복)"라는 논문을 통해 많은 스포츠심리학자들 실험실에서 현상으로 눈길을 돌리게 하는 설성석인 억할을 하였다. 그는 실험실에서 몇 개의 변인들을 조작하여 얻은 결과가 스포츠행동의 이해에 공헌할 수 없다고 역설하고, 스포츠 현장이 바로 우리의 실험실이라는 Martens의 주장은 스포츠심리학연구가 심리학을 위한 연구에서 스포츠를 위한 연구로 급선회하는 계기가 되었다.

또한 Martens(1987)는 행동과학에서 합리적 객관주의(rational objectivism)는 인지적 과정을 개별적, 수동적, 독립적으로 분할시키는 요소주의(elementarism)를 가져온다고 비판하였다. 따라서 스포츠심리학 연구는 현장에서 개별기술(idiographic)과 내관적(introspect) 방법을 통한 경험적 지식을 강조하는 발견적 패러다임(heuristic paradigm)으로 전환되어야 한다는 것이다. 즉 양적 연구의 한계를 지적하여 질적연구를 강조하였다. 그의 주장을 계기로 주요 학술지에서는 질적연구 접근방법이 한 해에 1~2편씩 출현하게 되었고 연간 10여 편의 질적연구 논문들이 주요학술지(JSEP, TSP, JASP)에 게재되었다. Culver 등(2003)은 10년간(1990~1999) 스포츠심리학의 주요학술지에 게재된 질적연구를 비교 분석하는 논문을 발표하였다.

또한 최근에는 Martens(1977)의 경쟁불안 이론을 비판하고, 보다 현상학적이고, 실제적이며, 스포츠현장에서 입증될 수 있는 새로운 이론이 출현하였다. 물론 이러한 이론은 기존에 타 학문 분야에서 개발된 것이다. 최근까지 관심을 끌지 못하던 이 이론들이 이제는 스포츠심리학의 주류에 도전하고 있다. 특히 스포츠와 운동 상황에서 정서(emotion)에 관한 이론들(적정기능력모델 ZOF, 반전이론 reversal theory)이 그 좋은 예라 할 수 있다.

외국에서 스포츠심리학의 발전 추세의 주목할 만한 점들을 요약하면 다음과 같다. 첫째, 현재의 스포츠심리학은 60~70년대와 다른 모습으로 수행향상과 관련된 현장 적용 연구가 두드러지고 있다. 따라서 스포츠 심리학자에게 연구와 교육 못지않게 상담과 심리훈련에 대한 요구가 증가하고 있다. 둘째, 스포츠심리학 영역이 세분화되고 있다. 새로운 전공 분야가 생겨나는 추세이다. 특히 미국, 캐나다, 영국 등에서 스포츠심리학(sport psychology), 운동심리학(exercise psychology), 정신건강(mental health)은 운동학습이나 운동제어와 구분되는 영역으로 간주하고 있고, 이러한 현상은 다른 나라로 파급되는 실정이다. 셋째, 선수와 지도자로부터 심리상담과 정신훈련에 대한 요청이 급격히 늘어나고 있다. 한 예로 1988년에 1명에 불과하던 미국 올림픽팀(USOC)의 스포츠심리학자가 1996년에는 100명 이상으로 늘어났다. 넷째, 미국, 캐나다, 호주, 영국에서는 스포츠심리 전문가에게 자격을 부여하는 프로그램을 시행하고 있다. 이들 자격제도가 시행되는 국가에서는 선수 상담과 심리훈련을 전문적으로 하는 전문가가 늘어나고 있다.

7. 스포츠심리학 연구의 미래

한국과 서구 특히 미국의 스포츠심리학 연구 경향을 고찰하였다. 미국은 많은 학자가 앞장서서 이론적, 방법론적, 실제적(전문적)인 변화와 발전을 이끌었다. 특히 주요 학술지(JASP, JESP, TSP)의 발간이 이를 증명해 주고 있다. 학자들 간의 비판과 논쟁 그리고 반응의 순환 속에서 스포츠심리학은 자주적(automomous) 영역을 구축했다(Dzewaltowski, 1995). 스포츠심리학자들에게 주어진 연구와 교육 그리고 임상적 역할과 기능의 명백한 정의는 1980년대 초기에 스포츠심리학의 정체성 위기를 외치던 학자들의 결실로 간주된다. 더욱이 미국 스포츠심리학의 실용화와 전문화 체제를 정립하기 위한 응용스포츠심리학회의 끊임없는 노력은 스포츠심리학 시장의 문을 어느 정도 열어놓은 결실을 가져왔다(Williams, 1994).

지난 20여 년간 한국의 스포츠심리학 연구는 양적으로나 질적으로 많은 발전을 해왔다. 그러나 아직 많은 연구는 이론과 실제 그리고 방법의 상호연결적인 틀을 제대로 구축하지 못했다고 여겨진다. 서구에서 개발된 이론이 실제 동양의 한국인과 스포츠 상황에 적용할 수 있는지에 대한 비교문화적인 입장에서 연구할 필요성이 대두되고 있다. 또한 검증된 이론은 스포츠 상황에서 실제로 적용될 수 있는지 제고를 해야 한다.

Martens가 30여 년 전에 주장한 스포츠 현장으로의 진출은 그 현장에서 경험을 통하여 문제를 발견하고 적절한 이론과 연구방법을 바탕으로 해결할 때 비로소 스포츠 세계에 스포츠심리학이 공헌할 수 있게 된다.

향후 스포츠심리학이 풀어야 할 과제들을 정리하면 다음과 같다.

첫째, 스포츠심리학이 더 성숙한 과학으로 발전하기 위해 연구방법(양적연구에서 질적연구로 전환, 융합연구 등)에 혁신을 꾀할 필요가 있다. 학문의 특성상 체육학 내의 다른 전공들과의 협력을 강화하는 것은 물론 사회학, 역학, 정신병리학, 생리학, 생물학, 생화학, 면역학과 같은 다른 분야와 지식과 연구방법들의 사용을 적극 검토해야 할 것이다. 이러한 접근은 스포츠심리학(sport psychology)에만 집중된 연구를 운동심리학(exercise psychology)적 연구에도 관심을 두게 할 것이다.

둘째, 상담 영역의 발전을 도모하여야 한다. 이미 미국에서는 응용스포츠심리학회 주관 자격제도를 도입하였다. 응용학문으로서의 입지를 구축하기 위해서는 상담과 심리훈련의 과정에서 공신력과 법적 문제가 제기될 수 있다는 사실을 고려한다면 자격규정을 제정해야 할 것이다.

셋째, 스포츠 선수들을 위한 선수 상담 프로그램의 개발이다. 선수들은 스포츠멘탈코칭과 심리상담을 갈구하고 있다. 특정 종목의 팀 또는 협회와의 협의를 통해 선수심리상담 지원단을 구성하여 선수와 지도자에게 체계적인 수행향상 프로그램을 적용해야 할 것이다.

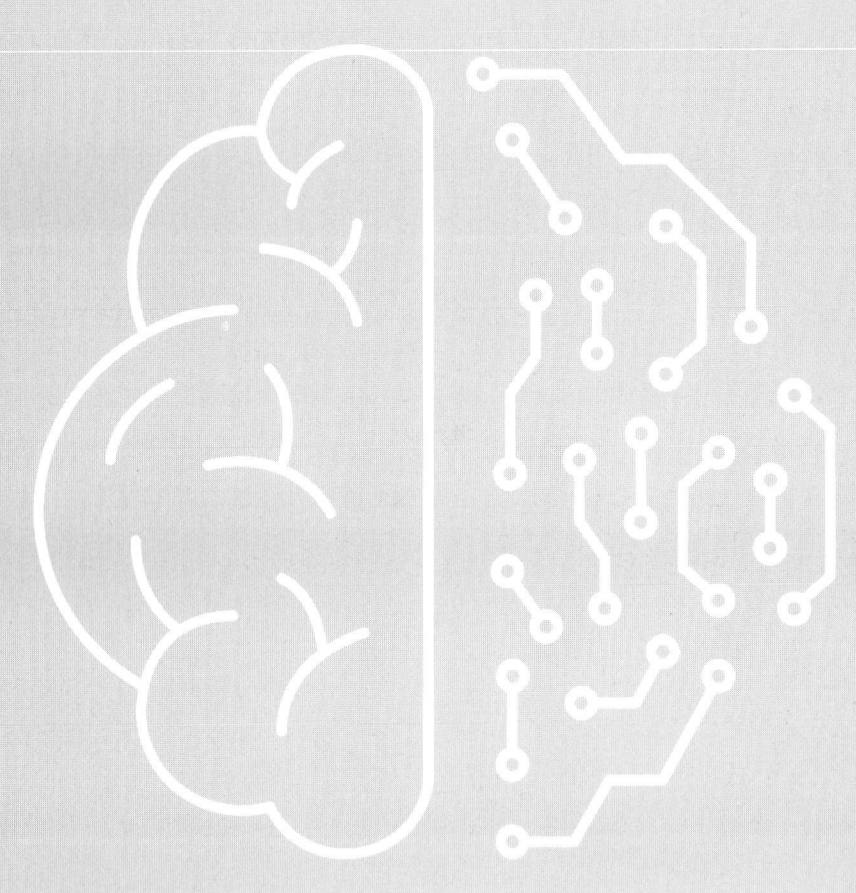

제2장

스포츠와 성격

스포츠 참여자들은 각자 선호하는 종목이 있으며, 그 종목의 활동을 통해 인성을 개발하거나 행동의 변화를 경험하기도 한다. 스포츠와 관련된 성격유형은 과연 있는가? 스포츠 참여로 성격을 바꾸거나 새롭게 형성할 수 있는가? 성격유형에 따라 선호하는 스포츠 종목이 다를 수 있는가? 등의 문제에 대한 해답을 찾기 위한 노력이 꾸준히 진행되었지만, 연구 결과의 일관성은 부족하다. 하지만 스포츠심리학자들은 '규칙적인 스포츠 참여는 성격적 특성들을 긍정적으로 변화시킬 것'이라고 믿고 있다. 이 장에서는 성격의 개념, 성격의 구조, 성격이론, 성격측정, 스포츠와 성격의 관계, 성격연구의 문제점 등을 살펴보고자 한다.

1. 성격의 개념

성격이란 개인을 독특하게 만드는 여러 특성의 혼합이다. 즉, 어떤 사람을 다른 사람과 구분되는 독특한 존재로 변별하여 주는 여러 특성의 총합이다. 성격의 일반적 구성 내용으로는 독특성, 안정성, 일관성, 특유의 내용 등이 있다(최만식, 2004). 스포츠 참여자 가운데 개인차는 분명히 존재한다(초조함, 경쟁, 도전, 숨막힘 등). 그러한 개인차가 성격을 반영하고 이러한 성격이(다이빙할 때 나는 자신감이 있다. 망설여진다. 또는 겁이 난다. 등) 선수들의 스포츠 행동에 영향을 미친다. 스포츠 성격의 연구는 스포츠에 있어서 개인차에 대한 정확하고 신뢰성 있는 정보를 제공하는 데 목적이 있다. 어떤 운동을 잘하거나 잘못할 수밖에 없는 어떤 특성 또는 소질을 갖거나 갖지 못했을 것이다.

일반적인 성격의 정의는 〈표 2.1〉과 같다. 성격은 개인의 특징, 유일성, 독특성을 강조하고 있고, 동시에 일관성, 지속성 있는 공통성을 강조하고 있다. 예를 들면, 계속해서 공격성 행동(종종 다투거나, 쉽게 화를 내거나, 싸움을 먼저 거는)을 나타내는 개인은 공격성의 성격특성에 기인한다. 성격은 그러한 특성이나 경향(내향적, 독립성, 공격성)의 전체를 합한 것으로써 또는 전체적인 유형으로서 기술될 수 있다. 그러한 특성이 성격의 한 부분이고, 또한 집중력과 같은 지각적이고 인지적인 특성도 성격에 포함된다(박정근, 1996).

표 2.1 성격의 정의

Allport(1937)	환경에 독특하게 적응하도록 결정지어 주는 개인 내의 심리물리적 체계(psychophysical system)의 역동적인 조직
Guilford(1959)	한 인간의 특성(traits)의 독특한 유형
Eysenck(1960)	환경에 대해 독특하게 적응하도록 하는 한 개인의 성품(character), 기질(temperament), 지성(intellet)의 안정성 있고 지속적인 조직
Hollander(1967)	한 개인을 유일하고 독특하게 하는 특징의 총합
Maddi(1968)	시간적으로 연속성이 있고 즉각적인 상황이 주는 사회적, 생물학적 압력에만 비추어 쉽게 이해될 수도 안될 수도 있는 인간의 심리학적 행동(사고, 행동, 감정)에서의 공통성과 상이점을 결정해 주는 항상성 있는 특징(characteristics)과 경향(tendency)이다.
Weinberg & Gould(1995)	어떤 사람을 다른 사람과 구분되는 독특한 존재로 변별하여 주는 여러 특성들의 총합

2. 성격의 구조

Hollander(1967)의 성격구조의 개념을 보면 성격은 3개의 영역으로 구분되어 있지만, 상호관련성을 가지고 있다고 제시했다. 우리의 성격은 세 개의 층으로 형성되어 있는 동심원의 구조로 생각해 볼 때 이해하기 쉽다〈그림 2.1〉.

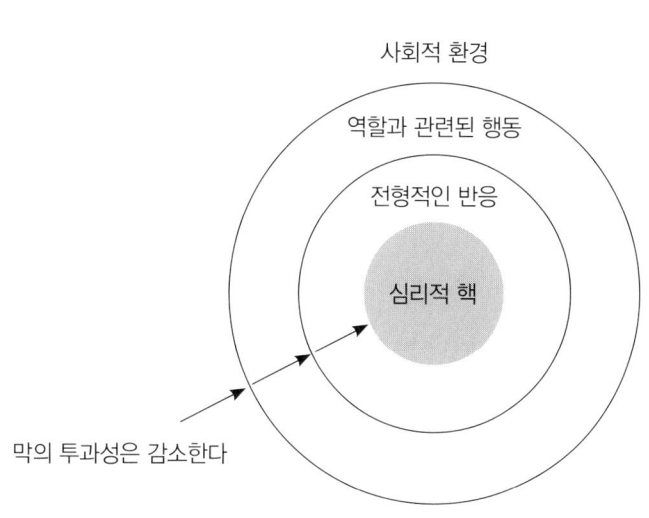

그림 2.1 Hollander(1967)의 성격구조

1) 심리적 핵

심리적 핵(psychological core)은 개인 성격의 인간 본래의 내면적이고 순수한 면을 나타내고 있는 것으로, 그 사람의 기본적인 태도, 자아, 가치관, 적성, 동기, 천성 등을 포함한다. 세 가지 층으로 구성된 성격구조 중 우리가 생각하는 성격은 가장 안쪽에 위치하는 심리적 핵을 말한다. 심리적 핵은 내부지향적이며, 상황의 변화에 민감하지 않으며, 전형적인 반응의 층이나 역할과 관련된 행동의 층으로 두껍게 둘러싸여 있고, 또한 외부에 잘 나타나지 않기 때문에 측정하기가 매우 어렵다. 따라서 대부분의 성격 측정 도구들은 상황에 따라 행동의 반응을 일관성 있게 나타나게 해주는 전형적인 반응 층의 특성을 파악하게 된다.

2) 전형적 반응

전형적 반응(typical responses)은 각 상황에 따라서 일정하게 반응한다. 대부분 우리들은 주위의 환경 여건에 따라 일상적으로 반응하는 태도를 보이게 되며, 자신의 반응을 전형적으로 자신의 틀에 박힌 태도로 표현할지도 모른다. 어떤 사람이 가식적으로 행위를 하지 않고, 변덕스러움을 지니지 않고 있다면 전형적인 반응은 그 사람의 심리적인 핵과 같을 것이다. 예를 들면, 어떤 사람이 모든 형태의 환경조건에 불안하고 긴장된 감정을 가지고 반응한다면 그 사람을 심리적으로 불안한 사람이라고 결론을 내릴 수 있다.

3) 역할과 관련된 행동

역할과 관련된 행동(role-related behavior)은 개인이 행하고 있는 사회적 역할에 따라 취하는 일정한 행동이다. 인간은 항상 주어진 여건이나 환경의 변화에 따라 행위를 다르게 한다. 예를 들면, 대학 스카우트 담당 코치가 한 유명한 선수를 스카우트하기 위해 그 선수의 성격적 특성이 어떠한지 그 선수에 관해 고등학교 코치와 부모에게 물어보았다. 그 선수의 고등학교 코치는 그 선수에 대해 아주 과묵하고 성실하며 말이 없는 편이라고 대답하였으나 똑같은 질문을 부모에게 했더니 그는 사교적이고 활발하며, 말하기를 좋아한다고 대답했다. 이처럼 어떤 역할과 관련된 행위의 근거를 두고 그 사람의 성격특성을 논하기에는 약간의 문제가 있다. 그러므로 사람의 성격적 특성을 이러한 역할과 관련된 행위에 대해 고정관념을 가지고 대할 필요는 없다.

3. 성격이론

성격이론은 한 개인이 다른 사람과의 유사성 또는 비유사성의 정도를 종합적으로 체계화할 수 있는지 이해하기 위해 제시되었다. 성격은 추상적인 개념이기 때문에 그 본질을 파악하기는 쉽지 않으며, 학자마다 견해들이 약간 다르다. 성격에 관한 많은 이론이 있지만, 여기에서는 체격이론, 정신분석이론, 현상학적이론, 특성이론, 사회학습 이론, 상호작용 모델을 살펴보고자 한다.

1) 체격이론

체격이론(body-type theory)은 체형, 체격에 근거해서 성격을 분류하는 이론이다. Sheldon(1942)이 체격이론을 주장했는데, 체격(body type)은 대체로 유전적으로 결정되며, 이는 행동의 일관성을 갖게 하는 요인이 된다. 즉, 체격을 분석함으로써 한 개인의 성격을 파악할 수 있다. Sheldon은 성격특성과 관련된 체격형을 3가지, 비만형(endomorphy), 골격형(mesomorphy), 세장형(ectomorphy)으로 분류했고, 또한 그에 상응하는 성격을 내배협형(cerebrottonia; 사교성, 위안감, 애정), 중배협형(vuscerotonia; 모험심, 용기,

공격성), 외배협형(somatotonia; 긴장, 사회적 제재, 사회적 고립)의 세 가지로 분류했다 〈표 2.2, 그림 2.2〉. 그러나 체격 형태에만 근거하여 설명하려는 이 이론의 단점은 지나치게 단순해서 경험적, 직관적 매력은 있으나 널리 인정되지는 않는다.

표 2.2 Sheldon(1942)의 성격 특성

	내배협, 비만형(endomorphy)	중배협, 골격형(mesomorphy)	외배협, 세장형(ectomorphy)
1	자세와 동작이 느리다.	자세와 동작이 거칠다.	자세와 동작이 억제되고 딱딱하다.
2	신체적 안락을 좋아한다.	신체적 모험을 좋아한다.	생리적 반응이 도를 지나친다.
3	느린 반응	강력한 성질	너무 빠른 반응
4	먹는 것을 즐긴다.	운동이 필요하고 좋아한다.	파묻혀 있는 것을 좋아한다.
5	식사의 사교화	지배하는 것을 좋아하고, 권력을 갈망한다.	마음이 움직이기 쉽고, 민감하며, 이해가 빠르다.
6	수화를 즐긴다.	위험한 찬스를 바란다.	감정을 밖으로 나타내지 않는 정서의 억제
7	상류의식을 좋아한다.	대담하고 솔직한 태도	눈이나 얼굴의 움직임에 마음을 쓴다.
8	사교를 좋아한다.	투쟁에 대한 육체적 용기	사교를 싫어한다.
9	누구에게도 친절하다.	경제적인 공격성	사회적 응대를 억제
10	애정과 승인을 강하게 요구한다.	냉담한 반응	습관에 저항하고, 일상적인 일이 서툴다.
11	주위 사람에게 관심을 갖는다.	꽉 막힌 장소에 공포	넓은 장소에 공포
12	정서의 흐름이 평탄	냉정하고 신경질적이지 않다.	태도를 예측할 수 없다.

그림 2.2 Sheldon이 묘사한 3가지 체형

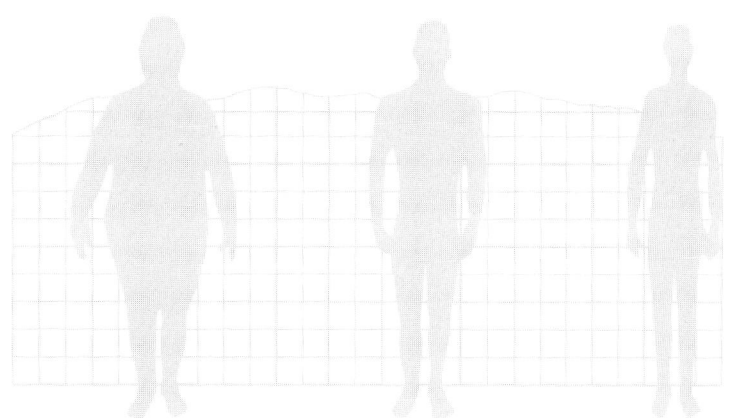

비만형(땅딸막한 체형)　　　골격형(근육 체형)　　　세장형(여윈 체형)

2) 정신분석 이론

정신분석(psychoanalytic theory) 이론에서는 성격, 즉 인간 행동의 독특한 유형을 결정해 주는 요소로 인간 내부의 정신적 역동을 든다. 정신적 역동이란 외형적 행동의 결정요인으로서 의식적, 무의식적, 심리적 요소 간에 관계를 말하며, 이러한 관계는 정적인 것이 아니라 항상 변화하며, 상호 작용하는 역동적임을 말한다.

정신분석 이론의 선구자는 프로이트(Freud)이며, 그 이후 Jung, Adler, Fromm, Erickson 등이 이 이론에 공헌했으며, 그들은 주로 개인을 전체적이고 심층적으로 조사하는 데 주안점을 두었다. 프로이트는 성격의 갈등이론(conflict theory of personality)을 주장했다. 갈등이론에 의하면 인간 내부에 갈등을 일으키는 성격의 구조를 원초아(id; 무의식적인 본능), 자아(ego; 의식적, 논리적, 현실적, 지성과 이성을 통하여), 초자아(superego; 양심의 기능을 가지고 사회적, 개인적 기준과 가치, 태도 및 도덕)의 세 가지 요소로 나누어 설명한다. 이 세 가지는 끊임없는 갈등 관계에 있다는 것이다. 이 이론의 단점으로는 실증하기 어렵고, 스포츠 성격을 설명하는 데는 직접적인 의미를 주지 못한다.

프로이트는 정신(mind)을 일종의 정신 지도(psychic map)로 개념화하였다〈그림 2.3〉. 의식지역(conscious area)은 개인의 특정한 순간(감각, 지각, 경험, 기억 등)에 깨닫고 있는 모든 것을 나타낸다. 프로이트는 의식적인 정신(conscious mind)은 우리 정신생활에 조그마한 부분을 차지한다고 믿는다.

전의식 지역(preconscious)은 특정한 순간에 쉽게 접할 수 있는 것들을 나타낸다. 저장된 기억들과 자료들은 즉각적으로 의식되는 것이 아니라 어느 정도의 노력으로 끌어낼 수 있는 것들이다. 예를 들면, 내가 공부했던 스포츠코칭심리학 책의 1장 첫 번째 부분을 현재는 기억할 수 없지만, 조금만 집중하게 되면 생각해 낼 수 있는 것과 같다.

무의식 지역(unconscious)은 본능 지역으로 불리며, 깊고 접근할 수 없는 욕구로 저장되어 있는 지역이다. 비록 개개인들이 욕구나 본능의 존재를 완전히 깨닫지 못한다고 할지라도 이러한 욕구나 본능을 결정하는 중요한 요소가 된다(Phares, 1988).

그림 2.3 프로이트의 정신적 지도

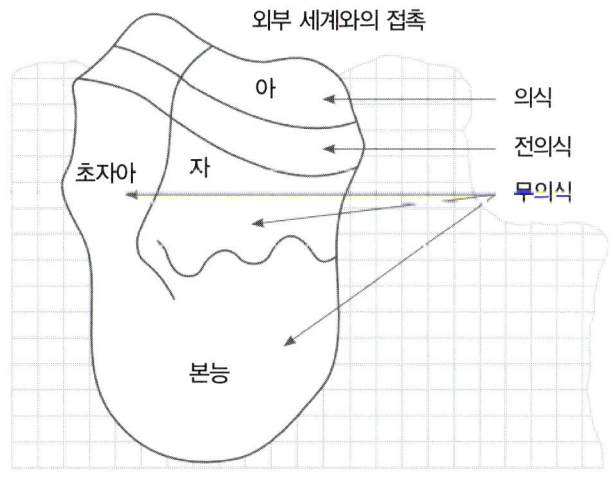

출저 : Healy, W., Bronner, A. F., & Bowers, A. M. (1930). The structure and the meaning of psychoanalysis. New York : Knopf.

3) 현상학적 이론

현상학적 이론(phenomenological theory)은 인간의 인본주의적(humanistic) 입장에서 접근하며, 인간의 성장과 자아실현(self-actualization)을 향한 긍정적인 본질을 강조하고, 또한 인간행동을 보다 긍정적이고 자유의지적인 방향으로 해석한다. 즉, 개인이 어떻게 사상을 지각하고 해석하는가에 관심을 두고 있으며, 본능적 욕구 개념 대신 지성과 이성을 더욱 강조 하고 있다. 이 이론에서는 성격의 연구가 총체적, 기능적(function), 역동적, 목적적이어야 함을 강조하고 있다. 현상학적 이론의 주창자는 Maslow, Rogers, Kelly, Allprot 등이다.

Maslow(1943)는 인간행동의 근거를 이루는 5가지 수준의 욕구 위계(needs hierachy)를 주장했다〈그림 2.4〉. 즉, 생리적 요구(physiological needs), 안전욕구(safety needs), 애정욕구(love needs), 존경욕구(esteem needs), 자아실현 욕구(self-actualization needs)들은 위계적인 관계를 맺고 인간행동을 결정해 주며, 하위 욕구가 실행되고 충족되기 전에는 더 높은 욕구의 만족을 강조하지는 않는다.

Maslow(1943)는 자아실현자(self-actualizers)의 성격특성들을 다음과 같이 설명했다. ① 현실을 정확하고 완전하게 인식한다. ② 그들 자신, 타인들, 그리고 사물에 대해 일반적으로 더 큰 승인을 보인다. ③ 자발적이고 자연스럽다. ④ 자신보다는 문제에 초점을 맞추려는 경향이 있다. ⑤ 고립과 사생활을 선호하며, 초연적이다. ⑥ 자율적이며, 물질적, 사회적, 환경에서 독립하려는 경향이 있다. ⑦ 참신한 인식을 하고 있으며, 인생의 가치를 깨닫고 있다. ⑧ 영적이고, 최상의 경험을 가진다. ⑨ 모든 사람과 동일시하고 조화를 이룬다. ⑩ 보통 그들 자신 같은 자아실현자인 단지 몇몇 사람들과 깊은 인간관계를 맺는다. ⑪ 민주적 사고를 강조하는 성격구조를 소유하고 있다. ⑫ 아주 윤리적이다. ⑬ 창조적이다. ⑭ 적의가 있기보다는 철학적인 뛰어난 유머 감각이 있다. ⑮ 문화화되는 것에 저항적이며, 사회에 의해 쉽게 타락하지 않는다.

스포츠심리학자들은 선수들의 행동에 대한 이러한 욕구와 효과를 이해하는 것이 중요하다. 그러나 과학적인 방법을 통해 증명하기 어렵다는 단점이 있다.

그림 2.4 Maslow의 인간의 기본욕구 분류단계

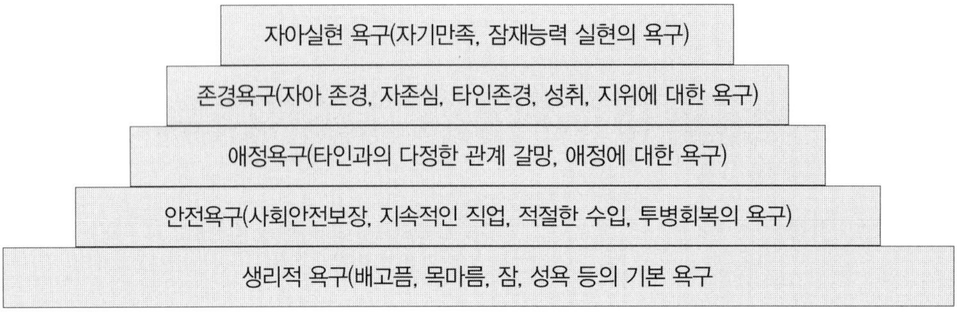

- 자아실현 욕구(자기만족, 잠재능력 실현의 욕구)
- 존경욕구(자아 존경, 자존심, 타인존경, 성취, 지위에 대한 욕구)
- 애정욕구(타인과의 다정한 관계 갈망, 애정에 대한 욕구)
- 안전욕구(사회안전보장, 지속적인 직업, 적절한 수입, 투병회복의 욕구)
- 생리적 욕구(배고픔, 목마름, 잠, 성욕 등의 기본 욕구)

4) 특성이론

특성이론(trait theory)은 성격의 행동 일관성, 공통성 그리고 개인차를 낳게 하는 특성으로 구성되어 개인이 가지고 있는 특성에 의해 설명될 수 있다. 그러면 '행동의 일관성, 독특성을 결정해 주는 특성이란 무엇이며, 어떠한 특성이 개인의 행동을 독특하게 하는가?' 이에 대해서는 학자마다 다른 견해를 보인다. 대표적으로 Allport, Guilford, Cattell, Eysenck 등이 있는데, Allport(1973)는 특성을 여러 자극을 기능적으로 동등하게 하며 적응행동과 표현행동을 일으켜 동등한 형태로 유지하는 힘을 가진 신경심리적 구조(neuro-psychic structure)라고 정의했다.

'기능적으로 동등'하다는 말은 여러 가지 다른 형태의 자극을 받을지라도 그에 대한 반응은 동등한 형태로 나타나게 하는 기능을 갖는다는 의미이다. 적응행동이란 웃거나 화를 내는 등의 행동이고, 표현적인 행동이란 동작 또는 신체의 움직임을 말한다. 이러한 행동들이 동등한 형태로 나타나게 한다는 것은 거의 비슷한 자극에 대해 늘 일관성 있게 비슷한 행동을 한다는 뜻이지만 만약 똑같은 자극에 일관성 없는 행동을 한다면, 그것은 그 사람의 성격

으로 특성 짓기가 어렵다. 특성이론에서 특성의 개념은 행동의 일관성(consistency)과 일반성(generalizability)을 결정지어주는 성향적 경향(dispositional)이라는 점이다.

대표적인 성격측정 도구로는 Cattell(1965)의 16성격요인 질문지(16 Personality factor Questionnaire; 16PF)가 있다〈표 2.3〉. 이 도구는 16개의 각각 다른 요인과 독립적인 근본 특성을 확인할 수 있다. 이 도구는 요인분석을 통하여 171개의 근원적인 특성(source traits)을 확인해서 다시 16개의 영역, 요인으로 분류된다. 이는 표면 특성(surface traits)이라고 하며, 스포츠 성격 연구에서 집중적으로 사용하고 있다. 또 다른 도구인 미네소타 다면적 성격검사지(Minnesota Multiphasic Personality Inventory; MMPI)와 캘리포니아 성격검사지(Califonia Personality Inventory)도 많이 사용하고 있다.

표 2.3 Cattell의 16성격차원

인자명	높은 성향에 관한 이름(8~10)	낮은 성향에 관한 이름(1~3)
A	내성적이다(reserved)	개방적이다(outgoing)
B	지적이 아니다(less intelligent)	지적이다(more intelligent)
C	기분에 좌우된다(emotional)	정서적으로 안정되어 있다(stable)
E	복종적이다(humble)	지배적이다(assertive)
F	심각하다(sober)	낙천적이다(happy-go-lucky)
G	수단적이다(expedient)	양심적이다(conscientious)
H	겁이 많다(shy)	모험적이다(venturesome)
I	강인하다(tough-minded)	감수성이 강하다(tender-minded)
L	믿는다(trusting)	의심이 많다(suspicious)
M	실제적이다(practical)	상상력이 있다(imaginative)
N	솔직하다(forthright)	약삭빠르다(shrew)
O	자신감이 있다(placid)	걱정이 많다(apprehensive)
Q1	보수적이다(conservative)	개척적이다(experimenting)
Q2	집단에 의존한다(group-tied)	자주적이다(self-sufficient)
Q3	통제가 되지 않는다(casual)	통제되어 있다(controlled)
Q4	이완되어 있다(relaxed)	긴장되어 있다(tense)

출저 : Catell, R. B. (1965). The scientific analysis of personality. Baltmore : Penguin

5) 사회학습 이론

사회학습 이론(social learning theory)은 상황의 중요성을 강조하는 이론으로, 사람의 행동이 상황과 환경적인 요인에 따라 변화한다는 점을 강조한다. 사람의 행동은 그 자신이 어떻게 학습됐는가, 또는 환경적으로 어떠한 제재를 받았는가에 따라서 이루어진다는 것이다. 예를 들면, 어린이가 과제를 수행하는 능력이나 행동은 그 아이의 경험과 환경적인 여건에 따라 이루어진다는 것이다. 이 이론을 주장하는 학자들로는 Pavlov, Waston, Hull, Skinner, Bandura, Mischel 등이 있다.

Lewin의 행동 '공식적인 행동=인지변인×환경적인 변인'에 비추어 보면, 사회학습 이론은 상황적, 환경적 요인을 강조한다. Bandura(1973)도 역시 인간의 행동은 관찰학습에 의해 가장 잘 설명될 수 있다고 한다. 예를 들면, 가정에서 어린이들의 행동은 부모들이 하는 행동을 통해서 배우게 된다. 어린 선수들은 프로선수들의 모델링을 통해서 공격적인 행동을 배우게 되는데, 그 이유는 프로선수들이 어린이나 젊은 선수들에게 역할 모델이기 때문이다.

6) 상호작용 모델

지금까지 설명한 각종 이론은 Lewin의 행동공식에 비추어 볼 때 인적변인(특성 이론) 또는 상황적 변인(사회학습 이론) 그 어느 하나만 강조했다. 상호작용 모형(interactionist model)은 두 변인을 동시에 고려할 때 특징적인 행동 유형을 완벽하게 이해할 수 있다고 주장했다. Bowers(1973)는 인간 행동의 12%는 개인적 성격특성에 의해, 10%는 상황적 요인에 의해서 그리고 개인적 특성과 상황적 요인의 상호작용은 인간 행동을 21% 정도 설명할 수 있다고 보고하였다. 상호작용 모형은 특수한 접근 방법의 성격이론으로 성격, 환경, 그리고 운동수행 간에 복잡한 상호관련성을 이해하기 위해 만들어진 접근 방법이다.

4. 성격 측정

성격의 측정은 구성적 성격측정, 비구성적 성격측정, 평정성격 측정으로 구분할 수 있다. 구성적 측정은 주로 자기보고형(self-reporting) 측정이 해당하며, 비구성적 측정은 투사적 측정으로 료사크검사(Rorschach Test), 주제통각검사(Thematic Appreception Test; TAT), 문장완성검사(Sentence Completion Test) 등이 있다. 평정성격 측정은 사전에 다양한 질문을 준비하여 피험자 수준에 맞는 단계를 평정하는 방법으로 면접법과 관찰법이 사용된다.

스포츠심리학에서는 구성적 성격측정과 평정성격 측정을 위주로 연구가 수행되었다.

1) 질문지법

특성이론에 따르면 성격은 일련의 구성개념으로 그 속성을 가지며, 구분될 수 있다. 이러한 성격구성 속성에 대하여 문항으로 측정하는 방식이 질문지법이다. 즉, 분류 측정 대상인 어떤 피험자에게 직접적으로 물어봄으로써 성격을 수량화하는 방법이다. 사지선다형, True-false형, 그리고 자기 보고식 성격검사와 같은 객관적인 심리도구의 사용이 성격 연구에서 가장 보편적인 측정 도구들이다. 객관적인 성격도구로는 Catell 16PF, Edwards Personal Preference Schedule(EPPS), Minnesota Multiphasic Personality Inventory(MMPI), Eysenck Personality Inventory(EPI), Califonia Personality Inventory(CPI), Personality Research Form(PRF), Gordon Personal Profile(GPP), Martin Personality Inventory(M-PI), Mayers Briggs Type Inventory(MBTI), Roter's Internal-External Locus of Control Scale, Personal Attributes Questionnaire(PAQ) 등이 있으며(박정근, 1996), 최근에는 성격 5요인(Big 5)의 도구가 사용되고 있다.

2) 면접법

면접법(interview)은 연구자가 직접 개인에게 체크리스트에 있는 내용에 대해서 질문하여 알아보고 싶은 사항을 평가하는 것이다. 항목은 목적에 따라서 임의로 정할 수 있으며, 불필요한 것은 수정하고 삭제할 수 있어 매우 편리하다. 인터뷰 방법에서 질문자는 피검자에게 성격특성을 조사하기 위해 특별히 만들어진 질문지를 사용해야 한다. 일반적으로 몇 개 항목의 인터뷰 내용은 성격구조를 파악하는 데 아주 중요한 동기의 기초가 되는 것이어야 한다. 인터뷰 방법이 적절하고, 체계적으로 다루어진다면 그 결과는 신뢰하고, 타당하다고 볼 수 있다. 그러나 그것은 인터뷰할 때 질문자의 인터뷰 기법에 달려있다(박정근, 1996). 면접법에는 단독면접, 집단면접, 토론면접법이 있다.

3) 행동관찰법

행동관찰법은 연구하는 사람이 일정한 체크리스트에 행동을 단순히 관찰에 의해서만 평가하는 것이다. 관찰법 또한 관찰자는 사전에 잘 만들어진 체크리스트를 사용해야 하고, 체크리스트는 관찰자가 찾아낼 수 있는 특별한 성향과 행동양식을 포함해야 한다. 일반적으로 체크리스트가 적절하게 사용되고, 관찰자가 잘 훈련된 사람이라면 그 결과는 비교적 신뢰할 수 있고, 객관적으로 될 수 있는 것이다. 그러나 행동관찰은 임상이나 연구 분야에서 많이 사용되지 않는다. 그 이유는 임상에서의 행동관찰은 많은 치료자가 요구하는 깊이 있는 분석을 제공해주지 못하고, 연구 분야에서의 측정은 많은 시간이 소요되고 표준화와 수량화하기 어려운 특징 때문이다. 유소년 코치 행동과 관련된 관찰 측정법으로는 Smith 등(1977)이 제작한 코칭행동측정체계(Coaching Behavior Assessment System; CBAS)가 있다.

4) 투사법

투사법은 자유롭게 대답할 수 있도록 애매한 자극을 제시하고 그 반응을 근거로 상상력을 동원하여 분석함으로써 표면적으로 나타나지 않는 기질적인 특성을 알아보는 접근법이다. 이 기법은 주관적인 반응이기 때문에 타당성이나 신뢰성이 떨어지지만, 개인이 자유로운 상황으로 유도하여, 그 성격적 특성을 측정하는 방법으로 최대한 대상자들의 특징을 자연스럽게 알아볼 수 있다는 장점이 있다.

투사법의 종류로는 원초적인 환상과 욕구를 살펴보는 료사크검사(Rorschach Test), 〈그림 2.5〉, 개인과 환경의 관계에 대한 주제통각검사(Thematic Appreception Test; TAT), 〈그림 2.6〉, 개인의 특성을 이해하는 문장완성검사(Sendence Completion Test) 등이 있다. 피험자에게 무엇을 검사하려는 것인지 알 수 없게 되어 있는 얼룩모양(료사크검사)이나, 그림(TAT) 등을 보여주고 그에 따른 피험자의 반응을 분석함으로써 간접적으로 피험자의 성격을 파악하는 방법이다(박정근, 1996).

성격의 측정에 사용되고 있는 여러 가지 검사들은 각기 그 목적, 대상, 구성 요소가 다르므로 사용에 있어서 신중히 고려되어야 하므로 전문가의 해석이 필요하다.

그림 2.5 료사크검사 10개 카드의 그림

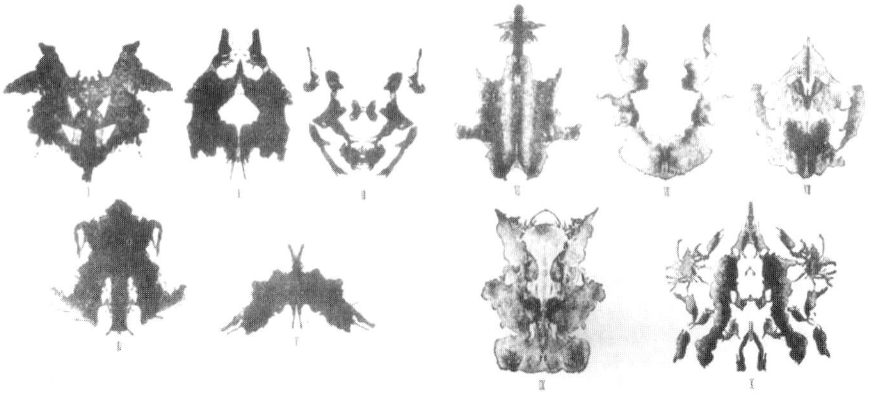

그림 2.6 주제통각검사 도판

5. 성격과 운동수행의 관계

성격과 스포츠 수행 간에 어느 쪽이 독립변인이고 종속변인지가 문제이다. 왜냐하면 관심의 방향에 따라 모두가 연구의 대상이 되기 때문이다. 5가지의 연구 결과가 존재하는데 1) 운동의 특성과 성격특성 간의 관계, 2) 운동종목과 성격의 특성 간의 관계, 3) 선수와 비선수의 성격특성 차이, 4) 여성선수의 성격특성, 5) 운동기술 수준과 성격특성 간의 관계를 알아보는 접근법이 있다.

1) 운동의 특성과 성격

운동의 특성이란 운동기능을 성격과 연관시키기 위하여 운동기능의 특징에 따라 분류한다. 집단운동 대 개인운동 그리고 직접운동 대 병행운동의 차이를 말한다. 직접운동은 축구나 농구처럼 양 팀의 선수가 직접 맞붙어 시합하는 운동이고, 병행운동이란 교대로 움직여서 하는 운동으로 야구, 배구 경기를 말한다.

개인 종목 선수들은 단체 종목 선수보다 불안감이 덜하고, 덜 종속적이며, 높은 자신감을 가지고 있다. 직접운동을 하는 선수들은 정신력이 강하고, 어려운 일을 오랫동안 견디는 힘이 있고, 지배성이 높고, 병행운동을 하는 선수들은 임시변통의 능력과 감정 통제 능력이 높다는 것이 많은 연구로 인정되었다.

유럽의 스포츠 심리학자들은 특정한 성격을 가진 사람들이 어떤 특정한 스포츠 종목을 선택하고 참여하며, 그 종목에서 성공하는지에 관심을 둔다. 또한, 유사한 성격 소유자들이 스포츠 참여를 통해서 성격형성이나 변화되는지에 관심이 있다.

Schurr 등(1977)은 스포츠 종목에 대한 선수들의 성격특성을 연구했다. 1956명의 대학생을 스포츠의 유형과 선수, 비선수로 구분해서 Cattell의 16PF를 이용한 연구 결과는 다음과 같다〈그림 2.7, 표 2.4〉.

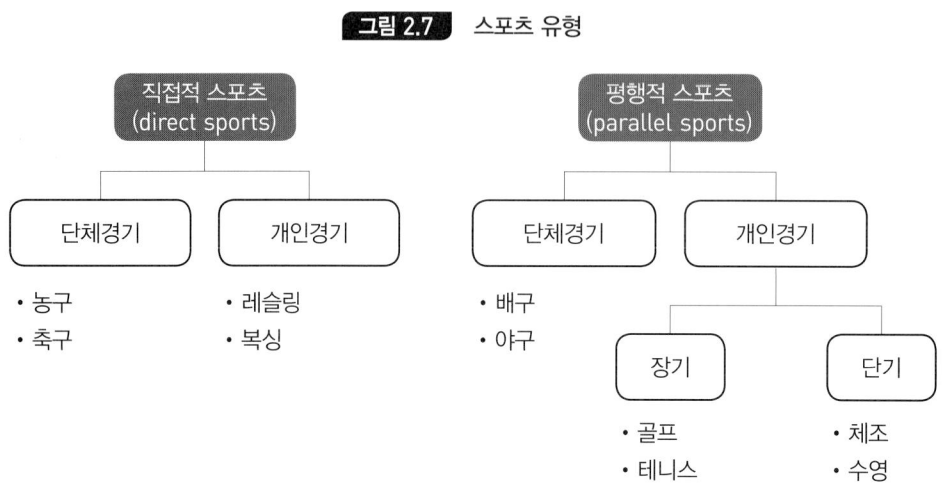

그림 2.7 스포츠 유형

직접적인 스포츠는 직접적으로 공격성이 표현될 수 있는 스포츠 종목을 말하며, 평행적 스포츠는 공격성이 불가능한 종목을 말한다. 연구 결과 선수와 비선수 집단을 변별해 주는 단일한 성격의 유형은 없었고, 스포츠 종목에서 성격의 차이점이 있었다. 예를 들면, 단체 종목 선수가 개인 종목 선수보다 외향적이고, 의존적이었다는 사실이다.

결론적으로, 스포츠 성격의 규명에 대해서는 아직 뚜렷한 결론을 도출할 만큼 면밀한 연구가 그리 많이 이루어졌다고는 할 수 없으며, 여러 가지 이론적, 방법론적 문제점들을 고려한 연구가 더욱 필요하다.

표 2.4 종목별 성격특성

집단	비교 집단	성격특성
단체종목 선수	비 선수	덜 추상(론)적, 외향적, 덜 자아적(자기 주장적인 정도)
개인종목 선수	비 선수	덜 추상(론)적, 덜 불안, 의존적, 객관적
직접종목 선수	비 선수	덜 추상(론)적, 외향적, 객관적, 독립적
평행종목 선수	비 선수	덜 추상(론)적, 덜 불안, 덜 독립, 보다 자아적
개인종목 선수	단체종목 선수	덜 의존적, 덜 불안, 덜 외향적, 덜 정서적, 보다 더 객관적
직접종목 선수	평행종목 선수	보다 더 공격적

2) 운동종목과 성격특성

운동 종목마다 특징이 달라서 성격도 차이가 있다. 축구나 럭비 선수들은 테니스나 골프 선수에 비하여 더 공격적이고 불안감이 높으며, 고통에 참는 힘이 강하리라는 것은 쉽게 인정이 된다. 또한, 보디빌딩 선수들은 성취동기가 높고, 자율적이며, 지배성과 공격성이 강하다고 한다. 체조 선수들과 수영 선수들은 불안 수준이 높고, 일상생활에 진지하게 임하나 비합리적인 것으로 알려져 있다. 유도 선수들은 자신감이 있고, 쉽게 사실을 믿으려 하는 경향이 있으며, 불안 수준이 높은 것으로 밝혀졌다.

스포츠 종목별 선수들의 성격특성은 아직도 일치하지 않는 점이 많아 앞으로 더욱 많은 연구를 통해 정리되어야 할 분야다.

3) 선수와 비선수의 성격특성

개인 운동을 하는 선수는 비운동선수보다 덜 합리적이고, 불안 수준이 낮지만, 더 객관적이고, 더 독립적인 것으로 나타났다. 또한 직접 스포츠를 하는 선수는 비선수보다 덜 합리적이지만 더 외향적이고, 더 객관적이며, 더 독립적으로 나타났다. 집단운동 선수는 비선수보다 덜 합리적이지만 더 외향적이고, 종속적인 것으로 밝혀졌으며, 병행 스포츠를 하는 선수는 비선수보다 덜 합리적이고, 덜 독립적이며, 불안 수준은 낮지만, 더 이기적이라는 사실이 밝혀졌다. 그리고 전체적으로 운동선수가 비선수보다 자신감이 높고 경쟁심이 강하며, 사회적으로는 외향성이 높다는 것이 널리 인정되고 있다.

4) 여성 선수의 성격특성

여성의 스포츠 참가가 확대되면서 여자 선수의 성격이 일반여성 및 남성과 비교해서 어떠한 차이가 있는지 여성 선수의 성격도 연구되었다. Williams(1980)의 연구에 의하면 엘리트 여자 운동선수는 일반여성보다 성취 지향성, 독립성, 정서적인 안정, 완강함, 공격성이 높은 것으로 나타났다. 이와 같은 성격특성은 스포츠를 잘하기 위해, 필요한 특성으로 여성 선수와 남성 선수 모두에게 필요한 특성이다. 상위 엘리트 수준으로 올라갈수록 남성과 여성 선수의 성격이 유사하다는 것을 알 수 있으며 여성 선수에 관한 연구가 계속해서 진행되어야 할 것이다.

5) 우수선수의 성격특성

우수선수와 평범한 선수의 성격특성을 성공적으로 밝혀낼 수 있었던 방법으로는 Morgan(1978)의 정신건강 모형과 빙산형 프로파일(iceberg profile)이다.

Morgan의 정신건강 모형이란 성격측정 질문지들이 다루고 있는 기본속성 중에서 10항목을 택하여 엘리트선수와 평범한 선수의 점수를 대조시키면 서로 대칭이 되는 즉 뚜렷하게 반대의 경향이 발견되는 것을 말한다. 즉, 불안, 긴장, 우울, 분노, 피로, 혼란, 노이로제 증상 등의 속성에서는 엘리트선수가 평범한 선수에 비하여 낮은 데 반해, 활동성이나 외향성 등에서는 높은 경향을 보이는 것이다.

빙산형 프로파일(iceberg profile)은 기분상태 프로파일(Profile of Mood State: POMS)을 이용하여 분석한 것으로 우수선수는 6개의 성격 속성 중에서 활동성을 제외한 속성에서 비우수선수에 비하여 낮은 경향을 보이고 있으나 활동성에 있어서만은 높은 경향을 보이고 있다. 반면에 비우수선수는 대체로 6개 모든 성격 속성이 고르게 분포되어 있다. 우수선수는 활동, 외향성에서 높은 성향을 나타내고 긴장, 우울, 분노, 피로, 혼란 등 소극적 측면에는 낮은 성향이 공통적으로 나타났다〈그림 2.8〉.

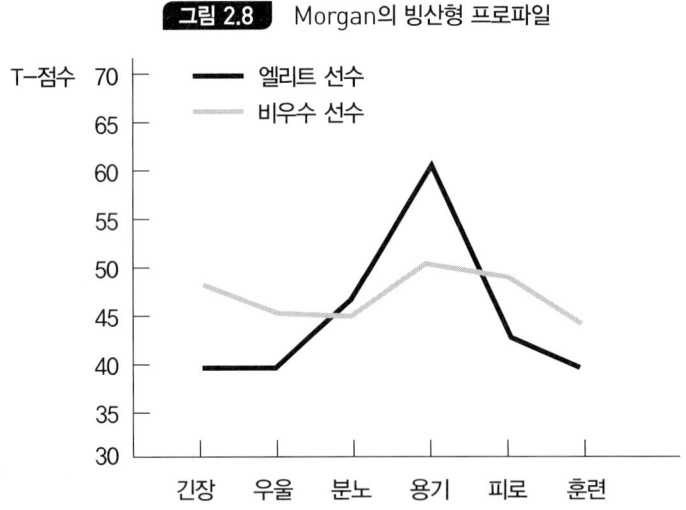

그림 2.8　Morgan의 빙산형 프로파일

6. 운동선수 성격 연구의 문제점

스포츠와 운동선수의 성격 연구는 방법론적, 설계적, 해석적인 문제점을 가지고 있다.

첫째, 방법론적으로 일반성이 부족하다. 성격 연구 결과를 일반화하기 어려운 이유는 각 연구에서 사용된 성격검사가 달라서 비교하기가 어렵다. 또한 연구 결과를 직접적으로 비교하기 어려운 것은 연구 대상이 서로 다르고 방법과 점수가 같지 않기 때문인데(Carron, 1980), Hardman(1973)은 같은 성격검사(Cattell의 16PF)를 사용해서 연구결과를 분석해도 스포츠 성격의 유형은 분명하게 나타나지 않았다고 했다. 또한 집단 간 이질성(inter-group heterogeneity)과 집단 내 이질성(intragroup heterogeneity) 때문에, 일반화하기 어렵다. 예를 들면, 집단별로 성격 요인의 점수가 큰 차이를 나타낼 뿐만 아니라 한 종목 집단 안에서도 개인 간에 큰 차이를 보이므로 성격연구 결과를 일반화하기란 쉽지 않았다.

둘째, 연구 설계상의 제약이 따른다. 스포츠 성격에 관한 연구를 시작할 때는 연구 결과나 문헌에서 긍정적인 경우만을 선택하거나, 부정적인 연구 결과를 무시하는 경우가 많이 있다. 스포츠 수행과 성격과의 관계를 지지해 주는 결과만을 반복적으로 인용하거나, 애매모호하거나 상충하는 연구 결과를 긍정적인 결론으로 조정함으로써 연구 결과는 판이하게 나타난다. 절차 단계의 문제는 운동선수와 비선수, 종목 간의 차이, 표집 절차, 왜곡된 반응 등 피험자의 문제와 어떤 성격검사를 사용했느냐의 종속변인에 대한 문제, 통계기법에 대한 문제로 요약된다(Martens, 1975; Morgan, 1978; Rushall, 1975).

셋째, 해석상의 문제이다. 해석상의 오류란 결과가 실용적 가치가 크게 없는데도 그럴듯하게 결론을 내리는 오류를 말한다. 즉, 연구자들이 연구 결과를 너무 과장하거나 과 일반화(overgeneralization)시키는 것이다. 예를 들면, 운동선수와 비운동선수 간에 5%의 유의수준에서 성격특성의 차이가 있다면 어떤 실용적 가치가 있는가?. 스포츠 성격 연구에서 상관연구 결과에서 인과관계를 추론하는 경향이 있었다(Martens, 1975). 상관이란 두 변인 간에 어떠한 관계가 있다는 것을 지적하는 것이지 반드시 원인과 결과 간의 인과관계를 의미하는 것은 아니다. 스포츠 성격 연구에서 반복적으로 어떤 성격의 특성에서 유의한 차이가 나타났다고 해서 성격이 스포츠 수행에 영향을 미친다는 인과관계를 지지하지는 않는다. 대부분의 긍정적 연구 결과는 그대로 해석하고 부정적 연구 결과는 아예 보도하지 않거나 표집 오차나 통제의 부적절 등의 이유를 들어 설명하려는 경향이 많았다(Rushall, 1972).

앞에서 설명한 성격 연구의 문제점을 보완하고 고려한다면 스포츠 성격에 관한 낙천적인 견해를 가질 수 있다. 앞으로의 연구 방향은 어떤 이론적인 모형을 근거로 접근할 것이냐 하는 것이다. 특성이론이나 사회학습 이론에만 근거한 설명으로는 경험적이나 이론적으로 완전하지 못하기 때문에 두 이론을 모두 보완하고 있는 상호작용 모형의 입장에서 접근하는 것이 더욱 타당하다고 생각된다. 그다음으로는 스포츠 상황에 알맞은 측정도구의 개발(예를 들면, Martens의 SCAT)과 종목 분류와 선수, 비선수의 구분 문제도 중요하다.

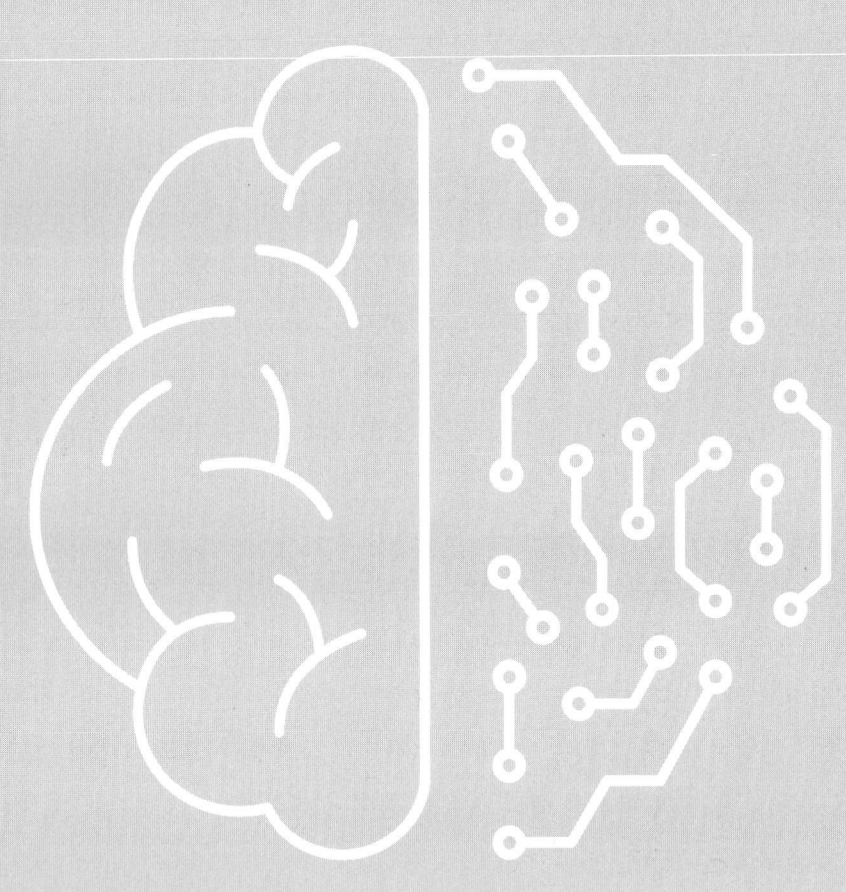

제3장

스포츠와 동기

사람들은 왜 스포츠에 참여하는가? 왜 이들은 운동을 지속하거나 탈락하는가? 왜 사람들은 특정 스포츠를 더 좋아하는가? 스포츠나 운동 참여의 어떤 측면 때문에 이들은 자발적/비자발적으로 움직이는가? 이 모든 질문은 동기(motivation)와 관계가 있다. 동기는 2가지 기능을 한다. 동기는 어떤 지각을 준비시킴으로써 어떤 목표를 향하게 하거나 벗어나도록 행동에 방향성을 준다. 그리고 사람들을 활성화하는 역할을 하기도 한다. 사람들이 각성되면서 동기의 강도가 더 증가하게 되는 것이다. 이 장에서는 스포츠와 운동참여에 대한 동기(내적/외적 동기, 동기이론, 성취동기 등), 귀인이론, 동기유발전략에 대해 알아보고자 한다.

1. 동기의 개념

동기란 어떠한 행동을 시작하도록 하는 내적 과정이다. 즉 행동을 활성화하고 유지하는 힘으로 흔히 욕구(needs)와 혼용되어서 사용된다. 즉, 동기는 특정한 방식으로 행동하도록 하는 내적인 힘과 외적인 힘이 복잡하게 얽혀있는 상태이다.

스포츠심리학 분야에서 동기는 행동의 방향과 노력 강도를 나타낸다(Sage, 1977). 어떤 활동을 추구하게 하거나 회피하게 하고, 노력을 많이 하게 하고, 노력하지 않게 하는 것이다. 궁극적으로 동기는 사람이 나타내는 행동에 대한 원인을 제공하며, 이것을 탐구하는 것이 바로 스포츠심리학이 추구하는 핵심이다.

동기를 바라보는 관점은 개인의 특성적 측면인 성격, 목표성향, 태도 등을 고려한 특성지향적 관점과 환경적 측면인 지도자, 시설, 팀의 성적 등을 고려한 상황지향적 관점, 그리고 개인과 환경의 상호작용에 관심을 갖는 상호작용적 관점으로 이해할 수 있다.

2. 내적동기 및 외적동기

심리학자들은 어떤 활동에 대한 개인의 내적동기는 개인이 어떤 외적 목표를 획득하기 위한 수단으로서 그 활동에 참여하도록 강요될 때 감소될 수 있다고 주장한다. 일반적으로 개인이 외부의 어떤 보상 없이 순수한 개인의 즐거움을 위해 스스로 스포츠 활동에 참여할 때 그 개인은 내적으로 동기화 되었다고 할 수 있으며, 수행과 참여가 상금이나 트로피 등의 외적인 힘에 의하여 통제되어 스포츠 활동에 참여할 때 개인은 외적으로 동기화 되었다고 할 수 있다. 즉, 내적동기(intrinsic motivation)는 스포츠 자체가 좋아서 참여하는 것을 의미하고 외적동기(extrinsic motivation)는 스포츠 활동의 이유가 상금이나 기타 외적인 보상 때문에 참여하는 것을 의미한다. 이러한 관점에서 스포츠 상황에서의 내적 동기(intrinsic motivation)에 관한 연구들이 스포츠심리학의 주된 관심 영역이 되고 있다. 내적동기를 높이기 위해서는 성공경험을 갖게 하고, 칭찬과 격려를 자주 해 주고, 연습 내용과 절차에 변화를 주고, 의사결정과 목표설정 과정에 참여시키고, 결과보다는 과정에 기초한 실현 가능한 목표를 설정하는 것이 중요하다(Weinberg & Gould, 2015).

3. 인지평가이론

내적동기의 중요성이 주목받으면서 Deci(1975)는 귀인이론을 바탕으로 인지평가이론(cognitive evaluation theory)을 제안하였다〈그림 3.1〉. 인지평가이론에서 인간의 기본 욕구를 자아결정(self-determination)과 유능성(competence)의 욕구라고 전제하고, 내적으로 동기화된 행동이란 자아결정과 유능성의 욕구에 의해서 동기화된다고 정의하였다. 한 개인의 활동이 자기 스스로 결정하고, 유능한 것이라 지각한다면 개인의 내적 동기는 높아지게 된다. 반면에 개인의 활동이 타인에 의해서 강제로 수행되거나 어떤 활동을 통하여 자신이 유능하다고 지각하지 못하게 되면 그 활동에 대한 내적동기는 감소될 것이다〈그림 3.1〉. 즉, 내적으로 동기화된 행동이란 자신의 환경을 스스로 결정하는 자아결정과 유능성을 느끼려는 개인의 욕구에 의해 동기화되는 것이다. 아울러 보상이든 의사소통이든 간에 모든 상황은 두 가지 기능적 측면인 통제적 측면(controllingn aspect)과 정보적 측면(information aspect)을 갖는다고 하였다(Deci & Ryan, 1980). 통제적 측면은 개인의 자아결정에 대한 경험과 귀인에 관련되어 있다. 높은 통제성을 가진 상황은 개인으로 하여금 특정 방법으로 느끼고 행동하도록 강요함으로써 개인은 자아결정의 정도가 낮다고 느끼게 된다. 이럴 때는 인과성 소재(locus of causality)를 외적으로 지각하게 될 것이다. 다시 말하여, 통제성이 활동참여의 주요 이유일 때, 그 개인의 자아결정은 감소되고, 결국 유능감에 바탕을 둔 활동의 내적동기는 감소될 것이다. Orlick과 Mosher(1978)는 보상의 통제적 측면이 강할 때 스포츠 참여에 대한 내적동기가 저하된다고 하였다.

정보적 측면은 개인에게 효과적이고 관련성 있는 정보를 제공하는데, 만약 이 정보가 개인에게 긍정적일 때는 유능성을 고조시켜 내적동기가 증가되는 반면, 정보가 개인에게 부정적일 때는 무능함을 지각시켜 내적동기를 저하시킨다. 즉, 보상이 긍적적으로 유능성에 대한 정보적 자원의 역할을 한다면 내적동기는 증가하지만, 보상이 무능함에 대한 정보적 역할을 한다면 내적동기는 감소될 것이다. 예를 들면, 선수에게 부여된 긍정적 보상(예: 칭찬, 포상)이 유능성 정보의 역할을 하면 그 선수는 내적동기가 증가되지만, 부정적 보상(예: 꾸중, 벌)이 그의 무능성에 관련된다면 앞으로의 수행에 참여하려는 내적동기는 감소된다는 것이다.

내적동기 감소에 영향을 미치는 변인들로는 보상(Anderson 등, 1977; Boggiano & Ruble, 1979), 처벌의 위협(Deci & Casciom, 1972), 감독(Pittman 등, 1980), 타인에 의해 설정된 마감시간(Amabile 등, 1976), 외부로부터의 평가(Amabile, 1979) 및 경

쟁 상황(Deci 등, 1981)등이 지금까지의 연구를 통해서 밝혀졌다. 이러한 대부분의 논의는 Deci(1975)의 인지평가이론에 근거하여 이루어졌다. 이러한 변인들을 보면 다양한 종류의 외적 보상이나 제약으로 인한 자아결정 결여가 내적동기의 저하에 중요한 원인임을 알 수 있다.

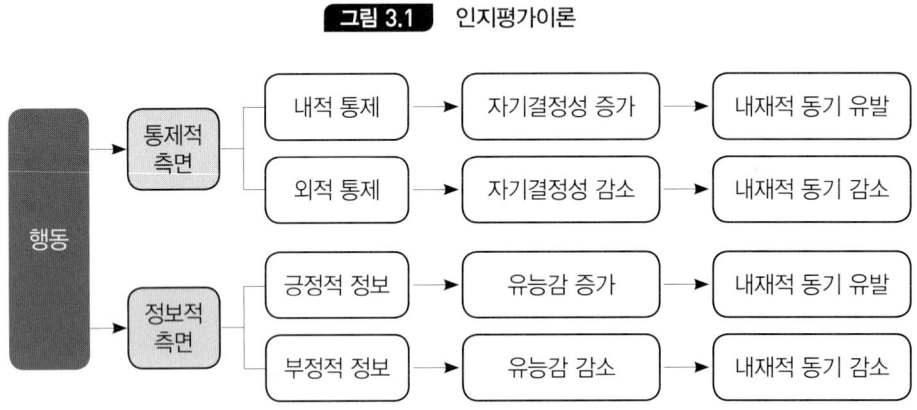

그림 3.1 인지평가이론

4. 자기결정이론

자기결정이론(self-determination theory)은 자기결정의 연속선상에서 내적동기와 외적동기를 설명하는 인지적인 동기이론이다(Deci & Ryan, 2000). 자기결정이론에 포함된 하위 이론인 기본심리욕구 이론에 의하면 사람은 유능성, 자율성, 관계성의 3가지 기본적인 욕구를 갖는다고 전제한다. 유능성(competence)은 자기가 선택한 스포츠 종목에서 잘한다고 생각하는 믿음이고, 자율성(autonomy)은 자기 스스로 선택하고 주도하는 것이며, 관계성(relatedness)은 다른 사람과의 관계를 말한다. 이들 3가지 기본적인 욕구가 충족되면 사람은 심리적 신체적인 행복감을 느끼고 그렇지 않으면 탈진과 같은 일빙(illbeing)을 경험한다(김병준, 2021).

자기결정이론은 동기를 무동기, 내적동기, 외적동기 3가지로 나눈다. 무동기는 동기가 없는 상태로 스포츠 참여에 의미를 가지지 못하는 상태이고 내적동기는 스포츠가 좋아서 참여하며 외적동기는 보상을 바라거나 처벌을 피하려고 스포츠에 참여하는 것을 말한다.

Deci와 Ryan(1985)은 외적동기를 외적 규제, 의무감 규제, 확인 규제, 통합규제의 다차원적인 특성으로 제시하였다. 외적 규제(external regulation)는 보상을 받거나 처벌을 피할 목적만으로 어떤 행동을 하는 것으로 자결성 수준이 가장 낮은 동기이다. 예를 들면, 코치가 시키니까 혼나지 않으려고 훈련에 참여하는 것을 말한다. 의무감 규제(introjected regulation)는 전적으로 외적이었던 규제가 불완전하지만, 내적으로 바뀌는 것으로 창피함이나 죄책감을 피하기 위한 목적으로 행동하는 것을 말한다. 예를 들면, 단체훈련에 빠지면 창피하거나 죄책감을 느끼기 때문에 의무감에 참여하는 것이다. 확인 규제(identified regulation)는 활동 그 자체가 재미가 있어서가 아니라 개인의 목표 달성에 중요하기 때문에, 그 활동을 선택하는 것이다. 예를 들면, 권투선수가 체중조절이 중요하기 때문에 훈련에 빠지지 않고 참여하는 것이다. 통합규제(integrated regulation)는 스포츠 참여에 대해 갈등이 없는 상태로 자기가 가지고 있는 가치와 자신에 관한 생각이 스포츠와 일치할 때 나타나며 자결성이 가장 높은 동기다. 예를 들면, 운동선수로써 열심히 훈련하는 것이 당연하다고 생각하고 훈련에 참여하는 것을 말한다.

5. 귀인이론

1) 귀인이란

스포츠심리학자들은 귀인이론을 스포츠나 신체적 활동에 응용하고자 하는 데에 관심을 가져왔다. 귀인 연구 중에서 성공과 실패에 관한 귀인 연구가 중요 영역이다. 특히 스포츠 장면의 귀인 연구에서 가장 비중을 두고 다루어진 부분은 성공과 실패 혹은 승리와 패배의 문제이다.

귀인이론은 일상생활에서 일어나는 행동이나 사건을 이해하거나 해석하려는 보통사람의 상식심리학(naive sychology)에 중점을 두고 있다. 우리가 상식적으로 생각할 수 있는 개념들을 동원하여 인간행동을 설명하는 것이다. 귀인(attribution)이란 누군가에게 원인을 돌린다는 뜻이며, 귀인이론은 이미 일어난 행동을 나중에 왜 그러한 행동 결과가 일어났는가를 생각함으로써 행동의 원인이 무엇인가를 설명하려는 것이다. 예를 들면, 운동경기를 끝낸 선수가 운동 시합의 결과에 대한 그 원인을 분석함으로써 또는 시험을 치른 학생이 시험의 결과에 대한 그 원인을 분석함으로써 행동 결과를 설명하려는 접근 방법이 귀인이론이다. 이러한 성취결과에 대한 원인으로는 능력, 노력, 과제 난이도, 날씨, 내적동기, 타인의 도움, 운 등 무수히 많다.

이 이론의 이론적 기초가 성취동기 이론에서처럼 Lewin의 행동 공식 즉, 행동 = f(인적 변인×환경적 변인)에 있다는 점이다. 귀인이론은 인지적 접근 이론이며, 인지적 접근의 일반적인 형태는 자극(stimulus) - 인지(cognition) - 반응(response)으로 나타난다. 인지적 사고는 행동을 이끈다고 볼 수 있으며, 인간의 성취행동은 복잡한 인지과정을 거쳐 결정된다는 것이다.

현재의 성취 결과에 대한 원인적 귀인은 미래의 성취에 대한 기대와 개인의 감정에 영향을 미침으로써 행동의 강도나 지속성에 다시 영향을 받게 된다. 예를 들면, 초등학교 체육 수업에서 한 학생이 포환던지기를 한다고 가정하자. 그는 왜 포환던지기를 계속할 수 없는가의 판단에 따라 행동을 달리하게 된다. 만약 연습이 필요하다고 생각한다면 그 장소에 남아서 연습할 것이고, 지도를 받고 싶어지면 코치나 선생님을 찾아갈 것이며, 능력이 없다고 생각되면 포환던지기를 아예 포기하고, 멀리뛰기를 할지도 모르는 것이다. 이처럼 원인적 귀인은 노력과 지속성에 영향을 미치게 되므로, 성공과 실패에 관한 어린이의 귀인을 이해하면 성취상황에서 그들의 행동을 이해하는 데 큰 도움이 될 것이다.

또한 타인에 대한 귀인도 행동에 영향을 미친다. 예를 들면, 농구 시합에서 리바운드할 때 상대편이 팔꿈치로 친 것이 고의적인지 아니면 비고의적인지에 따라 다르게 행동할 것이다. 만약 상대편이 팔꿈치로 친 것에 대해 고의적이라고 판단하면, 상대편 선수에게 주먹을 날리고 욕설을 퍼부을 것이다.

스포츠 상황에서 선수나 코치가 팀 승리나 실패에 대한 이유를 생각하고 다음 시합에 대비해서 귀인에 근거하는 행동을 함으로써 다음 경기를 잘 이끌어 나갈 수 있다는 것이 귀인이론의 특성이다.

2) 스포츠 귀인의 원인적 유형

귀인에 관한 첫 이론은 Heider(1958)에 의해 시작되었으며, Heider는 행동적 결과를 개인적인 힘과 환경적인 힘의 상호작용 결과로 귀인하였다. 그리고 Weiner(1972)는 Heider의 모형과 Rotter(1966)의 통제소재 모델에 기초를 두고 새로운 귀인모형을 고안했으며, 스포츠 상황에서의 연구는 Weiner의 모델을 가지고 많이 연구했다. 성취행동에 대한 Heider와 Weiner의 귀인모형은 다음과 같다〈그림 3.2, 3.3〉.

그림 3.2 Heuder의 귀인모형

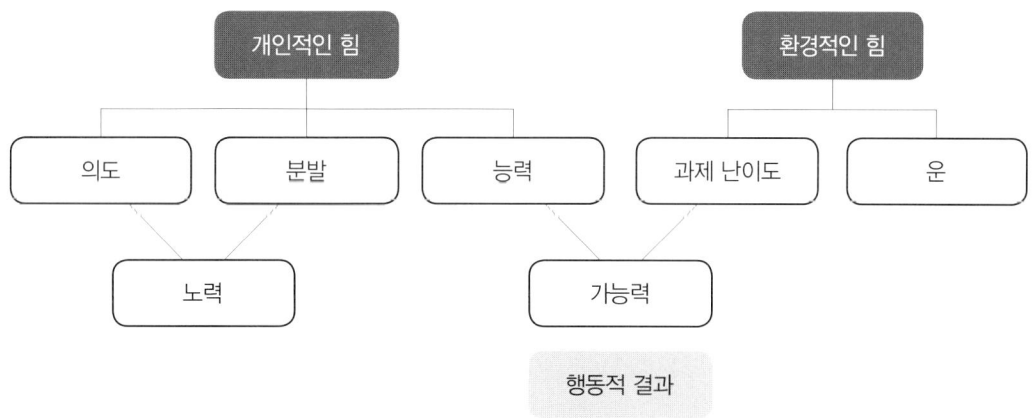

　개인적인 힘은 능력과 노력의 두 가지 요소로 구성되어 있다. 여기서 노력은 의도(intention)와 분발(exertion)로 구성되어 있으며, 의도는 동기의 질적인 측면을 말하며, 분발은 동기의 양적인 측면을 반영한다. 즉, 의도와 분발은 무엇을 얼마만큼 노력하는가를 말해 주는 것이다. 〈그림 3.2〉에서 보는 바와 같이 행동적 결과를 결정해 주는 개인적인 힘을 크게 능력과 노력으로 구분된다.

　행동 결과에 또 다른 영향을 주는 환경적 힘으로는 과제 난이도(task difficulty)와 운(luck)이 있다. 과제 난이도는 수행할 과제가 쉬우냐 어려우냐의 정도를 말하며, 운이란 과제를 수행할 시에 개인이 직접적으로 통제할 수 없는 상황적 변인으로서 항상 변화하고, 예측 불가능한 요인을 말한다. 과제 난이도는 개인적인 힘의 구성요인인 능력 요인과 상호 밀접하게 관련되어 있으며, 이 두 가지 구성요인이 결합되어 가능력(can)이 결정된다. 예를 들면, 과제가 수행하기에 단순하고, 과제를 수행하는 사람의 능력이 뛰어날 때는 과제의 수행은 지극히 성공적일 것이며, 과제가 수행하기에 어렵거나 수행하는 사람의 능력이 부족할 때는 과제의 수행은 성공적으로 될 수 없다. 따라서 이 두 가지 요인 간의 관계에 따라 행동 결과에 대한 귀인의 유형은 달라질 것이다(Carron, 1980).

　Weiner의 모델에 따르면 성공이나 실패의 원인은 능력(나는 테니스가 강하다), 노력(연습 많이 했다), 과제 난이도(상대 팀은 챔피언 팀이다), 운(심판이 상대편이다)의 네 가지 요인들로 귀인된다. 여기서는 성공과 실패의 원인을 인과성과 안정성이라는 두 가지 차원으로 분류했다. 이들 두 가지 차원은 성취 결과의 원인이 행위 주체(내재적)에 있느냐 아니면 환경(외재적)에 존재하는 것이냐에 관한 인과성(locus of causality)과 성취결과의 원인이 비교적 변함없이 안정된 것이냐, 또는 불안정한 것이냐에 관한 안정성(stability)이다.

Weiner의 이차원적 분류체계에다 성취 결과의 원인이 자신 혹은 타인에 의해서 통제가능성이 있느냐 없느냐에 관한 통제가능성(controllability) 차원을 추가하여 세 차원으로 분류하였다. 귀인의 개념으로 능력(ability)은 내적이며 안정적이고 통제 불가능하고 노력(effort)은 내적이며 불안정적이고 통제 가능하다. 그리고 과제 난이도(task difficulty)는 외적이며 안정적이고 통제 불가능하고 운(luck)은 외적이며 불안정적이고 통제 불가능한 특징이 있다.

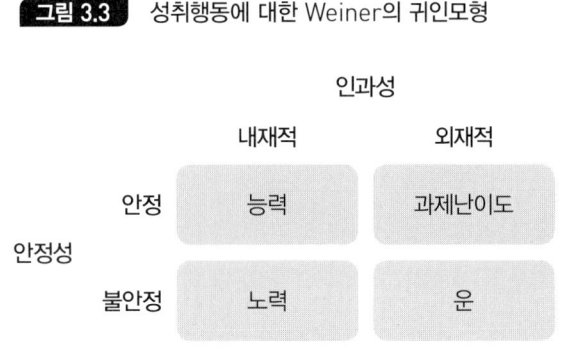

그림 3.3 성취행동에 대한 Weiner의 귀인모형

① 인과성

사람이 성공하면 보통 내재적 귀인을 하고, 실패했을 때는 외재적 귀인을 한다. 스포츠 상황에서의 승리한 팀과 패배한 팀의 선수나 코치의 말을 들어보면 보통 심판 판정이나 운, 또는 날씨 때문에 시합에서 졌다고 이야기하는 것을 간혹 들을 수가 있다. 이러한 행동의 원인을 내적요인으로 지각하느냐 외적요인으로 지각하느냐 하는 것은 앞으로의 행동에 영향을 미칠 뿐만 아니라 감정에 영향을 미친다.

성공이나 실패의 원인이 무엇이든 간에 결과의 특성에 따라 사람들은 긍정적이거나 부정적인 감정을 경험한다. 일반적으로 감정에는 결과에 의존하는 감정(outcome-dependentemotion)과 귀인에 의존하는 감정(attribution-dependent emotion)의 두 가지 유형이 있다. 결과에 의존하는 감정은 성공했을 때 행복을 느끼고, 실패했을 때 슬픔을 느끼는 것으로, 결과에 따라 감정이 달라진다는 것이다. 귀인에 의존하는 감정은 실패의 귀인을 노력에다 두었을 때는 부끄러움을 느끼고, 실패의 귀인을 능력에다 두었을 때는 무능력으로 느끼고, 성공의 내재적 요인에 귀인하면, 일반적으로 자긍심, 자신감 그리고 만족이 있고, 성공을 외재적으로 귀인하면 놀라움과 감사를 가지게 된다.

그러나 일반적으로 승패의 결과보다 귀인에 의해 행동과 감정이 더 변화된다. 성공했을 때 성공의 원인이 자기의 능력이나 노력이라고 판단했다면, 그 성공이 환경적 요인에 기인하였다고 느낄 때보다 더 큰 자부심과 성취감을 느끼며, 과제에 더 적극적으로 임한다. 그러나 실패했을 때, 실패의 원인이 자신에게 있다고 느끼게 되면, 그 원인이 환경적 요인에 존재한다고 느꼈을 때보다 더 큰 절망에 빠지며, 과제의 도전을 포기할 가능성이 크다.

내재적인 귀인은 외재적인 귀인보다 감정적 반응에 훨씬 더 많은 영향을 미치며, 특히 노력이 다른 요인보다 더 많은 영향을 미친다. 약간 수준이 낮은 테니스 선수가 노력해서 이겼을 때 가장 만족감을 느끼고, 노력이 부족해서 게임에 졌을 때 가장 부끄러움을 느낀다. 승자와 패자는 다른 귀인 형태를 보인다. 즉, 승자는 패자보다 수행을 더 내적으로 귀인한다. 이런 특성을 자아편견(self-serving bias)이라고 하며, 자아편견은 자아 중심주의적 성격(egocentric)에 기준을 두는 경향이 있다. 자아 중심주의적 성격이란 자아 고양적(ego-enhansive) 또는 자아 방어적(ego-defensive) 성격을 말한다. 다시 말해서, 성공했을 때는 자아를 미화시키거나 자기 탓으로 돌리고, 실패했을 때는 주로 환경적이고, 외적인 요인에 그 원인을 두는 경향이 있다. 즉, 한국 속담에 있는 것처럼 '잘되면 자기 탓, 못되면 조상 탓'인 것이다. Iso-Ahola(1977)와 Spink와 Roberts(1980)는 고등학교 농구선수를 대상으로 조사해 보니 선수들은 결과가 성공적일 때 더 내재적으로 귀인 한다고 했다.

행동결과에 대한 귀인 형태에 영향을 주는 또 다른 요인은 정보 처리 모형(information processing model)이다. 정보 처리 모형에서는 개인이 행동 결과에 대해서 자아 중심적 해석을 하는 이유를 자아 중심적 지각에 있다고 본다. 행동의 결과인 승패를 자아 중심적으로 해석하는 이유는 지금까지의 경험(정보)을 기초로 지각했기 때문이다.

② 안정성

안정성 차원은 성공이나 실패의 원인이 변하지 않는 요인인지 아니면 변화하는 요인인지를 가늠하는 차원이다. 안정성의 차원에서 분류하면 능력, 장기적 노력, 내적동기, 과제의 어려움은 비교적 변함이 없는 안정성이 있는 것이고, 일시적 노력, 기분, 타인의 도움, 행운, 불행은 변화가 큰 불안정한 것이다. 스포츠 상황에서의 예로는, 안정성의 차원으로 "당신의 테니스 능력은 경기 때마다 변하지 않는다.", "상대편이 아주 강하다.", "배구 네트 높이는 변하지 않는다." 등이고, 불안정성 차원으로는 "다음 경기를 위해 더 열심히 할 것이다.", "심판이 라인콜(line call)을 잘못 판정했다." 등을 들 수 있다.

안정성 차원은 미래 수행에 대한 기대를 결정한다. 여기서는 과거 경험이 아주 중요한 요인이기 때문에 과거 경험에 크게 영향을 받는다. 왜냐하면 과거 경험이 현재의 행동 결과를 이해하는 데 중요한 역할을 하기 때문이다. 안정된 귀인은 같은 결과를 기대하게 되고, 불안정된 귀인은 같은 결과를 기대하기가 어렵다. 현재의 결과와 이전 수행 간에 일치하면 할수록 안정적 요인에 더욱 귀인하고, 현재의 결과와 이전 수행 간의 불일치가 크면 클수록 불안정적 요인에 더욱 귀인한다. 즉, 성공 후의 실패, 실패 후의 성공은 운이나 노력과 같은 불안정적 요인에 강하게 귀인하고, 성공 후의 성공, 실패 후의 실패는 능력이나 과제의 난이도 같은 안정적 요인에 귀인한다. 예를 들면, 어떤 배구팀이 계속된 승리를 할 때 승리의 원인이 안정된 요인에 귀인하면 다음 경기에도 이길 것으로 예측할 수 있다. Spink(1977)의 연구에서도 그러한 경향을 볼 수가 있다. 그는 고등학교 농구선수들을 대상으로 원인 지각을 분석했는데, 과거 경험과 현재 결과가 일치하면 할수록 그 원인을 안정된 귀인 요인(과제, 능력)의 탓으로 돌리고, 일치하지 않으면 그 원인을 불안정한 귀인 요인(노력, 운)의 탓으로 돌렸다.

성취 결과가 특정한 요인에 기인한 것으로 분석되었을 때, 그것은 앞으로의 행동에 영향을 미친다. 행위의 주체가 성공이 안정성 요인에 기인하였다고 판단했다면, 개인은 희망을 갖고 적극적으로 과제에 임하지만, 성공이 불안정성 요인에 기인하였다고 느낀다면, 과제에 더욱 소극적으로 된다. 실패했을 때, 실패의 원인이 변화가 없는 안정된 것으로 판단했다면, 그는 희망을 잃고 과제를 포기할 가능성이 크지만, 그것이 변화할 수 있는 불안정한 요인에 기인하였다고 생각했다면, 그는 과제에 다시 도전할 가능성이 있다. 예를 들면, 시합에 계속 이기다가 한 번 정도의 실패는 불운이나 노력 부족에 귀인 하지, 능력 부족이나 과제가 어렵다고 생각하지 않는다. 이럴 때 과제에 다시 도전할 가능성이 크다.

③ 통제성

Weiner의 이차원적 분류체계는 귀인을 설명하기에 충분하지 못했다. 그래서 그는 성취 결과의 원인이 자신 혹은 타인에 의해서 통제 가능성이 있느냐 없느냐에 관한 통제성 차원을 첨가시켜 3차원으로 분류하였다〈그림 3.4〉.

통제가능한 귀인은 개인이나 타인이 통제할 수 있는 것을 말하고, 통제 불가능한 귀인은 아무도 통제할 수 없는 것을 말한다. 통제 가능성의 차원에서 분류하면 노력은 행위의 주체 또는 타인에 의하여 통제가 가능한 것이고, 능력, 과제의 어려움, 그리고 행운, 불행은 통제 불가능한 것으로, Weiner 모델에서 나타난 네 가지 요인 중에서 노력만 통제 가능성이 있다.

그림 3.4 3차원 귀인모형

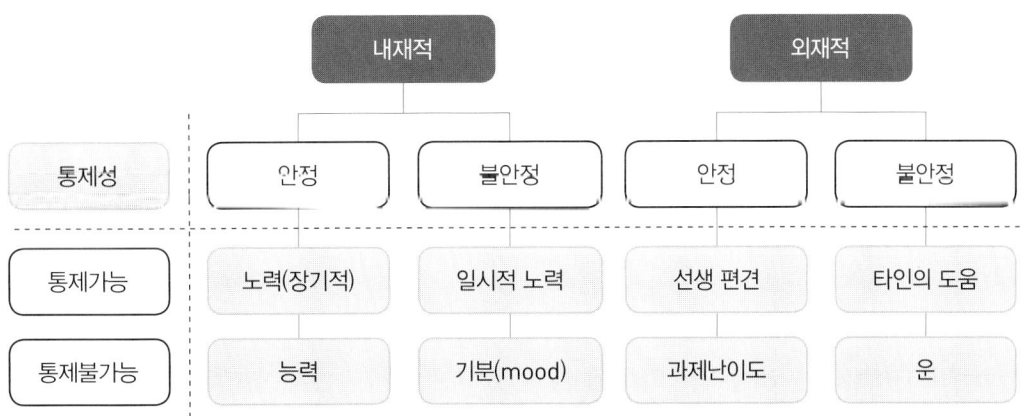

통제가능성은 우리의 도덕적 판단(moral judgements)에 영향을 미친다. 즉, 통제가능성 귀인에 의해 열심히 하는 사람에게는 보상을 주고, 게으른 사람에게는 처벌을 줄 수 있다. 수행을 통제할 수 있는 사람은 긍정적 감정(positive emotion) 반응이 나타난다. 성공했을 때 행위의 주체가 성공의 원인을 통제가능한 것이라고 판단했다면, 원인을 통제할 수 있는 능력이 자신에게 혹은 타인에게 있다고 믿기 때문에 그렇지 않을 때보다 과제에 적극성을 띤다. 또한 성공의 원인을 자신이 통제 가능하다고 느꼈을 때가 타인에 의하여 통제 가능하다고 판단했을 때보다도 과제의 성취에 대한 자긍심이 높고 과제에 더 적극적일 수 있다.

실패의 원인이 행위 주체가 통제가능한 것이라고 판단했을 때는, 행위자는 실패에도 불구하고 그 원인을 제거할 수 있다는 믿음으로 과제에 계속해서 적극성을 보일 것이나, 그것이 타인에 의해서만 통제 가능한 것으로 판단했을 때는, 절망하거나 과제에 소극적일 가능성이 크다.

자아편견에 의하면 성공은 내적 요인에, 실패는 외적 요인에 기인한다고 하였다. 그러나 능력이 없는(learned helplessness; 학습된 무기력) 사람이 실패했을 경우 이를 외적 요인에 기인하고, 성공했을 경우 내적 요인으로 기인할 수 있는가에 관한 문제이다. 능력이 없는 사람의 경우에는 성공은 외적 요인으로, 실패는 내적요인으로 돌리는 것이 논리적으로 타당하다는 것이다.

학습된 무기력이란 환경에 대한 통제력의 부족을 경험하는 것에서 생겨나는 것이다. 부정적 상황에 대해 통제할 수 없을 때나 실패가 어쩔 수 없을 때는 이러한 학습된 무력감을 느낀다. 통제할 수 없는 것으로 결과를 간주하는 사람은 동기저하 뿐만 아니라, 심하면 우울과 죽음까지도 일으킬 수 있다. 이런 사람은 성취동기가 높은 사람과 차이가 있는데 특히 실패 귀인에서 많은 차이를 보인다. 이런 사람은 실패를 안정성/통제 불가능 요인(능력부족)에 귀인하고, 희망이 보이지 않기 때문에 첫 실패 후 바로 포기하는 경향이 많으며, 심지어는 할 수 있는 일조차 포기하는 경우가 있다. 이런 사람에게는 적절한 노력이나 연습으로 도달 가능하고 적당한 성취 목표를 세운 뒤 목표 달성을 위해 노력할 수 있도록 격려해야 하며, 실패 귀인을 바꿔 주는 것이 좋다. 능력이 있는(mastery-oriented) 사람은 실패했을 때 그 실패를 일시적 후퇴로 간주해서 더욱더 지속해서 도전하는 경향이 있다. 아주 잘하는 선수도 게임에서 한 번 지면 무기력해질 때가 있으므로 이럴 때는 불안정성/통제할 수 있는 것으로 귀인하는 것이 필요하다(예, 노력, 전략, 연습, 기술, 변할 수 있는 모든 것). 즉, 스포츠 상황에서 성공의 원인은 안정적, 내적, 통제 가능한 것으로 귀인하고 실패의 원인은 불안정적, 내적, 통제 가능한 것으로 귀인하는 것이 바람직하다.

3) 귀인의 결과와 행동

귀인의 결과와 행동은 성별, 연령, 승자와 패자, 자기 지향성, 성취목표성향, 성취동기 등에서 차이를 보인다.

McHugh 등(1978)은 귀인 연구와 성별 차이에 관한 아주 좋은 결과를 제시했는데 남자와 여자는 귀인의 차이를 보였다. 일반적으로 여자는 남자보다 능력이나 성공의 기대치가 낮다. 여자에게 자주 발견되는 귀인 패턴은 외재적 요인이다(운, 과제 난이도). 많은 연구에서 남자보다도 여자가 성공 또는 실패했을 때 운으로 돌린다. 적어도 남성주도(masculine) 세계에서는 여자는 성공의 책임을 적게 느끼고, 실패에 대해서도 창피한 느낌을 적게 가진다. 여자는 남자보다 여러 가지 과제에서 더 잘할 수 없다고 기대하며 이러한 기대가 직접적으로 여자의 수행에 영향을 미친다. 성취상황에서 여자가 남자보다 더 무기력하다. 일반적으로 귀인에 관한 성별차이를 도표로 그려보면 다음과 같다〈그림 3.5〉. 그러나 항상 이런 패턴으로 되는 것은 아니다.

그림 3.5 귀인에 관한 성별차이

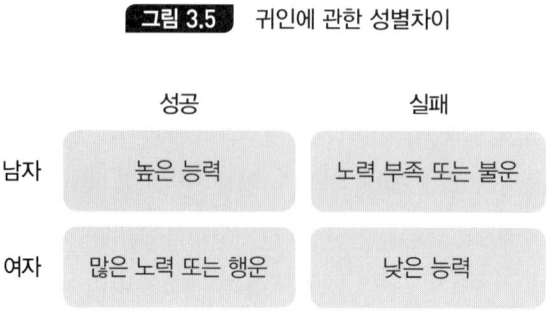

또한 스포츠 상황에서 귀인의 정보 처리 과정, 노력과 능력을 구분하는데 연령차가 존재하는 것으로 이해된다. 승자는 내적이고 안정적인 요인에 귀인하고 패자는 외적이고 불안정한 요인에 원인을 돌리는 경향이 높다. Fontaine(1975)은 사람들이 귀인을 할 때 항상 합리적 모델을 적용하지 않고 때로는 자기를 위해 비합리적 모델을 따른다고 보고하였으며 그것을 자기 지향성(ego-centrism)이라 히고 자기 고취와 자기 보호가 있다. 자기 고취는 승리했을 때 운이 작용했지만, 내적 원인으로 귀인하는 경향이 높고 자기 보호는 패했을 때 능력이나 노력이 부족했으나 외적인 원인으로 귀인한다.

과제지향적인 사람은 성공을 노력으로 원인을 돌리고 자기지향적인 사람은 능력으로 귀인 하는 경향이 높다. 성취동기가 높은 사람은 성공을 안정적이고 내적으로 돌리고 실패의 원인을 불안정적이고 외적으로 돌리지만, 성취동기가 낮은 사람은 성공의 이유를 불안정적이며 외적 요인으로 돌리고, 실패를 안정적이고 내적 요인으로 귀인한다.

6. 성취목표성향

심리학자들은 성취도의 차이를 이해하기 위한 방식으로 성취목표 성향(achievement goal orientation)에 초점을 맞췄다(Duda, 1993; Dweck, 1986; Maehr & Nicholls, 1980; Nicholls, 1984; Roberts, 1993). 성취목표 이론에 따르면, 성취목표, 지각된 능력, 성취행동이라는 세 가지 요인의 상호작용이 개인의 동기수준을 결정한다. 어떤 사람의 동기수준을 이해하기 위해서는 성공과 실패가 그 사람에게 어떤 의미를 내포하는가를 이해해야만 한다. 그러한 이해를 위한 최적의 방법은 개인의 성취목표와 그러한 목표들이 자기 능력에 대한 인식이나 지각된 능력과 상호작용하는 방식을 검토하는 것이다.

일반적으로 사람들의 성취목표는 자기지향적(ego goal orientation)과 과제지향적 목표(task goal orientation)를 가진다고 한다. 자기목표 지향은 타인과 수행을 비교하고, 타인을 이기는 데 초점을 맞추는 반면, 과제지향은 자신의 기준과 수행을 비교하고, 개인적 성장과 개선을 얻는 데 맞춘다.

과제지향은 자신의 수행이 다른 사람들보다 저조할 때, 사람들이 느낄 수 있는 실망, 좌절감, 동기수준의 저하를 방지할 수 있다. 개인적인 수행에 집중하는 것은 더 많은 통제력을 제공하기 때문에 우리는 더욱더 동기유발 될 수 있으며, 실패를 무릅쓰고, 더 오랫동안 계속해서 활동할 수 있다. 과제지향적인 사람들 또한 중간 정도로 어렵거나 현실적인 과제 및 상대를 선택한다. 그들은 실패를 두려워하지 않으며, 자신들의 능력에 대한 지각이 자신의 참조 기준에 근거를 두고 있으므로, 자기지향적인 사람들보다 자신들에 대해 자부심을 느끼며, 높게 지각된 능력을 보여준다.

자기지향적 성향은 높게 지각된 능력을 유지하기가 어렵다. 자기와 타인들을 비교하는 방식에 의해 성공을 판단하므로, 실제로 타인들의 수행정도를 통제할 수는 없다. 결국 상대방 중에서 적어도 반은 패배해야만 하며, 이러한 사실은 나약하게 지각된 능력을 더 저하시킬 수 있다. 자기지향적이거나 낮게 지각된 능력을 지닌 사람들은 낮거나 부적절한 성취행동 유형을 보여준다(Duda, 1993).

즉, 과제성향과 자기성향은 심리행동적인 차이를 보이는데 과제성향은 실현가능한 과제, 약간 어려운 과제를 선택하고, 자유시간에 연습증가와 운동시 노력증가를 보이며, 내적동기와 몰입체험이 높고, 지각된 유능성이 증가하고 실패의 영향이 작으며, 성공의 이유를 노력과 협동으로 귀인하고 긴장 및 불안이 감소한다. 반면 자기성향은 매운 쉬운과제와 달성 불가능한 과제를 선택하고 자유시간에 연습감소와 운동시 노력의 부족을 보이며 내적동기와 몰입체험 감소, 지각된 유능성 감소와 실패의 영향이 크며, 성공의 이유를 기술, 재능, 상대 압도로 돌리고 긴장 및 불안 증가의 정서반응을 보인다.

그러므로 건전한 스포츠 참여와 지속적인 동기유발을 강조하기 위해서는 지나친 승부욕을 자극하는 자기지향적 목표보다는 자신의 수행기준에 따라 비교하고 노력하도록 강조하는 과제지향을 채택하는 것이 바람직하다.

7. 스포츠 동기유발 전략

동기는 스포츠 상황에서 운동수행과 학습 모두에 매우 중요한 변수이다. 하지만 동기 하나의 요인만이 운동행동에 영향을 미치는 것은 아니다. 운동생리적, 사회적, 역학적, 전략적, 의학적 요인과 같은 다양한 요인이 중요하게 작용할 것이다. 동기는 스포츠 활동의 시작, 지속, 중지, 포기를 결정한다. 스포츠 현장에서 효율적인 운동수행을 위해 선수들을 동기유발시키는 전략이 필요하다.

첫째, 스포츠 참가자들의 참여동기를 파악하고 이해한다. 둘째, 참가자들의 상황과 그들의 내적 특성의 두 가지가 상호 작용하여 동기를 유발한다는 것을 인식해야 한다. 셋째, 참가자들의 요구와 만족도를 채워줄 수 있도록 상황을 편성해야 한다. 넷째, 스포츠 현장 관계자들이 동기 상황에서 중요한 역할을 담당한다는 사실을 알아야 한다. 다섯째, 바람직하지 못한 참여 동기들을 바람직한 방향으로 유도하여 행동변화를 유인해야 한다. 여섯째, 구체적인 목표를 수립하고 계획에 따른 단계별 목표를 설정한다. 일곱째, 개인차를 고려한 목표를 설정하고 적절한 강화를 제공한다. 여덟째, 과제지향적 목표를 강조하고 피드백은 수행 후 즉시 제공한다(Weinberg, & Gould, 2015).

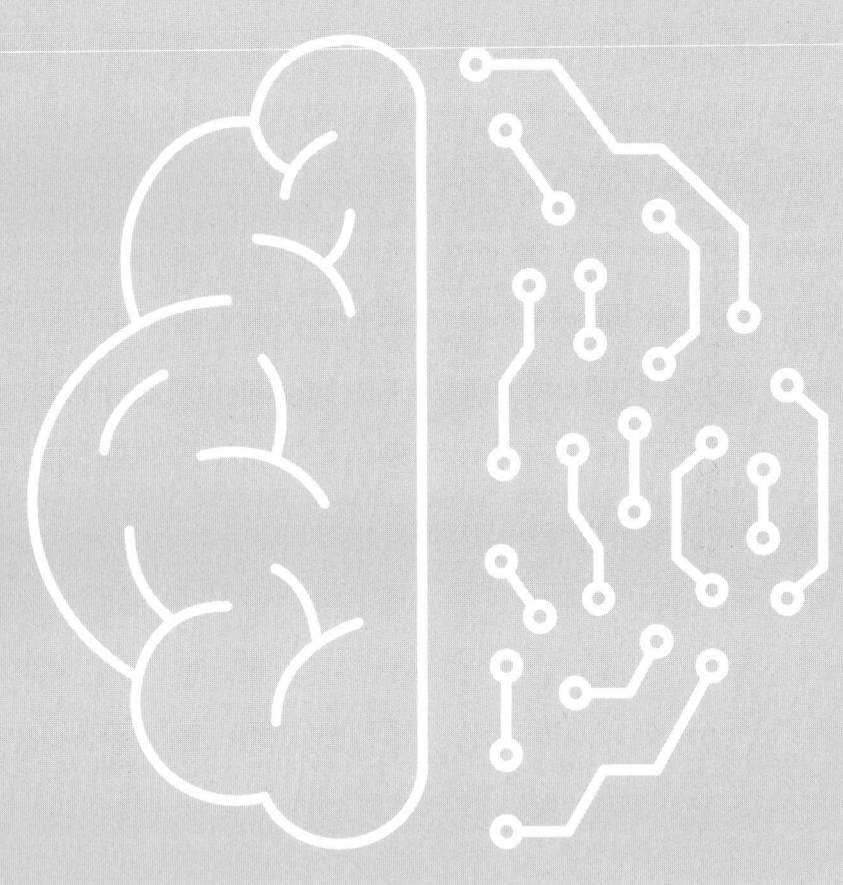

제4장

스포츠와 불안

정서는 인간의 마음에 나타나는 기분, 분위기, 감정 등을 말한다. 스포츠 상황에 주로 경험하는 정서는 각성(arousal), 불안(anxiety), 스트레스(stress)로 이들은 운동수행에 많은 영향을 미친다. 즉, 불안이나 긴장은 운동수행과 밀접한 관계가 있는 핵심 요인이다. 경쟁불안에 과도하게 시달리게 되면 선수들은 경기하기도 전에 몸이 얼어버려 자신감을 상실하고, 이에 따라 패배라는 부정적인 결과를 초래할 것이다. 스포츠심리학 하면 가장 먼저 생각할 수 있는 것이 불안과 운동수행의 관계일 것이다. 엘리트 선수들의 운동수행은 같은 신체적, 기술적 조건이라면 심리적 기술이 우수한 선수들이 경쟁에서 이기거나 성공할 수 있다. 이러한 심리적 기술이 절대적인 기여보다는 상대적인 기여에서 더 많은 의미를 두기에 스포츠심리학이라 하면 경쟁불안이 최고의 쟁점이 되어왔던 것도 사실이다. 실제로 스포츠심리학에서는 오래전부터 많은 분야의 연구들이 이 문제에 집중됐다. 특히 Spielberger나 McGrath의 스트레스 연구에 기초하여, Martens와 그 동료들이 경쟁과 경쟁불안에 관련한 개념들을 규정하고 견실한 측정 도구들을 개발함에 따라 경쟁불안과 운동수행 관계의 연구는 급격히 늘어나게 되었고, 많은 학자가 이 부분의 연구에 큰 관심을 보이고 있다(최만식, 2004).

이 장에서는 각성, 불안 그리고 운동수행의 관계에 대해서 이론적 입장을 근거로 그 관련성을 살펴보고자 한다.

1. 각성, 불안, 스트레스의 개념

1) 각성

　인간은 수면, 안정, 불안, 주의집중과 같은 연속적인 상황에서 사는데, 이러한 정서 상태와 신체운동 사이의 흥분 수준을 각성(arousal)이라고 표현한다. 각성은 상태불안과 밀접한 관련이 있고, 행동의 강도 측면에 관한 것이다. 즉, 깊은 수면에서 높은 흥분에 이르는 연속선상에서 변화하는 유기체의 일반적인 심리적, 생리적 활성화로 정의한다.

　각성은 긍정적이거나 부정적인 것은 아니다. 무서운 상황에 있을 때나 실수에 대한 두려움이 있을 때뿐만 아니라 흥분된 일들을 보면 각성수준은 증가한다. 각성수준이 증가하면 심리적, 인지적, 생리적 반응이 나타난다.

　각성은 생리적, 신체적, 심리적, 인지적 구성을 지닌 다차원적 상태이다. 스포츠 상황에서 각성의 인지적 구성은 수행평가에 대한 두려움, 실패할 것에 대한 두려움 등이다. 경쟁은 항상 수행평가를 하기 때문에 각성이 수반되므로 격렬하지 않은 스포츠 종목에서도 약간의 각성이나 두려움이 야기된다. 예를 들면, 초등학교 체육시간 장애물 코스에서 학생들이 교사에게 잘 보이려고, 체력 단련 시간에 동료 앞에서 좋은 체격을 보이고 싶을 때도 약간의 각성이나 두려움이 나타나게 된다. 엘리트 대학 선수들은 운동수행을 잘하고 싶고, 실수하지 않기를 바라기 때문에 생리적 각성과 인지적 두려움 두 가지 모두를 경험한다. 스포츠에서 각성 상태가 아주 높을 때 각성과 불안을 같이 사용한다.

2) 불안

　불안(anxiety)은 사람들이 일상적으로 쓰고 있는 말이지만 정확하게 정의를 내리기가 어렵고 여러 가지 의미로 사용된다. 그러나 스트레스, 긴장(tension), 좌절(frustration)이란 말들과 관련지을 때 불안에 대한 정확한 정의가 필요하다. Lazarus와 Averill(1972)은 불안이란, 짜증감을 동반하는 우울 또는 흥분 상태를 말한다고 정의했고, 그 외의 학자들은 불안을 도덕적 행위에 대한 걱정, 실패를 두려워하는 것으로 정의하기도 한다. 종합해보면 불안은 불쾌한 정서반응으로 자율신경계의 각성을 유발시킬 수 있는 정서의 부적응 상태이다.

　불안은 특성불안과 상태불안 두 가지로 나누어 생각할 수 있다. 1966년 Spielberger는 두 가지의 불안상태를 명확히 구분했다. 특성불안(trait anxiety)은 선천적으로 타고난 잠재적인 특성 또는 성향이다. 즉, 상황이 객관적으로 위협적이지 않음에도 불구하고 위협적인 상황으로 지각하는 것으로, 객관적인 위협의 강도와 관계없이 상태불안 반응을 나타내는 경향이다. 상태불안(state anxiety)은 어떤 특정한 강도로 발생하는 상황적 불안으로 (Lander, 1980), 직면한 상황에 고정되지 않은 정서 상태로써 자율신경계의 활성화와 각성과 관련되어 주관적, 의식적으로 느끼는 긴장감이다. 특정 순간에 걱정하거나 부정적인 생각을 하는 정도의 인지적 상태불안(cognitive anxiety)과 상황에 따라 달라지는 지각된 생리적 반응의 신체적 상태불안(sometic anxiety)으로 구분할 수 있다. 불안(상태불안)이나 스트레스는 자율신경계의 고각성 상태로부터 비롯되는 불쾌감 또는 과도한 근심 상태를 뜻하며(Lander, 1980), 각성과는 달리 강도와 방향의 두 가지 측면을 다 설명하고 있다. 일반적으로 특성불안이 높은 사람은 더 많은 상황을 위험한 것으로 지각하거나, 위협적인 상황에 더 높은 수준의 상태불안을 나타낸다는 것이다.

스포츠 상황에서 불안과 관련되는 연구들은 두 가지 중 하나와 관계된다. 첫째, 특성불안과 상태불안은 운동수행에 어떻게 영향을 미치는가? 둘째, 스포츠는 특성불안과 상태불안에 어떻게 영향을 미치는가? Hardman(1973)은 Cattell의 16PF를 사용해서 42명의 각기 다른 종목의 운동선수 간에 특성불안을 비교하였다. 그 결과 접촉과 비접촉 스포츠에 참여한 운동선수 간에 또한 개인과 단체 스포츠에 참여한 운동선수 간에 어떤 차이도 없었다고 보고하였다. 그러나 Ogilvie(1968)의 연구를 보면 운동선수들 사이에서 우수한 선수들이 감정적으로 더 안정되어 있으며, 더 낮은 특성불안을 갖고 있고, 또한 감정적 스트레스에 더 많은 저항력을 갖고 있다고 결론을 내렸다.

Spielberger(1972)의 특성-상태불안 이론에서는 상황을 위협적으로 지각할 때, 특성불안이 높은 사람이 낮은 사람보다도 상태불안이 높다고 예측한다. Klavora(1978)는 STAI를 사용해서 3,000명의 고등학교 농구 선수와 미식축구 선수를 대상으로 연구한 결과 두 집단 모두 특성불안이 높은 선수가 상태불안이 높게 나타났다. 특성불안이 높은 집단과 낮은 집단 모두 경기 전에 상태불안이 높게 나타났으며, 또한 경기 전 상태불안이 연습 시 상태불안보다 높게 나타났다. 또한 Morgan과 Hammer(1971)는 4개 대학 레슬링선수를 대상으로 IPAT검사를 사용한 결과, 경기 1시간 전에는 불안이 증가하고, 경기 후에는 불안이 감소하였다고 밝힌 바 있다.

3) 스트레스

스트레스(stress)는 Selye(1956)가 처음 소개한 개념으로 '내 외적 압력에 의하여 유기체 내에서 일어나는 모든 불특정한 반응의 총화 또는 신체적 자원의 소모 정도'로 정의하였다. 즉, 스트레스는 압박을 의미하는데, 상황의 객관적인 자극, 불안 상태 또는 상황을 가리키는 것으로써 어느 정도의 육체적, 심리적 위험성을 띤 객관적 상황의 자극이다(Lazarus, 1966). Cratty(1973)는 스트레스의 특징을 첫 번째, 대개 동기 유발된 상태보다 극단적인 경향을 보인다. 두 번째, 어떠한 위협이 개인에 의하여 지각된 결과이다. 세 번째, 개인과 환경 간의 상호작용이다. 마지막으로, 개인은 그 상황을 정상적인 방법으로 대처해 나갈 수 없다고 설명했다.

McGrath(1970)는 스트레스를 '환경의 요구에 대응하지 못할 때 중대한 결과가 초래되는 상황에서 환경의 요구와 개인의 반응 능력 간의 실제적인 불균형'이라고 정의하면서 스트레스 모형을 개발하였다.

스트레스 과정은 1단계 상황적 요구(신체적, 심리적), 2단계 지각된 위협(지각된 심리적, 신체적 위협의 양), 3단계 반응(신체적, 심리적 각성, 상태불안, 근육 긴장, 주의 변화), 4단계 행동결과(운동수행 결과)의 네 단계로 설명되며 행동의 결과는 다시 1단계로 피드백이 되어 스트레스는 순환과정을 겪게 된다〈그림 4.1〉. 예를 들면, 전체 학생 앞에서 수영 시범을 보일 때 신체적 심리적 요구를 받게 된다. 같은 환경이라도 지각된 양상은 달라진다. 수영을 잘하는 학생은 대수롭지 않게 생각하지만 수영을 잘하지 못하는 학생은 엄청난 부담감을 가질 것이다. 출발대에 서게 되면 두 사람의 신체적 심리적 반응이 다를 것이다. 수영을 잘 못하는 학생은 근심과 걱정 그리고 생리적으로 활성화가 모두 높아진다. 수영 실력이 다른 두 학생은 서로 다른 행동의 결과를 보일 수도 있다. 수영을 잘하는 학생은 박수받을 것이고 수영을 잘하지 못하는 학생은 전체 학생들 앞에서 창피를 당할 수 있다. 이러한 전체 학생의 평가는 또 다른 환경의 요구가 된다.

Selye(1974)는 모든 스트레스가 부정적인 것이 아니라고 주장하면서 스트레스를 쾌적스트레스(eustress)와 유해스트레스(distress)로 분류하였다. 쾌적스트레스는 가볍고 조절이 가능한 스트레스로 오히려 상쾌한 자극이 되어 감정 발달과 지적 발달에 긍정적으로 작용하는 순기능적인 역할을 하고, 유해스트레스는 스트레스가 심하고 장기적이면 조절할 수 없고 면역체계를 악화시키는 역기능적인 역할을 한다고 하였다.

그림 4.1 스트레스 과정(McGrath, 1970)

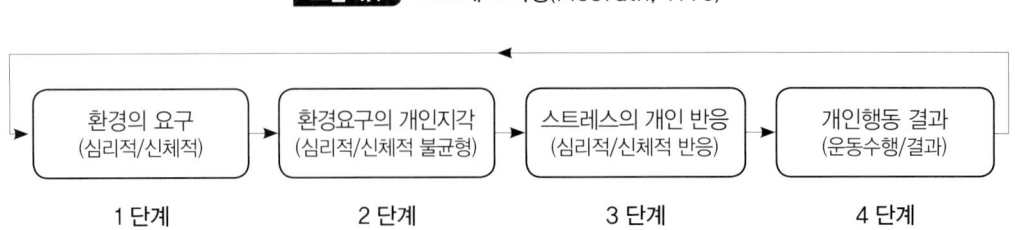

2. 불안의 측정

경쟁 불안을 통제하기 위해서는 불안의 종류를 먼저 파악하고 구체적으로 불안의 원인을 파악해야 한다. 불안을 측정하는 방법으로는 심리적, 생리적(호흡의 수, 맥박의 수), 행동적, 생화학직 방법 등이 있다.

1) 불안의 심리적 척도

불안을 측정하기 위한 심리적 측정 방법으로는 자기 보고식 검사를 많이 이용해 왔다. 직접적으로 관찰할 수 없는 불안의 상태를 경험하고 있는 수행자 자신이 직접 보고하는 형식의 측정 방법이다. 1950년대 초에 불안을 측정했던 학자들은 1953년에 Taylor의 표명불안 척도(Taylor Manifest Anxiety Scale; MAS), 1960년에 Sarason 등이 만든 일반 불안척도(General Anxiety Scale; GAS)와 같은 일반적인 도구를 사용했다. 그러다 1966년도에 Spielberger에 의해 특성불안과 상태불안 사이의 차이를 분류해서 1970년에 상태 특성 불안 척도(State-Trait Anxiety Inventory; STAI)가 만들어졌다. 이 시기에 많은 학자가 상황에 맞는 불안 척도가 일반적인 불안 도구보다 행동을 더 잘 예측한다는 것을 발견했다. 예를 들면, 검사 불안, 사회적 평가 불안, 심지어는 뱀, 키, 어두움에 관한 불안 등 많은 척도가 개발되었다. 특히 스포츠와 관련된 불안 심리검사지로는 처음으로 Martens(1977)가 스포츠 경쟁 불안 검사지(Sport Competition Anxiety Test; SCAT)를 개발했다. SCAT가 STAI보다 스포츠 상황에서 상태불안을 더 잘 예측한다고 하지만 특성불안만을 측정하고, 상태불안을 간접적으로 측정하기 때문에 문제점이 있다. 그래서 상태불안을 측정하기 위해 Martens 등 (1980)이 STAI를 수정해서 경쟁상태불안 검사(Competitive State Anxiety Inventory; CSAI)를 개발했고, 다시 Martens 등(1983)은 CSAI-2를 개발했다.

① Taylor(1953)의 표명불안 척도(Manifest Anxiety Scale; MAS)

MAS는 선구자적인 불안 검사지로 타고난 특성으로서의 불안을 측정하기 위해서 제작되었다. 50개 문항에서 1문항에 1점씩 해서 총점이 19점 미만이면 선천적으로 불안도가 적고, 19점보다 높으면 선천적으로 높은 불안을 느낀다는 것이다. 그러나 이것은 특성불안 검사지이지 상태불안을 측정하는 검사지는 아니다.

② **Spielberger의 상태-특성불안 척도(State-Trait Anxiety Inventory; STAI)**

특성불안과 아울러 상태불안을 측정할 수 있는 도구이다. STAI는 상태불안과 특성불안 각각 20문항으로써 총 40문항으로 구성되어 있는데, 상태불안 검사항목은 현재의 상태를 기술케 한 것으로 특정 순간의 긴장, 우려, 근심 등을 측정할 수 있으며, 특성불안 척도는 선천적인 기질을 의미한다. 즉, 일상생활에서 일반적으로 느끼고 있는 불안성향을 측정하기 위한 항목이다.

③ **Martens의 스포츠 경쟁불안 척도(Sport Competition Anxiety Test; SCAT)**

스포츠 상황에서의 경쟁을 측정하기 위한 불안 검사지이다. SCAT은 원래 10~15세의 어린이를 대상으로 사용하기 위하여 개발되었으나, 그 후에 성인을 위한 SCAT의 개발이 바람직하다고 생각되어 검사지의 목록을 점검한 다음 지시사항과 각 문항에서 단어가 성인의 수준에 적합하도록 수정되어 성인용 SCAT이 개발되었다. 그 후 SCAT의 내적구조, 신뢰성 및 타당성이 어린이용과 성인용에 대하여 각각 확정되었으며, 질문지 개발을 위하여 검사에 동원된 인원은 2,500명 이상이었다.

④ **Martens 등(1980)의 경쟁상태불안검사(Competitive State Anxiety Inventory; CSAI)와 Martens 등(1983)의 CSAI-2**

Spielberger의 상태불안 개념을 경쟁 상황에서 선수가 느끼는 경쟁 불안에 도입하여 이 검사를 개발했다. CSAI-2는 인지적 불안, 신체적 불안, 그리고 자신감 영역으로 구성된 도구로서 선수들의 경쟁상태 불안을 측정할 수 있도록 만들었다. 하위 구성 요소로 인지적 불안(cognitive anxiety; 근심, 걱정)과 신체적 불안(somatic; 생리적 각성), 자신감(self-confidence)을 포괄하는 27문항으로 구성된 다차원적이고, Likert 척도 방식에 의한 검사지이다. 보통 CSAI-2의 측정시간은 5분 정도밖에 들지 않으며, 최소한 시합 1시간 전에 실시되어야 하고, 이상적으로는 측정 시기가 가능한 한 시합시간에 가까울수록 좋다. CSAI-2를 사용할 때는 피험자에게 주는 질문지의 제목을 다른 이름의 자기평가 설문지라고 쓰는 것이 바람직하며, 이러한 방법은 측정도구에 대한 피험자의 편견 된 반응을 줄이는 데 도움을 줄 것이며, 이 척도는 1982년 처음으로 북미스포츠심리학회(NASPSPA)에서 발표되었다.

2) 불안의 생리적 척도

사람들은 일반적으로 위협적, 환경적 자극을 받으면 우려와 긴장의 정서적 상태가 되며, 이러한 심리적 상태와 아울러 자율신경계의 활성화로 여러 가지 생리적 반응이 동반된다. 이러한 생리적 반응으로는 심장박동수, 혈압, 근육의 긴장, 뇌파, 전류에 대한 피부의 저항 등이 그 예들이다. 이러한 불안을 생리적인 방법으로 측정하는 것으로는 뇌파검사(EEG), 피부전기저항(GSR), 심전도(EKG), 근전도(EMG), 발한율, 심장박동수, 혈압, 안면근육 패턴 등을 조사하는 방법이 있다.

대체로 이들 생리적 측정 방법은 불안 현상이 일어날 때는 정상적 반응과 형태가 다르며, 이는 곧 불안의 척도로 사용된다. 대뇌 피질에서 기록할 수 있는 뇌파는 정상적인 상태, 수면 상태, 졸린 상태, 휴식 상태, 그리고 흥분 상태일 때 각각 그 유형이 다르게 나타난다(Fisher, 1976), 〈그림 4.2〉. 이러한 뇌파의 유형이 자율신경계 각성의 정도를 나타내 주며, 곧 불안 상태를 표시해 준다. 또 다른 생리적 반응으로는 손바닥에서 분비되는 땀의 양으로 불안 정도를 알 수 있다.

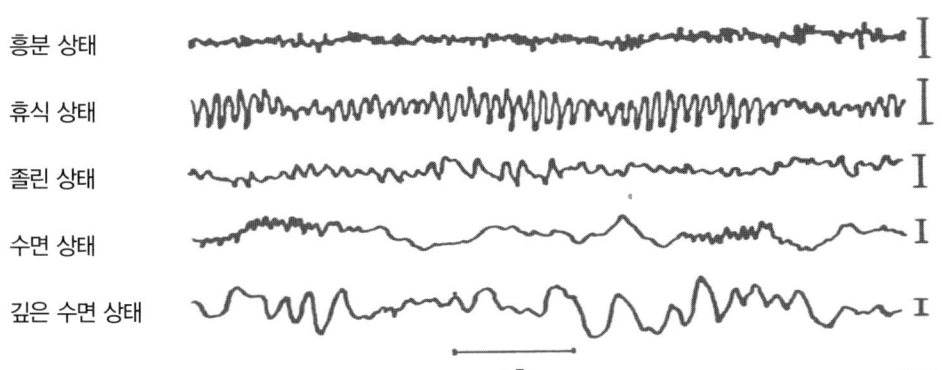

그림 4.2 정상인의 뇌파

3) 불안의 행동적 척도

이 방법은 코치, 선수들에게 가장 현실성 있는 참고 자료가 된다. 예를 들면, 경기 전에 목이 뻣뻣하다, 초조하다, 가슴이 두근거린다, 몸을 떤다, 근육이 긴장된다 등의 이러한 비정상적인 행동증상은 곧 불안의 징표가 된다. 불안의 행동적 증상을 체크하는 기록지는 〈표 4.1〉과 같다.

표 4.1   불안의 행동 증상 기록지

행동적 증상	시간			
	평소 연습 시	시합 30분 전	시합 5분 전	시합 10분 후
목이 뻣뻣하다.				
뱃속이 뒤틀리는 기분이다.				
초조하다.				
가슴이 두근거린다.				
화장실에 자주 간다.				
하품을 많이 한다.				
몸을 떤다.				
토할 것 같은 느낌이다.				
땀을 많이 흘린다(운동을 하지 않는데도).				
근육이 아프다.				
안절부절못한다.				
목이 마르고 타는 듯하다.				
얘기해 준 것을 잘 잊어버린다.				
집중을 못한다.				
혼동을 잘한다.				

4) 불안의 생화학적 척도

불안할 때 나타나는 생체의 화학적 변화와 반응으로 각성 상태와 수반되는 호르몬의 변화는 혈당이나 소변에서 알아낼 수 있다. 호르몬 중 에피네프린(epinephrine)은 시합 직전 및 직후에 평상시보다 2~3배가 증가한다고 한다(Fisher, 1976). 그러나 이 방법을 이용하는 데 실용성의 문제가 있다.

5) 과도한 불안에 따른 증상

불안이 과하게 되면 심리적, 생리적, 행동적인 증상으로 나타난다. 심리적 증상으로는 근심과 걱정을 하고, 의사결정을 제대로 하지 못하며, 압도당한 느낌이나 혼동감을 갖는다. 그리고 주의집중력이 떨어지고 상황을 통제하지 못하며 주의의 폭이 좁아진다. 생리적 증상으로는 심박수와 혈압이 높아지고 호흡이 빨라지고 손에 땀이 나며 동공이 확대되고 뇌의 활동이 증가한다. 피부에 있는 혈액의 양이 증가하고 근육이 긴장되며 산소 섭취량이 증가,

입이 마르고 소변이 자주 마려우며, 아드레날린의 분비가 증가한다. 마지막으로 행동적 증상으로는 말이 빨라지고 목소리가 떨리며 손톱을 물어뜯고 발을 떤다. 그리고 근육에 경련이 일어나며 하품을 하고 눈을 자주 깜박거리는 증상을 보인다.

3. 각성, 불안이 운동수행에 미치는 영향

경쟁불안이 일반적으로 운동수행에 부정적 영향을 미친다고들 하지만 각 이론은 이를 달리 설명하고 있다. 각성, 경쟁불안과 운동수행을 설명하는 여러 가지 이론들이 보고되었다. 아래에서는 시대적 흐름에 따라 그 이론의 특징과 응용 가능성에 관해 설명해 보고자 한다.

1) 욕구이론

욕구이론(drive theory)은 1943년 Hull에 의하여 발표되었다가 Spence(1956)에 의하여 수정된 이론이다. 이 이론에 따르면 수행은 습관과 욕구의 승산함수라고 예언했다〈그림 4.3〉. 욕구(drive)의 이론적 구성개념은 종종 생리적 활성화와 동의어로 쓰이는데, 그 이유는 생리적 각성이 훨씬 과학적인 측정을 할 수 있기 때문이다. 반면, 습관(habit)은 정확한 반응이나 부정확한 반응의 위계 서열 또는 지배성을 일컫는다. 욕구이론이 모든 운동 종목에 해당하는 것이 아니고, 운동기술의 수행방법이 비교적 단순한 기초 운동능력, 특히 근력과 인내력을 포함하는 대근육을 사용하는 운동에서는 어느 정도 높은 수준으로 흥분을 요구한다는 점에서 타당하며, 단순하거나 쉬운 과제를 수행할 때는 타당하다. Zajonc(1965)는 사회촉진이론을 주장하면서 다른 사람의 존재가 수행자의 각성을 증가시키며, 이러한 각성(욕구)의 증가는 수행자의 지배적인 반응을 증가시키거나 유발시킨다는 것을 보여주기 위해 욕구이론을 이용하였다. 잘 학습되거나 단순한 기술을 수행할 때는 지배적 반응이 정확하며 증가한 각성이 수행을 촉진한다. 하지만 복잡하거나 학습되지 않은 기술을 수행할 때는 다른 사람들의 존재가 각성을 증가시키며, 지배적인 반응이 더 자주 부정확하게 만든다. Martens(1974)는 욕구이론이 단순한 운동기술에는 적합하지만, 복잡한 기술이 필요한 운동에는 적용되기 어려우므로 그 사용을 제한해야 한다고 주장하였다.

그림 4.3 욕구이론

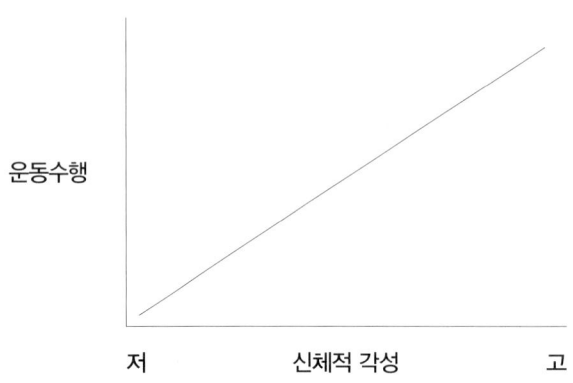

2) 역 U자 가설

역-U 가설(Inverted-U hypothesis)은 Yerkes와 Dodson(1908)에 의해 제안되었다. 여기서는 낮은 각성수준에서는 선수가 충분히 각성되지 않았기 때문에 운동수행이 낮을 것이라고 가정한다. 각성이 증가함에 따라 최적의 운동수행이 일어나는 적당한 점까지는 운동수행도 증가한다. 그러나 적당한 수준 이상의 각성 증가는 운동수행의 점차적인 저하를 불러일으킨다. 따라서 이 가설은 적절한 각성수준에서는 최고의 운동수행을 보이나 낮은 각성이나 높은 각성수준에서는 부정적인 운동수행을 보인다는 것이다. 이 이론은 과제의 난이도에 따라 역-U자 곡선이 변한다는 약점을 갖고 있다. Hebb(1955)는 후에 이 가설을 적정 각성 이론(optimal arousal theory)으로 통합하자고 제안하였다. 적정 각성 이론의 가설은 각성의 증가는 어떤 지점까지는 운동수행에 이로울 것이나, 그 지점을 넘어선 각성의 증가는 운동수행 수준을 감소시킬 것이라는 것이다〈그림 4.4, 표 4.2〉.

Martens과 Landers(1970)는 운동 불변(motor steadiness)에서 스포츠에 근거한 경험적 연구들을 수행하였으며, Klavora(1978)는 고등학교 농구 선수들을 상대, Sonstroem과 Bernardo(1982)는 야구 선수들을 상대로 각성과 운동수행 사이의 역-U 관계를 알아보기 위한 연구를 시행하였다. Sonstroem 등(1982)의 연구에서는 30명의 여자 대학 농구선수 스타팅 멤버들의 상태불안 점수를 조사하였다. 그 결과 높은 상태불안 점수들은 저조한 운동수행과 연관된다고 주장하며, 역-U 가설을 지지하였다.

Kerr(1985b)는 스포츠 현장에서의 각성과 운동수행에 대한 역-U 이론과 적정 각성 이론에 대한 문제를 제기하였다. 그 외 학자들(Baddeley, 1972; Cooke, 1981; Martens, 1974; Naatanen, 1973; Welford, 1976)도 다른 이유에서 문제를 제기하였으나 그들은 어떠한 대안도 제공하지 못했다. 그러나 일련의 출판물에서 Kerr(1985a, 1989)는 적정 각성 이론을 반박하는 증거를 제시하였다. 즉, 많은 선수가 높은 각성의 활동을 추구하고 즐기고 있으며, 스포츠 수행의 많은 유형에서 높은 각성이 긍정적으로 영향을 미친다.

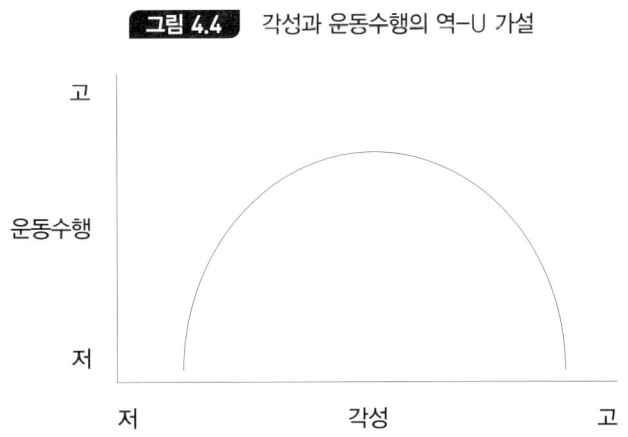

그림 4.4 각성과 운동수행의 역-U 가설

표 4.2 스포츠 기술에 따른 각성 요구 수준

요구되는 각성	스포츠 기술
5(최조의 각성상태)	단거리 육상, 투척, 미식축구 태클, 역도, 제자리 점프, 단순한 기술과제
4	중단거리(400m, 800m), 멀리뛰기
3(중간정도의 각성)	구기 종목들(축구, 농구, 야구), 유도, 체조
2	투수, 타자, 펜싱, 배드민턴
1(저강도의 각성)	타깃 스포츠(사격, 양궁, 볼링), 페널티킥, 퍼팅

3) 다차원 불안 접근

다차원 불안 접근(Multidimensional Anxiety Approach)은 1980년대 Martens과 그의 동료들이 제안하였다. 이 접근은 스포츠심리학자들에게 인기 있는 이론으로 인정받아 관련 연구가 많이 이루어졌다.

Martens(1977)은 Spielberger의 상태·특성 접근을 확장해서 스포츠 경쟁 불안 검사(Sport Competition Anxiety Test; SCAT)를 개발하였고, Martens 등(1980)은 경쟁 상태 불안 설문지(Competitive State Anxiety Inventory; CSAI)를 개발하였다. 이러

한 설문지들을 토대로 Martens 등(1990a)은 인지적 요소와 신체적 요소를 분리하면서 불안의 영역을 구분 짓는 CSAI-2를 개발하였다. 이들이 주장하는 불안이란 신체의 활성화와 각성에 수반되는 초조함, 걱정, 우려 등의 부정적인 정서 상태를 의미한다. 또한 유쾌하지 못한 정서적 반응을 의미하는 것이고, 이러한 불안은 단일 차원이 아니라 다차원으로 구성된다고 하였다.

Martens 등(1990b)에 따르면 인지적 불안은 불안의 정신적 요소이고, 나쁜 행동 결과로부터 발생하는 반면, 신체적 불안은 자발적 각성에 연관된 불안 경험의 생리적, 감정적 요소이다. 신체적 불안의 표현은 위의 요동, 땀에 젖은 손, 근육 긴장, 증가하는 심박수, 짧은 호흡에서 나타난다.

특성불안과 상태불안의 일반적 측정이 유용하지만 스포츠에 관한 대부분의 연구는 모든 상황에서 나타나는 전체적인 것보다 특정한 상황에서의 불안으로 가정해 왔다. 이러한 접근법을 사용해서 Martens(1977)는 스포츠경쟁불안검사(SCAT)라 불리는 도구를 개발하였고, SCAT는 경쟁특성불안을 측정하였다. 연구자들은 스포츠 상황으로 각색된 측정을 사용하여 일반적인 측정보다 SCAT이 스포츠 상황에 더 적합한 설문지라고 주장하였다. SCAT이 경쟁적인 특성 불안의 접근에 유용하지만 단점 중 하나로서 특성불안을 단일 차원으로 본다는 것이다. 그래서 최근에 개발된 측정도구는 스포츠 상황에서 인지적, 신체적 특성불안을 구분하여 측정한다(Smith et al. 1990).

상태불안의 다차원적인 본질을 측정하는 스포츠에 적합한 측정도구가 개발되었다. 경쟁상태불안검사지-2(CSAI-2)라 불리는 이 척도는 상태불안의 인지적, 신체적 요소를 측정한다(Martens et al. 1990). CSAI-2가 개발된 이래로 경쟁적인 스포츠 상황에서 상태불안의 측정이 폭넓게 사용되었다.

이런 스포츠 상황에 적합한 불안 도구의 개발은 중요한 문제이다. 즉, 선수의 운동수행에 대한 각성과 불안의 효과를 조사할 수 있게 하였다. 연구자들은 각성과 불안, 운동수행 관계에 대한 몇 가지 경험적, 이론적 설명을 덧붙였다. 가장 오래된 설명 중 두 가지(욕구이론과 역-U 가설)는 운동수행과 각성을 연관시키려고 시도하였으며, 이들은 수십 년 동안 지지를 받아왔지만, 오늘날에는 너무 단순해서 각성과 운동수행과의 관계를 설명할 수 없었다(Krane, 1993).

여기서 주장하는 인지적 불안은 성공에 관한 부정적 기대와 부정적 자기평가로 일어나는 불안의 정신적 요소이며, 신체적 불안은 자율신경계 각성에서 직접 발달하는 불안 경험의 생리적, 정서적 요소를 말한다. Martens 등(1990b)은 인지적 불안과 운동수행은 부적 상관관계를 보이며, 신체적 불안은 역-U 관계를 보인다고 주장하였다. 이러한 CSAI-2의 타당성 검증 과정에서 세 번째 영역인 자신감(self-confidence) 요인이 추가되었다. 이러한 세 가지 하위 척도를 사용한 연구물들이 경쟁상태불안의 다차원 접근의 지주가 된 것이다. 스포츠에서 CSAI-2 설문지를 이용한 많은 연구(Gould et al. 1987; Hammerstein & Burton, 1995; Jones & Cale, 1989; Kranc & Williams, 1987)가 보고되었다. 예를 들면, Hammerstein과 Burton(1995)은 불안의 다차원 접근에 근거한 연구를 수행하였고, 그들은 293명의 지구력 선수(철인 3종 경기 선수, 장거리달리기 선수, 사이클 선수)를 상대로 연구하였다. CSAI-2 설문지가 지구력 선수들의 경기 전 상태불안을 측정하기 위하여 사용되었는데, 그 결과 철인 3종 경기 선수들은 장거리 선수나 사이클 선수들보다 조금 더 인지적이고, 신체적으로 불안한 것으로 나타났다. 또한, 나이가 적은 지구력 운동선수들이 나이가 많은 지구력 운동선수보다 인지적 불안을 더 유의하게 경험하는 것으로 나타났다. 그러나 경쟁 전 불안 수준과 운동수행 중 불안 수준 사이의 결과는 유의하지 않게 나타났다. 비록 Burton(1988)의 수영선수 연구와 다른 연구(Gould et al. 1987; Krane, 1990)에서 부분적으로 다차원 불안 이론의 지지가 나타나기는 했지만, 완벽한 이론 검증에는 실패하였다. Jones와 그의 동료들(Jones, Hanton, & Swanin, 1994; Jones & Swain, 1992; Swain & Jones, 1993)은 CSAI-2 설문지를 사용할 때는 불안의 강도와 불안의 방향 즉, 불안이 운동수행을 촉진하는지 아니면 악화시키는지에 대한 문제를 해결해야 한다고 주장하였다.

4) 적정 기능역 모델

이 모델은 러시아의 스포츠심리학자 Hanin(1986, 1989)이 최초로 제안하였다. 이 모델은 최대 수행에 대한 적정각성이론의 확장이라고 할 수 있다. 적정 기능역 모델(Zones of Optimal Functioning Model; ZOF)의 가설은 선수들의 운동수행은 불안 수준이 특별한 지역 내에 남았을 때 적정화될 수 있다는 것이다〈그림 4.5〉.

불안 지역(zone of anxiety)은 개개인의 선수에 따라 불안 연속체에 대한 낮거나 높은 지점에 있을 수 있다고 한다. Krane(1993)은 ZOF 모델의 몇 가지 이점을 지적하였다. 불안 연구나 다른 접근에서 사용된 집단에 근거한 디자인보다는 개인 사례 연구에 초점을 맞추는 개별적인 접근이라는 점에서 장점이 있다고 하였다. 게다가 그는 이러한 접근은 상태불안 점수의 다양한 변이성에 대한 설명을 제공할 수 있다고 주장하였다(Gould & Krane, 1992). 그녀는 선수들의 경기 전 상태불안과 운동수행의 체계적인 모니터를 사용함으로써 각 개인에 따라 ZOF들이 결정될 수 있기 때문에 역-U 가설과 적정각성이론 접근의 비 특별화된 접근보다 향상된 모델이라고 주장하였다. 그러나 ZOF 모델을 검증하기 위한 많은 연구(Krane, 1993; Prapavessis & Grove, 1991; Raglin & Turner, 1993)도 완전한 모델 검증에는 실패하였다.

ZOF 모델은 몇몇 이점이 있기는 하지만, 역-U 가설, 적정각성이론과 같이 심각한 약점이 존재한다. 그 약점은 흥분이나 이완과 같은 긍정적인 정서들이 각성 범위의 높고 낮음의 양극단에서 어떤 역할을 하는지를 설명할 수 없다는 것이다. 그래서 최근에 Hanin(1993), Hanin과 Syrja(1995)는 개인 적정 기능역 모델(Individual Zone of Functioning model; IZOF)을 제안하였다. 이 모델은 긍정적, 부정적인 정서들을 포함하였다. IZOF의 가설은 운동선수들은 그들의 성공적이거나 비 성공적인 운동수행과 관련된 긍정적이거나 부정적인 정서의 개인적 적정한 그리고 적정하지 못한 패턴을 가진다는 것이다. ZOF보다는 새로운 IZOF가 강력한 모델이다.

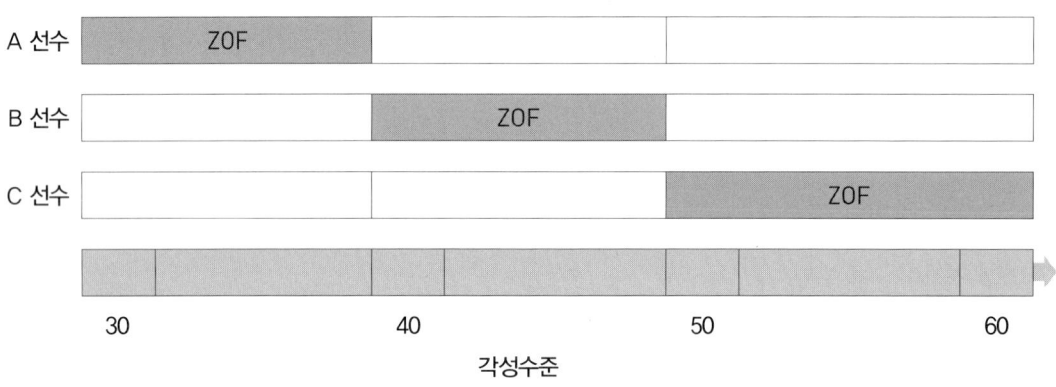

그림 4.5 적정 기능역 모델(ZOF)

5) 반전이론

반전이론(Reversal Theory)은 1975년 아동 정신병 상담가인 Smith와 일반 심리학자 Apter(1982b)에 의해 개발되었다. 1982년 Apter가 그의 책 "The experience of motivation; The theory of psychological reversals"으로 이 이론을 대중화시켰다. 반전이론은 성격과 동기이론으로서 많은 혁신적이고, 독특한 특징들을 가지고 있다. 그 구체적인 특징을 알아보면 다음과 같다. 첫째, 반전이론은 심리학적 연구의 다양한 분야에서 응용할 수 있는 일반적인 이론이다. 둘째, 주관적인 인지, 정서 그리고 개인의 동기 경험에 관련된 현상학에 기초한 이론이고, 셋째, 현상학적 경험이 확실한 구조화 패턴에 의해 영향을 받는다는 측면에서는 구조적인 이론이다. 넷째, 일관되지 않은 인간 행동을 다루며, 마지막으로, 짝지어진 메타동기 상태들 사이의 반전은 인간 성격과 동기의 기초를 형성한다는 것이다(Kerr, 1997).

반전이론에서 각성은 두 가지의 다른 메타동기 상태 체계와 각성과 쾌락가변역(hedonic tone) 사이의 관련성과 연관이 있다. 목표지향과 쾌락지향 상태와 연관된 특징들이 각 상태에 따라 각성 선호 수준이 다른 것을 알 수 있다. 〈그림 4.6〉에서 알 수 있듯이 일반적으로 목표지향과 쾌락지향 상태 쌍들에 따라 높게 느낀 각성과 낮게 느낀 각성의 선호 수준이 결정됨을 알 수 있다. 그리고 긍정적인 기분 상태는 목표지향에서는 '이완'으로, 쾌락지향에서는 '흥분'의 느낌들이 선호되는 것을 알 수 있고, 반대로 목표지향에서 높은 각성수준과 쾌락지향에서의 낮은 각성수준은 부정적인 쾌락가변역과 연관된다. 즉 목표지향에서는 '불안'으로 쾌락지향에서는 '지루함'으로 느끼게 된다.

예를 들면, 레크리에이션으로 윈드서핑을 타고 있는 여성을 생각해 보자. 날씨는 청명하고, 배의 상태도 양호한 편이고, 그녀의 정서적 상태는 쾌락지향적 상태이다. 그녀는 배를 타고서 물살을 가르는 속도감과 물보라를 즐기며 배와 함께 항해하던 중 방향 전환을 위해 세일을 돌리려고 시도하였지만, 그녀의 실수로 인해 요트가 전복되고 말았다. 이와 같은 우연한 요인은 그녀를 쾌락지향 상태에서 목표지향 상태로 반전을 일으키게 한다. 지금쯤 그녀는 차가운 물 속에서 전복된 세일과 싸우고 있으며, 세일을 똑바로 하려고 계속 시도하고 있을 것이다. 그리하여 그녀의 마음 상태는 즐겁고, 자연스러운 상태에서 변화를 일으켜 목적적이고, 심각한 상태로 반전이 되었다. 즉, 반전이론의 핵심은 자신의 각성수준을 어떻게 이해하느냐에 따라서 각성과 정서의 관계가 달라진다는 것이다.

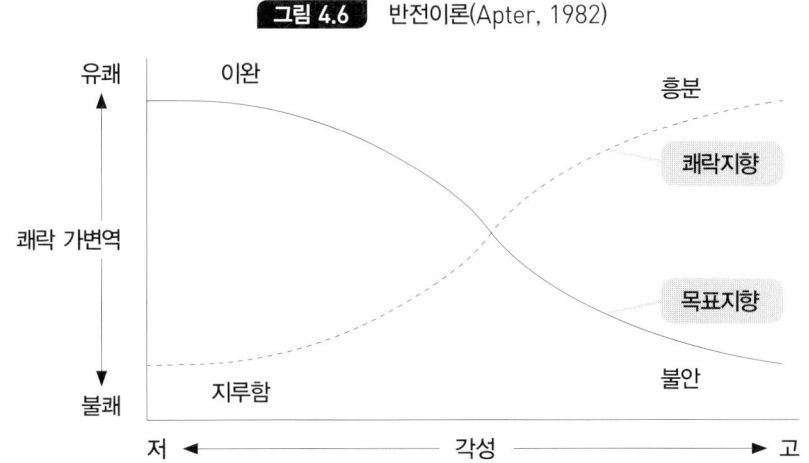

그림 4.6 반전이론(Apter, 1982)

6) 카타스트로피 이론

　Hardy와 Fazey(1987)는 각성수준과 운동수행 관계를 설명하는 새로운 모형인 카타스트로피 이론(Catastrophe Theory)을 제시하였다. 이 모형은 Thom(1975)과 Zeeman(1976)에 의해 발달된 모형으로 자연이나 사회현상에서 흔히 일어나는 갑작스러운 변형이나 불연속 현상을 설명하기 위한 모형이다. 이 이론은 사회현상을 설명하는 데 자주 적용됐는데 이를 운동 상황에 도입한 것이 Hardy와 Fazey이다. 이 이론의 기본적인 가정은 스포츠에서 운동수행의 갑작스러운 하강과 상승을 설명하려고 한다. 이론을 지지하는 몇몇 경험적 증거가 있지만, 모든 스포츠 상황에서 일반화되지는 않는다. Kirkcaldy(1983)는 최초로 스포츠 현장 연구를 시도하였으며, Fazey와 Hardy(1987)가 스포츠 종목에 접목을 시도하였다. Hardy와 Parfitt(1991)의 초기 연구는 이론적 결함과 후속적인 경험 연구가 없었다고 비평하고, 보완된 연구를 시작하여, 카타스트로피 모델(Fazey & Hardy, 1988)을 스포츠 현상에 접목하려고 하였다. 이 모델의 가설은 인지적 불안이 높은 수준에서 생리적 각성의 점진적인 증가는 어느 지점까지 운동수행의 점진적 증가를 일으킨다는 것이다. 그러나 그 지점을 넘어서면 운동수행은 갑작스럽게 인지 불안의 가장 높은 수준에서 가장 낮은 수준으로 떨어질 수 있다〈그림 4.7〉.

　그들은 정상 요인으로 생리적 각성을, 분열 요인으로 인지적 불안을, 종속변수로는 운동수행을 대입하여 이론의 검증을 시도하였다. 생리적 각성의 점진적 감소는 유사한 효과를 산출할 것으로 생각된다. 그러나 이런 경우에 불연속점이 X축의 다른 지점에서 일어날 것이다. 이러한 운동수행은 증가하는 생리적 각성 하에서 다른 경로를 따른다. 생리적 각성이 감소하는 상태를 '히스테리(hysteris)' 현상이라고 한다. 히스테리는 인지적 불안이 낮을 때는 일어나지 않으며, 생리적 각성과 운동수행 관계는 생리적 각성이 증가하거나 혹은 감소하고 있는지와 같은 것이다.

　인지적 불안과 운동수행의 부적 관계가 있을 수 있다. 생리적 각성이 중요한 시합 전날에 높다면 그렇게 된다. 인지적 불안은 중요한 시합 전날에 생리적 각성이 낮다면, 향상된 운동수행과 연관된다. 이 이론의 문제점은 CSAI-2 설문지를 사용한다는 것이다. 즉, 생리적 각성과 인지적 각성의 비 독립성과 생리적 각성의 긍정적인 면과 부정적인 면의 구분에 난해함이 있으며, 이 이론은 실험이나 실생활에서 검증이 어렵고, 스포츠 현장에서의 적용이 제한적이며, 통계적 문제가 있고, 너무 수학적이다.

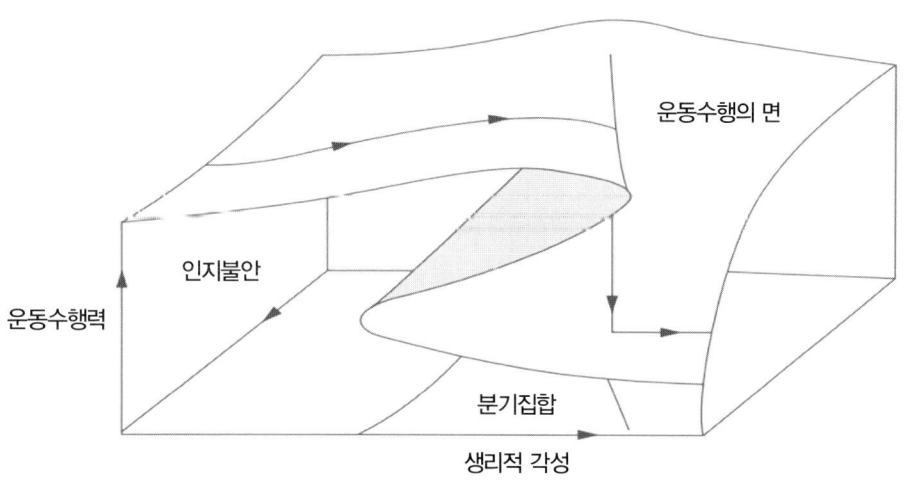

그림 4.7 카타스트로피 모델(Fazey & Hardy, 1988)

7) 정신 건강 모델

정신 건강 모델(Mental Health Model)은 Morgan(1979, 1980)에 의해 개발되었다. 가설로는 하나의 정서나 불안에 한정을 두는 것보다는 많은 기분의 프로파일(profile)이 있다는 것이다. 운동수행과 관련된 기분을 측정하기 위하여, Morgan(1979, 1980)은 POMS(Profile of Mood States) 설문지를 개발하였다. POMS는 긴장, 우울, 화(분노), 활력, 피로, 혼란을 측정한다. 활력(vigour)의 중간 점수 때문에 'Iceberg 프로파일'이라고도 한다.

정신 건강 모델에 대한 문제점으로는 불안에 대한 집착은 벗어났지만, 사회적 바람직성과 다른 반응 집합에 영향을 받는다는 점과 측정에서 시간의 비일관성과 변이성, 인과관계가 명확하지 않은 상관관계, 통제 집단의 비교 부재, 제한적인 규준자료 등이 문제점으로 드러났으며, 부정적인 기분만 강조하고 있으므로 흥분이나 이완과 같은 긍정적인 기분의 보완 작업이 필요하다.

4. 각성, 불안의 현장적용

경쟁불안의 원인이 경쟁특성불안과 상황적 요인이라면, 이에 대한 해소 역시 불안의 원천을 제거하거나, 상황적 불안을 조절함으로써 가능하다. 경쟁특성불안이 높은 선수는 평소 경쟁불안을 느낄 수 있는 상황에 대처 훈련을 해야 하며 심리적인 상태를 통제할 수 있는 능력을 키워야 한다. 각성과 불안이 운동수행에 반드시 나쁜 영향을 미치는 것은 아니지만, 주의영역의 변화와 주의유형의 방해, 그리고 근육 긴장의 변화를 초래한다. 선수들은 경기 상황 자체를 어떻게든 수정, 변화시킬 수는 없으므로, 상황적 불안 요소에 대해 평소 훈련 시 적응하도록 노력해야 한다.

위에서 언급되었던 각성, 불안, 운동수행과 관련된 이론들은 나름대로 그 의미가 있다. 스포츠 상황에서 벌어지는 다차원적인 변인들을 단일 이론에 근거한 해석은 문제가 있는 것이다. 상황이나 주어진 환경에 따라 잘 적용될 수 있는 이론적 예측을 적용하여야 할 것이며, 그 대처전략도 학습해야 할 것이다.

1) 최적의 정서 상태

최적 수행을 달성하도록 돕기 위한 가장 효율적인 방법은 각성과 관련된 정서적 상태가 최적 수행을 유도하는 방법을 인식시키는 것이다. 다양한 심리적 대처전략들이 스포츠 참여자들의 각성조절에 도움을 줄 것이며, 종목이 일반적으로 요구한 적정 각성수준을 파악하고, 참여자들 개인이 선호하는 적정 각성수준을 파악하여, 그 불일치성을 파악하고, 각성수준을 평소에 조절하도록 학습이 되어야 한다.

2) 개인 성향과 상황파악

경기 직전에 경험하는 각성이나 불안은 두 가지 선행요인에 의한 것이다. 개인적 요인은 주로 다차원 불안 이론에 주장하는 특성불안의 수준정도와 개인의 스포츠 경쟁 자신감 수준에 따라 결정되는 것이고, 상황적 요인으로는 자신감과 경기결과의 불확실성이다. 이러한 두 가지 요인이 상호작용을 하여 스포츠 참여자들의 상태불안과 각성에 긍정적, 부정적으로 영향을 미치는 것이다. 예를 들어 특성불안이 낮은 선수는 경쟁을 위해 요구되는 최적의 상태불안과 각성수준을 성취할 것이므로 항상 최고의 수행자가 될 것으로 생각할 수 있고, 특성불안이 높은 선수는 심리적 압박을 느껴 불안할 것이다. 그러나 실제 상황에서는 꼭 그렇지만은 않다. 경기결과에 대한 확신이 있다면 개인적 요인인 특성불안이 높다 하더라도 불안하거나 흥분하지는 않을 것이기 때문이다.

3) 과도한 각성, 불안, 증상인지

개인의 불안수준을 정확하게 파악해야 한다. 그러기 위해서는 스트레스와 불안 증가로 인해 나타나는 증상들을 잘 알아야 하고, 정확한 측정을 위한 방법들이 필요할 것이다.

4) 개인별 지도와 피드백 제공

성공적인 코칭은 개별적인 지도에서 가능하다. 높은 특성불안과 낮은 자신감을 가진 선수가 중요한 테스트를 받는 상황에서 코치는 상황의 중요성을 둔감화시키고, 수행 준비 정도를 강조하는 것이 좋을 것이다. 상황의 중요성과 최고의 수행을 강조하는 조언은 스트레스를 가중시키고, 각성과 상태불안을 극도로 증가시킬 수 있으며, 낮은 각성 상태를 보이는 선수들은 당면한 상황이 지루하게 느껴질 수 있다. 이때 지도자는 높은 각성을 유도하는 전략을 사용하여 각성수준을 끌어올려야 한다.

5) 부정적 요인에 대한 대처전략 수립

지나친 각성, 불안, 스트레스와 같은 운동수행에 부정적 영향을 주는 요인들에 대한 원인이 파악되었다면, 이러한 정서적 상황이 경험되었을 때, 대처하는 방법을 알고, 평소에 연습해야 한다. 경기가 임박한 상황에서 대처하기에는 이미 늦어진다. 적어도 비시즌에 신체적, 기술적 연습과 함께 심리적 기술 또한 연마해야 하는 것이다.

6) 경쟁 전·후 정서관리

반전이론에서 주장하듯 각성 경험에는 당면한 상황에서 느끼는 각성이 있고, 참여자 개인이 그 상황에서 선호하는 각성이 있는 것이다. 이러한 두 가지 각성이 서로 일치되지 않고 그 차이가 크면 클수록 참여자들은 정서적 불안정을 경험하게 될 것이다. 우수선수들은 경기 전이나 후에 두 가지 각성의 차이가 거의 '0'에 가깝고, 비 우수선수들은 경기 전 각성의 불일치가 더 크게 나타난다(최만식, 2001). 그러므로 스포츠 참여자들은 자신이 선호하는 각성이 어느 정도이며, 실제 상황에서 느끼는 각성의 정도는 어느 정도인지를 파악하여 정서적 안정을 추구해야 할 것이다.

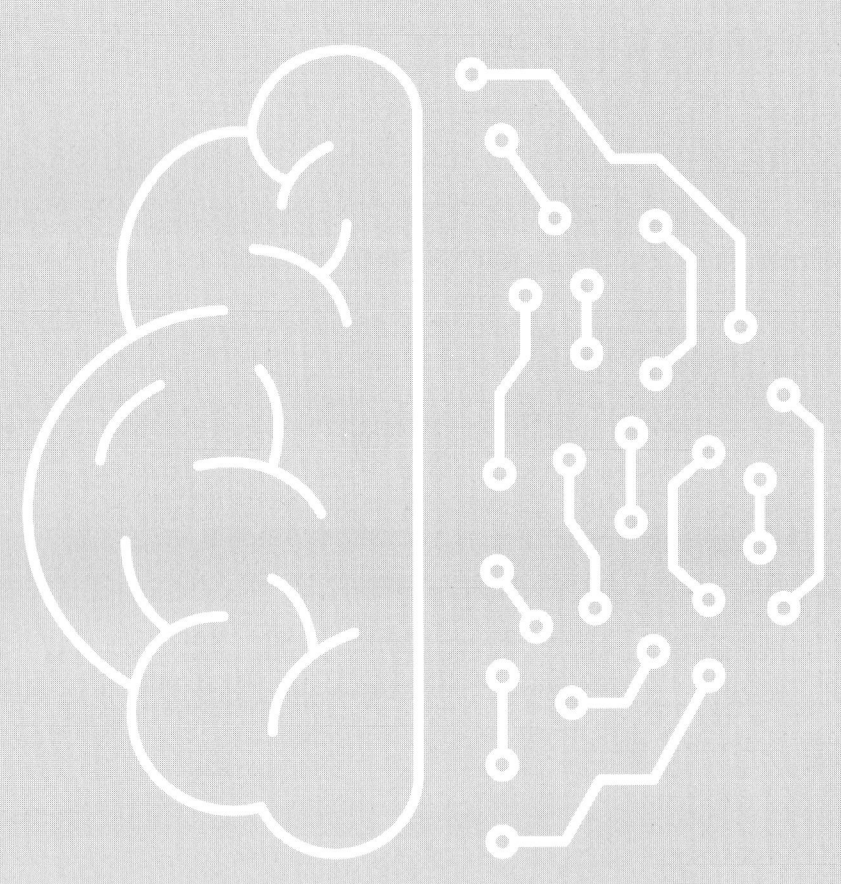

제5장

스포츠와 자신감

　자신감은 자기가 원하는 행동을 성공적으로 수행할 수 있다는 믿음으로 스포츠 상황에서 운동선수들에게 있어 가장 중요한 요인임은 자명하다.

　전 미국 테니스 선수 지미코너스는 "스스로 부정적인 생각을 갖지 않는 게 중요하다. 물론 상대하는 선수가 힘에 벅찰 수도 있고, 그 선수가 자신을 이길 수도 있을 것이며, 네가 경기를 잘하지 못했을 수도 있을 것이다. 그러나 이 일들을 생각하기 시작하는 그 순간 넌 졌다. 난 모든 경기마다 이긴다는 확신을 갖고 출전한다. 이것이 전부다." "그는 어머니와 할머니가 없었다면 결코 챔피언 타이틀을 딸 수가 없었다. 어머니와 할머니의 지지는 너무나 놀라웠다. 자신감을 잃지 않게 북돋아 주었고, 그들은 늘 같은 방식으로 경기하도록 해줬으며, 꾸준히 하면 성공할 것이라는 자신감을 나에게 심어 주었고 난 그들을 믿었다."(Tarshis, 1977). 선수들이 수행을 잘하기를 기대하고 그들의 능력에 자신감이 있다면, 실제 수행은 향상될 것이고, 반대로 선수들이 수행을 잘하지 못할 것으로 생각하든지 또는 운동기능에서 자신감이 없다면 실제 수행은 저조하게 나타날 것이다.

　스포츠와 운동참여자들은 누구나 성공에 대해 예측하여, 성공을 거뒀을 때 더 많은 자신감을 향상할 수 있다고 한다. 물론 반대의 경우는 실망과 좌절로 이어져 심리적 공황 상태나 미래 행동과 정서에 부정적인 영향을 미친다. 이처럼 자신감은 성공에 대한 자신의 강력한 신념이다.

1. 자신감의 정의

 자신감(self-confidence)은 자기가 원하는 행동을 성공적으로 수행할 수 있다는 믿음으로 스포츠심리학 분야에서는 자신감(self-confidence)과 자기효능감(self-efficacy)은 유사하게 사용됐고, 많은 연구 관심이 집중되어 왔다(Feltz, 1982, 1988; Gould & Weiss, 1981; Highlen & Bennett, 1979; Mahoney & Avener, 1977; Vealey, 1986; Weinberg et al. 1979a). 이런 연구들은 일반적으로 자신감과 수행 사이를 긍정적인 관계로 보고 있다.

 먼저 자신감(self-efficacy 혹은 self-confidence)은 어떤 결과(트로피, 챔피언, 자기만족)를 이루는 데 요구되는 행위(운동수행)를 성공적으로 수행할 수 있다는 확신이다. 자신감은 개인들이 지닌 기능을 말하는 것이 아니고, 개개인들이 기능을 가지고 무엇을 할 수 있는가에 대한 판단을 뜻한다(Feltz, 1988). 여기서 self-confidence와 self-efficacy를 구분지어 본다면, self-confidence는 전반적인 수행에 대한 자신감을 의미하며, 구체적인 능력의 수준을 일일이 뜻하지는 않는다. 즉, 농구에 자신감이 있다고 하는 것은 보통 농구의 전반적인 것에 자신이 있다, 없다는 것을 말하는 것이지, 구체적인 기술(중거리 슛, 드리블)만을 의미하는 것은 아니다. 반면에, 자기효능감(self-efficacy)은 구체적인 것을 수행할 수 있다는 믿음이다. 자기효능감(self-efficacy)은 좀 더 세세하고 구체적인 구성 요소(component)로써 일반적인 자신감(self-confidence)에 포함된다.

 자신감은 수준, 일반성, 강도 3가지 차원으로 나눠진다. 첫 번째, 자신감은 수준(level)-과제의 난이도-에 따라 자신감의 기대는 변할 수 있다. 아주 쉬운 과제를 성취했을 때보다는 약간 어려운 과제를 성공적으로 성취했을 때 자신감이 증가한다. 두 번째, 자신감의 기대는 일반성(generality)에 따라 변할 수 있으며, 자신감은 서로 유사한 수행상황을 일반화(generality)시킴으로써 증가시킬 수 있다. 예를 들면, 어떤 특정한 동물에 대한 공포에서 벗어난 자신감은 다른 동물들에 대해서도 공포를 줄이고, 어려운 일도 잘 극복할 수 있다. 그러나 일반성 효과는 유사한 상황에 더 잘 나타난다. 세 번째, 자신감의 기대는 강도(strength)에 따라 달라진다. 약한 자신감의 기대는 쉽게 없어지고, 아주 강한 숙련의 기대를 가지고 있는 사람들은 어려운 일에도 잘 견디고, 인내할 것이다. 예를 들면, 두 사람이 어떤 기능을 수행하는데 같은 자신감의 수준(level)을 가지고 있지만 서로 다른 강도(strength)를 가질 수 있다. 더욱 많은 확실성(certainty)을 가진 사람(자신감의 강도가 높은 사람)이 과제를 수행하는데 더욱더 오랫동안 견디고 더 많은 노력을 할 것이다.

자신감은 처음에 어떤 종류의 일을 선택하느냐, 얼마나 많은 노력을 하느냐, 어려운 일에 직면했을 때 얼마나 오랫동안 견딜 수 있느냐를 결정해 준다(Bandura, 1977). 자신감이 낮은 사람은 성취해야 할 과제를 피하려고 하고, 자신감이 높은 사람은 더욱더 열심히 그 과제에 참여할 것이다. 특히, 어려움에 직면했을 때 자신감이 높은 사람은 그들의 능력에 의심을 가지는(자신감이 낮은) 사람보다 더 열심히 일하고 더 오랫동안 견딜 것이다. 그러나 자신감은 적당한 장려(incentives)나 필요한 기능이 있을 때만 수행을 예측할 수 있다. 즉, 자극이나 기능이 개인의 자신감만 가지고는 자신이 원하는 바를 성취할 수 없기 때문이다(박정근, 1996).

1) 자신감의 이점

높은 자신감은 성공에 대한 기대를 높여준다. 긍정적 감정들, 집중력, 목표, 노력, 경기전략들, 운동량에서 자신감은 개인들을 도와줄 수 있다. 자신감은 감정과 행동, 인지에 영향을 줄 수 있다.

첫째, 자신감은 긍정적인 감정을 준다. 사람들이 확신에 차 있을 때는 심리적 압박 하에서도 여유를 부릴 수 있다. Jones와 Swain(1995)은 높은 자신감을 가진 운동선수가 낮은 자신감을 가진 선수보다 불안 수준을 긍정적으로 해석한다고 하였다. 자신감이 수행을 촉진하는 것은 물론 정서적 안정과 운동수행에 대한 적극적인 신념 체계를 준다.

둘째, 자신감은 집중력을 촉진한다. 당면한 상황에 심리적인 확신을 가진다면 과제에 집중할 수 있다. 자신감이 부족할 때는 나의 능력에 대한 타인들의 생각으로 우려나 걱정이 앞선다. 그러므로 자신감을 지닌 사람들은 인지적인 과정에 뛰어나고 효율적이다. 또한 더 생산적인 주의력의 기술과 귀인방식, 전략에 대처하는 능력을 지니게 된다.

셋째, 자신감은 목표에 영향을 끼친다. 자신감에 찬 사람들은 도전할 목표를 세우는 편이며 실제로 그것들을 추구한다.

넷째, 자신감은 노력을 향상시킨다. 얼마나 많은 노력을 할 수 있으며, 얼마나 오랫동안 그 목표를 달성하기 위해 참고 견딜 수 있는가는 전적으로 자신감에 달려있다.

다섯째, 자신감은 경기전략에도 영향을 끼친다. "이기기 위해 경기를 한다", "지지 않으려고 경기한다"와 같이 자신감에 찬 선수들은 이기려고 경기하는 편이며, 그들은 항상 기회를 포착하는데 두려움이 없고, 그들이 유리할 때 경기를 조절한다. 선수들이 자신이 없을 때, 그들은 지지 않으려고 경기한다. 주저한다든가 실수하지 않으려고 한다.

2) 자신감의 손실

자신감이 낮으면 먼저 자신의 수행력과 결과에 대한 의심이 증가한다. 이런 상태는 불안과 집중력을 일으키고, 결단력이 부족한 상태로 이어진다. 자신감이 부족한 사람들은 그들의 장점보다 그들의 단점에 중점을 두며, 과제에 집중을 잘하지 못한다. 운동 상해를 경험한 사람이라면 회복기에 자신이 이번 상해로부터 완전히 회복할 수 있는지 의심한다. 선수들은 일정한 운동 프로그램을 지키기 위한 능력에 대한 자기 의심을 하기도 한다. 그러나 약간의 자기의심이 동기를 유지하는 데 도움이 되고, 자기만족이나 과신을 예방하게 된다.

2. 자신감 이론

1) 자기효능감 이론

Bandura(1977)의 자기효능감 이론은 스포츠나 운동수행에서 자신감을 연구하는 데 가장 광범위하게 사용되는 이론이다. Bandura(1977)에 의하면, 사람들은 자신감에 대한 정보를 네 가지 출처(source)로부터 얻는데, 이는 수행성취(performance accomplishments), 대리적 경험(vicarious experience), 언어적 설득(verbal persuasion), 그리고 생리적/정서적 각성(physiological/emotional arousal)이다. Bandura는 경기 수행 능력을 증가시키기 위한 인지적 메커니즘으로서의 자기효능감이 위에 기술한 4가지로부터 영향을 받는다고 했다. 이런 관계를 그림으로 그려보면 다음과 같다〈그림 5.1〉.

이러한 4가지 자신감 정보 출처는 영향력에 있어서는 모두 다 다르며, 수행성취는 다른 방법들보다 심리적, 행동적 변화를 자아내는데 더 영향력이 있다. 즉, 수행성취가 자기효능감에 가장 결정적인 역할을 한다고 볼 수 있으며, 다른 4가지에서 얻은 자기효능감은 수행성취에서 얻은 자신감보다는 약하다.

그림 5.1 Bandura의 자신감 정보 근원

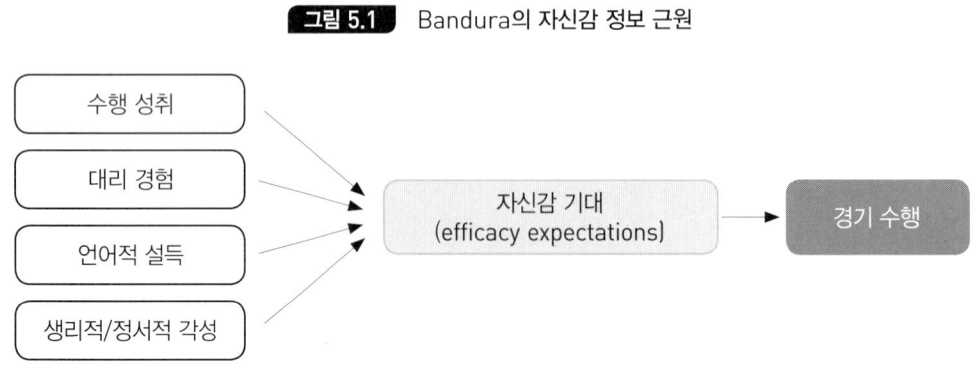

① 수행성취

수행성취는 개개인의 숙련 경험(mastery experiences)에 기초하기 때문에 수행성취는 자기효능감에 가장 영향력 있는 정보를 제공한다. 만약 이런 경험이 계속된 성공으로 인식되면, 자신감 기대가(efficacy expectations) 증가할 것이고, 만약 계속해서 실패가 인식되면 자신감 기대가 감소할 것이다(Bandura, 1977). 일반적으로 성공은 자신감을 증가시키고, 특히, 실패는 자신감을 감소시킨다. 개인이 운동수행 시에 성공을 경험한다면, 자아 가치나 자긍심이 생겨 자신감이 증가한다. 그러나 새로운 기능을 처음 배울 때나, 자기가 잘 알고 있는 스포츠 기능에서도 어려운 상황에 부닥칠 때는 수행 목표를 성취할 수 없는 것처럼 느끼기 때문에 실패할 확률이 높고, 자신감이 감소한다. 그러나 강한 자신감이 형성됐을 때, 약간의 실패는 자신감에 그렇게 많은 영향을 미치지는 않는다. 노력으로 나중에 극복되는 약간의 실패는 난관도 계속된 노력으로 극복될 수 있다는 경험을 통해 인내할 수 있다.

지각된 자신감(perceived efficacy)에 대한 수행 경험이 가지는 영향은 과제의 난이도, 학습 초기 단계에서 성공과 실패의 경험, 노력을 얼마나 기울이느냐, 물리적인 지도(physical guidance)를 얼마나 받느냐에 의존한다(Bandura, 1986). 다시 말하면, 어려운 과제나 혼자서 독립적으로 시도한 과제, 약간의 실패가 있긴 했지만, 습득한 과제에 대한 수행성취는 쉬운 과제, 외부의 도움(external aids)으로 성취한 과제, 학습 과정에서 계속되는 실패를 경험하는 과제보다는 높은 자신감을 가진다(Feltz, 1988).

Bandura(1977)는 자기효능감과 수행성취와의 관계는 상호작용한다고 강조했다. 이전의 수행성취가 자기효능감에 영향을 미치고 이것이 미래의 수행에 영향을 미친다는 것을 의미한다. 임상심리(Bandura & Adams, 1977)나 스포츠심리(Feltz et al., 1979; Lewis, 1974; McAuley, 1983; Weinberg et al. 1984)의 많은 연구에서도 수행성취가 자신감과 수행에 큰 영향을 미친다고 지지했다.

② 대리적 경험

대리적 경험(간접경험)은 수행성취보다는 영향력이 약할지 모르나, 관찰자들은 결코 자기들이 수행하지 못하는 과제들에 종사하는 다른 사람들을 관찰함으로써, 아니면 상상함으로써 자신감 정보를 얻을 수 있다. 어떤 과제나 상황에 경험이 적으면 적을수록 자기의 능력을 판단하기 위하여 더욱더 다른 사람에게 의존한다. 수행과 개인 특성이 유사한 모델은 모델링을 통해서 피험자의 자신감과 수행을 높인다(Gould & Weiss, 1981; Spreemann, 1983). 관찰자와 모델의 특성(나이, 성별, 교육, 운동수행 능력)이 유사하면 유사할수록 관찰자들에게 모델 수행에 대해 개인적 관련성이 높아서 관찰자의 자신감을 변화시킬 수 있다는 것이다. 유사한 모델은 "만약 네가 그것을 할 수 있으면, 나도 할 수 있겠다."라는 자세를 갖게 한다. Gould와 Weiss(1981)는 유사한 모델과 유사하지 않은 모델을 보는 것이 관찰자의 자신감과 근지구력 수행에 어떻게 영향을 미치는가에 관한 연구에서, 유사모델을 보는 피험자가 비유사 모델을 보는 피험자보다 수행이 증가했다는 것을 입증했다. 그러나 다양성 모델(diversified models)의 사용도 단일 모델(single models)의 사용보다는 모델링 효과를 높일 수 있다고 제기되었다(Kazdin, 1974). 만약 관찰자가 다양하게 다른 특성들을 가진 사람들이 어떤 과제에 성공하는 것을 본다면 그들 자신의 자신감은 향상될 것이다.

모델링의 활용은 관찰되는 모델의 형태에 따라 다르다. 전형적인 모델(exemplary model)은 관찰자가 모방하는 기능만을 수행하고, 언어적 대화(verbal communication)는 전혀 없는 것을 말한다. 이런 모델은 관찰자의 사고 패턴을 변형시키거나 아니면 변형시키지 못할 수도 있다. 이런 종류의 모델은 성공적인 수행에 요구되는 내현적 과정을 전달하는 데 충분한 힘이 없다. 인지적 모델(cognitive model)은 실제 교수 때 언어적 대화를 사용하기 때문에 태도나 자기지도(self-instruction)를 모방하는데 아주 좋은 방법이다(Girodo & Wood, 1979). 그러므로 코치의 적당한 조치 역할 모델링은 선수들의 자신감을 높이는 데 아주 중요한 것이다.

③ 언어적 설득

언어적 설득은 수행성취나 대리적 경험보다는 자신감에 영향을 적게 미친다. 설득력 기술(persuasive technipues)은 선수나 학생들의 행동에 영향을 미치는 것으로 교사, 코치들에 의해서 폭넓게 사용됐다(Felt, 1984). 이런 기술에는 언어적 설득과 수행 허위(pergormance deception)가 있다. 언어적 설득은 그 자체만으로는 자신감에 영향을 미치는 데 한정되어 있으므로 다른 기술 즉, 최면, 긴장 이완, 수행 허위 같은 기술과 함께 종종 임상심리학자들에 의해 사용된다. 코치나 교사가 "자네는 재능이 있어.", "자네는 그것을 할 수 있을 거야." 하는 말을 함으로써 수행을 증가시킬 수 있으므로 긍정적인 대화는 매우 중요하다. 반면에 "우리는 그것을 할 수 없다.", "기술적으로 우리에게 너무 어렵다."라는 부정적인 말은 목표 수행을 저하하므로 선수들은 그들 자신의 말을 더욱 긍정적으로 만들어야 한다. 종종 코치나 교사들은 어떤 과제를 성취할 수 있는 수행자들을 설득하기 위하여 허위(deception)로 조작하기도 한다. 수행 허위 사용의 좋은 예로써 Ness와 Patton(1976)은 역도(weight-lifting) 수행을 비교 연구했다. 시간이 없거나 긴박한 상황에서는 언어적 설득이 자기효능감을 높이는 데 많은 도움이 된다. 하지만 이것은 선수와 지도자 사이에 라포가 형성되어 있어야 한다.

④ **정서적/생리적 각성**

정서적 각성은 다른 자신감 정보에 비해 자신감에 미치는 영향은 저지만 정서적 각성의 수준과 질이 자신감에 영향을 미친다는 것은 사실이다(Feltz, 1988). Bandura(1977)는 각성에 의해 전달되는 정보의 인지적 평가(자신감 기대)를 통해 각성이 행동에 영향을 미친다고 논했다. 이것은 어떤 사람은 정서적 각성이나 불안의 증가가 그들이 기능을 성공적으로 수행할 수 없는 공포(fear)로서 해석할 수도 있고, 어떤 사람은 똑같은 상태를 심기향상(psyche-up) 또는 수행 준비 자세가 잘 되어있는 것으로 받아들일 수도 있다는 것을 의미한다. 예를 들면, 운동 경기 전에 심장 박동 수가 증가하거나, 손이 떨리거나, 땀이 나는 등의 생리적 징후를 어떤 선수들은 수행을 잘할 수 없을지 모른다는 초조, 불안으로 해석할 수도 있고, 어떤 선수들은 이런 상태를 심기향상으로 해석할 수도 있다는 것이다. 이처럼 인지적 해석은 아주 중요한 역할을 한다. 만약에 정서적 각성의 증가를 공포로 해석하는 사람에게는 긴장 이완훈련(생체송환) 그리고 다른 각성에 대한 개개인의 해석이 실제 각성보다 더 영향을 미치는 자신감 정보의 출처가 된다. Feltz(1982b)는 만약 선수의 각성이 공포나 불안으로 해석되는 것이, 심기향상 상태나 준비가 된 상태라는 해석으로 바뀐다면 자신감은 틀림없이 증가할 것이라고 했다. 그러나 재해석 기술은 선수들의 각성수준이 극한(extreme)이 아닐 때만 가능하다(Borovec, 1976).

2) 유능성 동기이론

유능성(competence)은 자신의 능력에 대한 판단(Harter, 1978)으로 자신감과 매우 유사한 개념이다. 원래 유능성 동기는 White(1959)에 의하여 어린이들의 동기를 설명하려는 이론으로 제기되었다. 인간은 환경을 효율적으로 지배하려는 선천적인 욕망이 있으며, 이러한 욕망은 숙달행동을 시도함으로써 충족된다. 숙달행동의 시도에서 성공하면 개인의 유능성 동기가 강화되어 과제에 더 많은 노력을 기울인다. 반면에 숙달행동의 시도가 실패하면 실망하고, 유능성 동기가 약화되어 개인은 과제를 포기하게 된다. 〈그림 5.2〉는 Harter의 유능성 동기이론을 보여주고 있다.

Harter는 유능성 동기를 여러 가지 심리적 요인과 관련되는 다차원적 동기로 보았다. 유능성 동기는 동기지향성, 지각된 유능성, 통제감의 세 요인으로 구성되어 있다. 동기 지향성은 특정한 성취 영역에 대한 개인의 심리적 태도로서 특정 과제에 얼마나 흥미를 느끼고, 과제의 수행을 얼마나 즐기느냐에 관한 문제이다. 지각된 유능성은 특정 과제 영역에 관련된 자신의 능력에 대한 자기존중감의 정도로서 자신이 과제에 얼마나 정통하고 있느냐에 관한 판단이다. 통제감은 개인이 특정한 성취 영역에서 자신의 성공과 실패에 대하여 인식하고 있는 책임감의 정도이다. 이것은 과제의 성취 후 지각된 유능성을 결정한다. 특정 과제를 수행하고 난 후 그 과제의 성취에 대한 자신의 공헌도가 크다고 판단하면서 유능성은 강화된다.

Harter는 어린이를 위한 지각된 유능감 척도(Perceived Competence Scale for Children; PCSC)를 개발하였다. 여기서는 인지적, 사회적, 신체적 영역에 관한 문항과 어린이의 일반적 자긍심(self-esteem)을 묻는 36개로 구성되어 있다. 유능감 문항 7개가 포함되어 있다. Weiss와 Horn(1990)은 스포츠에서 유능성 동기의 중요성을 검증하였다. 자신의 유능성을 낮게 평가하는 여자들은 스포츠에의 참여를 일찍 포기하는 경향이 있고, 불안감이 높았으며, 도전적인 과제를 회피하였고, 환경의 영향을 크게 받는 경향이 있었다. 반면에 자신의 능력을 정확하게 평가하고 있는 어린이들은 자기 통제감을 더 느끼고 있을 뿐 아니라 도전적인 과제에 활발하게 참여하는 경향이 있었다. 그리고 코치가 자기에게 긍정적인 피드백을 하고, 용기를 북돋아 준다고 생각하고 있는 어린이들은 더 자신의 스포츠 참여동기가 높다고 느끼고 있는 것으로 나타났다.

그림 5.2 Harter(1978)의 유능성 동기 이론 모형

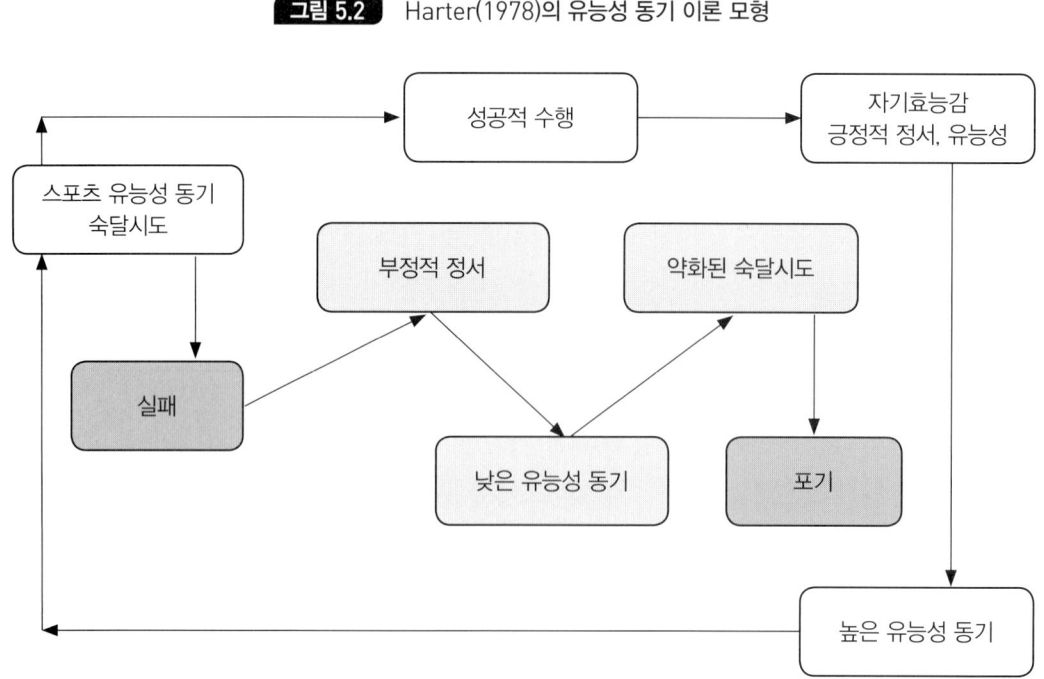

3) 스포츠자신감 이론

Vealey(1986)는 자신감의 개념에 스포츠 경쟁에서 목표를 성취하려는 경향을 의미하는 경쟁 지향성을 포함하여 스포츠자신감(sport-confidence) 모형을 도식화하였다〈그림 5.3〉. 스포츠자신감(sport-confidence)은 스포츠 경쟁에서 성공할 수 있는 능력이 있다는 개인의 믿음과 확신이다. Vealey는 스포츠자신감을 특정한 상황에서 개인이 가지는 상태 스포츠자신감과 객관적인 상황에서 자신감을 가지고 임하는 특성 스포츠자신감으로 구별하였고, 경쟁 지향성이라는 개념을 추가하여 상태 스포츠자신감에 영향을 준다고 보았다. 상태 스포츠자신감은 객관적인 스포츠 상황과 특성 스포츠자신감 그리고 경쟁 지향성의 상호작용에 영향을 받는다.

객관적인 스포츠 상황은 개인이 수행하는 상황과 수행하는 기술의 유형 등을 의미한다. 특성 스포츠자신감은 개인이 기질적으로 타고난 스포츠자신감으로써 비교적 안정적이며 스포츠에서 성공하는 데 필요한 능력을 갖추고 있다는 신념 또는 정도이다.

상태 스포츠자신감은 개인이 어떤 특정한 스포츠 상황에서 구체적으로 지각하는 자신감의 수준으로 연습과 훈련을 통해 향상할 수 있고 변화할 수 있다는 믿음이다. 특성 스포츠자신감과 경쟁 지향성의 영향을 받으며 개인이 어떠한 행동적 대응으로 어떠한 운동수행을 보일 것인가를 결정한다. 행동적 대응이 어떠했느냐는 성공감, 만족감, 원인의 분석 등의 결과에 대한 개인의 주관적인 느낌을 결정한다.

경쟁 지향성은 자기의 목표 달성이 자기의 수행능력과 성공을 불러일으킨다는 신념의 정도이다. 즉, 타인보다 더 잘하려는 것으로 얼마나 경쟁적인가를 의미한다.

주관적 결과는 객관적인 결과를 개인이 주관적으로 어떻게 지각하는가를 의미한다. 즉 결과에 만족할 수도 있고 불만족할 수도 있다. 주관적 결과는 특성 스포츠자신감과 행동반응 및 경쟁 지향성의 상호작용에 영향을 받으며 성공의 지각 정도, 인과 귀인, 그리고 운동 수행의 만족 등을 예로 들 수 있다. 즉, 긍정적 또는 부정적인 결과를 가져온 개인차에 따라서 행동은 다르게 나타난다. 예를 들면, 특성 스포츠자신감이 낮은 사람들은 다른 요인으로 부정적인 결과를 초래하더라도, 그들은 실패를 자기의 능력 부족으로 귀인한다. 결과 지향적인 사람들은 경기 내용이 좋아도 경기에서 승리하지 못하면 자기를 성공한 존재로 느끼지 않는 경향이 많다(Vealey, 1986). 또한 개인의 객관적인 수행 결과에 대한 주관적인 결과의 해석은 개인의 특성 스포츠자신감과 경쟁 지향성에 피드백이 된다.

그림 5.3 Vealy(1986)의 스포츠자신감 모형

```
                    객관적 스포츠 상황
        ┌──────────────┴──────────────┐
  특성 스포츠 자신감                경쟁 지향성
        └──────────────┬──────────────┘
                    상태 스포츠 자신감
                       행동반응
                       주관적 결과
```

3. 자신감 연구

 스포츠나 운동수행에서 자신감에 관한 연구의 많은 부분이 자신감과 수행 사이의 관계와 Bandura(1977)가 고안한 4가지 주요 자신감 정보의 효과를 조사하는 데 중점을 두었다. 한편, 김원배(1999)는 스포츠자신감 질문지(SSCQ)의 한국판의 타당화를 검증하였다. 한국 선수들의 스포츠자신감 요인으로는 능력입증, 코치의 리더십, 신체적/정신적 준비, 사회적 지지, 과제숙달 요인으로 나타났다고 보고 하기도 했다. 신정택 등(2003)은 이전 수행과 스포츠자신감이 운동수행 효과에 관한 연구를 특성, 상태 자신감 설문지를 이용해 실시하였다. 그 결과 이전 수행이 자신감에 영향을 미치고 운동수행에 효과가 있다고 보고하였다.

1) 자신감과 수행 사이의 관계에 관한 연구

 연구자들이 자신감과 스포츠 수행과의 관계를 연구했다(Feltz, 1982; Feltz et al., 1979; Feltz et al., 1985; Feltz & Mugno, 1983; Gould & Weiss, 1981; Lee, 1982; McAuley, 1985; Weinberg et al., 1979; Weinberg et al., 1982). 연구의 결과는 수많은 스포츠나 운동 종목에서 자신감과 수행 사이에 정적상관 관계를 보였지만 이런 상관관계의 결과는 자신감과 수행 사이의 인과관계(causal relationship)를 나타내지는 않았다.

 스포츠와 운동수행의 몇몇 연구에서 자신감과 수행의 인과관계를 조사했다(Feltz, 1982; Feltz & Mugno, 1983; McAuley, 1985). Feltz(1983)는 수정된 백 다이빙(backdiving)을 하는 여대생들의 시도와 회피(approach/avoid)의 행위에서 불안 기초 모델(anixiety-based model)에 반대되는 Bandura의 이론의 예측을 검사했다. 이 연구에서 Bandura의 자신감 모델은 자신감과 백 다이빙 수행이 상호 관계있는 것으로 예측했고, 백 다이빙 수행에 대한 자신감은 과거 수행 경험이나 생리적인 각성의 매개 역할을 한다고 하였으며, 불안 기초 모델은 불안이 백 다이빙 수행에 영향을 미치는 원인으로서 예측했지만, 여기서 자신감은 단지 불안의 결과로 나타났다.

이 연구에서는 양쪽 모델에서 예측했던 결과가 나오지 않았고, 단지 네 번 다이빙 시도 중에서 첫 번째 다이빙 시도에서만 자신감이 수행의 중요한 예측으로 나타났다. 또한 생리적 각성과 과거 관련되는 수행도 역시 첫 다이빙 시도에서 시도/회피 행위를 예측했다. 그러나 두 번째 시도부터는 바로 전에 시도했던 수행이 다음 수행을 예측하는 데 중요한 역할을 했다. 다시 말하면, 첫 다이빙 시도 후 그들이 바로 전 시도에서 다이빙을 회피했으면, 다시 또 회피하게 되고, 첫 시도에 성공했으면, 다이빙을 다시 시도하고, 아니면 더 높은 다이빙대에서 시도했을지 모른다. Feltz(1983)는 자신감이 수행에 영향을 미치는 것보다 수행이 자신감에 더 강한 영향을 미친다고 주장했다.

Feltz(1983)의 연구는 자신감 모델과 불안 기초 모델을 뒷받침하지 못했고, Feltz와 Mugno(1983)의 연구에서도 다른 모집단을 검사해서 이 수정된 모델을 뒷받침했다. McAuley(1983)도 체조 과제에 대한 불안, 자신감, 수행의 관계에서 자신감이론과 불안 기초 모델을 연구했는데 유사한 결과를 얻었다.

2) 자기효능감 정보의 효과에 관한 연구

자기효능감과 수행에 영향을 미치는 네 가지 주요 자신감 정보의 효과를 조사한 결과 스포츠와 운동 연구에서 수행성취는 자신감과 수행을 향상시키는 데 효과적인 것으로 나타났다(Feltz et al. 1979; McAuley, 1985; Weinberg et al. 1979; Weinberg et al. 1984). Bandura의 자기효능감 이론을 처음으로 스포츠 상황에서 실험한 사람은 Feltz 등(1979)으로, 그들은 상당히 회피성이 높은 학습인 백 다이빙 과제에 대해 참여(participant), 실제(live), 비디오테이프(videotape) 모델링의 효과를 연구했다.

여기서 참여 모델링은 모델의 실제 시범과 학습자와 함께 지도적인 참여를 포함하는 것을 말한다. 결과는 참여 모델을 받은 피험자들이 실제 모델링이나 비디오테이프 모델링을 받은 피험자들보다 더욱더 성공적인 다이빙을 수행했고, 자신감의 기대가 더 강해졌다. 그러나 실제 모델링에 있는 학생들이 비디오테이프 모델링에 있는 학생들보다 다이빙을 더 잘하고 자신감은 강했다라는 가설을 지지하지 않았다. 그러나 참여 모델링 집단이 물리적 지도(physical guidance)

를 제거한 후 즉시 수행이 잠시 떨어지는 것을 경험했다. 즉, 만약 코치가 수행 보조(aids)나 물리적 지도를 사용한다면, 이런 도움을 즉각적으로 없애지 말아야 한다는 것을 의미한다. 지도는 선수가 효과적으로 남의 도움을 받지 않고 혼자 할 수 있을 때까지는 점진적으로 제거해야만 하고, 외적 도움(external aids)을 받지 않는 성공적인 수행은 자신감을 더욱 더 높일 것이다. 그러므로 참여 모델링은 대리적 경험보다 수영이나 다이빙 상황에서 회피를 줄이는 더 좋은 방법이다.

대리적 경험을 통해 얻은 정보는 지구력(Gould & Weiss, 1981), 체조(McAuley, 1985), 그리고 경쟁적 인내(Weinberg et al. 1979)에서 지각된 자신감을 증가시키는 것으로 나타났으며, 이런 전략으로는 모델링(Gould & Weiss, 1981), 심상(Feltz & Mugno, 1983) 등이 있다. Weinberg 등(1979)은 피험자들에게 경쟁자(confederate)를 보도록 해서 지구력을 경쟁하는 것에 대한 피험자의 자신감 기대를 조절했다. 다리에 상처를 입고 수행을 잘못하는 집단과 대학 육상선수로서 수행을 잘하는 경쟁자 집단을 본 결과, 수행을 잘하는 경기자와 못하는 경기자를 관찰하는 것이 피험자의 자신감과 수행에 영향을 미쳤다. 상처 난 경쟁자와 경쟁하는 피험자(자신감이 높은 집단)가 선수와 경쟁하는 피험자(자신감이 낮은 집단)보다 더 오랫동안 견뎠다. 즉, 자신감이 높으면 높을수록 어려운 과제에서 더 오랫동안 견딜 수 있다는 것을 의미한다.

언어적 설득력 전략이 수행에 영향을 미친다는 연구에서 Ness와 Patton(1979)은 역기를 드는 사람(weightlifter)에게 실제 무게보다 더 무겁다고, 실제 무게보다 더 가볍다고, 실제 무게라고 생각함으로 그들의 자신감 기대를 조절했다. 결과는 실제 무게보다 더 가볍다고 믿은 선수들이 다른 두 집단보다 역기를 더 많이 들어 올렸다.

일부 연구에서 자신감에 대한 생리적 각성의 영향을 연구했다. Feltz(1983)의 연구에서 자신감 기대를 예측하는 데에 자율적 각성(automatic arousal)은 수행성취만큼 강한 예측자는 아니지만, 주요한 예측자였다고 발견했다. 그러나 Kavanagh와 Hausfeld(1986)는 강도과제(strength tasks)를 사용한 연구에서 분위기(행복/슬픔)는 계속해서 자신감 기대를 변형시키지는 않았다.

4. 자신감 측정

Bandura(1977)는 지각된 자기효능감(perceived self-efficacy)을 측정하는 데에 미시적 분석방법(microanalytic approach)을 사용했다. 미시적 방법은 어떤 과제를 수행하는 데 요구되는 세부적 기능(subskills)의 분석과 상황적 요구(situational demands)의 분석이 필요하다. 예를 들면, 체조 종목에서 평균대, 마루운동, 철봉 등의 세부기능을 분류해서 분석할 수 있고, 난이도가 다양한 각 종목을 분류해서 분석할 수 있다. 이것은 지각된 자신감의 수준, 강도, 일반성에 대해 세밀한 측정을 한다.

보통 자신감 도구는 어렵고 복잡한 여러 가지 과제들을 나열해서 만든다. Ryckman(1982)은 지각된 신체적 자신감을 측정하기 위하여 신체적 자신감 도구(Physical Self-Efficacy Scale)를 개발하였는데, 이 도구는 지각된 신체적 자신감(perceived physical self-efficacy)과 신체적 자기표현 자신감(reaction-time task)과 운동 조정 과제(motor coordination task)에 대해 신체적 자신감과 지각된 신체적 능력에 상당한 관계가 있다고 했다.

자신감을 평가(ratings)할 때 주로 본인에 의해 측정되기 때문에 자신감 이론은 자아평가에 주로 기초되어 있다고 비평을 받아 왔다(Borkovec, 1978). 그러나 Bandura(1986)는 개인들이 그들의 보고를 왜곡시킬 이유가 없는 상황에서 자아평가는 지각의 대표성일 수 있다고 반박했다. 그러나 Weinberg 등(1979b)은 공적인(public) 자신감 기대 집단과 사적인(private) 자신감 기대 집단을 비교해 보니 자신감과 수행에서 두 집단 사이에 차이가 없다는 것을 발견했다. 그래서 몇몇 이론가들은 Bandura(1977)의 자기효능감 모델을 비평해 왔다.

Bandura는 성공적인 수행과 감소된 경쟁적 불안이 선수의 자신감에 의해 주로 결정된다고 주장했고, 반면에 Eysenck(1978), Borkovec(1978), Wolpe(1978)은 불안 감소가 행동변화를 중재하고, 자신감 인지는 불안 감소가 행동변화를 중재하고, 자신감 인지는 불안 감소의 단지 결과(coeffects)라고 간주했다. 선수의 높은 자신감은 단지 감소된 불안의 효과라고 주장하고, 그 감소된 불안이 성공적 수행과 자신감의 중요한 결정을 한다고 주장했다. 자신감, 불안, 성공적 수행 사이의 관계를 설명하는 두 가지 모델을 아래에 제시했다〈그림 5.4〉.

몇몇 연구에서 비록 자신감이 수행에 중요한 역할을 하지만 미래 수행에 대한 과거 수행의 직접적인 효과(Feltz, 1982, 1983; Feltz & Mugno 1983)도 중요한 역할을 한다고 연구에서 나타났다. 이 연구의 결과는 과거 수행성취가 자신감을 통해 주로 행위에 영향을 미친다는 Bandura의 가설에 반박했다. Feltz(1983) 연구에서 네 번 다이빙 시도 중에서 첫 번째 다이빙 시도에서만 자신감이 수행의 중요한 예측을 했지만, 첫 다이빙 시도 후에는 바로 前 수행이 다음 수행에 중요한 예측을 했다고 주장하고 있다. 그래서 Feltz는 자신감과 前 수행이 백 다이빙 수행에 직접적인 예측을 한다는 수정 모델을 제시했다. McAuley(1983)도 체조 과제에 대한 불안, 자신감, 수행의 관계에서 자신감이 수행과 생리적 각성을 중재한다는 Bandura의 이론을 반박했다.

그림 5.4 (a)는 자신감 이론에 기초한 예측 (b)는 불안 이론에 기초한 예측

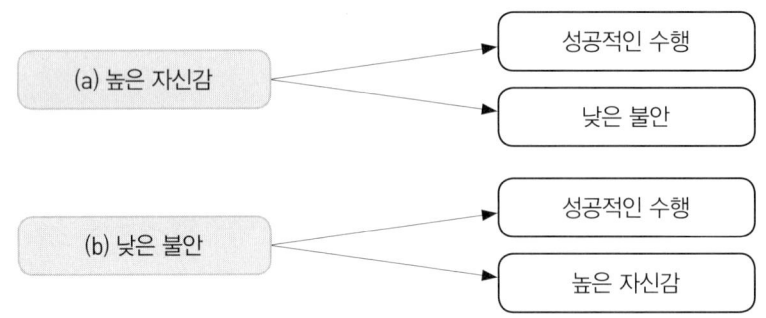

5. 자신감 향상 전략

Gould 등(1989)은 엘리트 코치가 선수들의 자신감을 증가시키기 위해서 사용된 13가지 전략을 측정하기 위한 두 가지 연구를 했다. 13가지 전략으로는 수행지도, 모델링, 긍정적 대화, 신체적 상태(physical conditioning), 언어적 설득, 보상, 기술 증진(technique improvement), 구체적 목표 설정, 유사 모델, 불안 해석, 귀인, 성공 암시(imaging success), 긴장 이완훈련이 있다. 이러한 전략들은 스포츠 상황에 따라 나타나는 효과 측면에서는 서로 달랐다. 이에 대한 첫 번째 연구에서 레슬링 코치는 수행지도, 모델링, 보상, 긍정적 대화로, 두 번째 연구에서는 여러 종목의 국가대표 코치가 수행지도, 긍정적 대화, 모델링 보상으로 효과가 있다고 밝혔다.

이러한 전략들은 앞에서 기술한 4가지 정보 출처에 기초하므로 이런 관계를(Bandura의 이론) 스포츠에 적용해 보면, 참여모델링(participant modeling), 자아 수행(self-instructed performance), 목표 설정 등은 수행성취와 관계가 있고, 모델링은 대리적 경험과, 긍정적 대화, 효과적인 의사소통은 언어적 설득, 그리고 원인 귀인, 불안 감소 요소는 생리적 각성과 관계가 있다.

1) 참여모델

참여모델(participation model)은 참여 지도(guided participation), 모델링, 그리고 성공적인 경험을 함께 포함하는 전략으로, 모델은 처음에 과제를 시범 보이고, 학습자와 함께 그 과제를 수행하고, 그리고 성공을 경험해서 자신감이 향상되는 것이다. Feltz 등(1979)의 연구에서 참여모델을 받은 피험자들이 실제(live) 모델링이나 비디오테이프 모델

링을 받은 피험자들보다 더욱더 성공적인 다이빙을 수행했고, 자신감의 기대가 더 강해졌다. 그래서 참여모델링을 통해서 정확하고, 세세한 동작에 대한 정보를 얻을 수 있다는 것이다. 예를 들면, 수행 보조(aids), 물리적 지도(physical guidance)를 통해 성공을 경험함으로써 선수들은 자신감을 향상시킬 수 있다.

2) 자아 수행(self-instructed performance)

수행 보조나 물리적 지도는 자신이 스스로 할 수 있다고 생각될 때 철회해야 한다. 자기 스스로 할 수 있는 경험이 외부적으로 도움을 받는 것보다 더 자신감을 높일 수 있다는 것을 뜻한다. 왜냐하면 수행이란 것은 외부적 도움(external aids)에 기인하는 것보다 자신의 능력에 기인하기 때문이다.

3) 목표 설정

목표 설정을 한다는 것은 개개인의 수행이 내적기준과 일치할 때까지 그들의 노력을 계속하는 데 하나의 보상(incentives)을 제공해 준다는 것이다. 설정한 목표 기준에 도달할 때 자아만족이 생기고, 그 목표를 달성할 때까지 노력을 계속할 것이다(Bandura, 1977b).

목표 설정 연구에서 구체적이고(specific), 약간 어렵고(difficult), 도전적인(challenging) 목표가 "최선을 다해라."라는 목표보다 그리고 "목표가 없는" 것보다는 자아 동기를 활성화하고 더 나은 수행을 이끈다(Locke, 1968; Locke et al. 1981). 그래서 선수를 도와줄 때 코치의 중요한 역할은 선수들이 약간 높은 수준의 목표를 설정하도록 해주고, 목표가 막연한 것이 아니라 구체적이고, 실제 가능한(realistic) 목표를 알려 주는 데 있다.

4) 모델링

관찰 학습을 통해서 관찰자는 모델의 수행을 봄으로써 새로운 행동 양식을 얻기 때문에 모델링은 자신감에 아주 중요한 것이다. 출연자와 관찰자(demonstrator-observer)의 유사성은 관찰자를 위해 대리적으로 유래되는 정보를 증가시키고, 그럼으로써 관찰자의 자신감도 증가시킨다. 유사 모델, 다양성 모델, 인지적 모델에 대한 것은 앞에서 기술한 대리적 경험에서 이미 다룬 바 있다. 자신감 정보의 기초로서 상징적(symbolic) 모델의 사용도 수행에 영향을 미친다(Kazdin, 1979). 즉, 자기 자신이나 다른 사람의 수행을 상상함으로써 자기가 바라는 과제를 성공적으로 수행할 수 있다는 것이다.

5) 긍정적 대화

경기에 승리하기 위해서나 과제를 성공적으로 수행하기 위하여 "나는 그것을 할 수 있다." "이길 수 있다."라는 긍정적 자기 대화는 자신감을 세우기 위해 계속되어야 한다. "우리는 그것을 할 수 없다." "그 기능은 너무 어렵다."라고 말하는 것은, 우리 스스로가 성공의 가능성이 희박하다고 인정하는 것이다. 이러한 부정적 자기 대화는 목표를 수행하려고 하는 데에 부정적인 영향을 끼칠 것이다.

많은 연구(Girodo & Wood, 1979; Weinberg et al., 1984)에서 긍정적 자기 대화는 여러 활동에서 강도(strength), 지구력, 고통, 지속성 등의 수행을 증가시킨다는 것을 제시했다. 이러한 긍정적 자기 대화는 요구되는 행위를 효과적으로 수행할 수 있는 확신을 증가시키고, 그래서 지각된 자신감의 수준을 증가시킨다(Bandura, 1986). 자신감이 낮은 사람에게는 특히 긍정적 자기 대화를 사용함으로써 좋아진다.

6) 효과적인 의사소통과 보상

효과적인 의사소통 전략은 긍정적 접근방법으로서 수행의 긍정적인 면에만 중점을 둔다. 선수들에게 부추김, 웃음, 따뜻한 등 두드림, 칭찬 등으로 보상을 준다. 대부분의 선수는 그들이 수행을 잘못했을 때, 절망과 부끄러움을 느낀다. 이럴 때 코치는 선수를 안심시키거나 부추김을 필요로 한다. 긍정적인 의사소통 형태는 당황한 느낌을 지연시키고 자신감을 증진시킨다(Feltz, 1982b).

7) 원인적 귀인

개개인이 어떻게 자신감 정보를 인지적으로 처리하느냐에 따라 자신감과 행동 사이의 관계에 영향을 미친다(Bandura, 1977). 선수들의 수행에 대해 만들어지는 원인적 귀인(능력, 노력, 과제의 난이도, 행운)은 자신감과 수행 사이의 관계에 영향을 미칠 것이다. 예를 들면, 만약에 수행의 성취가 행운이라기보다는 능력에 기인했다고 생각되면, 성공은 자신감을 더욱 증가시킨다. 능력, 과제의 난이도, 행운과는 달리 노력은 의지력으로서 어떠한 것을 수정할 수 있으므로 과거의 실패를 노력 부족에 기인한다면, 다음 수행을 위한 동기 유발의 효과를 이끌 것이다. 노력의 증가로 성공했다고 믿을 때, 사람들은 과제에 더 오랫동안 견디고 수행이 향상될 것이다. 그러므로 노력으로 성공한다면 자신감에 상당한 영향을 미칠 것이다(Weiner, 1974).

8) 불안 감소 요인

높은 불안은 실패에 대한 공포를 느끼고, 어떤 기능을 잘 수행하지 못하게 할 수 있다. 이런 불안의 증가는 집중력 저하, 정보 처리의 혼돈, 근육 긴장, 전체적인 수행의 저하를 가져온다. 코치가 해야 할 일 중의 하나가 불안을 감소시켜 주는 것이다. 불안을 줄이는 방법의 하나는 실패하리라는 공포를 수행할 수 있는 준비가 된 상태나 심기 향상 상태라고 해석한다면 불안을 줄일 수 있다. 이에 대한 것은 앞에서 기술한 정서적/생리적 각성에서 이미 다룬 바 있다. 그러나 불안 감소 방안은 여러 가지 복합적인 선수 개개인에 따라 적절하게 적용해야 한다.

9) 수행성취

성공적인 행동은 자신감을 증대시키며 더 나아가 성공적인 행동을 이끈다. 성공적인 수행은 특정 상대를 물리칠 수도 있으며, 또는 30분 동안 계속 연습할 수도 있을 것이다. 물론 내리 8게임을 졌을 때 다음 경기에 이기는 것에 대해 심한 압박감을 느낄 것이다. 특히 훌륭한 팀과 경기할 때 자신감은 성공하는 데 있어서 매우 중요하다. 성공 경험이 없다면 과연 자신감이 있겠는가? "선수들은 자신감이 없어서 졌는데 졌기 때문에 자신감이 없는 것이라고 생각한다."라고 한 코치는 말했다.

만약 당신이 연습 기간에 꾸준히 어떤 기술을 연습할 수 있었다면 확실히 그것을 수행하는 것에 대해 자신이 있을 것이다. 좋은 연습, 신체적으로, 기술적으로 그리고 전술적으로 준비하는 것이 최선의 시합을 가능하게 하고, 기억이 자신감을 배가시키는 것이다. 대부분은 성취 수행이 자신감을 낳게 하고, 이 자신감이 수행을 향상시키는 것이다. 어떤 연습 도중에 경험하는 것처럼 자신감을 이끌어 내지 못한다.

이와 유사하게, 어깨 부상을 치료하는 한 선수는 결국 그녀가 전 영역에 걸친 운동을 다시 할 수 있다고 믿는 자신감을 갖게 하기 위해서는 운동범위를 향상시키는 몇 가지 성공적인 경험을 할 필요가 있다.

10) 자신 있게 행동하기

생각, 감정과 행동은 서로 연관된다. 선수가 자신 있게 행동할수록 더 많은 자신감을 갖게 될 것이다. 이것은 자신감을 잃고 있을 때 이를 눈치챈 상대 선수의 자신감이 올라간다는 뜻이다. 자신 있게 행동하는 것은 스포츠와 프로 선수에게도 중요하다. 이것은 그 참가자들의 행동을 따라 하려는 것을 말한다. 에어로빅 강사가 고도의 정신 수양을 원한다면 자신의 수업에서 자신감을 발산하라. 운동 트레이너는 운동선수들을 다룰 때 자신 있게 행동해야 하며 또한 선수들이 치료할 동안 믿음과 자신감을 갖도록 해야 한다.

선수들은 경기 동안 자신감이 있는 이미지를 보이고자 노력해야 한다. 비록 심각한 실수를 범했을 때조차도 머리를 꼿꼿이 세움으로써 그들의 자신감을 과시할 수 있어야 한다. 많은 사람이 움직임과 바디랭귀지를 통해 자신감의 부족함을 나타낸다.

자신 있게 행동한다는 것은 어려운 시기에 기분을 진전시킬 수 있다. 만약 누군가가 어깨를 축 늘어뜨리고 고개를 숙인 채 창백한 얼굴로 주위를 어슬렁거린다면 모든 사람에게 자신이 쳐져 있음을 알리는 것이고 이것이 그들을 더욱 심하게 처지게 만드는 작용을 한다.

자신감이 있음을 보이기 위해서는 머리를 똑바로 들고 어깨를 펴고 얼굴의 표정을 부드럽게 해야 한다. 이것이 상대 선수들을 어림짐작하게 할 것이다.

11) 자신 있게 생각하기

자신감은 당신이 목표를 성취할 수 있으며 성취할 것이라는 생각으로 이루어진다. 한 대학 골퍼는 다음처럼 말했다. "내가 이길 수 있다고 생각한다면 난 이기기 위해 모든 노력을 다한다." 긍정적인 자세는 잠재력을 일깨우는 데 매우 중요하다. 운동 수행자들은 부정적인 사고("나는 매우 멍청해." "나는 내가 나쁜 플레이를 했다고 믿지 않는다." "나는 이 사람을 이길 수 없을 거야." "나는 결코 그것을 해내지 못할 거야.")를 버려야 하며 긍정적인 생각("나는 내가 그것을 단지 한다면 더 잘할 수 있을 거야." "차분함을 유지하고 집중하라." "나는 저놈을 이길 수 있어." "저것만 버티면 더 잘될 거야.")으로 바꾸어야 한다. 성공적으로 기술을 수행할 수 있는 단서들, 용기, 기술을 교정하는 것은 자신과의 대화에 초점을 맞추어야 한다. 때론 이렇게 하는 것이 힘들지만 성공적인 운동 경험과 기분 좋은 결과를 얻을 것이다.

12) 심상 사용하기

심상은 결코 할 수 없었거나 행하기 어려웠던 일들을 하는 자신을 볼 수 있다. 예를 들면, 계속해서 슬라이스를 치던 골프선수는 페어웨이로 똑바르게 공을 치는 자신을 상상할 수 있다. 장거리 달리기 선수는 지난 다섯 번의 경기에서 지고 난 후 한 수위의 경쟁자를 꺾는 자신을 볼 수 있다. 풋볼 쿼터백은 다른 수비 정렬을 영상화해서 특이한 경기대형으로 상호작용하도록 노력할 수 있다. 비슷하게 부상당한 선수가 경기장에서 나와서 열심히 수행하는 것을 상상하게 함으로써 자신감을 얻을 수 있도록 할 수 있다.

나는 내 스스로를 상상해 볼 것이다. "챔피언은 어떻게 행동하고 느끼는가…." 이것은 나 스스로에 대해서 알아볼 수 있을 때 유용하다. 내가 상상한 대로 실제의 역할처럼 나는 그것들을 이루어 냈고 차례로 내가 올림픽 챔피언이 될 수 있도록 믿을 수 있게 도움을 주었다(Orlick & Partington, 1988).

13) 신체적 컨디셔닝과 훈련

완벽한 신체적 준비를 하는 것은 자신감에 중요한 역할을 한다. 스포츠 대부분에서 선수들은 1년 내내 힘, 끈기, 유연성을 기르기 위해 연습하고 있다. 연습과 이에 따르는 좋은 영향 습관이 있으면, 운동을 그만둘 때까지 경기장에 머무를 수 있다.

예를 들면, 테니스 선수인 안드레 애거시(Andre Agassi)의 강력한 체력 훈련법은 그가 자신감을 느끼게끔 해주었고 시합에서 어려운 포인트 상황에서 상대방보다 오랫동안 플레이를 하게끔 하였다. 훈련과 좋은 식습관은 일을 성취하는 데 있어 도움을 준다. 세계 수준의 선수들은 자신감을 기르는 데 있어 훈련의 질적인 부분을 특히 강조한다. 정신 훈련은 육체적 기술 훈련을 대신할 수 없다. 그러나 두 가지 모두 병행하는 것은 필수적이다.

14) 준비

잭 니클라우스(Jack Nicklaus)는 인터뷰에서 다음과 같이 말했다. "내가 준비하는 한 승리를 기대할 수 있다." 이 말을 거꾸로 하면 준비하지 않는다면 승리를 기대하지 말라는 것이다. 준비는 당신에게 자신감을 가져다준다. 승리를 확신하기 위해 가능한 한 모든 일을 행하라. 하고자 하는 것을 자신이 알기 때문에 계획은 자신감을 가져다준다. 많은 사람이 전략 없이 경기에 임한다. 그러나 항상 그곳에는 공격에 대한 계획이 세워져야 하며 그 계획에는 적어도 자신이 수행하고자 하는 것과 그것을 행하는 방법에 대해 생각이 필요하다.

올림픽 선수들에 관한 연구에서 가장 성공적인 것은 그들이 하고자 하는 것에 대한 전략과 아주 상세한 계획이 있었다는 것이 밝혀졌다는 것이다. 그들은 또한 대안 전략도 세웠다(Gould et al. 1992; Gould et al. 1999). 예를 들면, 장거리 선수는 어떻게 달리는가에 대한 계획과 경기의 속도가 어떤지 또 어떤 움직임을 명령한다면 당장에 적용할 수 있는 모든 전략을 염두에 두고 달려야 한다. 아주 좋은 계획이란 자신의 능력뿐만 아니라 상대 선수의 능력도 고려하는 것이다.

준비를 잘한다는 것은 사전 시합의 틀을 일상화하는 것도 포함한다. 언제 무슨 일이 일어날 것인가를 정확하게 안다는 것은 자신감과 여유를 갖게 한다. 먹거나 연습하거나 팔다리를 뻗치거나 경기에 참여할 때 확실하게 한다는 것은 시합 그 자체에 전력을 다한다는 자신감을 갖게 한다.

6. 자신감 연구의 문제점

자신감은 전체적인 수행을 설명하는 특성이라기보다는 구체적인 것을 성공적으로 수행할 수 있는 확신을 말한다. 또한 자신감은 수준, 강도, 일반성에 따라 변하며, 적절한 기능이나 적당한 유인(incentives)이 주어질 때 개개인의 수행을 예측하는 데 중요한 요소이다.

자기효능감의 4가지 정보 출처인 수행성취, 대리적 경험, 언어적 설득, 생리적/정서적 각성들이 자신감에 영향을 미친다. 정보의 중요성은 운동 종목이나 상황에 따라 다르기 때문에 어떤 스포츠나 운동 상황에서는 생리적 정보가 수행성취보다 더 중요한 자신감 정보를 제공할 수 있다.

운동수행이나 스포츠 영역에서 특히, 초기 학습에서 자신감의 중요성 때문에 코치들은 선수들의 자신감을 유지하고 증가할 수 있는 기술이나 전략을 알아야 한다. 자신감 정보의 여러 출처에 기초한 전략들이 효과적으로 자신감과 수행을 증가시킨다. 이런 전략들로는 수행성공, 참여모델, 자아 수행, 유사모델, 다양성모델, 상징적 모델을 포함하는 모델링 전략, 코치들의 격려, 효과적인 의사소통, 불안감소 기술, 각성의 재해석, 그리고 목표 설정이 포함된다. 코치의 중요한 역할은 이런 기술들을 통해서 선수들의 자신감을 유지하고 발전시키는 데 있다. 이런 전략들이 선수들의 정적 심리에 영향을 미치는 아주 중요한 것들인 것을 코치들은 알 것이다.

많은 스포츠심리학자가 자신감과 수행의 관계를 연구했는데, 자신감은 수행에 대해 원인이나 결과로 나타났으며, 수행과 불안이 자신감에 의해 주로 결정된다는 Bandura의 이론을 반박했다. 보통의 인지적인 메커니즘으로서의 자신감은 운동수행에서 모든 행동적 변화를 설명할 수는 없지만, 특히 초기 수행 시도에서 운동수행을 설명하는 데에 자신감은 중요한 인지적 메커니즘이라고 계속해서 보고되고 있다.

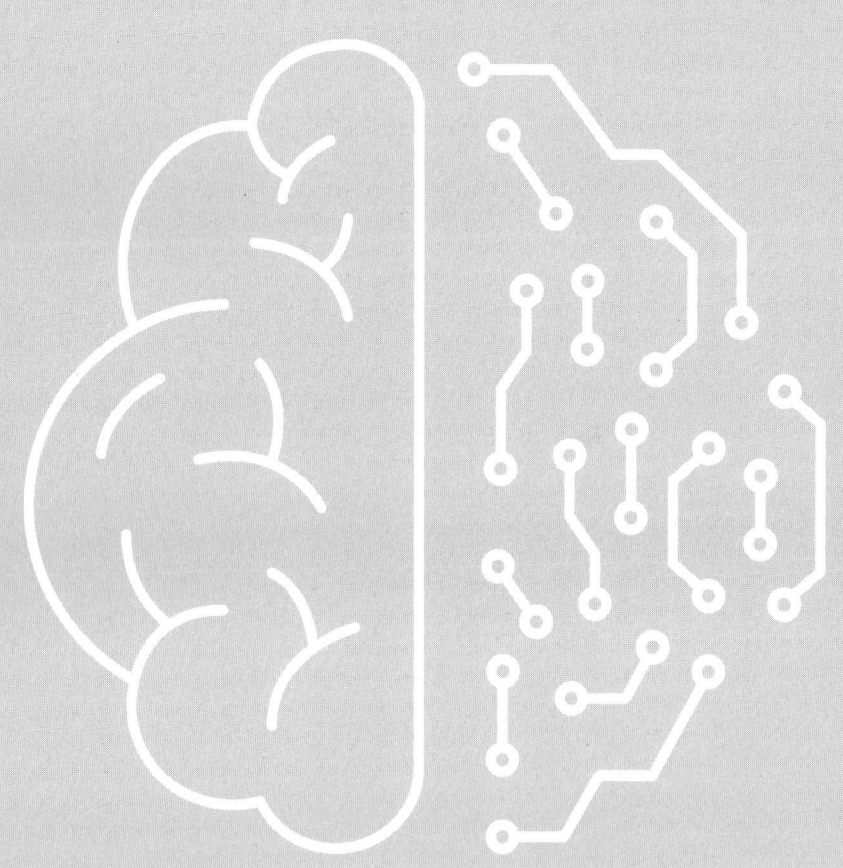

제6장

의사소통

스포츠 상황에서 의사소통(communication)은 중요한 심리적 요인 중의 하나이다. 지도자나 선수로서 얼마나 의사전달을 잘하느냐에 달려 있다. 경기에서 승리는 코치가 작전을 잘 짜거나, 경기 기술 지도를 잘하는 것이 문제가 아니라 선수들의 능력뿐만 아니라 부모와 경기 임원, 보조 코치, 언론, 다른 코치들과 효과적으로 의사소통을 할 수 있는지에 달려 있다. 따라서 지도자, 체육교사들은 효과적인 의사소통에 관심을 가져야 한다. 중요한 것은 무엇을 아느냐가 아니라 얼마나 다른 사람과 의사소통을 잘하느냐 하는 것이다.

이 장에서는 스포츠 상황에서 효과적인 의사소통을 위해 의사소통의 정의, 종류, 효과적인 메시지 받기, 효과적인 의사소통에 대해서 알아보겠다.

1. 의사소통의 정의

의사소통은 매체를 통해 인간이 타인과 교섭함으로써 서로에게 영향을 미치며, 사회적인 관계를 만들어 가는 과정이다. 어원적으로는 사람들의 정보, 의견, 감정, 태도, 사실, 생각 등을 공유 또는 공통화하는 행동으로써, 인간 상호 간에 주고받는 메시지를 통하여 서로의 감정과 의미를 전달하는 것이다. 즉 의사소통은 나와 타인이 서로를 이해하려는 노력의 순환과정이라 할 수 있다(Anderson, 1959).

스포츠 상황에서 지도자는 종목에 대한 전문적인 지식과 기술의 습득에 앞서 선수들을 동기화시키고 관계를 단단하게 하는 능력이 우선되어야 한다. 올림픽에 참가한 미국 선수들은 코치의 가장 중요한 자질로 '가르치는 능력'과 '선수들을 동기화하는 능력'을 꼽았고, 올림픽 메달리스트들은 지도자가 갖추어야 할 덕목으로 지도자의 전문적 기술과 지식이 아닌 선수와 지도자 간의 관계의 질을 우선으로 꼽았다(Dieffenbach et al., 2002). 훌륭한 지도자가 되기 위해서는 전문 기술과 지식을 습득하는 것도 중요하지만, 의사소통 능력과 기술이 무엇보다도 중요하다.

2. 의사소통의 과정

일반적으로 의사소통의 기본 과정으로는 1) 타인에게 어떤 메시지를 보낼까 결정한다. 2) 보내는 사람은 생각을 메시지로 부호화한다. 3) 메시지는 수신자에게 보내진다. 4) 받은 사람은 메시지를 해석한다. 5) 수신자는 그 메시지를 생각하고, 내면적으로 흥미롭다든가, 미치겠다든가, 안도감을 느낀다던가와 같은 반응의 과정으로 소통된다〈그림 6.1〉.

스포츠 상황은 일반적인 의사소통 과정을 내포하지만, 스포츠 수행의 결과에 대한 피드백을 제공하는 것은 스포츠 현장의 독특한 광경이라 할 수 있다. Vealey(2005)는 스포츠 상황에서 지도자와 선수 간의 원활한 의사소통을 위한 과정을 다음과 같이 제안하였다. 지도자는 반드시 자기의 생각을 말하고자 하는 목적에 알맞게 메시지로 바꾼 다음 선수들에게 메시지를 효과적으로 전달해야 한다. 선수들은 지도자가 보내는 메시지를 잘 경청하고, 올바르게 해석하여 그에 따라 행동한다. 그리고 외적으로 나타나거나 보이는 선수들의 행동은 다시금 지도자에게 관찰되고 해석되는 일련의 과정을 통하여 의사소통은 순환된다고 하였다.

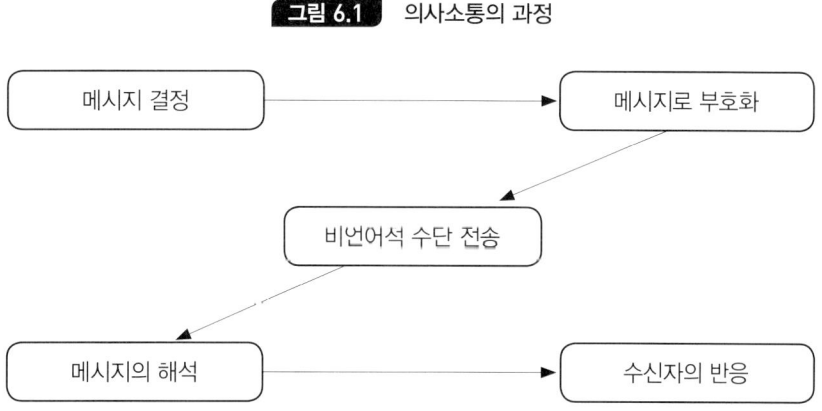

그림 6.1 의사소통의 과정

3. 의사소통의 목적과 기능

일반적으로 의사소통이 일어나는 목적으로는 통제, 지침, 동기부여, 피드백과 평가, 정보교환, 사회적 욕구, 정보수집, 사회적 접촉 등을 들 수 있다. 스포츠 현장에서 일어나는 의사소통의 종류로는 유산소운동으로 체중을 줄이기 위해 운동할 때, 배구 선수들의 시스템 훈련, 농구의 수비 연습, 새로운 스쿼시 기술을 배울 때, 초보자를 가르치는 코치 등의 상황들에서 선수나 지도자는 상호 간의 의사를 교류해야 한다. 학습자에게 동기유발을 시키고, 훈련과 기술 과정을 말하고, 강화나 처벌을 주기 위해서 의사소통이 일어난다(최만식, 2004).

의사소통은 대인관계의 기능을 형성하고 타인을 알아갈 뿐만 아니라 자기를 발견하고 알아가는 수단이 된다. 스포츠 종목의 전문 언어를 배우고 그 종목에 관한 문화를 배우는 문화 전달의 기능이 있고, 타인과의 대화나 의사소통을 통해서 상대방을 설득하고 자기가 느끼는 감정과 정서를 타인과 주고받는 정서 교류의 기능이 있다.

4. 의사소통의 종류

의사소통은 두 가지의 기본적인 방법으로 일어난다. 최소한 두 명이 의미 있는 의사 교환을 포함하는 대인 관계적인 의사소통을 의미한다. 말하는 사람은 특정인이나 혹은 사람들의 반응에 영향을 주는 경향이 있다. 메시지가 의도된 사람, 의도되지 않은 사람 혹은 두 경우 모두에 의해서 받아들여질지도 모른다. 때때로 메시지는 화자의 의도된 메시지가 전달되지 않을 정도로 왜곡된다.

대인관계에서 의사소통의 중요한 부분은 비언어적인 의사소통이나 비언어적인 신호를 포함한다. 연구자들은 대화의 이러한 형태가 정보를 받아들이고 나누어 주는 데 결정적이라고 한다. 예를 들면, 테니스 경기를 관람하고 있는 참가자들은 단지 선수들만 보고 있었다. 그들은 결코 선수가 실제로 볼을 치거나 점수를 올리는 것을 보지 못했다. 그런데도 75%는 이기고 있는 선수를 찾을 수 있었다. 선수들이 점수 사이에서 나타낸 비언어적인 신호는 앞서 있거나 뒤져 있거나 하는 것으로 의사소통하기에 충분하다.

내면적인 대화(혼잣말)는 우리 스스로 가지고 있는 의사소통이다. 우리는 스스로 많은 대화를 하고 있다. 우리가 자기에게 말하는 것은 보통 어떻게 행동하는가를 미리 예견해 주고, 형태를 잡아가게 하는 데 도움이 된다. 예를 들면, 체육 수업에 한 소년이 테니스 서브의 새로운 기술을 수행하는데 두려움이 있고, 자기에게 "할 수 없어. 내가 시도한다면 나는 바보처럼 보일 것이다."라고 혼자 얘기를 한다. 이러한 내면적인 대화는 기술을 수행할 수 없게 하는 상황을 증가시킬 것이다. 혼잣말은 또한 동기에 영향을 미친다. 만약에 체중을 줄이거나 그가 더 날씬해 보이고 좋은 느낌이라고 자기에게 말한다면, 그는 혼잣말로 동기가 증가될 것이다.

1) 언어적 메시지

언어적 메시지(verbal messages)는 명확하게 보내지고, 받아들여질 수 있고, 정확하게 해석될 수 있다. 의사를 전달하기 위해서 적절한 시간과 장소를 골라야만 한다. 불행하게도 코치나 부모들은 종종 그들에게 의사를 전달하기 위해 부적절한 시간을 고르기도 한다.

의사소통의 실패는 메시지가 비효과적으로 전달되었기 때문에 일어나고, 메시지가 받아들여지지 않고 잘못 해석된다. 가끔은 문제가 단순하게 코치나 선수 사이 혹은 교사와 제자 사이에서 신뢰의 부족 때문이다. 사람들은 다른 사람을 귀찮고 지루하게 만들면서, 정신없이 너무 많은 말을 하고, 반면에 다른 측면에서는 의사소통이 되지 않게 거의 말하지 않는다. 효과적인 언어적 메시지 방법으로는 의사표현은 직접적이고 구체적이고 완전해야 하며 한 번에 한가지씩 하는 것이 좋다. 그리고 의사소통할 때는 상대방에게 호응하는 것이 좋고 메시지는 즉시 전달하는 것이 효과적이다.

2) 비언어적 메시지

사람들은 대화 중에 사용하는 많은 비언어적(nonverbal messages) 신호들을 잘 모른다. 실제로 대화에서 전달되는 정보의 약 50~70%는 비언어적인 것이다. 그러므로 선수, 코치, 운동지도자들이 정보의 풍부한 자원으로써 비언어적 단서에 주의를 집중해야 한다. 비언어적 의사소통의 다양한 종류를 이해하는 것은 메시지를 보내고 받아들이는데 무엇보다도 우선시되어야 한다.

비언어적 메시지들은 의식적인 통제하에 있는 경향이 적어서 언어적인 메시지보다 감추기가 더 어렵다. 즉, 우리들의 무의식적 감정과 태도를 나타낼 수 있다. 누구나 비언어적 메시지를 믿는 경향이 있는데, 예를 들면, 한 운동지도자가 한 선수에게 훈련하기 전에 오늘 컨디션이 어떠하냐고 물었다. 그 선수는 "괜찮아요."하면서 어깨를 으쓱하거나, 땅 밑을 보거나, 난색을 보이거나, 혼잣말로 중얼거린다면, 비록 '괜찮다.'라고 할지라도 말로 표현되지 않은 메시지들로부터 '괜찮지 않다.'라는 것을 느낄 것이다.

비언어적 메시지가 강하다고는 하나 정확한 판단을 내리기에는 부족하다. 따라서 우리는 비언어적 메시지들을 사용하는데 주의해야 하며, 전·후 문맥 관계를 정확하게 판단하도록 노력해야 한다.

비언어적 메시지를 전달하기 위해서는 외모, 자세, 몸짓, 접촉, 표정, 목소리의 톤에 따라 수신자는 다르게 반응할 수 있다. 구체적으로 표정에서는 미소 짓기, 고개 끄덕이기, 윙크하기로 의사를 표현하고, 몸짓에서는 손뼉치기, 엄지 들어주기, 일어나서 손뼉치기, 신체적 접촉으로는 등 두들겨 주기, 주먹인사 하기, 악수하기, 껴안아 주기 등의 칭찬도 의사전달의 한 수단이다. 즉 잘했다거나 자랑스럽다고 칭찬하기, 구체적 기술을 칭찬하는 것도 좋은 전달 수단이다.

다음은 Weinberg와 Gould(1999)가 제안한 언어적 비언어적 메시지 전달 지침이다.

1. 직접적이어야 한다. 사람들은 바로 그 사람에게 직접적으로 그들의 메시지를 표현하기보다는 마음에 있는 것의 힌트를 준다.
2. 자신의 메시지를 나타내라. 자신의 메시지를 나타낼 때 '우리'라든가 '우리 팀'이라기보다 '나' 혹은 '나의'라고 말해라.
3. 구체적이고 완벽하게 하라. 메시지를 충분히 이해할 수 있도록 모든 정보를 동원하여 사람에게 제공하라.
4. 일관성 있고 분명하라. 이중적 메시지를 주는 것을 피해라.

5. 요구와 감정을 분명하게 말하라. 사람은 사회적 통념상 자신의 감정을 있는 그대로 표현하는 사람들에 난색을 보이기 때문에 자신의 감정이나 욕구를 숨기려는 편이다. 그러나 만약 누군가와 더 친해지려 한다면 자신의 감정을 나눌 필요가 있다.
6. 의견과 사실을 구별해라. 당신이 무엇을 보고, 듣고, 알고 있는지를 말하고 난 후에 이런 사실들에 대한 당신의 결론이나 의견을 분명히 말해라.
7. 한 번에 한 가지 일에만 집중하라. 분리된 메시지는 잘 전달이 되지 않는다.
8. 메시지를 즉시 전해라. 즉각적인 반응은 지체된 반응보다 더 효과적인 피드백이 된다.
9. 메시지는 진술된 메시지의 목적과 실제 목적이 같지 않은 것을 포함하지 마라.
10. 지지자가 되어라. 다른 사람이 너의 말을 듣고자 한다면, 위협, 빈정거림, 부정적 비교판단으로 하지 마라
11. 비언어적 메시지로 일관성을 유지하라. 갈등을 만드는 메시지는 선수들을 혼란스럽게 하며, 앞으로의 의사소통에도 방해가 된다.
12. 반복해서 강화해라. 그것은 당신의 메시지를 반복하라는 것이다. 당신의 메시지가 무엇인가를 강조하기 위해 사용될 때는 요점을 되풀이하라. 그러나 다른 사람들이 귀를 기울이다가 멈추는 것을 초래할 수 있으므로 너무 지나치게 반복하지 마라.
13. 메시지를 듣는 사람의 수준에 알맞게 만들어라. 얘기를 듣는 사람의 경험에 맞게 메시지를 적당히 맞춘다면, 메시지가 훨씬 더 잘 받아들여질 것이다.
14. 메시지가 정확하게 해석되었는지 피드백을 찾아라. 말하고 있는 사람이 자신의 의도대로 메시지를 받고 있는지 언어적 혹은 비언어적 신호로 살펴보아라.

⑮ 침묵

침묵은 무관심, 거부, 화, 동의를 나타내는 강력한 비언어적 메시지이다. 대부분 코치는 선수들끼리 서로 얘기하고, 서로 격려하고, 혼자 중얼거리고, 게임에 관련된 것을 시범 보이느라고 소란스럽게 되는 것들을 기대한다. 코치들의 관찰과 면접의 부족으로 선수들은 동기부여도 안 되고, 집중도 못 하며, 운동을 포기한다고 코치들에게 의사소통할 수도 있다. 더군다나 코치들은 말수를 줄이거나 아예 침묵하면서 팀이나 개인으로 선수들을 대하곤 한다. 선수들이 게임에 몰입되어 있다거나, 좌절되어 있다거나, 지쳐있다고 말하지만, 침묵으로 일관하는 코치는 선수의 설명보다는 자신이 관찰한 것에 더 영향력을 둔다. 또한 심판이 반칙을 인정하지 않을 때 심판에 항의하는 것을 코치가 침묵한다면 그러한 행동은 시인하는 의사전달이 되는 것이다. 침묵은 실제의 규칙이나 정책보다 더 큰 영향력이 있다.

⑯ 몸짓 언어

 위에서 언급했듯이 어깨를 으쓱거리고, 얼굴에 손을 대고, 악수하고, 발로 차고, 보조를 맞춰 걷는 등이 몸짓 언어이다. 우리는 이러한 언어를 나름대로 해석하고, 행동을 취하게 된다. 선수들과 코치는 자신들의 감정을 의사소통하기 위해 목적 없이 이런 행동들을 한다. 비의도적이고, 비언어적 의사소통은 스포츠 현장에서 자주 일어난다. 실제로 경기상황에서 문제를 일으킬 수 있는 몸짓으로 팀이 지고 있거나, 경기 내용이 좋지 않을 때, 코치는 벤치나 사이드라인의 선수들과 얼마만큼의 거리를 두느냐이다. 코치가 너무 좌절되고 화가 나서 자신이 의도하지 않은 것을 말하거나 행동하지 않도록 생각과 감정을 재정리할 필요가 있다. 그러나 모든 것이 잘될 때 팀에서 코치의 거리는 코치가 팀의 일부분이 되기만을 원한다면 선수들과 의사소통할 수 있다. 이러한 해석은 팀의 경기 내용이 나빠진 후, 선수의 감정을 재정리하기 위해 팀과 거리를 두었을 때, 코치는 선수들이 취한 태도를 비난한다고 말한 선수들의 기억에 근거를 둔 것이다. 코치는 선수에게 "내가 하는 대로 따라 하지 말고", "내가 가르친 대로 하라."라는 의사소통의 역할 모델을 선수들에게 제공해 줄 수 없다는 것을 주의해야 한다.

3) 의사소통 네트워크

 의사소통 방식은 정보가 어느 방향으로 흐르느냐에 따라 4가지 형태로 분류할 수 있다〈그림 6.2〉. 상사의 명령·지시 형식의 하향적 의사소통 이외에, 아래에서 위로하는 보고 또는 제안 형식의 상향적 의사소통, 횡적조직에의 수평적 의사소통, 그리고 대각적 의사소통 방식도 있다. 상의하달식 의사소통(downward communication)은 가장 빈도가 높은 의사소통 방법으로 업무 집행을 위해 서면이나 구두로 명령하거나 지시하는 등 상사가 하위자에게 전달하는 것이고, 하의상달식 의사소통(upward communication)은 하위자로부터 상위계층으로 정보가 전달되는 것으로 보고나 제안, 면접 및 종업원 의견조사 등의 수단으로 이용된다. 제안제도(suggestion system)는 공식적인 조직을 통하지 않고 하위자 의견이나 건의 내용을 상위자에게 전달하는 의사소통 방법이다. 수평적 의사소통(horizontal communication)은 동일 계층에 있거나 유기적 업무 관계의 같은 수준에 있는 관리자나 종업원들 간에 업무 조정이나 협조를 위해서 수행되는 의사소통이다. 회의를 통해서 의견교환을 함으로써 의사결정에서 객관적 타당성을 추구하는 것도 이에 속한다. 마지막으로, 대각적 의사소통(opposite angle communication)은 구성원의 상향적, 하향적 및 수평적 통로를 통하여 효과적인 의사전달을 할 수 없는 상황에 없어서는 안 될 중요한 의사소통 방법으로, 대각되는 의사소통 통로로 조직의 시간과 노력을 절약하기 위해서 효과적으로 이용된다(Bavelsa & Barrett, 1951).

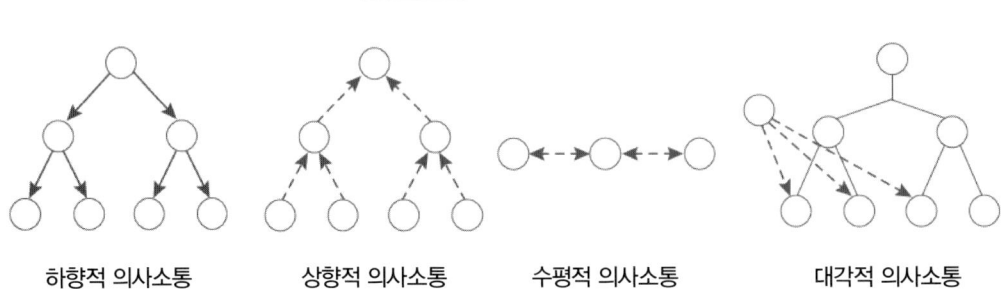

그림 6.2 의사소통의 흐름

하향적 의사소통 상향적 의사소통 수평적 의사소통 대각적 의사소통

의사소통의 유형에는 원형(circle), 연결형(chain), 차륜형(wheel)이 있고, 각각의 장단점을 살펴보면 다음과 같다〈그림 6.3〉〈표 6.1〉.

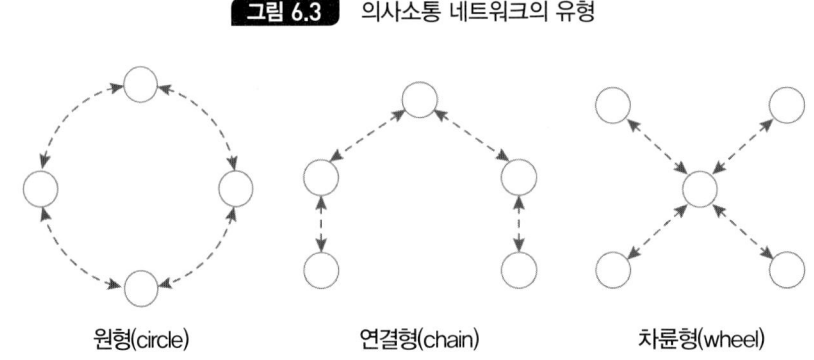

그림 6.3 의사소통 네트워크의 유형

원형(circle) 연결형(chain) 차륜형(wheel)

표 6.1 유형별 장단점

항목/유형	원형	연결형	차륜형
수행속도	늦다	빠르다	빠르다
정확성	부족하다	충분하다	충분하다
리더의 출현	없다	나타난다	아주 명백하다
사기	매우좋다	나쁘다	아주 나쁘다
직무변화에 대한 적응성	대단히 빠르다	늦다	늦다

출저 : Bavelsa & Barrett(1951)

5. 효과적인 메시지 받기

의사소통의 한 면 즉, 보내는 것만 강조해서는 안 될 것이다. 사람들은 의사소통의 40%를 듣는데 투자한다. 듣는 것이 의사소통의 가장 중요한 기술의 하나인 것으로 많은 연구에서 판명되있다. 사람들은 쓰고 말하는 방법을 배웠지만, 적극적으로 듣는 것에 대한 훈련은 잘되어 있지 않다. 어떻게 하면 듣기 능력을 발전시킬 수 있겠는가!

1) 적극적으로 듣기

듣기의 최고 방법은 적극적으로 듣는 것(active listening)이다. 적극적 듣기는 중요한 생각이나 배경이 되는 의견에 동의하고, 적절히 반응하면서 피드백을 받고, 말하는 사람에게 관심을 기울이면서 듣는 것이다. 적극적 듣기는 눈을 보면서 이해하고 있다고 고개를 끄덕이는 것과 같은 비언어적인 의사소통도 포함된다. 듣는 사람은 메시지의 내용, 의도와 이에 따른 감정에 관한 관심을 보여주어야 한다.

사람들이 진정으로 자신을 신뢰하기를 원한다면, 듣는데 협응해야 한다. 어떤 코치가 그의 방침을 선수들에게 말하려 할 때, "나는 너희들이 원한다면 언제든지 나는 만나줄 것이다. 항상 문은 열려 있다."라고 하였다. 이때 선수들은 다음과 같이 느낄지 모른다. "그 코치는 진심으로 우리에게 귀 기울이지 않는다. 코치는 단지 우리에게 해야 할 얘기를 한 것이다." 좋은 듣기는 민감성을 보여주고, 생각과 감정의 개방적 교류를 야기시킨다.

적극적인 듣기의 한 예를 들면,

- 지시문 : 난 주당 3일 연습하는 것을 5일로 연습 시간을 늘리려고 하는데 최고의 방법인지 모르겠다.
- 질문 : 연습 시간을 늘림으로써 얻는 이득과 손해는 무엇이냐?
- 부연 설명 : 체중 조절에는 좋겠지만 몸에는 해로울 수도 있다.

사람들의 생각과 감정들을 부연 설명 함으로써 귀 기울여 듣고 있다는 것을 알게 하는 것이다. 이렇게 함으로써 말하는 사람이 더 많은 의사소통을 하게 만드는 것이다. 질문을 할 때는 "왜"라는 단어를 피하는 게 좋다. "왜"는 판단적인 태도가 내포되어 있기에 자제해야 한다. Rosenfeld와 Wilder(1990)는 적극적으로 듣기 위한 방법으로 아래와 같이 제시하였다.

- hearing과 listening을 혼동하지 마라.
- hearing은 단순히 듣는 것이고, listening은 적극적인 듣기 과정이다.
- hearing은 메시지의 의미에 귀 기울인다는 것이 아니다.
- 듣는 사람이 듣기는 하지만 귀 기울이지 않을 때, 말하는 사람은 당황하게 된다.
- 자신이 듣기에 주위가 어수선하다면, 말하는 사람에게 집중하는 연습을 해야 한다.
- 항상 마음속으로 귀 기울여 들겠다는 준비가 되어 있어야 한다.

예를 들어 코치와 중요한 논의를 하기 전에 의사전달을 위한 심리적인 계획이 필요하다. 그것은 마음속으로 말하는 사람의 의도를 미리 파악하기 위한 예행연습이다. 상대방이 높은 각성상태일 때에는 난해한 문제를 해결하려고 하지 말아라.

2) 지지하며 듣기

듣기를 할 때 지지하며 듣기(supportive listening)를 하면서 지원적인 행동을 보여라. 다른 사람들을 알고, 이해하고, 받아들인다는 메시지이다. 다음과 같은 예가 지원적인 행동을 보여주는 것이다.

- 다른 사람의 행동을 평가하고 공격하는 것 대신에 설명하라.
- 즉각적인 감정, 생각에 집중하라.
- 어림짐작하거나 속이지 마라.
- 무관심하지 않게 감정이입을 하라.
- 변화의 가능성, 새로운 사상, 시각에 대해 개방적으로 되어라.

이러한 행동들에 따라서 시선 맞춤, 분명히 하는 것, 머리를 끄덕이는 것과 같은 실제로 참여적인 행동들을 하라.

귀 기울여 들을 때, 적합한 행동을 사용하라. 의사소통을 효과적으로 하기 위해서는 사람들이 비록 동의하지 않더라도 이해하고 함께 대화하고 있다는 것을 인지하게 하는 것이 중요하다. 누가 무엇을 말하고 있는지 언어적 혹은 비언어적으로 알지 못하거나 방해를 받는다면, 말하는 사람이 커다란 혼동을 일으킬 것이다. 관심을 기울이고 있으며, 이해하고 수용적임을 나타내는 지원적인 행동처럼 적합한 행동들을 취하라.

언어적이고 비언어적으로 듣는 것을 둘 다 사용해라. 흥미나 관심을 포함하는 의사소통

하는 비언어적인 행동들은

- 사람으로부터 1피트 이내에 서 있을 것.
- 눈 맞춤을 할 것
- 적당한 표정을 지을 것.
- 말하는 사람을 대면하고,
- 개방적인 자세를 유지할 것.

언어적 행동은 말하는 사람이 무엇을 말하고 느끼는가에 대한 이해와 인식을 의사소통해야 한다.

3) 의식적으로 듣기

유연하게 의식적 듣기(aware listening)를 하라. 상황에 따라 다른 전략이 필요하다. 사람들은 다른 것과 비교해서 한 가지 형태로 듣는 것을 더 편안해하고 더 좋아한다. 어떤 사람은 단순하게 말하는 것을 좋아하고, 이해 정도에 관해 관심이 없는 것으로 보일지도 모른다. 또 사람들은 그들이 말한 것을 생각해 볼 수 있는 시간을 주고 피드백을 가질 기회를 주기도 한다.

의사소통의 실패와 장애물에 대해 경계해야 한다. 장애물들은 타인과 의사소통 할 때, 사람들이 말하는 것과 같은 소음이 관련이 깊다. 예를 들면, 코치들과 선수들은 가끔 군중들의 고함보다 더 크게 말해야 한다. 이러한 소음에 대처하기 위해서는 비언어적인 신호를 사용하는 방법이 필요하다. 의사소통할 때 잘못 전달되거나 지시가 잘못되었을 때 실패하게 된다. 종종 우리는 나쁜 일이 발생하고서야 의사소통이 잘못되었음을 알게 된다. 또 잘못된 의사소통이 자꾸만 반복되기도 한다.

6. 스포츠 지도자들의 효과적 의사소통

코칭에 있어서 가장 중요한 부분 중의 하나는 원활한 의사소통이다. 어떻게 하면 어린 선수들, 부모들, 심판들과의 대화에서 효과적인 의사전달을 끌어낼 수 있을까? 지도자의 의사전달 능력 특히 선수들과의 의사전달 능력을 향상하기 위해서는 다음 지침을 따라야 한다.

1) 지도자의 언어적, 비언어적 메시지는 항상 일관되게 해야 한다.

행동이 말보다 더 크게 작용한다는 속담이 있다. 실제로 모든 의사소통의 70% 이상이 비언어적 메시지임은 이미 밝혀졌다. 선수들에게 말할 때, 비언어적 메시지가 자기의 말과 확실히 일관될 수 있도록 표정이나 몸짓을 제대로 관리해야만 한다.

효과적인 의사소통이란 양방통행하는 길과 같다. 의사소통 과정의 한 부분으로써 선수들은 일관된 메시지를 주고받아야 한다. 그렇지만 운동수행에 대한 선수들의 거리낌 없는 관심의 나눔이나 대화는 지도자로부터 비롯된다. 아이들이 "왜 공을 세게 차지요?"라는 물음에 "알게 뭐야"라고 대답한다면, 그 선수의 물음이 별로 중요치 않다는 것을 표현한 것이다. 그것은 좋은 질문이었고, 지도자는 자신이 알고 있는 지식과 정보를 통해서 질문에 대한 대답을 찾을 능력이 없다는 것이다. 통로를 열어두고 선수에게 자신이 모른다고 말하고, 하지만 흥미로운 질문이며, 그에 대한 답변을 찾아보겠다고 이야기해야 한다. 양방향의 의사소통 촉진은 지도자가 선수들의 의견을 경청해 줄 것이라는 확신을 갖게 하고, 선수들이 그들의 의견(긍정적이든 부정적이든 간에)을 표현할 수 있는 열린 장을 제공한다.

2) 의사소통은 연속적이다.

지도자는 선수들과 모든 말, 행동 혹은 다른 형태로 끊임없는 의사소통을 한다. 지도자가 효과적인 의사전달을 하지 못했을 경우는 일반적으로 지도자가 시선, 몸짓, 목소리의 어조에 부주의한 탓이다.

3) 의사소통의 길을 열어둬라.

선수들에게 주고자 하는 메시지를 점검하고, 자신의 메시지가 어떻게 해석되는지를 항상 피드백을 통해 확인해야 한다. 자기의 의사를 선수들로부터 설명하게 하여 정확한 전달이 되었는지를 확인하는 것도 한 방법일 것이다.

예를 들면, "민수! 스트로크할 때, 미리 테이크 백을 하라는 말이 무슨 뜻인지 이해했니!", "왜 배드민턴은 손목을 사용하고, 테니스는 손목을 사용하지 말아야 하는지를 알겠니!" 이렇듯 지도자와 선수들은 서로에 대한 필요와 기대를 하는 쌍방의 의사소통이 이루어지는 것이다.

4) 고급메시지를 보내라.

정보의 전달이 명확하고, 특별하면 할수록 선수들의 교정적 피드백이 더 빨라지게 된다.

모든 지도자가 기술을 분석하는데 뛰어난 것은 아니기 때문에 실제 예를 이용하는 것이 더 바람직한 의사소통이다. 특히 아동들을 지도하는 지도자들은 아동의 발육발달 단계상 아직 인지적 능력이 떨어지기 때문에 언어적 설득보다는 비언어적 의사전달로 이해와 설득을 추구하는 것이 더 바람직하다. 그러므로 기술의 이론적 설명은 간단하게 하고, 지도자의 완벽한 시범이나 동료 집단의 시범이 기술 교정이나 발달에 더 효과적인 의사소통의 수단 역할을 한다. 또한 학습자들은 항상 실수를 유발할 수 있으므로 실패에 대한 두려움을 갖지 않도록 지도자는 의사소통 과정에서 긍정적인 피드백을 많이 주고, 처벌과 같은 부정적인 피드백은 비율적으로 적게 주어 항상 예측이 가능한 학습 상황을 조성해야 한다.

5) 지도자는 의사소통능력을 항상 평가해야 한다.

캐나다코치협회는 지도자들이 선수들에게 메시지 전달을 얼마나 잘하는지를 알아보기 위하여 '개인별 의사소통 설문지'를 개발하였다〈표 6.2〉.

유소년 지도자라면 이 설문지에 답해보고, 다른 사람이 자신을 관찰하게 하고, 평가를 받는 것도 한 방법일 수 있다. 의사소통을 잘하는 지도자들의 특징을 예로 들면 다음과 같다.

- 자신이 의도했던 대로 특정한 정보를 전달한다.
- 어떤 메시지를 전달(고의적이건 아니건) 했는지를 안다.
- 타인이 보내온(고의적이건 아니건) 메시지를 잘 듣고 이해한다.
- 솔직하고 명확한 의사소통이 이루어질 수 있도록 타인을 배려한다.
- 다양한 문제들로부터 느낌을 표출해 낸다.
- 연습이면 연습, 경기면 경기, 상황이면 상황 등, 의사소통에 있어서 비교적 일관되고, 자연스러운 모습을 유지한다.
- 의사소통이 비효율적으로 흘러가는 징후를 주시한다.

표 6.2 개인별 의사소통 전달 점검표(National Coaching Certification Council. 1979)

지도자로서의 나는…	항상 그렇다 1	자주 그렇다 2	가끔 그렇다 3	전혀 그렇지 않다 4
내 의도가 무엇인지 명확히 말한다.				
내가 말했던 것에 대한 믿음을 행동으로 보여준다.				
내가 보낸 메시지를 알고 있다.				
날마다 일관된 메시지로 의사소통한다.				
(훈련에서 실전으로 옮기는 것처럼) 달라진 상황에서 일돤된 메시지로 의사소통한다.				
(지도자가 선수에게/선수가 지도자에게) 선수들과의 자유롭게 주고받는 의사소통을 허락한다.				
타인의 메시지를 잘 듣고 이해한다.				
선수들에게 지도자와의 의사소통을 장려한다.				
다양한 문제로부터 발생하는 선수들의 느낌을 알아낸다.				
내가 의도했던 메시지가 선수들에게 전달되었는지를 확인한다.				
의사소통을 함에 있어서 신체를 이용한 몸짓의 효과를 알고 있다.				
나의 몸짓이 나의 말과 조화를 이룰 수 있도록 힘쓴다.				

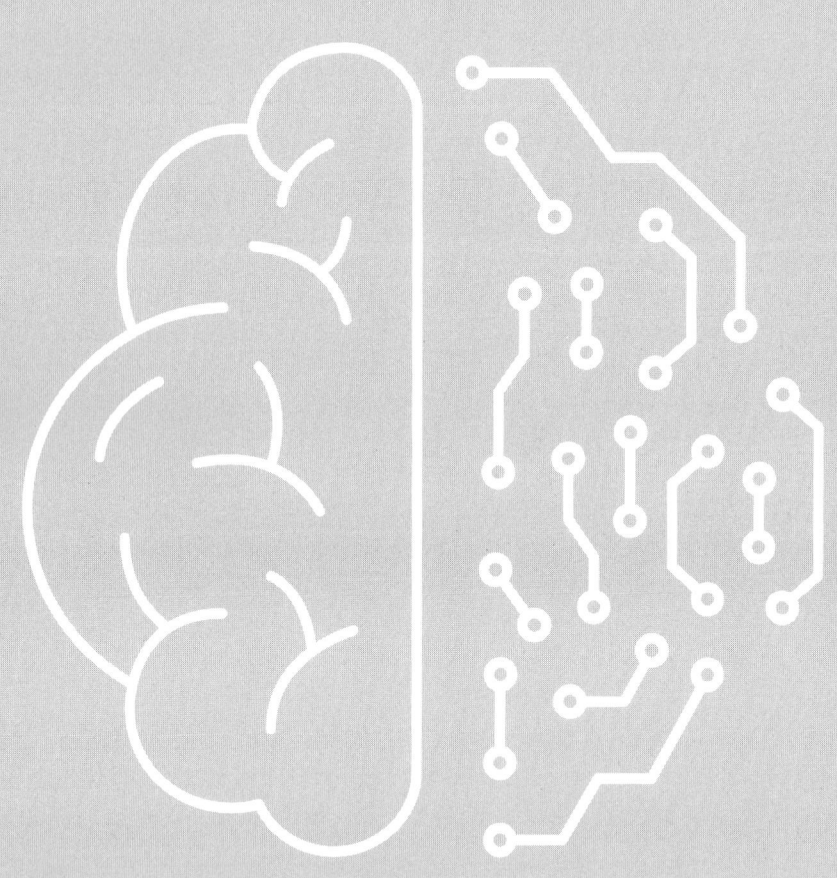

제7장

스포츠집단과 응집력

스포츠를 관람하기 위해 모인 관중은 같이 노래하고, 손뼉 치며, 환호한다. 대부분 본 적도 없고, 만난 적도 없는 사람들이 이렇게 행동하는 것은 자신이 좋아하는 팀이 승리하길 바라는 마음을 공유하고 있기 때문이다. 스포츠 집단행동은 다수의 군중이 스포츠를 통해 발생하는 공통의 감정을 기반으로 행하는 일시적, 충동적, 자발적인 집단적 행동이다.

인간 행동 조성과 이해를 원한다면 집단의 본질에 대해 알아야 한다. 스포츠집단은 집단역동성(group dynamics)을 연구하는 가장 좋은 분야이다. 집단의 생성과 지속, 소멸의 기간이 짧으면서도 분명한 효과측정이 가능하기 때문이다. 스포츠에서 집단 본질을 파악하고, 그 집단이 어떤 역할을 하는지를 정확하게 안다면 스포츠에서 인간 행동의 이해에 한 걸음 더 다가갈 수 있을 것이다.

스포츠팀의 실무자나 연구자는 팀 성공의 원동력으로 '응집력'을 꼽는다. 뛰어난 유명선수들은 없지만 강력한 조직력으로 우승팀이 되고, 완벽한 구성의 '미국의 드림팀'도 어이없는 패배를 당하기도 한다. 이 모든 사실은 바로 스포츠팀의 응집성에서 해결책을 찾아야 한다. 스포츠 집단역동 연구에서 응집력(cohesion)은 팀 성과와 관련한 인기 있는 주제이다. 이 장에서는 스포츠집단과 응집력의 관계에 대하여 살펴보기로 한다.

1. 집단 정의

집단은 군중과는 다른 개념이다. 집단은 구성원들의 공동 목표가 있고, 서로 의존해야만 한다. 또한 구성원들에 대한 끌림(attraction)이 있고, 상호협력이 있어야 한다. 예를 들면, 축구팀에서 선수들이 구체적인 과제를 수행할 때, 공격과 수비가 서로 의존하면서 상호작용을 해야 한다. 더욱 중요한 것은 다른 집단들과는 구별되고, 구성원들이 스스로 공동체의 한 구성원으로 여기며, 또한 집단의 일치성에 대한 느낌이 들도록 하는 것이 필요하다(최만식, 2004). 집단은 한 사람 이상의 상호작용, 상호의존(interdependence), 실제적 또는 잠재적 상호 영향(actual or potential mutual influence), 서로 간의 인식(awareness of one another), 집단으로서의 자아 지각(self perceptions as "group"), 사회구조(social structure)와 같은 용어들을 포함한다. 즉, 집단이란 공통의 목표를 달성하기 위해 의사소통의 규범적 특성을 갖고, 상호 의존적으로 활동을 조정하는 사람들의 집합체라고 정의할 수 있다(박정근, 1996).

1) 집단의 특성

집단의 중요한 특성(Characteristics)들을 그냥 지나쳐서는 안 된다. Forsyth(1990)는 집단의 중요한 특성들을 다음과 같이 설명했다.

① **상호작용:** 만약 사람들의 집단을 관찰하게 되면, 먼저 구성원들의 상호작용(interaction)으로 서로의 행동에 영향을 미친다는 것을 알 수 있다. 예를 들면, 집단 내의 구성원들은 충고를 주고받고, 이야기를 교환함으로써 서로의 행동에 영향을 미친다.

② **구조:** 역할(role), 지위(status), 호감 관계(attraction relation)의 세 가지가 집단구조(structure)에 제일 많이 사용된다. 예를 들면, 대통령 자문위원 중 어떤 사람들은 지지자이고, 어떤 사람들은 방어자이고, 어떤 사람들은 비평가 역할을 한다. 또한 집단의 어떤 구성원들은 다른 사람들보다 더 많은 존경을 받고, 더 친밀감을 느끼기도 한다. 만약 집단구조가 다르게 발전되면, 집단은 매우 다른 결정을 할 수 있다.

③ **크기:** 집단은 크기(size)에 따라 두 명(dyad), 세 명(triad), 소집단(small group; 4~20명), 사회(society; 20~30), 대집단(large group; 40명 이상)으로 다르게 불린다. 평균적으로 대부분의 집단은 비교적 소규모 집단이다(2~7명 정도). 크기가 집단의 중요

한 면은 아니지만, 집단의 여러 측면에 간접적으로 영향을 미치기 때문에 집단의 크기를 고려하지 않는다면, 집단의 특성을 정확히 이해하기 어렵다. 집단의 크기가 증가하면 할수록 집단은 더욱 복잡해지고, 공식적으로 구조화된다.

④ **목표**: 집단은 보통 존재에 대한 목적이 있고, 공통적인 목표(goals)를 추구하기 위해 모인다. 현대사회에서 작업 대부분을 개인이 혼자 하기보다 집단으로 많이 한다. 집단에서 문제를 풀고, 제품을 생산하고, 지식을 교류하고, 흥미를 공감하는 등 집단에 속할 때 목표를 성취하는 것이 더욱 쉬워진다고 생각하면 된다.

⑤ **응집력**: 집단을 이해하기 위해서는 집단의 응집력을 고려해야만 한다. 응집이 낮은 집단보다 높은 집단에서 즐거움과 만족이 많이 보인다.

⑥ **일시적인 변화**: 어떤 집단은 보기에 별로 변하지 않는 것처럼 보이지만 상호작용하는 인간관계의 복잡한 체제는 변하게 되어 있다.

2) 집단역동

Lewin(1943)이 처음으로 집단역동(group dynamics)이라는 용어를 소개하였지만, Gartwright와 Zander(1968)가 이 분야에서 가장 많은 연구를 한 학자들이다. 집단은 정적인 것이 아니고, 동적이기 때문에, 집단역동은 사회심리학자에게는 아주 중요한 관심 영역이다. 그뿐만 아니라 인류학, 정치학, 교육학, 경영학, 산업심리학, 커뮤니케이션학, 사회복지학, 범죄학, 스포츠와 레크리에이션 분야도 역시 집단역동의 중요성을 인식하는 아주 중요한 분야이다.

스포츠는 집단역동 연구를 위해 특히 중요하고, 흥미 있는 영역이다. 야구, 축구, 농구, 미식축구, 배구, 아이스하키와 같은 스포츠는 선수들뿐만 아니라 수많은 관중에게도 매력을 느끼게 한다. 스포츠팀은 소집단으로 고유의 특성상 많은 장점이 있으며, Schafer(1966)는 스포츠 고유의 특성을 다음과 같이 설명하고 있다. 첫째, 스포츠집단은 실험적이기보다는 자연적이기 때문에 집단 발전, 다른 집단과의 집단 관계성, 그리고 광범위한 사회적 환경에 관한 정보를 제공해 줄 수 있다. 둘째, 스포츠 연구는 집단 크기와 같은 수많은 오염변인(confounding varisbles)을 통제할 수 있다. 셋째, 스포츠집단은 전형적으로 제로섬(zero-sum: 예, 승리 또는 패배) 목표를 추구하기 때문에 그들은 협동, 경쟁, 그리고 갈등에 관한 연구를 위해 전형적인 상황을 제공해 준다. 넷째, 스포츠는 집단의 효율성에 대해 객관적인 측정을 제공해 준다(예를 들면, 에러 횟수, 점수, 승률). 그러므로 스포츠팀은 집단역동에 관한 연구를 위한 가장 훌륭한 상황(setting)을 제공해 준다.

스포츠집단이란 스포츠를 한다는 공동 목표가 있고, 그 목표를 성취하기 위하여 조화로운 팀워크와 규범을 공유하며, 집단과 일심동체가 되는 사회적 단위 또는 실재(entity)가 계속되기 위해서는 어느 정도 안정된 상호작용을 가지는 인간의 모임을 가리킨다.

분류의 방법에 따르면, 스포츠집단은 소집단에 속하며, 공식집단 또는 과제집단에 속한다. 스포츠라는 과제를 수행하기 위한 공식집단이기 때문에 정해진 목표가 없이 모여 상호 간에 긴밀한 상호작용이 이루어지지 않는 군집(collection of individuals)과는 구별된다.

2. 집단 형성과 유형

Tuckman(1965)은 집단 발달에 관한 많은 연구를 고찰하여 집단의 구조와 과제 생산성에 따라 집단의 발달 단계를 다음과 같이 구분했다〈표 7.1〉.

표 7.1 집단 형성의 5단계

1단계	형성기 (Orientation Stage, forming)	구성원간의 대인관계 특성이 서서히 나타나고 지도자가 정해지며, 매력적인 유대 발전, 타인과 상황에 대한 지향성, 정보교환, 임시적인 상호작용, 점잖은 담화, 불확실성에 대한 관심, 침묵 등의 특성을 지니는 시기이다.
2단계	격동기 (Conflict Stage, storming)	아직 확실히 정해져 있지 않은 개인별 과제에 대하여 갈등과 대립이 발생하며, 대인관계에서의 변화뿐만 아니라 지도자에 대한 반항 및 집단의 통제에 저항하는 행동 특성이 나타난다. 또한 타인에 대한 불만족, 구성원간의 경쟁, 절차에 대한 불일치, 갈등, 아이디어에 대한 비평, 참석률 저조, 적대감 등의 특성이 나타난다.
3단계	정리기 (Cohesion Stage, norming)	집단 내부에 존재했던 각종 갈등이나 상충되는 이해관계가 해소되면서 집단의 응집이나 결속력이 강해진다. 응집성이 높으면 일치감(unity), 안정성, 만족, 내적 역동(intermal dynamics: 집단구성원에게 영향력 행사)이 높아지게 된다. 또한 집단 구조 발달, 응집성과 일체감 증가, 역할과 인간관계 설정, 규정에 대한 승인, 일치, 지지 증가, 우리라는 느낌 증가 등이 있다.
4단계	완성기 (Performance stage, performing)	집단 구성원간의 관계가 안정되고, 집단의 특성에 따라 구성이나 구조가 뚜렷해진다. 이러한 과제 분화나 뚜렷한 대인관계의 유형은 집단의 에너지를 과제에 집중할 수 있도록 해줌으로써 집단의 효율성이 높아진다. 성취 중점, 과제지향, 수행과 생산성 강조, 의사결정, 문제해결, 상호 협동, 감정 감소 등의 특성이 나타난다.
5단계	해산기 (Dissolution Stage, adjourning)	집단이 해산하는 시기가 된다. 예를 들면, 비틀즈 음악 그룹의 해산, 드림팀의 해산 등이다. 역할 종료, 의존성 감소, 과제완료, 후회, 감정증가, 철회 등의 특성이 나타난다.

집단의 유형을 분류할 때, 가장 중요한 단일 특성이 선택되고, 그 특성이 존재하느냐에 따라 이분법이 설정된다. 이렇게 분류하는데 가장 빈번하게 사용되는 특성은 크기(집단구성원들의 수), 집단구성원들 간의 물리적 상호작용의 정도, 집단의 활동에 대한 통제의 소재, 집단의 조직적 구조의 특성(집단구성원들 사이의 인간관계를 지배하는 공식적인 규칙이 정해져 있는지) 등이다.

① **공식-비공식 집단(formal-informal group)**: 공식집단은 특정한 목적을 수행하거나 과제를 완수하기 위하여 설정된 집단으로 이 집단은 지속시간에 따라 일시적 집단, 영구적 집단으로 분류된다. 학교 운동 시합에서 시상을 위해 설치된 경기위원회는 일시적 공식집단의 예이며, 운동팀 그 자체는 영구적인 공식적인 집단의 예이다. 공식집단에서는 공통적 관심 또는 인간적인 공동 소속성 관계에 바탕을 두게 되며, 개개인의 지위가 규정이나 규칙을 통하여 정해지는 것이 아니라 개인성이나 여타 구성원과의 상호작용으로 결정된다.

② **일차-이차 집단(primary-secondary group)**: 일차집단은 대인 간의 친근감과 협동이 특징이고, 다소간 연속적이고, 직접적인 구성원 사이의 접촉을 통하여 사회적 상호작용이 이루어진다. 또 어느 한 인간에게 가장 중요하고, 그를 가장 강하게 부상시켜 주는 집단이다. 가족과 동료집단이 일차집단의 주요한 예이다. 그 외의 집단을 이차 집단이라 한다.

③ **회원-준거 집단(membership-reference group)**: 회원집단은 우리가 현시점에서 소속하고 있는 집단이고, 준거 집단은 우리들이 결부되어 있다고 느끼고 있는 우리 자신과 동일시하고 있는 집단을 말한다(예: 가정).

④ **내-외집단(in-out group)**: 내집단은 사회에서 유력한 가치를 보유하고 있거나 최소한 사회적 기능에서 지배적인 위치에 있는 개인들의 집합을 나타내고, 외집단은 문화에서 추종자 또는 주변인으로 간주되는 집단을 말한다.

⑤ **소집단-대집단(small-large group)**: 집단이란 다른 사람들과 의사소통하는 개인들의 집합체이며, 집합체가 각 구성원에게 혜택을 부여할 때 형성되는 것이라 할 수 있다. 보통 집단이라고 하면 소집단을 말하는데, 이 소집단에서는 구성원들이 얼굴을 맞대고 상호작용을 한다는 점에서 대집단인 조직이라는 단체와 다르다.

스포츠와 체육은 소집단의 과제 수행에 초점을 두며, 상담심리학은 치료나 개별적인 교육을 위한 집단에 초점을 둔다. 그러므로, 집단의 유형이나 특성 및 구체적인 집단역동의 중요성에 따라 집단을 분류하는 것이 필요하다.

3. 집단수행

1) Steiner의 집단생산성 이론

Steiner(1972) 모델의 기본 가정은 [실제적 생산성(actual productivity) = 잠재적 생산성(potential productivity) − 잘못된 과정으로 인한 손실]로 설명한다. 여기서 말하는 과정 손실(processes loss)은 동기 손실(motivational loss)과 협응 손실(coordination loss) 두 가지로 나눌 수 있다. 동기 손실은 집단구성원들이 최고 노력을 기울이지 않을 때, 생기는 손실이며, 협응 손실은 잘못된 타이밍이나 비효과적인 전략으로 집단의 잠재성에 나쁜 영향을 미치는 손실이다.

Steiner 모델에서는 집단의 실제 수행이 잘못된 과정 때문에 잠재적 수행을 이루지 못하게 된다고 말한다. 실제적 생산성이란 개인 또는 집단이 실제로 성취하는 수행을 말하고, 잠재적 생산성은 집단의 자원과 과제 요구가 있는 집단에 있어서 최상의 가능한 수행을 말한다. 집단의 자원은 개개인 구성원들에 관련되는 지식, 능력, 기능이 포함되며, 개인의 수행으로 나타나는 개인의 능력은 스포츠집단에는 아주 중요한 자원이다. Steiner의 모델에 의하면, 최고의 개개인이 최고의 팀을 만드는 것처럼, 자원이 좋으면 좋을수록 잠재적 생산성이 증가한다.

잠재적 생산성에 기여하기 위해서 자원은 과제와 관련되어야 한다. 예를 들면, 키(신장)는 배구팀을 위해 관련되는 자원이지 육상릴레이팀에게는 관련 없는 자원이며, 의사소통은 볼링팀보다는 협동을 더 요구하는 미식축구팀에게 더 관련 있는 자원이다. 과제 요구를 잘 수행하기 위해 집단이 사용할 수 있는 자원을 효과적으로 사용할 때, 집단의 실제 생산성과 수행이 잠재적 생산성에 접근하게 된다.

Steiner 이론에 근거해서, 만약에 같은 과정 손실을 경험할 동안에 A팀이 B팀보다 더 좋은 관련된 자원을 가지고 있으면, A팀이 같은 관련된 자원을 가지고 있지만, B팀보다 과정 손실을 적게 경험한다면, A팀이 더 좋은 관련된 자원을 가지고 있고, B팀보다 과정 손실을 적게 경험한다면, A팀이 B팀보다 수행을 더 잘할 것으로 예측한다.

이러한 점에서 코치의 역할은 관련 있는 자원(지도, 훈련, 그리고 스카우트를 통해)을 증가 시켜주고, 과정 손실(선수들의 헌신을 함께 묶기 위한 전략과 선수들에게 동기부여를 주기 위한 전략을 통해)을 줄여야 한다는 것을 의미한다.

2) Ringlemann 효과

1913년 프랑스의 농업공학자인 Ringlemann은 개인과 2, 3, 8명의 집단이 밧줄을 당기는 것을 관찰했다. 이 연구에 참여한 집단이 개인보다는 더 많은 힘을 사용했지만, 사람 수를 더한 만큼의 예측한 힘을 발휘하지는 못했다. 8명이 당겼을 때, 혼자 당기는 것보다 8배가 되지를 못했고, 4배 정도밖에 되지 않았으며, 두 사람 집단에 의해서 나온 평균 개인의 힘은 혼자 했을 때의 평균 힘의 93%였고, 세 사람 집단일 경우에는 85%, 여덟 사람 집단일 경우는 49%밖에 힘을 쓰지 못했다. 평균 개인 수행이 집단의 크기가 증가할수록 줄어드는 현상을 Ringlemann 효과라고 한다.

Ingham 등(1974)의 연구 결과를 보면, 2명의 평균 수행은 개인이 혼자 하는 평균 수행의 91%, 세 집단은 82%, 넷, 다섯, 여섯 명의 집단은 73%로 더 이상 줄어들지 않았다. 이 연구는 Ringlemann 효과를 나타낸 것뿐만 아니라, 이러한 수행의 저하가 협응 손실 때문인가 아니면 동기 손실 때문인가를 결정해 주는 연구였다〈표 7.2〉.

표 7.2 집단의 크기와 줄당기기 수행(생산성 %)

	1	2	3	5	6	7	8
링겔만 연구	100	93	85				49
Ingham(연구1)	100	91	82	78	78	78	
Ingham(연구2)	100	90	85	86	84	85	

3) 사회적 태만

사회적 태만(social loafing)은 집단에서의 동기 손실을 말한다. Latane 등(1979)의 연구에서 집단과제로서 손뼉치기(clapping)와 고함지르기(shouting)를 사용한 두 가지 실험을 했는데, 첫 번째 실험에서 Ringlemann 효과를 확인했다. 사람당 나오는 평균 소리(sound)는 두 사람 집단이 한 사람 수행의 71%, 네 사람 집단은 51%, 여섯 사람 집단은 40%로 낮아졌다. 또한 두 번째 실험에서의 결론도 이러한 수행 저하는 동기 손실 또는 사회적 태만 때문이라고 결론지었다. Willliams 등(1981)은 개인 수행의 앎(identifiabililty)이 중요한 요인이라고 제안했는데, 개인의 노력이 많은 군중 속에서 나타나지 않을 때, 수행은 감소하고, 그들은 개인의 결과가 다른 사람에게 알려진다고 믿을 때, 사회적 태만(social loafing)이 제거된다고 하였다.

Harkins 등(1980)은 사회적 태만이 발생하는 원인을 4가지로 설명하고 있다. 첫째, 할당전략(allocation strategy)은 혼자 있을 때, 최대의 노력을 발휘하기 위해서 집단 속에서는 에너지를 절약하는 것이다. 둘째, 최소화 전략(minimizing strategy)은 가능한 최소의 노력으로 목적을 달성하려는 전략이다. 셋째, 무임승차 전략(free rider strategy)은 집단 상황에서 개인은 남들의 노력에 편승해서 그 혜택을 누리기 위해 자신의 노력을 하지 않는다는 전략이다. 마지막으로 반무임승차 전략(sucker effect)으로 열심히 노력하지 않는 사람들이 무임승차 하는 것을 원하지 않기 때문에 자신도 노력하지 않는 경우이다.

Hardy(1990)는 사회적 태만을 줄이기 위해 다음과 같은 대처전략을 제안하였다. 먼저 누가 얼마나 노력했는지를 확인할 수 있도록 한다(개인 노력의 확인). 팀 내의 상호작용을 촉진해 개인의 책임감을 높인다. 목표설정을 할 때, 팀 목표와 개인 목표를 모두 설정한다(태만 허용 상황 규정). 사회적 태만이 일어나지 않도록 대화의 창을 열어둔다(선수와 대화하기). 개인의 독특성이나 창의성을 발휘하여 팀에 공헌하도록 한다(개인 공헌 강조). 일시적 동기저하는 누구나 일어날 수 있다고 생각한다. 포지션을 바꿔 태만이 팀 전체에 미치는 영향을 깨닫게 한다(응집력 향상). 마지막으로 재충전을 위해 강도 높은 훈련 뒤에는 휴식을 취한다.

이러한 사회적 태만에 대처하기 위해서는 개인의 노력을 정확하게 확인해 주고, 사회적 태만 허용 상황의 규정을 명확히 하고, 선수와 대화를 많이 해서 동기유발을 시키고, 개인의 팀 공헌도를 강조하고, 고정화된 루틴의 변경이나 재충전을 위한 휴식을 제공함으로써 팀의 구성원들이 태만하지 않게 동기유발을 유도해야 할 것이다.

4. 응집력의 정의

스포츠팀 종목에서 한 사람의 선수가 우수한 기량을 지니고 있다고 해서 반드시 승리하는 것은 아니다. 경기에서 승패의 이유를 들어보면 단결이 잘 되어서 이겼다든지 아니면 개인플레이를 했기 때문에 경기에 졌다는 등의 말을 많이 듣게 된다.

미국 메이저리그 팀인 피츠버그 파이레트(Pittsburgh pirates)팀이 1979년 월드시리즈에서 우승했을 때, 그들의 테마는 'We are family'였다. 그 말은 서로서로 따뜻하고 가족 같은 관계를 유지하는 것이 승리에 기여하였다는 사실을 암시하였다. 이것은 친근하고 조화로운 관계를 유지하고 있는 팀들이 운동을 더 잘한다는 대중적인 견해를 뒷받침한다고 볼 수 있다. 그러나 조화를 잘 이루지 못하는 팀 역시 성공적일 수가 있다. 1960년대 독일의 조정팀은 비록 내적 갈등이 심하였으나 아주 성공적이었다(Lenk, 1969). 따라서 팀 내 개인들 간의 관계성이 스포츠 수행에 영향을 미친다는 것은 불명확하다고 볼 수 있으며, 이러한 인간관계와 스포츠 수행 간의 상호작용을 이해하기 위해, 보통 응집력이라는 제목으로 연구가 이루어지고 있다.

일반적으로 단란함(togetherness), 단체정신(team spirit), 단체통일(team unity), 팀워크(team work) 등 여러 가지 용어로 사용하고 있지만, 이 다양한 용어들을 포괄하는 하나의 공식적인 학술용어로 집단 응집(group cohesion) 또는 응집력(cohesion)이라고 한다. 응집(cohesion)이란 용어는 함께 결합하거나 집착시키는 의미가 있는 라틴어인 'cohaesus'에서 유래하였으며, 구성원들의 개인적 힘의 단순한 총합이 아닌 그 이상(또는 그 이하)의 힘을 산출한다. 집착(adhesion)도 함께 묶는다는 의미이지만 이것은 목적의 공유, 전체적인 단결, 전체에 대한 헌신의 의미를 내포하고 있지 않다.

최초로 응집력의 개념에 대하여 논의한 학자 Lewin(1941)은 응집력이란 "집단구성원에 작용하는 심리적인 힘"이라고 정의하였다. 심리적 힘은 구성원을 집단에 머물게 하는 힘과 집단에서 이탈하려는 힘을 말하며, 이들 두 힘 간의 균형이 마이너스로 되면 다른 요인에 의해서 방해가 되지 않는 한 개인은 집단을 이탈한다. 응집의 정의를 보면 다음과 같다〈표 7.3〉.

다시 말해서 응집성이란 개인 구성원의 집합적 전체(collective whole)에 대한 인력(attraction), 헌신 및 관여의 정도를 말하며, 집단을 구성하는 각 개인이 상호작용이나 일체감 없이 모인 군집과는 달리 애착과 단체 집단에 대한 인력, 헌신의 정도를 반영하는 집단 유지의 총체적인 힘이라고 할 수 있다.

표 7.3 응집성의 정의

Festinger 등(1950)	집단 구성원들이 집단에 남아 있도록 하는 총체적인 힘의 장이다.
Gross와 Martin(1952)	응집은 분열력에 대한 집단의 저항
Cartwright(1968)	집단의 구성원이 집단에 남아 있기를 원하는 정도
Carron(1980)	개인이 집단에 관련(involvement)하고, 헌신(commitment)하는 정도. 즉 집단 구성원들을 하나로 묶는 접착적 특성(adhesive property)을 갖는다.
Carron(1982)	구성원들이 집단의 목적과 목표를 얻기 위하여 함께 결합하는 경향

5. 응집력의 본질과 원인

1) 응집력의 본질

응집력의 본질적 속성에 대해 두 가지 다른 관점이 있다(Carron, 1980). 응집력이란 개인 구성원을 집단 속으로 끌어들이는 요인으로서 참여와 관여를 뒷받침해 주는 힘이며, 개인 구성원이 집단으로부터 분해되거나 와해되거나 분리되어 탈퇴하는 것을 막는 힘으로서의 집단 유지력을 말한다〈그림 7.1〉.

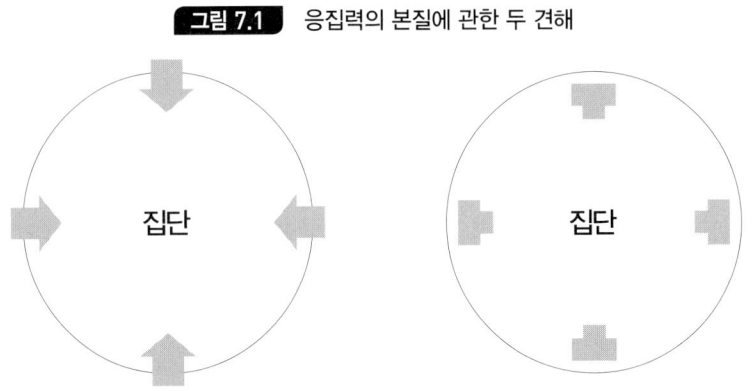

그림 7.1 응집력의 본질에 관한 두 견해

응집이 집단에서 어떻게 발달하는지를 보면 크게 세 가지 개념적 논쟁으로 볼 수 있다.

첫 번째, 집단이 일단 형성되면 응집이 점진적 선형유형(linear model)으로 발달한다는 것이다. Tuckman(1965)은 집단의 발달 단계를 형성기, 격동기, 정리기, 완성기, 해산기의 5단계로 구분하였다. ① 형성기에서는 구성원 간의 특성이 나타나고, 지도자가 정해지며, ② 격동기에서는 집단 내 갈등과 대립이 생기고, ③ 정리기에서는 집단의 갈등이나 이해관계가 해소되면서 집단의 응집력이 커진다. ④ 완성기에서는 집단의 특성에 따라 구성이나 구조가 명확히 되며, 마지막으로 ⑤ 해산기에서는 집단이 해산된다.

두 번째, 응집은 집단이 존재하는 한 진자유형(pendulum model)으로 변화한다는 것이다. Budge(1981)는 한 집단에서 응집력이 발달하는 과정을 응집-분화-갈등-해결(응집)-갈등-응집 등으로 진동한다는 모델을 제시했다. 예를 들면, 미식축구의 경우 초기 단계에서는 공통적으로 보유하고 있는 경험이 발산되어 연습하기 전에는 일체감이 나타난다. 그러나 연습이 시작되면 분화가 시작되며(다른 코치 밑에서 소집단 단위로 세분됨), 이때 선수들의 위치를 확보하기 위해 갈등이 생기며, 응집력은 약화된다. 전자의 흐름이 다시 바뀌었을 때, 팀 구성원들은 서로 끌어당기는 힘이 되살아나고, 응집력이 새로 형성되며(해결), 이러한 것이 시즌 내내 계속 순환된다.

마지막, 집단의 생활주기모형(life cycle model)으로 응집이 설명된다. 대부분의 스포츠 팀은 시간적인 제한을 받으며, 시즌 과정과 같은 고정된 기간에만 존재하기 때문에 집단의 발달과 해체까지 진행되는 생활 주기가 있게 마련이다.

2) 응집성의 원인

그러면 응집성은 어디서 어떻게 생기는 것이고, 응집성은 어떻게 발생하는가에 대한 응집성의 원인을 알아야 한다. 응집성이 어떻게 생기는가를 알아내는 데는 두 가지 방법이 있다(Carron, 1980). 첫 번째 방법은 집단 회원 가입이나 집단참여의 동기적 기초와 동기적 지향성을 밝히는 방법이고, 두 번째 방법은 집단의 형성 과정을 밝힘으로써 알아내는 방법이다.

(1) 개인의 집단에 대한 지향성 및 집단 자체의 지향성 분석

이 분석 방법은 집단 회원 가입이나 집단참여의 동기적 기초(motivational basis)와 동기적 지향성(motivational orientation)을 밝히는 방법이다. 회원가입 또는 참여하게 되는 이유를 밝히거나 형성된 집단 자체를 지향하는 목적, 이유 등을 분석하는 방법이다.

① 개인 구성원의 집단 가입 지향성 분석

개인이 어떤 생각을 가지고 집단에 가입하거나 참여하게 되었는가를 분석함으로써 하나의 집단이 가지고 있는 응집성이 어떻게 생성되었는지를 알아낼 수 있다. 개인이 집단에 참여하거나 가입하는 이유는 여러 가지가 있다. Bass(1963)는 개인이 집단에 참여하는 이유는 대체로 개인적 동인, 과제 동인, 친화 동인 때문이라고 했다. 집단에 참여함으로써 만족감이나 명예를 얻기 위한 목적인 개인적 동인(self motive), 집단의 그 과제 자체를 수행하기 위해서 개인이 집단에 참여하는 과제 동인(task motive), 타인과 즐거운 관계를 유지하려는 친화 동기(affiliatlon)이다.

Shaw(1974)는 개인이 집단에 참여하는 동기와 이유 다섯 가지를 주장하였다. ⓐ 대인 간 인력(interpersonal attraction), ⓑ 집단의 목적이 개인의 목적과 일치하며 가치가 있다고 느낄 때, ⓒ 사회적 상호작용(social interaction), ⓓ 집단 활동(group activities), ⓔ 집단 회원의 도구적 효과(instrumental effects: 개인이 집단에 참여하게 되는 이유가 집단 활동에 내재해 있지 않은 부차적인 목적을 달성할 수 있기 때문).

이러한 참여 동기와 이유가 곧 집단 응집성의 원천이 되며, 참여 동기가 크면 클수록 응집력의 정도가 클 것이며, 과제 수행의 효율성에도 영향을 미치게 된다.

② **집단 자체의 지향성 분석**

개인 구성원의 참여 동기를 분석하는 것뿐만 아니라 집단 전체로서의 동기적 지향성도 분석되어야 한다. 집단 지향성은 집단 성공에 대한 욕망과 집단실패 회피 욕망 이 두 가지 측면에서 확인된다(Zander, 1971). 즉, 집단구성원이 자신이 소속해 있는 집단이 성공하기를 갈망하고, 실패하는 것을 원치 않는 욕망을 말한다. 집단의 구성원들이 과제 수행 시 성공적일 때, 느끼는 만족감, 자부심, 집단과제에 대한 흥미도와 의욕은 집단 응집력의 원천이 된다. 그러므로 집단 지향성으로서 집단 성공에 대한 욕망의 정도에 따라 집단의 응집력 정도는 달라지며, 또한 집단과제 수행의 효율성에 직접적으로 영향을 미치게 된다.

(2) 집단의 형성 과정

집단의 형성 과정을 밝힘으로써 알아내는 분석 방법이다(특정 집단이 애당초 어떻게 형성이 되었는지를 밝힘으로써 가능). 일반적으로 집단이 형성되는 방법에는 3가지가 있다.

① **의도적으로 형성된 집단**

개인의 단독적인 과제 수행보다는 집단으로 수행하는 것이 목적 달성에 효율적이라는 생각으로 형성된 집단을 말한다. 의도적으로 형성된 집단의 형태는 작업집단(work group), 문제해결 집단(problem-solving group), 사회활동 집단(social-action group), 중재집단(mediating group), 입법집단(legislative group), 고객집단(client group)으로 나눠진다.

의도적으로 형성된 집단은 목적이 달성되면, 응집성이 희박해져 집단이 해체되기도 하고, 반대로 집단이 어떻게 형성되었느냐에 따라 원래의 목적이 달성된 후에도 대인 간 응집력이 지속되어 집단이 계속 존속되기도 한다.

② **자발적으로 형성된 집단**

동문회, 깡패집단, 동호회 등과 같은 집단은 자발적으로 형성된 집단이다. 자발적인 집단이 형성되는 데에 영향을 주는 요인으로는 다음과 같다. ⓐ 지리적, 물리적 근접성의 조건이 필요하다. 구성원들이 지리적으로나 물리적으로 가깝게 되면 쉽게 접촉할 수 있기 때문이다. ⓑ 개인 간 공통점(태도, 가치관, 출신교)이 필요하다. 구성원들이 공통적인 면이나 유사한 면이 있으면, 자발적인 집단이 형성되기 쉽다. ⓒ 상호 이득(mutual advantage)을 생각하게 된다. 이득과 혜택 및 불이익과 경비 등을 계산한 다음 자발적으로 가입을 하게 된다.

③ 귀속의 결과 혹은 외적 명명으로 형성된 집단

어떤 특정한 측면(피부 색깔, 연령, 성별, 직업)에서 유사점을 갖기 때문에 형성되는 집단이다(노인 집단, 청소년 집단, 여성 집단). 스포츠 집단들도 3가지 형태 집단 중 그 어느 하나에 해당하며, 어떤 특정한 스포츠팀이 어떻게 형성되었는가에 따라 그 응집력의 정도는 다를 것이다.

6. 응집력 이론

Cartwright의 집단 응집력 모형을 보면, 집단 응집력을 결정하는 요인으로 4가지를 들 수 있다〈그림 7.2〉. ① 개인의 집단에 대한 애착 및 헌신의 정도, ② 집단의 목표가 개인에게 가치가 있는지, ③ 개인이 집단에 가입함으로써 사회와 접촉하게 되고, 이로부터 보상받는 것, ④ 개인이 집단에 남아 있음으로써 집단의 목표와는 상관없이 어떠한 혜택을 받는 경우이다. 집단 응집력의 결과로는 집단의 구성원을 지키려는 능력, 구성원에 영향을 미치는 집단의 힘, 참여도와 충성심(loyalty), 구성원의 안전성(Security) 등이 있다.

그림 7.2 Cartwright(1968)의 집단 응집력 이론적 모형

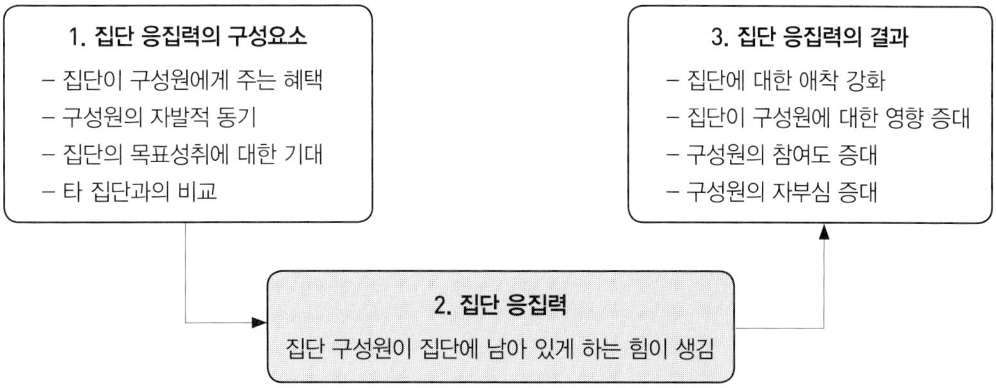

```
┌─────────────────────────────┐      ┌─────────────────────────────┐
│  1. 집단 응집력의 구성요소   │      │   3. 집단 응집력의 결과     │
│  - 집단이 구성원에게 주는 혜택│      │  - 집단에 대한 애착 강화    │
│  - 구성원의 자발적 동기      │      │  - 집단이 구성원에 대한 영향 증대│
│  - 집단의 목표성취에 대한 기대│     │  - 구성원의 참여도 증대     │
│  - 타 집단과의 비교          │      │  - 구성원의 자부심 증대     │
└─────────────────────────────┘      └─────────────────────────────┘
             │                                      ▲
             ▼                                      │
        ┌─────────────────────────────────────────────┐
        │            2. 집단 응집력                    │
        │  집단 구성원이 집단에 남아 있게 하는 힘이 생김│
        └─────────────────────────────────────────────┘
```

Carron(1982)의 개념적 체계에 의하면, 응집에는 과제 응집력과 사회 응집력이 있다는 것을 반영하기 위하여, 그는 스포츠에서 팀 응집을 "팀의 목표와 목적을 추구하는 동안 정착하려는 집단 성향에서 반영되는 역동적 과정"이라고 정의하고 있다. 이 정의는 스포츠 응집을 체계적으로 연구하기 위한 기틀을 마련할 수 있는 개념적 체계를 발달시키는 데 도움을 주고 있다. Carron(1982)의 접근은 그의 모델을 통해서 스포츠팀에서 응집의 발달에 영향을 미치는 4가지 요인을 설명하고 있다. 4가지 요인 또는 선행조건으로는 환경적, 개인적, 리더십, 팀 요인들이 있다〈그림 7.3〉.

가장 일반적인 요인인 환경적 요인은 계약 책임, 조직의 지향성, 경쟁수준, 근접성, 독특성, 크기 등으로 팀에 머물게 하는 규준적인 힘으로 말할 수 있다. 예를 들면, 선수들의 계약, 장학금, 나이, 지역, 자격 조건들은 팀 응집에 중요한 역할을 한다. 어린이의 야구 프로그램에서 경기 시간을 구체적으로 명시한 NCAA의 선수모집 규칙과 같은 계약이나 법규 등이 이에 포함되며, 집단의 크기가 응집력에 영향을 미치는 환경적 요인에 포함된다. Widmeyer 등(1990)은 레크리에이션 농구선수를 3명, 6명, 9명의 집단 크기별로 나누어서 10주 동안에 게임을 한 후 결과를 보니, 가장 작은 규모의 팀(3명)이 과제 응집력이 가장 높았고, 가장 큰 팀(9명)이 응집력이 가장 낮았다고 했다. 이러한 환경적인 요인들은 비교적 일관성 있고, 대부분 모든 팀에게 적용된다.

개인적 요인은 개인지향성, 만족도, 개인차, 사회적 태만, 지속 등의 팀 구성원들의 개인적 특성을 들 수 있다. 그러나 팀 구성원의 개인적 특성으로 일컬어지는 개인적 요인 내에는 많은 가변성이 있다. 중요한 개인적 요인 중의 하나는 운동선수의 참여 동기이다. 많은 종류의 참여 동기가 설명될 수 있지만, 세 가지 기본적인 동기로는 과제동기, 친화동기, 자아동기를 들 수 있다. 과제동기와 친화동기는 각각 과제와 사회적 응집에 연관되어 있으며, 수행 자체에 개인적인 만족감을 얻고자 하는 시도로서 설명되는 자아동기는 아마도 사회와 과제응집 모두에 관련된 것처럼 보인다.

Martens(1970)의 연구에 의하면, 과제동기가 높은 팀이 낮은 팀보다 더욱더 성공적이고 만족하며, 또 친화동기가 높은 팀이 낮은 팀보다 성공률은 낮으나 팀 내에서는 더욱 만족한다고 하였다. 또 다른 개인적 요인으로는 유사한 사회적 배경을 들 수 있다. Eitzen(1975)은 팀 구성원들이 유사한 사회적 배경을 지녔을 때, 응집력이 촉진된다고 주장했다.

리더십요인은 코치의 리더십 유형과 행동, 코치-선수 사이 대인관계. 그리고 코치-팀 관계를 포함하고 있다. 코치와 팀 관계가 좋으면, 코치와 선수가 일체가 되며, 코치가 팀 임원이나 선수와의 관계가 좋지 못하다면, 코치는 집단구성원으로서 구성원 정신을 상실하게 된다. 또 다른 연구를 보면, 지도자의 의사결정 유형 중에서 참여 유형이 팀의 응집력을 가장 높이는 것으로 나타났다(Carron & Chelladurai, 1981).

환경적, 개인적, 리더십요인들은 모두 가장 구체적인 선행조건인 팀 요인들에 기여한다.

팀 요인은 집단과제의 특성, 집단이 성과 규범, 집단 성공에 대한 열망, 안정성과 같은 집단 자체의 특성이 포함된다. 오래 함께 지내는 팀이나 집단 성공에 대해 강한 열망이 있는 팀은 더욱 높은 수준의 팀 응집을 보일 것이다. 이러한 모든 요인이 응집력에 기여하며, 정적인 특성이라기보다는 동적인 과정으로 설명된다.

응집력은 두 차원으로 분화시킬 수 있다고 주장하고 있다. 즉, 팀 목표와 수행 목표에 헌신하는 힘인 과제 응집력과 우정, 친화, 정서적 고무와 같은 대인 간의 매력에 관심을 가지는 사회적 응집력으로 분화된다.

그림 7.3 스포츠팀 응집력에 관한 Carron(1982)의 개념적 체계

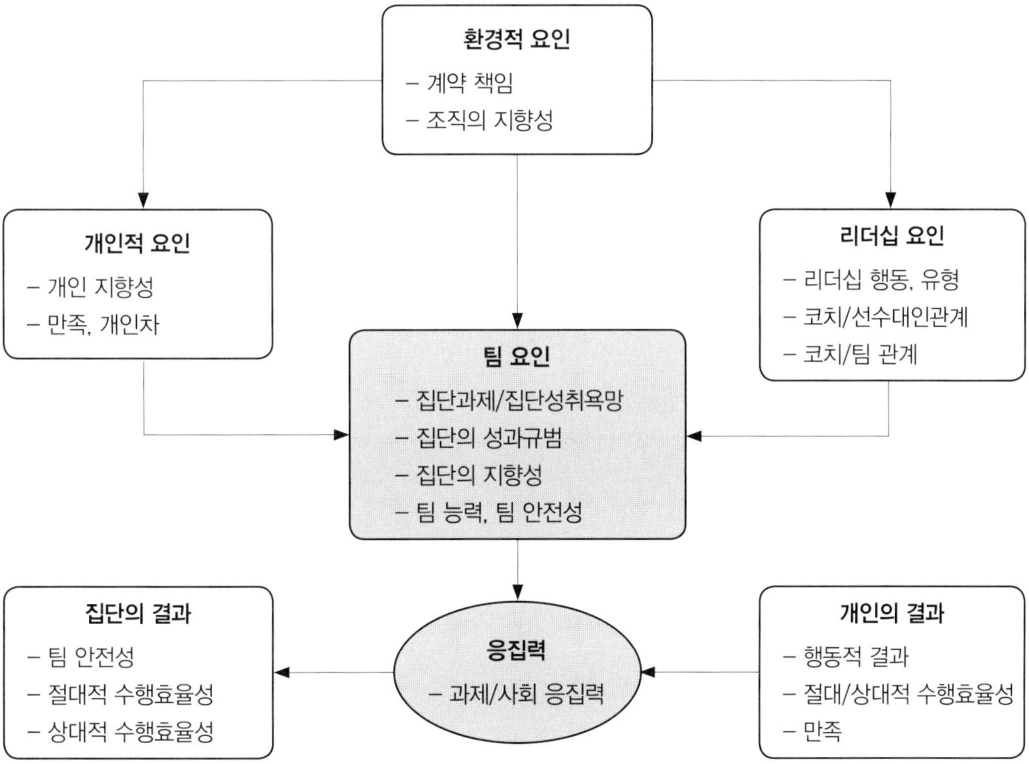

7. 응집력의 측정

전통적으로 응집력은 다섯 가지 방법에 따라 측정된다. ① 집단구성원 간의 대인 간 인력을 측정. 인력이 강하면 강할수록 그 집단은 더 응집력이 있다고 본다. ② 집단 전체로서의 매력성(attractiveness)을 측정 ③ 개인이 집단 속에 남아 있고 싶은 의욕을 측정 ④ 집단에 대한 친밀성(closeness)과 동일시(identification)의 정도를 측정 ⑤ 위의 여러 가지 방법을 종합적으로 고려한 복합지수(composite index)를 사용하는 방법이다. 스포츠 응집력 질문지(SCQ)는 바로 이 방법을 사용했다.

스포츠 응집력 연구의 대부분은 Martens 등(1972)이 제작한 스포츠 응집력 질문지(Sport Cohesiveness Questionnaire)를 주로 사용해 왔다. 이 질문지는 스포츠 응집력의 7개 항목으로 분류되어 있다〈표 7.4〉.

7가지 항목은 대인 간 매력(interpersonal attraction: a, b)과 집단매력(attraction to the group: c, d, e, f, g)의 2가지 범주(categories)에 속한다. 2가지 범주는 서로의 관련성이 높지 않고, 그들은 종종 팀 수행에 서로 다르게 관련성을 가진다. 집단매력과 수행 사이는 대부분 정적인 관계이고, 대인 간 매력과 수행 사이는 대부분 부적인 관계로 나타났다.

여기서 대인 간 매력의 정의는 개인적인 이유로 사람에 대한 매력을 말한다. 예를 들면, 농촌 어린이는 복잡한 도시에 있는 어린이들에게 매력을 가진다. 집단 매력의 정의는 집단 성취가 개인적 만족을 가져오는 사회적 실체로서 집단에 대한 매력을 말한다. 예를 들면, 시골 어린이는 개인적인 상호작용 욕구를 충족하는 수단으로 나중에 대학에서 친목 클럽에 가입한다.

표 7.4 스포츠 응집력 질문지 문항들

문항	질문
a. 우정 또는 대인간 매력(friendship or interpersonal attraction)	당신은 당신의 구성원과 어떤 우정 관계를 기초로 하고 있습니까?
b. 영향력(relative power)	여러 가지 이유로 어떤 사람이 다른 사람에 비해 훨씬 영향력이 있다. 당신은 당신 팀의 코치와 팀 구성원에 얼마만큼 영향력을 갖고 있다고 생각하십니까?
c. 소속감(sense of belonging)	당신은 당신 팀에 얼마만큼 큰 소속감을 갖고 있다고 생각하십니까?
d. 집단 구성원으로서의 애착심(가치)(value of attachment/membership)	당신이 소속해 있는 집단과 다른 집단을 비교할 때, 당신은 팀에 소속해 있는 것을 얼마만큼 가치 있게 생각하십니까?
e. 즐거움 정도(degree of enjoyment)	당신은 얼마만큼 이 특정 집단에서 즐거움을 가지고 있습니까?

| f. 팀워크 수준(level of teamwork) | 당신은 당신 팀의 팀워크가 얼마나 좋다고 생각하십니까? |
| g. 친밀감 정도(degree of closeness) | 얼마나 그 집단에 친밀감을 느끼고 있습니까? |

8. 팀 응집력과 운동수행

응집과 수행이 어떠한 인과관계가 있는가에 관한 관심과 함께 많은 연구는 응집에 또 다른 심리적 요인들이 연루되어 있다는 사실을 밝히고 있다. 응집력의 효과는 수행의 효율성, 집단의 안정성, 구성원의 만족도에서 나타난다.

1) 응집과 집단수행 효율성의 관계

많은 학자가 응집력과 운동수행 간의 상호관계에 관한 연구를 많이 하였지만, 이들의 연구결과가 일치하지 못하고, 어떤 연구에서는 정적인 관계와 어떤 연구에서는 부적인 관계가 동시에 보고되고 있다.

▶ **응집력-수행 정적관계: 성공은 응집력을 높인다(팀 응집력이 운동수행에 정적인 영향을 미친다).**

① Klein & Christianson(1969): 3인조 농구에서 매력은 농구 수행과 정적관계를 보였다.
② Martens & Peterson(1971): 대학 농구에서 응집력이 높은 팀이 낮은 팀보다 승률이 높고, 성공한 팀이 비 성공적인 팀보다 훨씬 팀 응집력이 높다(시즌 후). 이 연구에서 스포츠 응집력 질문지(SCQ)를 사용했다.
③ Lenders & Crum(1971): 야구에서 SCQ를 사용해서 조사한 결과, 응집성이 높은 팀이 좋은 성적을 냈다.
④ Peterson & Martens(1972): SCQ를 사용한 결과, 성공한 팀이 응집력이 좋았다.
⑤ Arnold & Shraub(1972): 10개 고등학교 농구선수 107명을 대상으로, 성공적인 팀이 비 성공적인 팀보다 팀 응집력이 더 높았고, 성공적으로 되기 위해 옮기는 응집력이 선결 요건이란 결론을 제시하였다.
⑥ Ruder & Gill(1982): 배구에서 응집력은 정적인 현상이 아니고, 시즌 중에도 계속 변화할 수 있는 동적인 현상이라고 주장하였다. 시즌 중 팀이 승리하면, 응집력이 증대되지만, 패하게 되면 감소한다고 하였다.

▶ 응집력-수행 부적 관계;
① Martens & Peterson(1971): 교내 경기 농구에서 응집이 좋은 팀의 수행이 좋지 못했다.
② Melnick & Chemers(1974): 교내 경기 농구에서 응집과 수행 간에는 관련이 없었다.
③ Landers & Lusche(1974): 성공적이지 못한 볼링팀이 성공적인 볼링팀보다 더 큰 대인 간 인력을 갖고 있다.
④ Lenk(1969): 독일의 조정팀을 조사한 결과, 심한 내적 갈등에도 불구하고, 팀 성적이 최고였다.

스포츠에서 가장 관심이 있는 것은 팀 응집과 수행 간의 관계성이다. 직관적으로 우리는 응집수준이 높으면 팀의 성공률은 더욱 높을 것으로 예상할 수 있다. 그러나 이러한 예상은 적중되지는 않는다. 위에서 언급했듯이, 일부 선행 연구결과는 응집과 팀 성공이 관계가 있다고 제시하고 있고, 다른 연구결과는 이들 간의 관계는 없다고 보고하고 있어, 연구결과들의 일관성 결여를 볼 수 있다.

9. 응집력과 집단 안정성

안정성은 집단 이동률과 아울러 구성원들이 집단에서 함께 지내는 시간의 길이를 말한다. 팀 구성원들이 어느 일정 동안 비교적 계속해서 머무르는 팀은 안정적이고, 응집력이 있으며, 결국 성공적일 것이다. 집단의 응집성이 좋으면 좋을수록 집단구성원은 집단 내에 남아 있고자 하는 경향이 클 것이다. 그러나 스포츠와 관련된 팀에서 이러한 가설을 검증하는 데에는 쉽지 않다. 왜냐하면 응집력과는 상관없이 계약, 규칙 때문에 팀에 잔류하고, 연령 제한 때문에 팀을 떠나기 때문이다.

Carron(1982)은 팀 응집과 안정성이 순환적인 관계가 있다고 주장하고 있다. 그것은 팀 구성원들이 오래 함께 운동하면 할수록 더욱 동료들 간에 상호작용을 할 기회가 많으며, 더욱더 응집력이 발달할 수 있다는 것이다. 다시 말하여, 응집력이 높을수록 더욱더 그 팀의 구성원들은 떠나려고 하지 않을 것이다.

Brawley 등(1988)은 응집과 분열 저항과의 관계성을 연구하였다. 다양한 스포츠 집단들을 대상으로 시행된 응집을 평가하고, 그들의 분열 저항감을 분석한 결과, 이들 간에 유의미한 관계성이 발견되었다. 높은 응집력을 보이는 팀이 높은 분열 저항감을 느끼고 있었다. 이 연구는 응집력이 있는 팀이 더욱더 안정적이고, 나아가 응집이 분열적인 세력에 저항할 수 있는 힘을 제공해 준다는 사실을 보여준다.

10. 집단 응집력과 만족도

집단 응집력과 팀 만족도 간의 관계를 지지해 주는 직접적인 증거는 없지만, 응집, 팀 수행 성공, 만족 간의 순환적 관계에 관한 연구는 진행되었다(Martnes & Peterson, 1971). 그들은 응집성이 높은 팀이 더 성공적이며, 더 성공적인 팀은 훨씬 큰 만족감을 느낀다고 했다. 그러나 집단 응집력은 집단의 속성이며, 만족도는 집단 내의 개인 구성원으로부터 얻어진다는 것에 유의해야 한다.

단지 응집이 집단요인이며, 만족감은 개인적 요인인 것 이외에는 그리 큰 차이가 없다. 응집과 만족감이 매우 정적인 관계가 있다는 사실을 밝히고 있다(Carron & Chelladurai, 1981). 이러한 점에도 불구하고 응집, 만족감, 수행 간의 관계성을 설명하는 두 가지 다른 모델을 제시하고 있다〈그림 7.4〉.

먼저 Martens와 Peterson의 첫 번째 모델은 팀 응집이 성공을 가져오고, 성공은 만족감을 주어, 팀 응집을 강화한다는 순환 관계를 나타낸 것이다. Williams와 Hacker의 두 번째 모델은 수행성공과 응집이 만족을 얻게 하지만, 만족감은 다른 어느 요인에게도 영향을 미치지 않는다고 가정한다. 이 두 가지 모델 중 어떤 모델이 타당한 모델인지는 확실하지는 않지만, 응집, 수행, 만족 간의 관계성이 존재한다는 것은 분명하다. 응집이 만족감에 영향을 준다는 사실은 이 두 가지 모델에서 모두 설명되고 있다. 다시 말하여, 응집력을 가지고 시합하는 팀이 응집력이 약한 팀보다 더욱 만족감을 느끼기 때문에 코치는 팀 응집력을 발달시키기 위해 적극적으로 노력해야 한다.

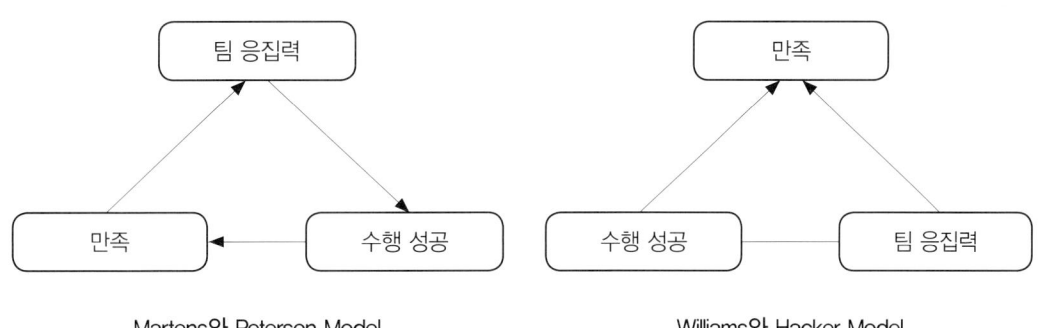

그림 7.4 수행, 만족, 응집과의 관계성에 관한 두가지 모델

11. 집단 응집성과 순응성(confirmity)

집단 응집과 순응성(동조)은 관련이 있다. 순응성(동조)은 집단의 압력에 의해 개인이 집단이 기대하는 바대로 생각이나 행동을 바꾸는 것을 의미한다. 응집력이 높은 집단일수록 집단이 개인 구성원들에게 더욱 많은 영향력을 미친다고 한다. 이것은 응집이 집단구성원들에게 집단 태도나 행동을 강화하는 역할을 한다는 것이다. 스포츠팀에서의 집단 태도나 행동으로는 유니폼, 옷차림, 머리 스타일, 연습 습관, 게임 행동 등을 들 수 있다. 또한 응집력이 높은 팀은 생산력을 위해 설정된 집단 규준에 높은 순응력을 보인다.

12. 집단 응집력에 영향을 미치는 요인들

1) 집단구성원에 대한 매력

만약 구성원끼리 좋아하면, 집단 응집력은 더 향상된다. 예를 들면, 신데렐라와 그녀의 이복 자매들은 강한 집단 응집력을 만들 수 없지만, 왕자와는 강한 집단 응집력을 만든다.

구성원들은 그들과 유사하다고 간주하는 다른 구성원을 좋아한다. 예를 들면, 신데렐라의 이복 자매들은 그들끼리는 좋아하지만, 그들은 신데렐라와 달라서 그들끼리는 좋아할 보편적인 배경을 가지고 있지 않다. 여기서 좋아하는 것(liking)하고 존경(respect)하고는 차이가 있다. 좋아하는 것은 그들이 누구인가에 따라 좋아하는 것이고, 존경하는 것은 그들이 어떻게 일을 해나가는가에 따라 존경을 하게 된다. 타인들이 같은 가치관을 소유하고 있으면 사람들은 그러한 타인들을 더 좋아한다. 예를 들면, 당신은 A라는 사람과 시간을 보내는 것은 좋아하지만, 그 사람이 그의 연구를 게을리하는 데 대해 존경을 하지 않고 있어서 그와 함께하는 집단 프로젝트는 원하지 않는다.

2) 집단에 대한 매력

보상은 집단에 대한 매력을 느끼게 한다. 예를 들면, A는 B가 기뻐하는 방법으로 B에게 보상을 줌으로써 B는 계속해서 A를 즐겁게 해주고, 그래서 A는 계속 B에게 보상을 준다. 예를 들면, 교수는 학생에게 열심히 하면 좋은 학점을 준다. 그래서 좋은 학점을 받으면 기뻐서 학생은 계속해서 공부하게 되어서 또다시 좋은 학점을 계속 받게 된다. 집단 응집력이 높으면, 안전성과 자긍심이 증대되고 불안이 낮아진다.

3) 집단의 크기

집단의 크기(group size)가 증가하면, 집단의 응집력은 감소한다. 그러므로 응집력의 수준은 소집단에서 최상이다. 예를 들면, 미식축구팀은 적정한 응집력을 위해 집단을 공격팀, 수비팀, 스페셜팀으로 나눠진다. 증가한 크기의 결과로서 구성원의 만족도가 줄어드는 특성으로는 구성원들 사이에 적절한 의사소통을 하기가 어렵다.

4) 물리적 근접성

경기 위치(playing position)나 탈의함 위치 등에 있어서 어떤 선수와 물리적으로 가까이(physical proximity) 있는 사람은 응집력이 더 높다. 그 이유는 과제를 같이할 기회와 사회적 의사소통의 기회가 증가하기 때문이다. 그러나 집단의 밀도에 있어서 군집은(crowding) 스트레스를 느끼게끔 하고 이것이 응집력을 감소시킨다.

5) 상급자와 하급자의 관계

집단 안에서 지도자와 구성원들 사이에 관계가 좋지 못하면, 응집력이 약해 그 집단은 문제를 일으킬 수 있다.

6) 리더십의 유형과 토론에 참여하는 기회

리더십의 유형이 너무 권위적이거나, 구성원들이 토론에 참여하는 기회가 너무 적으면 집단의 응집력은 낮아진다. 구성원들이 그 집단의 과제에 참여하고 싶은 동기가 부족하면 부족할수록 그 집단의 응집력은 약해진다.

7) 투과성 및 정보유동

투과성(permeability)이란 어떤 집단이 다른 집단 또는 집단구성원이 아닌 구성원들과 의사소통하는 정도를 말하며, 집단의 투과성이 적으면 적을수록 그 집단의 응집력은 커진다. 정보유동(information flow)이란 집단 자치 내의 의사소통 수준을 의미하며, 정보유동이 크면 클수록 응집력은 커진다.

8) 집단 목표의 본질 및 분위기

구성원이 바라는 목표를 집단에서 충족시켜 주지 못하면 응집력이 약해져 집단을 이탈하게 된다. 집단의 분위기가 좋지 못하면, 역시 집단 응집력이 약해진다.

9) 역할분화

역할분화(role differentiation)란 다른 구성원들이 기능을 전문화하는 정도를 말한다. 역할분화가 높은 집단은 높은 응집력을 발전시킬 더 좋은 기회를 얻는다. 예를 들면, 배구에서 각 선수가 세트와 스파이크의 역할을 동등하게 수행하는 배구팀은 이러한 두 가지 역할 이분화되는 팀보다 응집력이 적다.

10) 집단에 남으려고 하는 강도와 집단의 소속감

구성원들이 그 집단에 남아 있으려고 하는 것이 강하면 강할수록, 그리고 집단의 소속감이 크면 클수록 집단의 응집력은 높아진다.

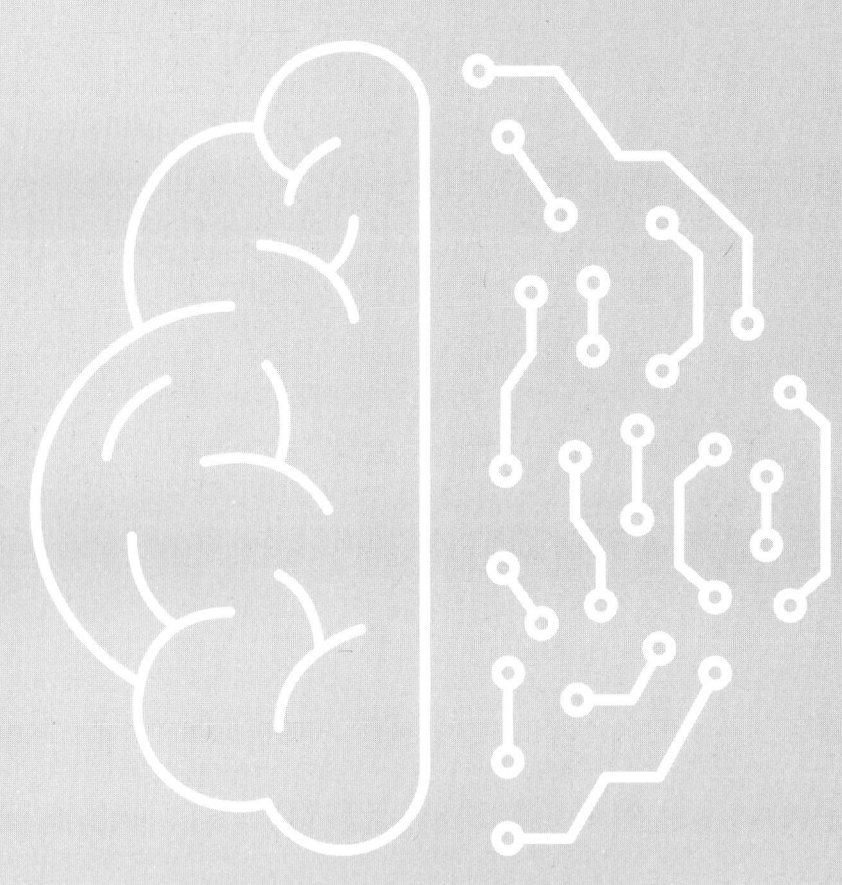

제8장

스포츠와 리더십

　나폴레옹, 고르바초프, 모택동, 인디라 간디, 압둘자바, 마이클 조던, 빈스 롬바디, 존 우든, 필 잭슨, 히딩크는 공통으로 어떤 성격적 특징을 가지고 있는가? 스포츠와 운동팀에서 지도자의 역량은 어디까지인가? 최고의 지도자는 어떤 리더십을 발휘하는 것인가? 유명선수 출신의 감독이 성공적인 지도자가 되는가? 이와 같은 많은 질문에 대한 완전한 답은 없을 것이다. 사람들은 스포츠 상황에서 리더십의 중요성을 인정한다. 사람들은 자신의 우상을 정해놓고, 맹목적으로 따르고, 흉내를 내려고 한다. 과학적 연구에서도 성공적인 지도자와 성공하지 못한 지도자를 구분하는 어떤 특징들에 대한 완벽한 이해를 제공해 주지는 못한다. 이 장에서는 스포츠와 운동지도자들의 리더십 영향력에 대해 살펴보고자 한다.

1. 리더십의 정의

리더십(leadership)에 대한 정의는 연구자들의 개인적인 관점에 따라 다양하게 정의되었으며, 리더십을 다루는 연구자들의 관점에 따라 여러 가지로 나타난다(Bass, 1990; Stogdill, 1974). 리더십의 공통적인 기본 개념은 첫째, 조직의 목표와 연관성을 지니며, 둘째, 리더와 추종자 사이의 관계, 셋째, 공식적 조직계층의 책임자만이 갖는 것이 아니라 집단 내 다른 구성원의 행동을 자극하고, 영향을 미치는 과정과 더불어 동료 또는 하위직에 있는 자에 의해서 행사되기도 한다. 넷째, 리더가 추종자에게 일방적으로 행동을 강요하는 것이 아니라 어디까지나 상호작용의 과정을 통해서 발휘되는 것이며, 다섯째, 소속집단 및 조직 내에서 분화된 여러 가지 기능을 수행한다. 이러한 과정들에서 리더에 관한 요인, 추종자에 관한 요인, 상황적인 요인, 정서적인 요인들이 영향을 미친다. 리더십의 일반적 정의는 "목표달성을 향해 개인이나 집단에게 영향을 미치는 행동적 과정", "조직의 목표를 효과적으로 성취하기 위하여 집단 구성원에게 목표 수행에 자발적으로 헌신할 수 있도록 유도, 조정하는 리더의 행동"이라 할 수 있다. Kointz와 O'dommel(1981)은 리더십을 "집단 목표달성을 위하여 자진하여 노력하도록 사람들에게 영향을 주는 기법 또는 과정"이라고 하였으며, Fleishman(1973)은 "어떤 목표의 달성을 위해 의사소통의 과정을 통하여 개인 간에 영향력을 행사하려는 시도"라고 정의하였다. 한편 Fiedler(1967)는 "지도자가 집단 구성원들의 일을 지시하고 조정하는 과정에서 종사하는 특별한 행위"라고 정의하였다. 이처럼 리더십은 개인적 특성과 행동, 타인에 대한 영향력, 상호작용 유형, 그리고 역할 관계 및 관리직의 점유와 영향력의 합법성에 대한 타인의 지각으로 정의되고 있다.

2. 리더십 연구동향

리더십 연구는 다양한 분야에서 수행되었는데, 2차 세계대전 이후부터 심리학과 경영학에서 활발하게 시작했고, 그때부터 많은 이론, 모델 그리고 규정이 제시되었다.

코치들이 행하는 리더십 행동의 유형은 선수들의 수행이나 선수들의 심리적 또는 감성적 반응에 중요한 영향을 끼친다. 다양한 분야에서 리더십 연구가 활발했지만, 운동경기 상황에서의 체계적인 리더십 연구는 1970년대 이후에 진행되었다. 대부분의 연구는 코칭의 특성 차이, 코치 행동 그리고 코치와 선수의 상호관계 부분에서 주로 이루어지고 있다. Danielson(1974)이나 Chelladurai와 Carron(1978)은 스포츠에서 더 많은 연구가 필요하다고 말했다. 운동팀은 중요한 조직이고, 조직 연구를 위한 자연적이고, 관계적인 환경을 제공해 준다. 코치의 역할과 책임을 보면, 그들이 리더십의 위치에 있다는 것을 알 수 있다. 그들의 합법적인 힘을 가지고, 이러한 힘은 보통 체육위원장이나 학교 당국으로부터 얻는데, 이러한 힘이 팀 구성원들에게 영향을 미치고, 집단의 목표를 성취하도록 한다. 게다가, 코치는 일반적으로 팀 구성원이 해야 하는 의무, 그리고 팀 목표에 도달하기 위한 일반적인 태도에 대한 의사결정을 해야 하므로 스포츠 상황에서의 리더십은 아주 중요한 것이다.

3. 리더십 이론

리더십 이론 연구는 다양한 접근으로 가능하다. 특성론 접근, 행동적 접근, 상황적 접근, 문화적 접근, 포괄적 접근이 있으며 다음에서는 리더십 이론 연구의 각 접근영역에 따른 구체적인 연구동향과 연구사례를 알아보고자 한다.

1) 특성론 접근

특성 접근(trait approach)은 1900년 초부터 2차 세계대전 때까지 발달했는데, 특히 1940년대에 가장 널리 사용되었다. 이 이론은 지도자에게 알맞은 성격적 특성이 있는 사람은 어떠한 상황에서도 위대한 지도자가 된다는 주장이다. Carlyle(1907)은 리더십의 위대한 사람 이론을 제창했는데, 주요 논제는 지도자들이 어떤 독특한 성격 때문에 지도자가 되고 성공한다는 것이다. 알렉산더 대왕이나 나폴레옹이 이런 종류의 사람으로, 즉 위대한 지도자는 만들어지는 것이 아니고, 태어나면서 결정된다는 것이다. 리더십의 특성이론은 지도자의 개인적 특성이 지도자가 아닌 사람과 다르다는 것을 설명하는 데 중점을 둔다. Stodgily(1974)의 특성 연구에서 지도자는 지도자가 아닌 사람과 개인적 특성이 다르다고 결론을 내렸다. 이러한 지도자의 특성을 규정짓는 데에는 신장, 나이, 인기, 태도, 지능, 성숙, 동기, 자신감 등이 포함된다. 그러나 Gibb(1969)의 연구 결과를 보면, 4가지의 특성(지능, 사회적 성숙, 성취동기, 인간관계 태도)이 성공적인 리더십과 가장 많이 연관되어 있음을 밝히고 있지만, 4가지 특성 중에서 어떤 특성이 가장 효율적인 지도자로 되는가에 대해서는 명확하게 밝히지 못했다.

Landy(1985)가 설명한 지도자 특징 이외에 지도자들이 가질 수 있는 특성으로는 적응성, 기지, 성실, 정직, 용기, 인간관계, 전문성, 방향 감각, 단호함, 조직력, 분석력, 몸가짐, 대화 능력, 업무 활력, 판단력, 상상력, 창의성, 강한 동기, 열정, 충성, 인내, 다양한 관심, 호기심, 상식, 학식, 학습지도 능력, 공정성, 의견 존중, 관용, 동정심, 유머감각, 솔직성, 개방성, 신뢰감, 넓은 시각, 동료들로부터의 좋은 평판을 들 수 있다.

초기 스포츠 연구는 코치들 사이, 또는 코치와 코치들이 아닌 사람들 사이에 특성의 차이를 규정지으려고 했다. 예를 들면, 수영 코치의 특성(Hendry, 1969) 그리고 창조성(Loy, 1969), 성공적인 대학 미식축구와 농구코치의 특성, 남녀 농구코치의 지도자 특성 등을 조사했다. Penman 등(1974)은 고등학교 남자 미식축구와 농구 코치들의 성격 특성과 코치의 성공과의 관계 정도를 측정한 결과, 성공적인 코치가 성공적이지 못한 코치보다 더 권위적인 것으로 나타났다. 코치들의 특성으로는 융통성이 부족하고, 공격성, 지배적, 침착성, 조직력 등이 강한 것으로 나타났다. 그러나 Swartz(1973)는 중서부 4개 주의 대학 미식축구 헤드코치를 대상으로 연구한 결과, 성공적인 코치와 성공적이지 못한 코치 사이에 리더십 유형의 차이가 없었고, 그 외에 많은 연구에서도 코치의 특성에 대한 결론을 내지 못했다. 다시 말해서, 특정 상황에서의 성공적인 지도자가 다른 상황에서도 반드시 성공적인 지도자가 된다는 것은 아니다. 즉 일반화가 빠져 있다.

왜냐하면 이러한 특성지향 연구는 상황적 요인들을 무시했고, 또한 특성론 접근은 너무 단순해서 궁극적으로 사용할 수 없으며, 행동이론이 출현하기 시작할 때 사라지기 시작했다.

2) 행동적 접근

지도자의 특성을 강조하는 것이 점점 쇠퇴하면서 연구의 추세가 리더십 과정의 행동 특성을 알아보려는 연구로 변화하였다. 이 연구는 2차 세계대전 이후부터 1960년 초까지 발달했으며, 행동적 접근(behavior approach)에서는 리더의 위치에 있는 사람들의 행동을 규명하기 위하여 광범위한 조사연구나 관찰연구가 많았다. 대표적인 행동적 접근 연구로는 오하이오주립대학, 미시건대학, 하버드대학 연구 등이 있다.

① 오하이오 주립대학 연구

행동 연구 프로그램 중에서 가장 영향력 있고, 가장 오랫동안 사용된 이 연구는 요인 분석법을 이용하여 지도자 행동의 차이점을 규정하는 데 필요한 차원을 밝혔다. 4개의 요인이 추출되었는데, 요인들로는 배려성, 구조화 주도 행동, 생산성 강조, 그리고 감수성 또는 사회적 인지 요인들이다. 이 요인 중에서 배려성과 구조화 주도 행동이 가장 높은 변량을 설명했고, 대부분의 연구 주제로써 이용되었다. 배려성에는 우정, 상호신뢰, 존경, 지도자와 구성원 간의 허물없는 대화, 인간적인 따뜻함을 나타낸 지도자의 행동이 포함되고, 구조화 주도 행동은 지도자가 집단에 대한 자신의 관계를 조직하고, 한계를 명확히 하는 행동, 지도자가 집단 구성원들의 역할을 조직화하고, 그 범위와 한계를 정하는 행동, 그리고 과제 성취를 향해 구성원을 감독하는 행동들을 말한다.

이런 두 요인을 측정하기 위한 2가지 설문지를 계발했다. 첫 번째 도구는 Hamphill과 Coons(1957)에 의해 개발된 지도자 행동 기술 질문지로 하급자들이 그들 지도자의 행동을 기술하는 질문지(Leader Behavior Description Questionnaire; LBDQ)이다. LBDQ는 지도자가 특수한 행동을 하는 정도를 평가하는 것으로 150문항으로 되어 있으며, 여기에서 지도자 행동 대부분의 변량은 배려성과 구조화 주도 행동 2가지 요인으로 나타났다. 두 번째 도구는 Fleishman(1957)이 개발한 리더십 의견 설문지(Leadership Opinion Questionnaire; LOQ)로 LBDQ를 변형하여 지도자의 태도를 평가하는 질문지이다. 이 질문지는 지도자 자신에게 질문하는 것으로 구성원을 지도하는 데에 있어 지도자의 이상적인 방법에 관해 기술하라고 질문한다. Fleishman과 Harris(1962)는 배려성과 구조화 주도 행동과 리더십 효율성의 관계에 많은 관심을 가져왔다. 중요한 결론으로는, 배려성이 높은 지도자는 배려성이 낮은 지도자보다 만족감이 더 높은 구성원들을 가지고 있으며, 구성원들은 결석이 적고, 불평도 더 적은 것으로 나타났다. 그러나 배려성과 지도자 효율성 사이의 관계는 모집단에 따라 다르다. 전쟁터에서의 비행조종사나 생산직 직공들에게는 부적 상관관계로 나타났고, 비생산직 직공이나 대기업에서의 매니저나 간부들에게는 정적 상관관계로 나타났다.

② 미시건대학 연구

미시건대학의 연구자들은 산업관리자들(supervisors)의 행동을 연구했다(Kahn, 1951; Katz & Kahn, 1953). 감독자의 구성원들과 인터뷰를 사용해서 연구한 결과, 관리자의 2가지 일반적 유형인 생산 지향성(production-oriented)과 피고용자 지향성(employee oriented)으로 나타났다. 생산 지향성은 오하이오주립대학 연구의 구조화 주도 행동과 유사하고, 피고용자 지향성은 배려성과 유사한 면을 가지고 있다. 생산 지향성을 지닌 관리자는 계획, 방향 설정, 목표 성취를 강조하고, 피고용자 지향성을 지닌 관리자는 종속자와 친밀한 관계를 맺고, 마음을 열고 승인하는 유형, 그리고 종속자의 기분과 문제에 관해 관심을 가지는 것을 말한다.

③ 하버드대학 연구

Bales와 Slater(1945)는 지도자가 없는 토론 집단에서 대학생의 행동을 관찰한 결과, 두 가지 유형의 지도자가 이 집단에서 나타났는데, 즉 과제 전문가(task specialist)와 사회감정 전문가(socioe-emotional specialist)이다. 과제 전문가는 과제를 수행할 수 있도록 조직하고 행동을 지도하며, 사회감정 전문가는 긴장을 줄이고, 분위기를 좋게 하고, 집단 참여를 유도하는 행위이다.

3) 상황적 접근

상황적 접근법(situational approach)은 1970년대 리더십을 이해하기 위해 대두된 세 번째 접근법이다. 지도자의 어떤 행동들이 결과와 관련성이 높다고 생각하지만, 상황적인 차이가 이러한 지도자의 효율성에 영향을 미치는 것은 확실하다. 스포츠 상황에서도 역시 지도자의 어떤 행동들이 스포츠 상황에서의 승패에 관련성이 높다고 생각은 하지만, 상황적인 차이(경쟁 수준, 선수 나이, 스포츠 유형)가 이러한 지도자의 효율성에 영향을 미치는 것이 사실이다. 즉, 서로 다른 특성과 행동은 서로 다른 상황의 지도자에게 중요하기 때문에 리더십 상황이론이 태동하였다. 리더 행동과 상황적 요인들을 다룬 대표적인 이론으로는 Fiedler(1981)의 상황부합 이론을 들 수 있다.

① Fiedler의 상황부합이론

상황부합 이론(contingency theory)은 리더의 개인적 특성과 상황 요인과의 상호작용을 다룬 이론이다. Fiedler의 모형에서 리더는 과제지향 리더(task-oriented leader)와 관계지향 리더(person-oriented leader)로 분류된다〈그림 8.1〉. 과제지향 리더는 업무 분담을 잘하고 과제를 잘 해내는데 주된 관심을 두고 반면에 관계지향 리더는 분위기를 좋게 만들고 대인관계에 관심을 둔다.

이러한 두 가지 리더십 유형은 조직이 당면한 상황에 따라 효과성에 차이를 보인다. 조직이 처한 상황은 과제구조, 리더와 성원의 관계, 리더의 권한과 권위 등의 세 가지에 의해 결정된다. Fiedler는 조직이 당면한 상황을 통제력의 수준에 따라 고통제 상황, 중간통제 상황, 저통제 상황으로 구분하였다. 고통제 상황은 리더와 성원의 관계가 원만하고 과제 구조가 명확하게 형성되어 있으며 리더가 막강한 권한을 갖고 있다. 중간통제 상황은 리더와 성원과의 관계는 원만하지만, 과제가 복잡하고, 성원과의 관계는 좋지 못하지만, 과제가 단순한 상황이다. 저통제 상황은 성원과의 관계도 원만하지 못하고 리더가 합법적인 영향력을 갖고 있지 못하며 과제도 복잡하고 정리되어 있지 않은 경우이다.

상황부합 이론에 의하면 고통제 상황과 저통제 상황에서는 과제지향 리더가 가장 효과적이고, 중간통제 상황에서는 관계지향 리더가 효과적이라고 보고한다. 하지만 다수의 연구에서 일관성의 부족과 스포츠팀의 고유한 특성을 반영하지 못하고 있다는 비판이 제시되었다.

그림 8.1 Fiedler의 상황부합에 따른 리너의 영향력

② 스포츠 상황과 리더십

스포츠 상황에서 선수의 성숙도와 리더십 유형은 신중하게 고려해야 한다. Chelladurai와 Carron(1978)은 선수들의 나이에 따라 적합한 리더십 유형을 초등학교, 중학교, 고등학교, 대학으로 구분하여 제시하였다. 초등학생과 중학생 선수에게는 과제지향 리더는 낮고 관계지향 리더가 높아야 효율적이고 고등학교 선수에게는 관계지향과 관계지향 리더 모두가 높은 것이 효과적이다. 그리고 대학생 선수에게는 관계지향 리더는 낮고 과제지향 리더가 높은 것이 운동 성과에 효과적이다. Denielson(1978)의 연구에서는 초등학교에서부터 중학생까지의 마이너 아이스하키선수를 대상으로 연구한 결과, 팀 성공을 위해서는 코치의 인간관계지향 행동이 과제지향 행동보다 더 효과적이라고 나타났다. 또한 Gordon(1988)도 축구코치를 대상으로 연구한 결과, 인간관계지향 행동이 더 효과적으로 나타났다. Case(1987)는 농구코치를 대상으로 연구한 결과, 개인이 성숙하지 못했을 때(중학교 선수), 지도자의 유형은 과제 행동과 높은 인간관계 행동으로 나타나며, 개인이 성숙함에 따라 (고등학교 선수) 지도자의 높은 과제 행동과 낮은 인간관계 행동을 보이고, 더욱 성숙해 감에 따라 (대학 선수) 지도자의 과제 행동은 높아지고, 인간관계 행동은 낮아지고 있다. 마지막으로 완전히 성숙했을 때는 (프로선수) 지도자의 낮은 과제 행동과 높은 인간관계 행

동으로 나타났다. 주목할 부분은 어린 선수일수록 관계지향 리더십이 심리적인 발달과 운동수행에 도움이 된다는 것을 알 수 있다.

4) 문화적 접근

Farmer와 Richman(1965)은 문화가 관리적인 가치나 태도, 행동에 직접적으로 영향을 미친다고 했다. 그러나 Negandhi(1975)는 문화나 국가적 차이가 조직적 구조에 영향을 미침으로써 관리적인 측면에 간접적으로 영향을 미친다는 조직 구조에 관한 문화적 효과의 모델을 제시했다. 결과는 행동을 결정하는데 관리정책이 문화적 요인보다 더 중요한 것으로 나타났다. 하여튼 문화적 요인들이 인간 행동에 영향을 미친다고 하겠다.

리더십에 관한 문화적 연구는 방법론이 약하고, 이론이 부족한 이유로 문화적 연구의 결과들을 해석하기가 매우 어렵다. 비교연구의 가장 흥미 있는 관심은 다른 나라 관리인의 가치나 조사에 중점을 둔다. 이 연구의 보편적인 문제점들은 이론적인 관계에 근거하는 것보다는 편리함에 근거해서 국가를 선택한 연구가 많았다.

Ayman과 Chemers(1978)는 문화적 연구의 타당도를 의심했다. 리더십 행동이나 종속자 만족을 연구하는 데 있어서 전통적인 측정으로 해보니 유럽이나 미국 매니저보다 이란 매니저에게 사용될 때, 아주 다른 결과를 가져왔다고 제시했다. 그들은 다른 문화에 유럽-미국 이론, 측정, 연구 디자인을 사용함으로써 부적절한 결과를 초래한다고 주장했다. 그리고 문화적 연구는 복잡하고, 시간이 많이 소요되며, 매우 경비가 많이 들기 때문에 국제회의에 참석하는 매니저 집단으로부터 자료를 수집하는 것도 좋은 방법의 하나이다.

스포츠 상황에서의 문화적 차이도 리더십 행동 유형에 영향을 미칠 것이다. Terry(1984)는 스포츠 리더십 척도(Leadership Scale for Sports : LSS)를 사용해서 1983년 캐나다 에드몬튼에서 거행된 유니버시아드 경기에 참여한 나라 160명의 선수가 선호하는 코칭 유형에 미국, 영국, 캐나다 선수들 사이에는 차이가 없었다. 그러나 Chelladurai 등(1987)의 연구에서 일본과 캐나다 체육과 학생 사이에는 선호하는 코칭유형에 유의한 차를 발견했다. 일본 학생 집단에서는 현대스포츠(육상, 럭비, 레슬링, 배구, 축구)와 전통스포츠(유도, 검도)에 참여하는 집단으로 분류해서 조사했더니 일본 학생의 두 집단 모두 캐나다 학생보다 사회적 지지 행동을 더 선호했다. 그러나 현대스포츠를 하는 일본 학생이 캐나다 학생보다 민주형 코칭유형을 더 선호했고, 전통적인 스포츠를 하는 학생은 일본 현대스포츠 집단과 캐나다 집단보다 권위적 유형을 더 선호했다. 캐나다 학생은 일본의 전통 스포츠 학생보다 긍정적 피드백 행동을 더 선호했다. Chelladurai 등(1988)의 연구에서 대학 선수의 선호하는 코칭 행동을 비교해 보니 일본 선수들은 권위적 코치와 사회적 지지 유형 코치를 선호했고, 캐나다 선수는 훈련지도 유형 코치를 더 선호했다.

국내에서 이루어진 스포츠 리더십 연구로 문성철(1994)은 고등학교 남자 선수들 1,464명과 코치, 감독 354명을 대상으로 연구하였다. 연구 결과, 선수가 선호하는 리더의 행동은 훈련과 지도, 민주적 행동, 긍정적 피드백, 사회적 지지의 순서로 나타났고, 권위주의적 행동은 선호도가 가장 낮은 것으로 나타났다. 박징근 등(1995)은 남녀 대학 선수 158명을 대상으로 코칭 행동 선호도를 조사한 결과 선수들이 좋아하는 코칭 행동은 훈련과 지도, 사회적 지지로 나타났다. 또한 남자 선수들은 여자 선수보다 훈련과 지도, 권위적 행동, 사회적 지지를 하는 코치를 선호하는 것으로 나타났다. 반면 여자 선수들은 민주주의적 행동을 하는 코치를 더 좋아하였다. 종목과 국가대표 경험에 따라서는 선호하는 행동에 차이가 없는 것으로 나타났다.

5) 포괄적 접근 방법
① 변혁적 리더십

전통적인 리더십은 변화를 주도하기보다는 현상 유지와 관련된 리더십에 치중하였기에 이러한 시대적 배경을 바탕으로 새롭게 보완된 리더십은 필수적이었다. 변혁적 리더십은 부하의 가치관, 윤리, 행동규범 그리고 장기적 목표를 바꾸어 줌으로써 개인을 변화시키고, 변혁시키는 과정이며, 부하들의 동기를 평가하고, 그들의 욕구를 충족시키고, 부하들을 완전한 인격체로 대우하는 것이 포함되어 있다. 변혁적 리더십이라는 용어는 정치학자인 Burns(1978)에 의해서이며, 그의 저서인 〈Leadership〉에서 다른 모든 리더십 이론을 리더와 하급자 간의 교환관계에 기초한 거래적 리더십에 치중되어 있어, 거래적 리더십의 상대적인 개념의 변혁적 리더십을 설명하였다(Yukl, 1981). 또한, Bass(1985)는 기존의 리더십 이론들이 리더와 부하 간의 거래적 관계에만 초점을 둔 거래적 리더십(Transactional Leadership) 이론들이라 정의하고, 리더십을 지금까지와 다른 관점에서 접근한 새로운 이론으로 변혁적 리더십(Transformation Leadership)을 제시하였다.

변혁적 리더십은 조직체의 직책 위계 상에서 누구에 의해서도 발휘될 수 있으며, 상급자의 변혁적 리더십에 의해 하급자가 변화될 수도 있고, 하급자의 변혁적 행동으로 상급자가 변화될 수도 있다고 보고하였다(김정한 등, 2004). Bass(1985)는 Burns(1978)의 이론을 바탕으로 조직 내에서의 변혁과정을 표시하고, 변혁적, 카리스마적, 교화적 리더십을 세분화하여 새로운 이론을 제시하였다. Bass(1985)는 변혁적 리더십을 부하들에게 기대되는 요구를 달성하도록 부하들에게 동기를 부여하는 리더십이라 정의를 내렸으며, 특정한 목표의 중요성, 가치 그리고 목표달성을 위한 방법에 관한 인식을 증가시켰다.

② **변혁적 리더십 구성요소**

변혁적 리더십의 구성요소는 카리스마, 지적 자극, 개별적 배려의 3가지로 제안하였다(Bass, 1985).

a. 카리스마

카리스마는 변혁적 리더십의 하위 요인으로, 가장 강력한 속성을 지니고 있다. House(1977)는 카리스마적 리더십 이론에서 카리스마적인 리더는 자기 확신적이며, 지배적이고, 타인들에게 영향을 미치려는 욕구가 강한 특성을 보이고 있으며, 조직원들에게 바람직한 행동, 가치, 신념 등에 대한 역할 모델로서 기능한다고 하였다. 이와 더불어 조직원들에게 높은 목표를 제시하고, 유능감과 성공에 대한 확신을 심어주며, 조직원들이 이러한 목표를 달성할 수 있도록 메시지를 전달하는 등의 행동에 주력한다고 보고하였다. 카리스마를 지닌 리더는 강한 자신감을 지니고 있으며, 타인에게 영향력을 행사하고자 하는 욕구가 강하며, 뛰어난 의사소통 기술을 가지고 있다.

b. 개별적 배려

Bass(1985)는 개별적 배려를 오하이오주립대학 리더십 연구에서 사용된 LBDQ (Leader Behavior Description Questionnaire)차원의 관계지향성(consideration)과 유사하며, 집단에 속한 구성원들에 대하여 발휘하는 리더십과 유사하다고 설명하였다. 또한 리더가 구성원들을 일대일의 관계에 근거하여 공평하면서도 서로 다르게 대우하고, 구성원의 욕구를 충족시켜 주며, 더욱 효율적으로 조직의 목표 달성을 추구하는 수단이라고 하였다. 리더가 구성원들에게 세심한 관심을 가져 개별적으로 대우해 줌으로써 조직 구성원들이 더 높은 욕구를 지닐 수 있도록 도와주며, 스스로 욕구를 확인하여 동기화되도록 만드는 것을 말한다.

c. 지적 자극

지적 자극이란 감정적인 자극에 의한 즉각적인 행동 변화보다는 오히려 믿음과 가치, 상상력과 사고, 문제해결과 문제 인식에서 구성원들의 변화를 자극하려는 리더의 행동을 의미한다(Bass, 1985). 조직원들에게 새로운 방식으로 사고하고 문제를 해결하도록 강조하며,

이러한 리더의 행동은 조직원들에게 상황을 분석하는 데 기존의 틀을 뛰어넘어 보다 창의적인 관점을 개발하도록 자극하게 된다. 리더는 스스로 부하들에게 새로운 아이디어를 제공함으로써, 구성원들에게 도전 의식을 느끼게 하고, 일상적인 문제에 대해서 새로운 방식으로 생각해 보도록 자극하는 것이다(Bass, 1985).

③ 변혁적 리더십 연구

변혁적 리더십에 관한 연구는 3 분류로 수행되었다. 변혁적 리더십 개념 정립(Bass, 1985; Burns, 1978), 변혁적 리더십의 구성요소와 영향 과정(Bycio et al., 1995; Shamir, House, & Arthur, 1993), 변혁적 리더십의 구성요소와 조직 유효성 간의 관계(Deluga, 1988; Yammarino & Bass, 1990) 연구가 대표적이다.

초기 연구에서는 변혁적 리더십의 하위요인을 밝히는 연구를 통하여, 개별적 배려, 비전 제시, 신뢰와 모델링 형성, 의사소통 능력의 4가지 요인을 추출하였다(Kent et al. 2001).

변혁적 리더행동의 영향을 다룬 연구에서는 변혁적 리더십이 부하의 신뢰에 영향을 미치며(조건상 등, 2004), 신뢰는 변혁적 리더십의 3 가지(카리스마, 개별적 배려, 지적 자극)요인 중 카리스마가 가장 크게 영향을 미친다고 보고하였다(김정완, 김정남, 2002; Podsakoff et al. 1990).

변혁적 리더십의 효율성을 찾기 위해서 MLQ 및 유사 설문지를 이용한 연구의 결과를 살펴보면, 변혁적 리더십이 부하의 만족, 동기, 수행 등과 같은 리더십 효율성과 정적으로 관련되어 있다는 것을 확인하였으며(Bass, 1997), 또한 MLQ를 사용한 39개의 연구를 메타분석한 결과에서도 변혁적 리더십의 핵심 요소가 부하의 만족과 수행에 정적으로 관련되어 있다고 보고하였다(Lowe et al., 1996).

변혁적 리더십과 팀 효율성 또는 조직의 유효성 및 리더에 대한 만족을 검증한 연구에서는 변혁적 리더십 경향이 높은 집단의 효율성이 더 높으며(Avolio & Bass, 1985; Harter & Bass, 1988), 리더에 대한 구성원의 만족도 더 높다고 보고하였다(Bass, 1985). 스포츠 상황에서 거래적 리더십과 변혁적 리더십과의 관련된 연구에서는 중국 운동선수들이 거래적 리더십을 선호하고, 한국 운동선수들은 변혁적 리더십을 더 선호하는 것으로 나타났다(이계윤, 백종수, 2008).

④ 변혁적 리더십 측정

Wright(1996)는 스포츠 상황에 맞도록 변혁적 리더십 질문지(Transformational

Leadership Scale; TLS)를 개발하였다. 국내에서는 김정완과 김정남(2002)이 한국형 변혁적 리더십 설문지로 번안하였다. 이 질문지는 카리스마(11문항), 개별적 배려(11문항), 지적 자극(5문항)의 3요인 27문항으로써, 5점 Likert 척도로 구성되어 있다.

운동선수를 대상으로 국내에서 수행된 연구들(윤재만, 이계윤, 2006; 이계윤, 백종수, 2008)은 국가, 연령, 종목에 따라 변혁적 리더십 요인에서 유의한 차이가 있다고 보고하였다. 중국의 대학 운동선수를 대상으로 실시된 윤재만과 이계윤(2006)의 연구에서는 성별과 운동경력에 따른 차이는 없으나 카리스마 요인에서는 농구선수가 축구와 배구선수보다 높고, 카리스마와 개별적 배려에서는 10대 선수가 20대 선수에 비해 높게 나타났다. 또한 한국과 중국의 중고등학교 운동선수를 비교한 이계윤과 백종수(2008)는 성별에 따른 변혁적 리더십 하위요인에 차이가 없지만, 중국 선수들이 한국 선수들보다 카리스마, 개별적 배려 및 지적 자극을 더 높게 지각하였다고 보고하고 있다. 한국 선수들은 지도자들이 선수 개개인의 진로를 걱정하고, 도와주는 개별적 배려와 믿음, 격려와 같은 카리스마적 리더십을 원하고, 중국 선수들은 새로운 목표에 도전하도록 지적 자극과 카리스마적 리더십을 원하는 것으로 알려져 있다(윤재만, 이계윤, 2006).

4. 다차원 스포츠 리더십 모형

스포츠팀은 일반적인 리더십 이론들을 응용할 수 없는 어떤 고유의 특성을 소유하고 있다. 이러한 이유로 Chelladurai(1978)는 코치의 행동이 선수의 만족과 성취도에 어떠한 영향력을 미치느냐에 대해 스포츠 상황에 적합한 다차원 리더십 모형(multidimensional leadership model)을 개발하였다. 이 모형이 다차원적으로 불리는 이유는 선수의 성취도와 만족도의 결과가 지도자의 행동과 많은 선행조건과 상호작용함에 의해 설명되기 때문이다. 이 모델의 기본 가정은 구성원의 성취도와 만족도의 결과는 3가지 유형의 지도자 행동이 일치할 때, 긍정적인 관련성을 가진다는 것이다(박정근, 1996). 즉, 이 모델의 전제는 리더의 행동은 상황에서 요구되는 것과 선수들에 의해 선호하는 것과 실제로 리더가 행하는 행동의 조화는 선수 만족도와 집단수행에 대한 긍정적 효과가 있다는 것이다. 그래서 이 모델에서는 규정 행동과 선호 행동, 실제 행동의 3가지의 리더 행동이 있다고 주장한다〈그림 8.2〉.

그림 8.2 Chelladurai의 다차원 스포츠 리더십 모델

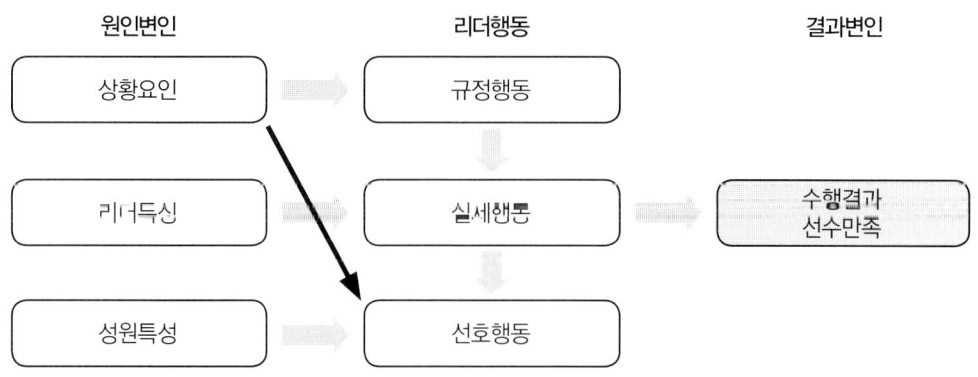

첫 번째, 규정행동(required behavior)으로 상황이 요구하는 리더 행동의 특성은 팀 혹은 조직 내의 규준들(예: 팀 크기, 과제의 특성 등)을 확고히 하기 위해 순응하는 것들로 구성되어 있다. 두 번째, 선호행동(preferred behavior)은 구성원들에 의해 선호하는 리더 행동은 선수들이 선호하는 코칭유형이고, 연령, 기술 수준, 심리적 특징과 같은 선수의 특성들에 주로 기초하는 것이다. 세 번째, 코치의 실제 행동(actual behavior)은 리더의 개인 특성에 영향을 받는 리더가 보여주는 실제 행동을 말한다. 이런 3가지 리더십 상태는 상황요인, 리더특성, 성원특성과 연관된 선행 변인들에 의해 다르게 영향을 미친다. 이러한 모든 것이 서로 결합하여 집단의 결과와 선수 만족도는 리더가 선수들의 선호하는 행동과 상황이 요구하는 조건과 일관되었을 때 최적화될 것이다.

다차원 리더십 모델을 사용하여 Chelladurai & Saleh(1980)는 스포츠리더십척도(Leadership Scale for Sports; LSS)라 불리는 스포츠 현장에서 리더십을 측정할 수 있는 도구를 개발하였다. 이 척도는 훈련과 지도, 사회적 지지, 긍정적 피드백, 권위적 행동, 민주적 행동과 같은 하위척도를 포함하며 실제 리더십 행동과 선수의 선호 리더십 행동을 측정할 수 있다.

훈련과 지시는 선수의 운동수행을 향상하는 데 목적을 둔 코칭 행동으로 구성되어 있다(예: 훈련을 강조하거나 조장하고, 선수들 사이의 노력을 조정하는 역할). 사회적 지지는 선수들과 긍정적인 대인관계에 초점을 맞추는 코칭 행동과 관련되고, 선수들의 복지에 관심을 가지고, 긍정적인 팀 분위기를 조성한다. 긍정적 피드백은 경기 내용이나 행동이 좋으면 보상을 주는 코칭 행동이다. 다음 두 가지 하위영역은 코치의 의사결정 스타일과 관련되는 것이다. 민주적 행동은 집단을 위한 의사결정 과정에 선수들을 참여시키는 코칭 행동이다(예: 집단의 목표, 연습 방법, 게임 전술). 권위적 행동은 코치 자신만이 의사결정을 내리는 것이

고, 코치의 개인적 권위에 초점을 맞추는 코칭 행동이다.

다차원 리더십 모델과 LSS 측정도구는 많은 연구 관심을 불러일으켰다. 대부분 연구자가 수행한 연구들은 지금까지 이 모델을 지지하는 것으로 나타났다. 결론적으로 선수의 만족도(Reimer & Chelladurai, 1995)와 결과를 증가시키는 것은 코치의 실제 행동과 선호 행동의 조화와 연결된다고 할 수 있다. 위에서 논의된 문헌들은 독단적으로 스포츠만 연구의 초점을 맞추고 있다. 그러나 LSS의 개정판이 일반 운동 현장에서 리더십을 검증하기 위해서 사용되었다(Spink & Twardochleb, 1996). 초창기 결과들은 LSS의 원래 요인 구조를 지지할 가능성이 있는 것으로 나타났다. 그러나 원 LSS는 스포츠에 맞는 도구로 개발되었기 때문에 개정판 LSS와의 관계를 결정하기 위해서는 더 많은 연구가 수행될 필요가 있다. 코치와 운동선수 상호작용의 또 다른 중요한 요인은 기대에 관심을 둔다. 코치는 종종 그의 관찰이나 행동에 근거하는 기대에 의존한다. 간단히 말하면, 선수에 대한 코치의 기대는 코치가 선수들과 어떻게 행동할 것인가를 결정하고, 결론적으로는 선수의 운동수행에도 영향을 미친다. 연구 문헌에 입증된 바에 따르면, 설령 학생들이 같은 능력으로 시작했지만, 교사의 기대는 이러한 기대들이 일관된다고 하더라도 학생들 수행의 다른 결과를 낳는다. 이러한 기대가 전달되는 방식은 언어적, 비언어적 단서들을 포함한다. 이 단서들은 학습자에게 기대하는 것에 대한 지시로서 학습자에게 제공된다.

기대에 관한 가장 중요한 쟁점은 즉, 이들이 전달되는 방식은 코치 혹은 교사는 종종 그가 개인을 다르게 생각한다는 것을 깨닫지 못한다는 것이다. 이것은 중요한 실제적인 함축을 지니고 있다. 왜냐하면 연구에서 제시했듯이, 코치의 능력 정도가 다른 선수들에게 다양하게 피드백을 주기 때문이다. 이 문제점을 줄이기 위해서는 코치에게 그들의 행동을 선수들로부터 감시를 받아야 한다. 만약 그들이 기대효과에 대해 깨달을 수 있다면, 코치는 어떤 문제를 제거함으로 그들의 효율성을 향상할 수 있는 전술들을 적용할 수 있을 것이다.

5. 효과적인 리더십의 4요인

리더의 개인적 특성 하나만으로는 지도력을 설명할 수 없다. Martens(1987)는 리더십 이론이 발달한 과정을 종합하여 리더십의 네 가지 구성요소를 제시하였다. 구성요소는 지도자의 자질, 지도 스타일, 상황적 요소, 구성원의 특성 등이다〈그림 8.3〉. 스포츠 리더십을 이해하기 위해서는 리더십의 네 가지 구성요소를 모두 고려하는 것이 바람직하다.

그림 8.3 Martens의 효과적인 지도자 4요인

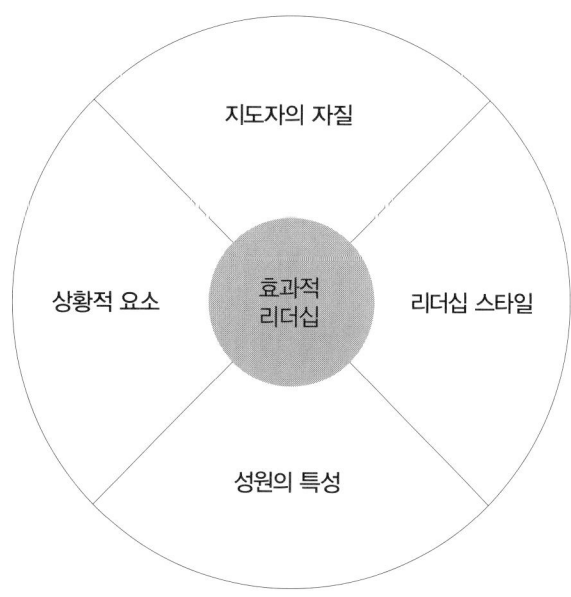

1) 지도자의 자질

성공적인 지도자의 특성으로 다음과 같은 요인들을 들 수 있다. Martens(1987)는 지능, 적극성, 자신감, 설득력, 융통성, 내적동기, 성공성취 동기, 내적 통제, 높은 자의식, 낙관주의 등을 요인으로 제시하였다. 이러한 특성들은 훌륭한 지도자 되기 위한 필요조건이지만 위 특성들이 있다고 해서 훌륭한 지도자가 된다는 것을 보장할 수 있는 것은 아니다. 이러한 요인들은 팀의 구체적인 상황과 집단 구성원들의 선호도에 의지하는 정도가 많거나 혹은 적을 때 필요하게 될 것이다.

2) 리더십 스타일

일반적으로 리더십 스타일은 민주주의적 스타일과 권위주의적 스타일로 구분한다. 민주주의적 스타일은 선수 중심적이고, 협동적, 참여적인 스타일이고 권위주의적 스타일은 과제지향적이고, 일방적인 명령을 내리고 승리에 관심을 두는 것이 특징이다. 두 가지 리더십 스타일은 이분법적으로 해석되지만 실제로 다수의 리더는 두 가지 리더십 스타일을 혼용해서 사용한다. 또한 적당한 코칭 스타일은 구성원들의 특성이나 상황적 요소에 많이 의존한다.

3) 상황적 요소

리더는 구체적인 상황 요소나 환경에 민감하게 반응해야 한다. 다양한 상황적 요소는 스포츠에서 효과적인 리더십을 발휘하기 위해 계획을 수립할 때 중요하다(Martens, 1987). 리더십에 영향을 미치는 상황적 요소는 당면한 과제, 스포츠 유형(개인 대 팀 스포츠, 상호작용적 스포츠 대 공행적 스포츠), 팀의 규모, 시간제약, 지도자의 수, 전통 등이 있다.

4) 구성원의 특성

구성원들의 특성은 효과적인 리더십을 발휘하는 데 중요하다. 리더가 구성원에게 영향력을 행사하는 것처럼, 구성원도 리더에게 영향을 미치게 된다. 예를 들면, 기술 수준이 높은 선수, 팀 목표의식이 강한 선수, 불확실한 상황에 잘 대처하는 선수는 관계 지향적 코치를 좋아하고 여자들은 민주적인 코치를 선호한다. 리더십에 영향을 미치는 구성원의 특성에는 성, 기술과 능력 수준, 성격, 연령, 국적, 경력 등이 있다.

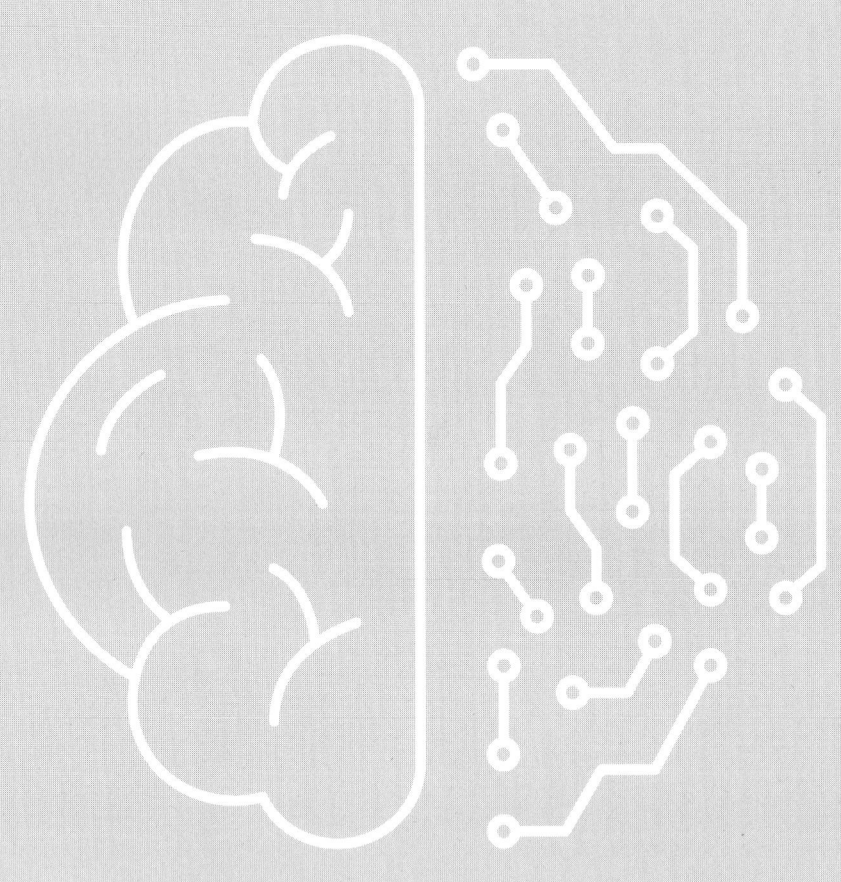

제9장

스포츠와 공격성

스포츠 현장에서 공격이나 폭력은 흔히 볼 수 있는 현상이며, 스포츠 경기를 할 때 일어나는 폭력적인 모습이 현저하게 증가하고 있다. 한국 프로야구나 프로축구의 관중, 선수, 비신사적인 보복성 태클, 빈볼 등을 우리는 많이 접했다. 이처럼 선수 간의 공격적인 행동이나, 선수와 심판 간의 공격적인 행동, 또는 관중의 공격성이 경기장에서 큰 참사를 빚는 경우뿐만 아니라, 심지어는 살인과 국가 간의 전쟁으로 이어지는 일도 있다(박정근, 1996).

이 장에서는 스포츠 상황에서 발생하는 공격적 행동의 원인을 이론별로 알아보고, 그 대비책에 대한 방안을 살펴보고자 한다. 즉, 공격이 무엇인지, 스포츠 상황에서 왜 공격이 발생하는지, 공격을 유발하는 요인들은 무엇인지, 그리고 공격적인 행동을 줄이기 위해 어떻게 대처해야 하는지 알아본다.

1. 공격성의 정의

우리는 최경주의 공격적인 골프 스타일, 안드레 아가시의 테니스 네트 앞에서의 공격적인 플레이, 마이클 조던의 공격적인 리바운드, 베리본즈의 공격적인 배팅, 김연경의 공격적인 스파이크, 미식 축구선수 파브의 공격적인 패스와 같은 말들에 들어 있는 '공격적인'이라는 단어의 뜻은 적극적인 경기 또는 과감한 경기 정도의 표현을 강한 어조로 표현한 것이다. 이러한 상황을 우리는 공격성이라고 하지는 않는다. 적어도 스포츠심리학에서 말하는 공격성(aggression)으로 성립되려면 신체적, 정신적으로 해치거나 상처를 입힐 목적의 의도된 행동이 수반되어야만 공격성이라 할 수 있다(최만식, 2004).

공격의 정의를 살펴보면, 다른 사람이나 자기 자신을 정신적으로나 신체적으로 해칠 수 있는 명백한 언어적 또는 신체적 행위를 말한다. Martens(1975)는 공격을 "살아 있는 유기체에 상처를 입히기 위한 목적으로 이루어지는 반응"이라고 정의했고, 의도적으로 가하지 않은 해독적 행위는 공격이라고 할 수 없다. 즉 대상을 해치려는 의도 없이 우연히 발생한 차 사고는 공격적 행위의 결과로 볼 수 없으며, 상처나 해를 입히지 못하였다, 하더라도 그 의도가 상처를 가할 목적이었다면, 이는 공격으로 간주할 수 있다. Baron(1977)은 공격은 태도, 감정, 동인이 아니고 행위를 말하며, 해를 입히거나 상해를 입히는 의도적인 행위로 살아있는 물체(living being)에만 해당한다. 예를 들면, 개를 발로 차는 것은 공격적 행위이지만 의자를 발로 차는 것은 공격적 행위라고는 말하지 않는다.

공격은 크게 적대적 공격과 수단적 공격 2가지로 나눠진다. 적대적 또는 반행적 공격(hostile or reactive)은 공격이 수단이기보다는 목적인 셈이고, 공격의 근본적인 목적은 사람이나 대상에게 해를 입히는 것이고, 화가 포함이 된다. 주로 상대방에 의해 자신의 목적 달성이 좌절되었기 때문에 발생하는 공격이다(Berkowitz, 1965). 수단적 공격(instrumental)은 어떤 목적을 위해 공격이 수단인 셈이다. 이런 공격은 비공격적 목표(non-aggression goal), 즉, 승리, 칭찬, 그리고 돈을 획득하려는 개개인의 목표 때문에 일어나고, 분노가 포함되지 않는다. 두 가지 공격은 모두 상대를 해칠 의도가 있다. 그러나 폭력(violence)은 훨씬 심각한 형태의 신체적 공격의 의미를 내포하며, 적개심(hostility)은 어느 정도의 공격으로 어떤 자극에 대하여 반응하는 경향을 지닌 성격 특성이다.

2. 공격적 행동과 적극적 행동

스포츠에서 공격적(aggressive) 행동과 적극적(assertive) 행동은 구분되어야 한다. 적극적 행동의 명확한 행위는 공격적 행동의 명확한 행위와 행동적으로는 유사해 보이지만, 공격적 행동의 의향과 동기 구조는 적극적 행동과는 매우 다르다.

1) 공격적 행동
공격적 행동이란 다른 사람이나 자기 자신을 정신적으로나 신체적으로 해칠 수 있는 명백한 언어적 또는 신체적 행위를 말한다.

2) 적극적 행동
규칙에 따라 허용되는 여러 가지 육체적 충돌이 상대방을 해칠 의도를 동반하는 것은 아니며, 적극적 행동은 다른 사람을 해치거나 다치게 할 의도를 나타내지 않을 뿐만 아니라 해당 종목의 승인된 규칙을 위반하려는 것도 아니다. 이러한 행동은 합법적으로 격렬한 행동이며, 과제지향이며, 규칙에 근거한 행동이나 적대적 공격, 수단적 공격, 그리고 적극적 행동에 대한 정의가 다소 명확하지 못하다. 그림을 보면 겹친 부분이 정의하기가 명확하지 않은 부분이다〈그림 9.1〉.

그림 9.1 공격과 적극적 행동 차이점

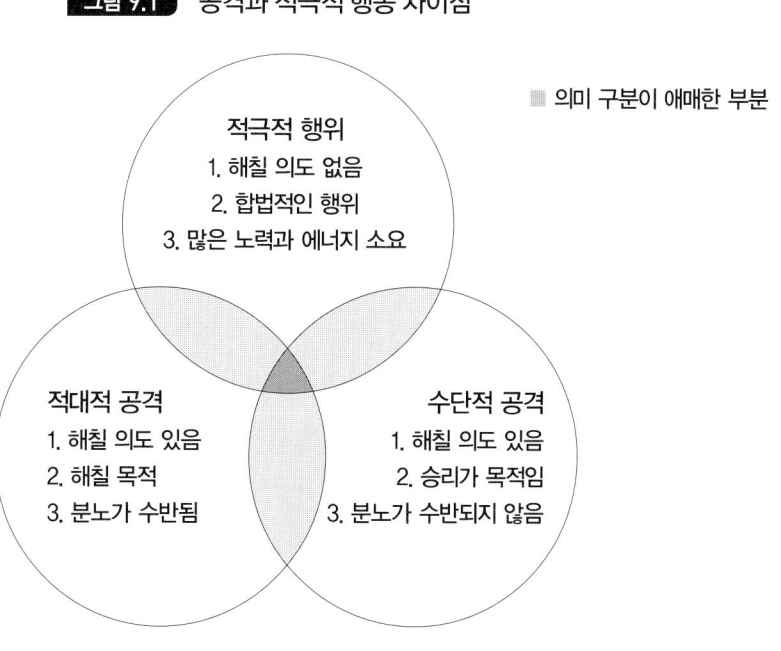

3. 공격성 이론

다수의 연구자가 공격성에 관해 연구하고, 많은 논문을 썼지만, 공격이 일어나는 원인을 설명하는 데 있어서 그들의 접근은 크게 본능 이론, 좌절-공격 가설, 수정된 좌절-공격 가설, 그리고 사회학습 이론 4가지로 나눌 수 있다.

1) 본능 이론

본능 이론(instinct theory)에서 공격하는 이유는 모든 사람의 타고난 특성이기 때문이라고 주장하였고, 인성학자(ethologist)들은 인간의 공격성은 인간의 동물적 특성(생물학적 본능)에서 유래한다고 주장했다. 즉, 공격성은 인간의 본능으로 이러한 본능은 사람들에게 자연적으로 형성되어서 사람은 신체적으로 또는 언어적으로 공격을 하게 된다는 것이다. 프로이트 학파는 인간의 본능 중 가장 중요한 것은 성, 공격 본능으로서 이러한 것들은 돌파구를 통해 해소되어야 한다고 주장했으며(Husman & Silva, 1984), 이러한 것들이 해소될 때는 청정(catharsis)효과가 나타나고, 해소되지 못하면 침울하게 되고, 심지어는 자살까지 한다고 주장하였다.

Lorenz(1966)는 공격적 본능은 인간의 진화 과정에서 중요한 생존적 가치를 갖고 있으며, 이러한 공격적 본능은 발현되어야 한다고 하였다. 적절한 환경적인 단서(clue)가 본능적인 공격행동을 끌어낸다는 것이다. 정신분석(psychoanalytic) 이론가들은 인간에게는 생물학적인 공격 충동이 나타난다고 했으며, 공격적인 행동은 충동적인 내적 힘의 축적이 발산됨에 의해(분기점에 도달한 후에) 나타나게 된다고 주장했다.

그러나 본능 이론의 몇 가지 비판은 만약 공격이 본능적인 성향이기 때문에 근본적으로 해소할 수 없다는 결론이 나온다면, 이는 비판의 여지가 있는 것이다. 또한, 본능 이론을 경험적으로 지지해 줄 수 있는 증거가 불충분하고, 그들이 제시하고 있는 경험적 증거는 대체로 일화적인 사례이며, 체계적으로 통제되고, 조작된 실험 결과에 의한 것이 아니다(Martens, 1975). 또한 복잡한 현상을 설명하기에는 너무 단순한 견해라고 본능 이론을 비판하고 있다. 스포츠를 통해서 사람들의 공격적 본능을 방출할 기회를 사람들에게 제공해야 하며, 스포츠는 공격적인 본능을 방출해 주고, 사회에서 인정하는 수단으로서 아주 중요한 역할을 해야 한다.

2) 좌절-공격 가설

좌절-공격 가설(frustration-aggression hypothesis)은 1939년 예일 대학교의 심리학자인 Dollard가 주장하였다. 여기서 좌절이란 목표 달성이 방해되거나 막히는 것을 말한다. 일반적으로 공격의 원인은 좌절로서 좌절이 있을 때는 항상 공격으로 나타난다고 보는 것이 좌절-공격 가설의 기본 가정이다. 즉, 공격의 원인은 좌절이며, 좌절의 결과는 공격이라는 가설을 주장하였다.

이 가설에서는 공격, 좌절, 제지, 치환(displacement) 4가지 주요 개념에 기초를 두고 있다(Martens, 1975). 예를 들면, 공격성이 나타나는 강도는 좌절의 양과 직접적으로 비례해서 나타난다. 목표를 성취하고자 하는 욕구가 아주 강한데, 장애 정도가 크고, 빈번히 좌절된다면 좌절의 정도가 커서 공격성이 나타나게 된다. 반대로 목표 달성에 대한 욕구가 낮고, 방해의 정도도 낮을 뿐만 아니라 실제로 좌절된 경우가 적다면 좌절의 정도가 낮아서 공격성이 나타나지 않게 된다.

제지는 부정적인 결과가 예상될 때 행동을 억제하려는 경향이다. 공격행동의 억제는 그 행위의 표출에 따른 처벌의 강도에 따라 변한다. 그리고 좌절의 정도가 크면 클수록 공격성은 크게 나타나며, 처벌이 강하면 강할수록 공격 행위를 꺼리는 경향이 있다. 직접적인 공격 행위에 대한 제지는 더욱 좌절을 유발하며, 공격을 증가시킨다. 치환은 좌절 원인에 대해서가 아닌 제3의 대상에 대해 공격적 행동을 하려는 경향이다. 공격을 성공하게 되면 청정효과를 주며, 다른 형태의 공격 행위를 위한 자극을 감소시킨다(Husman & Silva, 1984; Martens, 1975), 〈그림 9.2〉.

이러한 점에서 볼 때, 스포츠는 경쟁적인 상황이기 때문에 불가피하게 누군가가 시합에서 패배해야 한다. Lanman(1970)은 경기에서는 명백히 패배자에게 좌절이 따르고, 패배함으로써 분노하여 공격성이 증가할 것이라고 주장하였다.

좌절-공격 가설의 문제점으로는 '공격은 항상 좌절의 결과가 아니다.'라는 것이다. 즉, 좌절이 반드시 공격의 원인은 아니고, 사람들이 좌절을 경험할 때 반드시 공격적 행동을 하지 않는다는 것이다. Maslow(1943)는 단순한 좌절은 공격적 행동을 유발하지 않고, 단지 공격과 위협 때문에 공격적 행동이 나타난다고 하였고, Buss(1961)도 좌절은 공격을 유발하는 유일한 단서가 아니라 여러 단서 중 단지 하나의 단서가 될 뿐이라고 했으며, 또한 Bandura(1973)는 좌절은 공격의 필요조건이 아니라 촉진제 역할을 한다고 하였다. 이 가설의 또 다른 문제점으로는 좌절과 공격 간의 관계를 일으키는 전제 조건이 무시되어 있다는 것이다.

좌절의 출처를 알 수 없기 때문에 공격을 예언하는 데 있어서 이 가설은 문제가 있다. 예를 들면, 심각한 좌절을 경험한 사람이 공격적 행동을 나타내지 않고, 또는 좌절이 없는 듯한 사람이 심한 공격을 하는 수도 있다.

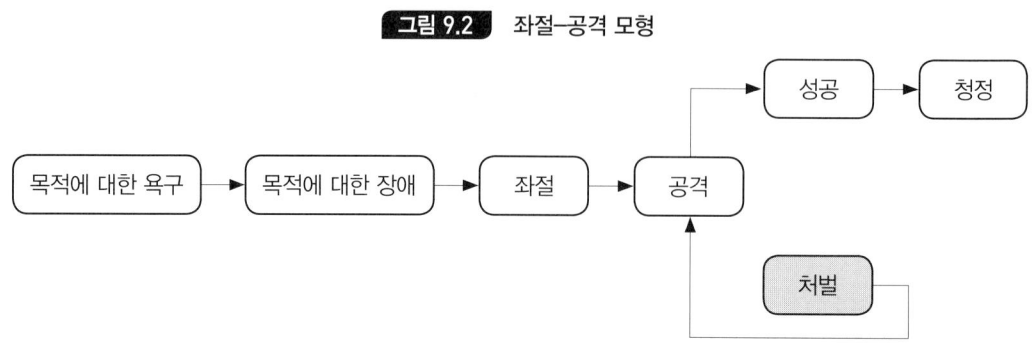

그림 9.2 좌절-공격 모형

3) 사회학습 이론

공격이 학습에 의하여 영향을 받는다는 것이 사회학습 이론(social learning theory)으로 공격성은 사회환경 속에서 학습되는 것을 말한다. Bandura(1973)는 공격은 사회적 행위 즉, 관찰 학습, 대리적 강화와 사회적 강화를 통해 배운다고 했고, Martens(1975)는 공격적 행동은 대리적 학습 또는 관찰학습과 강화를 매개로 한 사회화 과정을 통해 학습한 결과라고 설명한다. 예를 들면, 만약 한 사람이 그의 목표 달성이 벽에 부딪혔을 때, 공격적이라면 이러한 것은 그의 좌절에 대한 공격적인 반응이 과거에 강화를 받았기 때문에 공격적인 행동을 하게 된다는 것이다.

강화와 모델링이 사회학습 이론에서 가장 중요한 변인들이다. 예를 들면, 공격적인 행동을 보이는 부모의 자녀들이 그렇지 못한 부모의 자녀들보다 더 공격적일 가능성이 높다. 평소 공격적인 행동을 했을 때, 주어지는 강화나 허용 또는 처벌 등의 결과에 따라 공격적인 행동을 더 보일 수도 있고, 반대로 공격적인 행동이 나타나지 않을 수도 있다. 또한 많은 공격적 행동은 스포츠에서 장려되고, 강화된다. 어떤 특정한 행동이 보상받게 되면 그 선수는 그 행동을 반복할 가능성이 높고, 처벌을 받게 되면 반복할 가능성이 작아진다. 예를 들면, 아이스하키 시합에서 주요 사회화 매개 인자(socialization agents)인 부모, 친구, 교사, 가족, 팬, 동료, 코치, 스폰서, 방송 등에 의해 승인될 때, 공격은 학습된다. 만약 아이스하키 시합에서 한 선수가 상대팀의 선수를 때렸을 때, 팬이 그 선수를 응원한다든지, 야구시합에서 1루에서 2루로 도루할 때, 유격수가 병살시키지 못하도록 심하게 슬라이딩할 때, 팬이 그 선수를 응원한다고 하면, 이러한 응원이 공격을 유발할 수 있다. 어린 선수들이 종종 공격적으로 행동함으로써 보상을 받을 때가 있다. 이러한 보상은 미식축구 시합에서 심한 태클을 했을 때, 코치로부터 받는 칭찬을 들 수 있다.

Bandura와 Walters(1963)는 공격은 모델링을 통해 배운다고 하였다. 사람들은 특히 자기들이 좋아하고, 흠모하는 다른 사람의 행동을 모방하는 경향이 많으므로 프로 운동선수들은 젊은 선수들에게 역할 모델(role model)이 되기도 한다. 어린 선수들은 유명한 프로 선수들의 행동을 배우려고 하고, 그들이 좋아하는 선수가 공격하는 것을 본 선수들은 공격이 좋은 것이라고, 믿을지도 모른다. 왜냐하면 자기가 좋아하는 사람이 공격하거나 폭력적으로 행동하기 때문에 이러한 것은 허용되는 행동이라고 믿기 때문이다. 그래서 텔레비전에서 나오는 폭력이 어떻게 그들의 주먹과 스틱을 사용하는가를 가르쳐준다. Arms 등(1979)은 공격적인 스포츠 종목(복싱, 아이스하키 등)을 보았던 관중이 비공격적인 스포츠 종목(수영, 테니스 등)을 본 관중들보다 적대 감정이 더 컸고, 공격을 더 많이 나타냈다고 주장했다. Bandura(1973)에 의하면, 모든 모델은 똑같이 배워지지 않는다고 했다. 강화나 처벌을 통한 행동의 습득은 모델과 관찰자의 유사성, 보상과 처벌의 강도, 관찰되는 모델의 지위 등에 의해 달라진다고 했다. 모델과 관찰자 사이의 유사성이 크면 클수록 공격행동을 배우는 것이 커질 것이다.

Gibson(1984)은 아이스하키의 명확한 공격과 폭력은 사회학습 이론에 의해 설명되고 얼음판에서 보여주었던 공격은 모델링, 지도, 강화의 복합을 통해 배워진다고 했다. 이 이론에서는 스포츠는 공격을 가르치고 폭력적인 사회를 만드는 데 기여한다고 했다.

아직은 공격적인 행동이 타고난(innate) 공격적인 행동이냐 아니면 학습된(learned) 공격적인 행동이냐에 대해 논쟁이 많이 있다. 그러나 공격에 관한 일반적인 심리적 이론 중에서 사회학습 이론이 스포츠 행동을 설명하고, 예측하기에 가장 사용하기에 좋은 이론이다.

4) 수정된 좌절-공격 가설

수정된 좌절-공격 이론은 사회학습 이론과 좌절-공격 이론의 요소를 결합한 것으로, Dollard 등(1939)의 연구를 더 확장하여 Berkowitz(1965)에 의해서 만들어졌다. Berkowitz는 공격성이 학습과 선천성에 공존한다고 가정했다. 특히 그는 좌절이 개인의 공격성을 더 부추긴다고 암시했다. 그러나 공격성이 유발되었는지를 결정하는 환경에서는 좌절이 단서이다. 예를 들면, 상대방 선수가 자신을 꽉 붙든 것에 대해 화가 난 어느 하키 선수는 공격적으로 보복을 하지 않을 것이다. 왜냐하면 심판이 보고 있기 때문이다. 그러나 만약 심판이 다른 곳을 보고 있는 다른 상황이었다면, 그 선수는 상대방 선수에게 공격적으로 행동을 취했을 것이다〈그림 9.3〉.

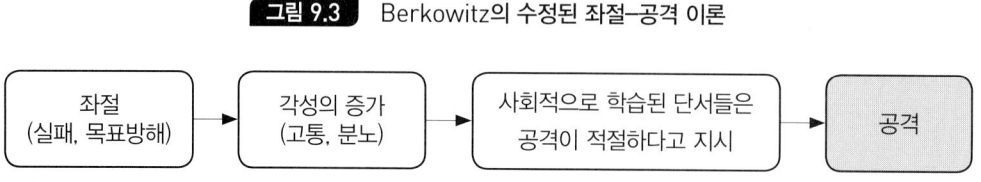

그림 9.3　Berkowitz의 수정된 좌절-공격 이론

4. 공격과 운동수행

접촉스포츠(아이스하키, 럭비, 미식축구 등)에서 공격적인 행동이 많이 일어난다. 이러한 행동에 대한 설명으로, 첫 번째는 공격적인 행동과 수행결과 사이에 긍정적인 관계가 있다는 점이다. 즉 스포츠팀들은 게임에서 이기기 위해서 공격적인 행동을 한다. 두 번째로 좌절은 스포츠 고유의 부분이기 때문에 그들의 목적을 달성하지 못한 팀들은(게임에서 지는 팀들) 매우 강렬한 공격성을 보일 것이다.

Widmeyer와 Birch(1984)는 NHL(National Hockey League) 팀 중에서 게임 초반에 공격성을 더 보인 팀들이 더 많은 경기에서 이겼다는 점을 발견한 한편, McGuire 등(1992)의 연구에서는 그 둘 사이에 아무런 관계를 발견할 수 없었다. 그러므로 아이스하키에서의 승리와 증가한 공격성 과의 관계는 아직 명확한 일관성이 없는 상태이다.

McGuire(1990)는 공격적인 행동이 행해질 때, 어느 팀이 이기고 있는지 그리고 어느 팀이 지고 있는지를 NHL 팀들을 통해서 관찰했다. 그가 관찰한 바로는 이 두 그룹 간에 특별히 다른 점을 발견할 수 없었다. 스포츠에 내재한 좌절은 지는 팀에 더 강렬한 공격적인 행동을 유발한다는 두 번째 설명도 모순되는 부분이 있다.

스포츠에서 공격적인 행동의 설명은 상대방의 의도성이다. 특히 여러 연구에서 말하기를 상대방이 해를 입히려고 한다는 것을 인지한 선수들은 그것을 인지하지 못한 선수들보다 더 공격적인 행동을 하는 경향이 있다고 한다. Brice(1990)는 대학 아이스하키 선수들을 대상으로 조사를 한 결과, 누군가에게 해를 입히고 싶은 충동을 일으키는 가장 큰 요인은 상대방이 먼저 자신이나 자기 팀원에게 해를 입혔을 때라고 한다.

이러한 연구들이 보여주듯이, 스포츠에서 공격성에 대한 실명은 명확하지 못하다. 즉 스포츠 세계에서 공격싱을 유빌하는 요인은 무엇일까? 아마도 공격성은 경쟁 자체가 각성을 유발한다는 사실 때문일 것이다. 다시 말하면, 사람들은 패배를 예상하기 때문에 경쟁이 좌절감을 일으킨다는 사실로 공격성은 나타난다. 세 번째 가능한 이유는 사람들을 공격적으로 만드는 스포츠 상황 내의 내재된 분노가 될 수 있다.

공격성이 여러 원인의 복합적인 결과라는 점은 합당하다. 경쟁 자체가 공격싱을 유빌하게 시키며, 참여가 종종 각성수준을 더 증가시킨다. 그리고 각성 상태에서 경쟁자들은 종종 그 자극에 과민반응을 하기도 한다. 스포츠에서 공격적인 행동은 의도되거나 의도되지 않거나 하는 지각된 분노 때문에 한순간에 나타난다.

Goldstein과 Arms(1971)의 연구에서 1960년의 육군과 해군사관학교의 미식축구 경기와 육군사관학교와 템플대학의 체조 시합에서 공격성을 조사했다〈표 9.1〉. 시합 전에 적개심 도구를 관중들에게 배포하여 공격성을 조사하였고, 또한 시합 후 적개심 도구를 같은 관중에게 재차 배포하여 공격성을 조사하였다. 그 결과 미식축구에서는 게임 전보다는 게임 후의 공격성(적개심)이 자기 팀의 결과에 상관없이 훨씬 더 높았다. 체조에서는 게임 전이나 게임 후의 공격성에 차이가 없었고, 이기고, 진 팀에서도 공격성의 차이가 없다는 결과가 나왔다. 청정효과에 관한 Goldstein과 Arms연구에서는 청정효과를 지지하지 않았고, 결론적으로 "공격적인" 스포츠를 보는 것이 "비공격적인" 스포츠를 보는 것보다 공격성을 높인다는 것을 볼 때, 사회학습 이론을 지지하고 있다.

이 연구의 장점은 실제로 스포츠 현장에서 시행되었고, 관중들이 많이 참여하고, 관여하였다는 점이다. 하지만 단점은 일반적으로 공격성이 있는 사람들이 '공격적인 스포츠'에만 갈지 모른다는 것이었고, 특히 미식축구 시합에서 설문지를 40% 정도가 거절했다는 점이다.

표 9.1 Goldstein과 Arms(1971)의 미식축구와 체조 시합에서의 공격성 조사

사전연구		사후연구
적개심 도구(hostility inventory) (Buss-Durkee)	미식축구경기 (육군-해군사관학교, 1969)	적개심 도구
적개심 도구	체조시합	적개심 도구

5. 공격을 부추기는 요인들

개인적, 물리적, 사회적, 심리적 요인이 스포츠 상황에서 공격성과 폭력을 일으키는 요인이라 할 수 있다.

1) 개인적·물리적 요인
① 성격

Type A 성격의 사람들은 매우 경쟁적이고, 쉽게 화를 내고, 항시 서두르는 유형이며, Type B 성격은 느긋하며, 신중하고 화를 잘 내지 않는다. Type A 성격의 사람들은 Type B 성격의 사람들보다도 공격이 많은 편으로 아동 학대나 배우자 학대와 같은 행위들을 저지르는 경향이 더 많은 것으로 나타났다(Straub & Williams, 1984).

② 열, 소음, 혼잡

열(heat), 소음(noise), 혼잡(crowding)은 공격의 원인이라기보다는 촉매제 역할을 한다. 날씨가 더워지면 살인과 성폭행이 증가한다는 연구 보고가 있다(Anderson & Anderson, 1984). 이러한 요인들이 적개심의 성향이 이미 존재하는 다른 상황적 요인들과 상호작용될 때 공격이 일어나게 된다. 이러한 요인들에 관한 연구가 스포츠 상황에서 거의 행해지지 않고 있다.

2) 사회적 요인들
③ 훌리건

훌리거니즘(hooliganism)은 영국 축구팬의 행동으로써 광범위하게 사용되는 물리적인 폭력을 말한다. 즉 선수, 심판, 라이벌 팬 등의 집단들에게 폭력을 가하며, 무기나 맥주병들을 폭행 도구로 사용한다.

④ 방송매체

방송매체가 공격의 다른 요인들처럼 충분하게 공격의 설명되는 원인은 아니지만, 공격을 유발하고, 높이는 다양한 의사소통 방송매체의 역할은 아주 중요한 사회적 관심이다. 얼마 동안 공격적이고, 폭력적인 TV 프로그램을 보는 선수들은 수많은 공격적인 전략과 끝없는 신체적, 언어적 공격의 방법을 배울 것이다(모델링과 대리적 강화를 통해서). Smith(1979)

는 12~21살 되는 704명의 올스타, 일반선수, 그리고 비선수 소년들을 대상으로 조사한 결과, 대부분의 젊은 선수들은 일주일에 한 번은 신문이나 텔레비전을 통해 프로 아이스하키를 본다고 했고, 특히 선수들이 비선수들보다 훨씬 많이 본다고 했다. 반응자 대부분은 프로 아이스하키로부터 불법적으로 때리는 것을 포함한 여러 가지 기술들을 배웠다고 했다. 불법적인 전략을 배운 선수들 가운데 60% 이상이 그러한 불법적인 전략을 사용했다고 언급했다. 불법적인 전략은 보통 선수보나 나이가 많은 선수나 올스타 선수들에 의해 더 많이 사용되었다.

⑤ 술

관중들의 알코올 남용이 스포츠 공격과 폭력의 행동과 연관되어 있다. 알코올은 중추신경을 억제하는 역할을 하고, 이성적인 판단과 신체의 이동과 같은 뇌의 기능을 떨어뜨리게 됨으로써 폭력을 쉽게 표출할 수 있다. 경기장 안에서의 알코올 소비는 실제로 통제되어야 한다.

3) 심리적 요인들

⑥ 강화

스포츠 상황에서 선수들은 강화를 통해서 공격을 배운다. 앞에서 설명했듯이, 시합 전이나 시합 중에 가족, 팬, 팀 동료, 코치, 방송매체가 선수들의 공격을 인정할 때, 선수들은 공격을 배우게 된다. Bandura(1973)는 '선수들은 이전에 공격을 훈련받았을 때, 더 공격적으로 행동하는 것 같다.'고 보고했다.

⑦ 모델링

어린 선수들은 프로선수들의 모델링을 통해서 공격을 배우게 된다. 왜냐하면 프로선수들은 어린이나 젊은 선수들에게 역할 모델을 하기 때문이다. 선수들은 그들이 좋아하는 선수들의 행동을 흉내 내려는 경향이 있으며, 또한 그들이 좋아하는 선수가 공격하는 장면을 본 선수들은 공격이 허용되는 행동으로 믿는 경향이 있다. 그러므로 텔레비전 폭력은 공격할 주먹과 스틱을 선수들에게 어떻게 사용하는가를 가르쳐준다. 또한 관찰자를 위한 모델의 지위가 낮은 것보다 높은 것이 모방이 더 쉽다. 예를 들면, 성공적이지 못한 공격적인 모델보다는 성공적인 공격 모델이 모방하기 위해서는 더 효과적이다.

⑧ 처벌이나 보복의 두려움

사회학습 이론에 의하면, 사랑을 나타내지 않음으로써 또는 다른 바라는 목적을 철회함으로써 공격을 줄일 수 있다. 어린이들의 나쁜 행동에 대한 신체적인 처벌이나 그들의 공격에 대한 보복의 두려움은 미래의 공격을 실제로 줄일지도 모른다. 처벌과 보복의 두려움이 공격적 행동을 억제한다. 자신의 공격에 대한 장차 처벌의 가능성이 있으면 공격을 회피하고, 보복의 두려움이 줄어들 때 더 공격적으로 행동한다(Bandura, 1973). 그러나 일반적으로 결과는 그리 단순하게 나타나지는 않는다. 공격적인 성향에 대해 자주 처벌받았던 아동들은 보통의 경우보다 더욱 공격적으로 되는 것으로 나타났다. 아마 이것은 그들 자신이 공격적인 부모를 모델로 두었기 때문이거나 아니면 빈번한 처벌이 그 자체로 다량의 분노를 일으키기 때문일 것이다. 어떤 경우에서든 간에, 아동들의 공격성에 대한 가혹한 처벌로 일어난 단순한 공격 억제는 분명히 없다.

그러나 Bandura와 Walters(1963)는 아이들의 나쁜 행동에 대한 신체적인 처벌을 사용하는 부모가 아이들이 미래에 실제로 공격을 증가시킬지 모른다고 제시했다. 비록 어린이가 처벌에 대한 두려움이나 보복 때문에 집에서는 공격적이지 않을지도 모르지만, 그들은 집에서 배운 공격적인 반응을 다른 장소에서 사용할지 모른다.

⑨ 게임 상황

Bird와 Cripe(1986), Cox(1985)는 스포츠 상황에서의 공격에 영향을 미치는 상황을 다음과 같이 설명하였다.

ⓐ **점수 차**: 점수가 비슷할 때는 공격적인 행동이 비교적 감소하는데, 그 이유는 중요한 시기에 반칙이 승부에 영향을 미치기 때문이다. 또한 점수 차가 점점 벌어지면 공격적인 행동이 감소하는데 그것은 각성이 그렇게 현저하지 않기 때문이다. 공격적인 행동은 점수가 아주 근접해 있거나 점수 차가 너무 많이 날 때보다는 그 중간일 때에 공격성이 가장 많이 일어나는 것이다.

ⓑ **홈 / 어웨이 요인**: Varca(1980)는 농구 시합에서 홈 팀이 리바운드, 숏 블록, 스틸에서 더 적극적 행위가 많고, 방문 팀은 더 많은 파울을 하는 것으로 나타났다.

ⓒ **결과**: 승리한 팀이 진 팀보다 공격성을 적게 하는데, 그것은 좌절-공격 가설을 지지해 준다. 일등 팀이 다른 팀보다 공격성이 적게 나타난다.

ⓓ **리그 성적**: 1등 팀이 다른 팀보다 공격적 행동이 적다. Volkamer(1971)의 연구에서 축구팀의 등수가 낮으면 낮을수록 더 공격적인 것으로 나타났고, Russell과 Drewry(1976)의 캐나다 하키팀의 연구에서 리그에서 일등 하는 팀을 가장 근접하게 추격하는 팀이 가장 공격적인 행농을 보인다고 했다.

ⓔ **시합 기간**: 이긴 팀에게는 공격이 일직선(linear)이고, 진 팀에게는 곡선형(curvilinear)이다. 즉, 이긴 팀은 게임을 하면서 공격이 더 생기고, 진 팀은 시합 시작과 끝에 공격이 가장 적고 중간이 가장 많다.

ⓕ **심판의 불공정**: 지각된 심판 불공정은 스포츠 공격과 폭력을 높이는 가장 중요한 요인 중의 하나이다. 심판들은 지각된 불공정성을 줄이기 위해 규칙을 더 공정하고, 정확하게 보아야 한다. 게임을 잘 끌어 나가는 유능한 심판이야말로 선수나 관중들의 공격이나 폭력의 가능성을 줄인다.

ⓖ **좌절이나 각성**: 좌절이나 고 각성으로 공격성이 생긴다고 좌절-공격 이론에서 제시했다.

ⓗ **귀인**: 사람들은 타인에 의한 애매한 행위들을 악의적인 의도들에서 나오는 것으로 지각할 때, 그들이 동일한 행위들을 다른 동기들에서 나오는 것으로 지각할 때보다도 훨씬 더 보복하기 쉽다.

ⓘ **폭력의 합법화**: 특히 아이스하키에서의 폭력은 규범적인(normative) 행동이며, 폭력의 합법화(legitimation of violence)가 많이 인정되는 스포츠 종목이다. 이러한 폭력은 합법적인 폭력이고, 사회적으로 승인되는 규범적 행동이다. 아이스하키는 심한 신체 접촉을 허용하는 규칙을 가진 경기이지만 실제로 규칙은 아이스하키의 폭력을 허용하지 않는다. 스틱으로 팔과 얼굴을 치는 것과 팔꿈치와 주먹으로 얼굴을 공격하는 것은 공격(offenses)이지만, 그러한 공격은 오늘날 경기에서 합법화된 것이다. 북미에서는 여러 가지의 형태로 폭력적인 행동이 아이스하키 문화로 정착되었다.

Smith(1975)는 토론토고등학교 아이스하키 선수들을 대상으로 조사한 결과, 선수들의 규준적 준거집단(개인이 그 속에 수용되기를 바라는 집단)이 아이스하키에서 다양한 공격 행위를 승인했다고 주장했다. 다른 선수들의 공격을 먼저 시작하면 선수 아버지들의 54%는 싸움을 승인했다. 젊은 선수들은 이러한 "폭력적인 규준"을 프로선수들이나 방송매체를 통해서 얻는다. 많은 프로선수나 아마추어 선수들은 첫 싸움을 폭력적이라고 생각하지 않기 때문에 이러한 폭력의 합법화가 스포츠에서의 공격성과 폭력을 증가시킬지도 모른다.

ⓙ **팀이나 국가에 대한 부정적인 감정**: 왜 팀들이 싸우는가? 왜 스포츠 시합으로 말미암아 국가 간에 전쟁이 발생하는가? 특히 갈등이 국가 사이에 만연된 국가 대항전일 경우에는 스포츠 경기는 갈등이나 폭력의 형태로 발전될 수 있다. 예를 들면, 인종, 윤리, 종

교적인 배경이 다른 선수들의 팀이나 국가 간의 라이벌팀은 적개심이 높아진다.
- ⓚ **폭력에 대한 익숙**: 스포츠 폭력은 자주 일어난다. 이러한 계속된 스포츠 폭력이 우리에게 공격적인 행동을 익숙하게 만든다.
- ⓛ **지각된 손해와 이익**: 스포츠 상황에서 선수들은 항상 지각된 손해와 이익에 기준을 두고서 공격이나 폭력을 일삼게 된다. 예를 들면, 파울을 했을 때 파울 이상의 이익이 생긴다면 파울을 하게 된다.
- ⓜ **승리의 우선적 가치**: 승리가 주목적일 경우에는 공격과 폭력이 많이 생길 수 있다. 그러므로 코치들은 스포츠 상황에서 승리를 너무 강조하지 말고, 페어플레이를 강조하여야 한다.
- ⓝ **보이기 위해서**: 모든 사람은 개인적인 중요성을 성취하기 위해 약간의 수단이 필요하다. 특히 힘이 없고, 자원이 없을 때, 개인적 중요성(personal significance)을 얻기 위해서 폭력이 유일한 수단이 될 수도 있다(예를 들면, 젊은 노동자 계층의 남자).

6. 공격 및 폭력 근절책

스포츠 상황에서 자기의 팀이 지고 있거나 패했을 경우, 불공정한 판정이라고 느낄 때 공격성은 발생한다. 또한 지나친 각성이나, 신체적인 고통, 자신의 무능력으로 인해 공격성이 자주 발생한다. 이러한 공격성 상황에서 공격행동을 보이면 개인적 제재는 물론 소속팀에도 큰 손실이 아닐 수 없다. 그러므로 현장 실무자들은 이러한 공격적 행동을 억제할 수 있는 대처 전략을 개발해야 한다.

1) 선수들은 상대편 선수에 대해 긍정적으로 지각을 해야 한다.

선수들은 상대편 선수에 대해 긍정적인 지각을 해야 한다. 시합 전이나 후에 언어적 교환이나 다정한 악수는 공격과 폭력을 줄일 수 있다. 이러한 상대편 선수에 대한 긍정적인 지각은 대인 간에 서로 알 수 있도록 하고, 선수들 사이의 우정과 의미 있는 관계를 개선할 수 있다. 이러한 우정이 공격을 줄일 수 있는 중요한 요인이 된다. 상대편에 대한 부정적인 지각은 공격을 증가시킨다. 시합에서 패한 선수들에게 그들의 노력에 대해 칭찬함으로써 공격을 줄일 수 있다. 그러한 선수에 대한 코치의 부정적인 말은 이미 공격적인 느낌을 더욱더 증가시키게 된다.

2) 선수들의 사교기술을 훈련시켜라.

사교기술의 훈련은 타인들과 잘 지내는 데 필요한 것이다. 어떤 사람은 타인을 화나게 만드는 표현 방법, 자신의 희망 사항들을 타인들에게 표현하는 방법을 모르고 있는 경우, 가시 돋친 자기표현 스타일을 갖고 있는 경우, 타인들의 정서상태에 대해 민감하지 못한 경우들이 있다. 그 결과로 타인들은 반복적이고, 심한 좌절을 경험하고, 주위에 있는 사람들을 불필요하게 화나게 만드는 일들이 생긴다. 사교기술이 부속한 사람들이 폭력의 비율이 높다 (Toch, 1985).

3) 코치는 선수의 친사회적 행동은 강화하고, 반사회적 행동은 처벌해야 한다.

선수들의 태도나 행동은 코치에 의해 상당히 많이 형성된다. 선수들의 공격성을 없애기 위하여 코치가 할 일은 다음과 같다. 첫째, 설교와 교육을 통해 공격적인 행동을 수정해야 한다. 코치는 선수들에게 왜 선수들이 공격하지 말아야 하는가를 말해야만 한다. 바람직한 (desirable) 공격적 행위와 바람직하지 않은(undesirable) 공격적 행위를 아주 상세하게 정의해 주어야 한다. 둘째, 바람직한 행동이 어떻게 효과적으로 사용되는지를 계속해서 나타내기 위해 모델을 사용해야 한다. 바람직한 행동을 위해 대리적 경험이 생긴다는 것을 알아야 한다. 무엇이 사회적으로 인정되는 행동이고, 또는 바른 행동인지를 코치 자기의 행동이나 다른 사람들의 행동을 보여줌으로써 공격성을 줄일 수 있다. 셋째, 강화와 처벌을 통해 선수들을 지도해야 한다. 올바른 사회적(prosocial) 행위에는 강화를 주고, 부적절한 공격적 행위에는 처벌함으로써 공격성을 줄일 수 있다. 처벌은 즉각적으로 실시하고, 강하게 함으로써 공격에 대한 하나의 효과적인 방안이 될 수 있다(예를 들면, 야단치고, 특권을 빼앗아 버리고 등). 처벌이 강하면 강할수록 효과가 더 커진다고 가정하지만 그렇게 간단한 문제는 아닌 것 같다. 심한 처벌은 일시적으로 효과가 높지만 여간 조심스럽게 사용하지 않으면 장기적으로는 역효과를 가져올 수 있다.

4) 방송은 공격적인 선수를 칭찬하지 마라.

방송은 스포츠의 좋은 장면들을 보여주어야 하고, 공격적이고 폭력적인 장면들은 가능한 방송에 많이 보여주지 말아야 한다. 어린이를 위해 공격적인 선수들을 칭찬하지 말아야 한다. 그렇지 않으면 선수들의 폭력을 통해 어린이들이 배우게 된다. 일정 기간 텔레비전을 본 사람들은 수많은 공격적인 전략과 수많은 신체적, 언어적, 공격적 방법을 배울 것이다(모델링과 대리적 강화를 통해서). 방송에서의 스포츠 공격이나 폭력이 자주 나오는 것을 막기 위해서는 우리는 정부 당국에 건의해야 하고, 방송의 사회적 책임을 건의해야 한다.

5) 심판의 불공정성을 없애라.

스포츠 상황에서 심판의 잘못으로 말미암아 폭력이 일어나는 경우를 너무 많이 보았다. 심판은 스포츠 폭력을 통제하는 데 아주 중요한 역할을 한다. 자질 있고, 전문적으로 훈련받은 심판의 기용은 스포츠 공격이나 폭력을 줄이는 데 중요하다. 최근에는 심판들을 금품으로 매수해서 승부를 조작하는 예도 있는데, 심판은 공정해야 하며, 부정을 줄이기 위해 명확한 심판을 보아야 한다. 그러므로 심판은 클리닉이나 세미나를 통해 이러한 공정성을 높여야 한다. 클리닉은 규칙 설명과 지식과 정보를 얻기 위해 심판에게 아주 중요하다.

6) 관중의 공격을 없애야 한다.

선수와 비공격적인 팬은 관중 폭력으로부터 보호를 받아야 한다. 왜 관중이 폭력을 일으키는가에 대한 많은 원인이 있지만, 일반적으로 관중들이 스포츠 시합에 참여할 때, 그들의 사회 안에 존재하는 모든 이슈, 이데올로기, 논쟁을 스포츠장에 가지고 오는 경우가 많이 있다. 폭력이 사회에 만연되어 있을 때, 스포츠 시합도 폭력과 관련되는 형태로 될 것이다.

관중들 사이에 공격성과 폭력을 통제하기 위해서는 혼잡한 역학(crowd dynamics)관계와 폭력을 유발할 수 있는 상태를 이해해야만 하고, 관중의 요구와 권리를 이해하고, 그러한 것들이 존중되어야 한다. 잠재적으로 분열될 수 있는 상황을 중재하기 위해 통제 요원들을 훈련 시켜야 한다. 그리고 상대 팀으로부터 적대적인 팬들의 접촉을 막고, 관중이 경기장 밖으로 나갈 수 있고, 출구를 쉽게 찾을 수 있도록 명확하게 표시해야만 한다.

경기장에서 관중이 술을 마시는 것을 금지해야 한다. Gammon(1985)은 미국 메이저리그 야구팬들의 공격성을 조사했는데, 팬 중에 싸움하는 것이 77%가 가장 값싼 좌석에서 일어난다고 했고, 69%는 밤에 일어나며, 70%는 술기운이 오르는 4이닝에서 일어난다고 했다.

그 이외의 방안들로는 알코올의 판매 및 도박을 금지하도록 한다. 게임 후에 국가를 연주해서 모든 관중이 동시에 자리를 뜨지 않도록 미리 조성한다. 예를 들면, 게임 후 연주회를 개최하거나 몇 개의 게임들을 연속적으로 개최하면 관중의 폭력을 줄일 수 있다. 또한 경찰관을 증원하고, 경비와 출입문 통제원들을 증원한다.

7) 관중을 가족 단위로 보셔 오라.

가족들이 스포츠를 관람하러 오면 관중들의 공격적 행동이 줄어들 것이다. 가족적 관람에 대해 입장권들을 저렴하게 판매하여, 더욱더 가족 단위 관중의 폭력을 줄이는 한 방안이 될 수 있다. 이러한 방법은 미국 프로야구에서 많이 사용하는 방법인데, 가족의 밤, 모자, 어린이를 위한 여행가방, 유사한 판매 등을 사용한다.

8) 코치나 심판들은 공격성이나 폭력에 관한 워크숍에 참석해야 한다.

워크숍이나 클리닉은 규칙뿐만 아니라 스포츠 폭력에 관한 여러 정보를 제공해 주기 때문에 코치나 심판들에게 아주 중요하다. 스포츠 폭력이나 공격에 관한 워크숍이나 클리닉에 참여함으로써 스포츠 폭력의 본질을 이해하고, 폭력을 예측하고, 인식하고, 통제하는 것을 이해하게 된다. 교육적인 워크숍이 가장 중요하다.

선수들이 공격적일 때에는 공격이 수행에 나쁜 영향을 미친다는 증거를 코치들이 인식하게끔 만든다. 코치들에게 상대편 선수나 코치들과의 긍정적 상호작용을 배우도록 하고, 부정적이거나 흥분한 언사들을 피하도록 한다. 선수들에게 상대편 선수의 페어플레이, 규칙들의 존중 및 노력에 대해서 긍정적으로 보도록 가르쳐 주고, 비공격적이고, 기술적인 플레이에 대해서 정적 강화를 제공해 준다.

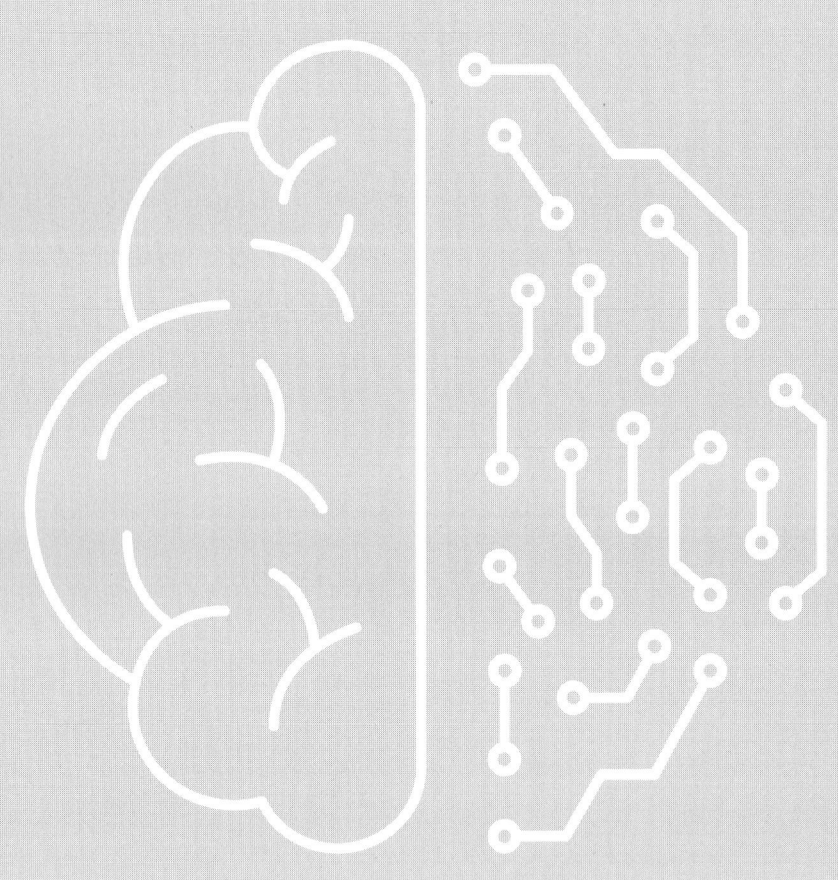

제10장

사회적 촉진

　연습 상황에서는 아주 뛰어난 기능을 발휘하는 선수가 실제 시합에서는 관중의 영향 때문에 자기의 기량을 최대로 발휘하지 못하는 안타까운 경우를 우리는 많이 보았다. 반면에 많은 관중이 있으면 선수들은 힘이 나고 몸을 아끼지 않는다. 이처럼 단순한 관중의 존재로 인한 선수들의 운동수행에 미치는 영향을 사회적 촉진이라 한다.

　이 장에서는 사회적 촉진의 개념, 관중의 유형과 특징, 사회적 촉진 연구, 사회적 촉진에 미치는 중재변인, 사회적 촉진의 효과에 대하여 알아보겠다.

1. 사회적 촉진의 개념

스포츠 경기는 관중의 존재 아래 성립되며 다른 사람들과 상호작용하는 일종의 사회적인 상황이다. 연습에서는 뛰어난 능력을 발휘하는 선수가 시합에서는 가족, 동료, 친구, 관중 등의 심리적, 사회적인 영향으로 자기의 능력을 최대로 발휘하지 못하는 안타까운 경우가 흔히 관찰된다.

이처럼 단순한 다른 사람의 존재가 운동수행에 미치는 효과를 사회적 촉진(socil facilt-ation) 또는 관중효과(audience effect)라고 한다. 즉, 운동수행 결과에 영향을 미치는 외적 요인 중의 하나인 단순한 관중의 존재 여부가 수행 결과에 긍정적 또는 부정적인 영향을 미치는 힘이 사회적 촉진의 효과이다(Carron, 1980).

운동선수가 관중 앞에서 스포츠를 수행할 때 그 수행력이 높아지거나 감소하는 현상은 관중 존재의 크기, 관중의 나이, 관중의 사회적 지위, 관중과 선수의 물리적 거리, 선수의 과제에 대한 관중의 숙련도 등을 이유로 들 수 있다(박정근, 1996).

2. 관중의 유형과 특징

관중이란 '구경하는 무리'를 의미하고 스포츠 관중은 '선수들의 스포츠 수행 과정을 지켜보는 무리'를 말한다. 관중을 분류하는 방법으로는 존재적 특성에 따라 선수들에게 전혀 물리적 영향을 주지 않고 단순한 임석(존재)에 그치는 수동적 관중과 물리적 영향을 미치는 상호작용적 관중으로 분류된다. 수동적 관중에는 수행자에게 어떠한 반응도 하지 않고 단순하게 신체적으로 존재하는 관중과 경쟁이 없이 같은 과제를 동일한 공간에서 수행하는 공행자(coactor)가 있다. 상호작용적 관중에는 경쟁적 공행자와 사회적 강화를 주는 관중이 포함된다(Carron, 1980).

스포츠 관중의 형태로는 가족과 중요한 타인, 직접 참석하고 있는 관중과 참석하지 않은 관중, 가까이 있는 관중과 멀리 있는 관중 등이 있다. 선수들은 이러한 관중들에 의하여 스포츠 수행에 다양한 영향을 받는다.

운동선수들이 관중들 앞에서 운동수행을 할 때 그 수행이 향상되거나 떨어지는 현상은 관중 존재 유형의 내외적인 특성에 따라 차이가 난다(Carron, 1980: Cratty, 1983). 내외적인 특성으로는 관중의 크기(size), 관중의 나이, 관중의 사회적 지위, 관중과 수행자의 물리적 거리, 수행자의 과제에 대한 관중의 숙련도 등을 들 수 있다.

심리적 친근감과 사회적 친근감은 관중으로부터 수행자가 의식하는 평가 우려 수준을 결정한다고 볼 수 있다. 평가 우려 수준에 따라 운동수행의 결과는 긍정적 또는 부정적인 영향을 받게 된다(Cottrell, 1972). 예를 들면, 수행자와 사회적 친근감을 깊이 느끼는 중요한 타인(부모, 가족, 동료 집단, 친구, 애인 등)의 경우에는 관중에 대해 낮은 평가 우려를 가지지만, 그렇지 못한 관중들에게는 높은 평가 우려를 하게 된다. 관중의 존재에 따라 수행자의 평가 우려가 달라져서 운동수행에 각기 다른 영향을 미치게 된다. 왜냐하면 물리적이고 외부적인 관중의 특징이 같을 때 운동 수행자가 관중으로부터 의식하는 평가 우려 수준이 사회적 친근감에 의하여 확정되기 때문이다.

3. 사회적 촉진 연구

1) Triplett의 연구

공행(coaction)이 사회적 촉진 효과에 어떤 영향력을 미치는지 스포츠 상황에 적용한 최초의 연구는 Triplett이 1897년에 진행하였다. 트리플렛은 사이클 경주에서 혼자 달리는 경우, 같은 길을 달리는 비경쟁적 공행자가 존재하는 경우, 그리고 경쟁적 공행자와 함께 달리는 세 가지 조건으로 구분하여 수행 결과를 검증하였다. 그 결과 비경쟁적 공행자와 경쟁적 공행자가 존재하는 경우가 혼자 달리는 경우보다 1 마일에 약 35초 정도 빨라지는 것을 발견하였다. 또한 어린이를 대상으로 낚시 릴감기 연구와 Wheelmen 리그(Lesgue of American Wheelmen)에서도 공행적 상황에서 수행 결과가 우수하다는 것을 발견하였다.

Triplet은 타인의 존재가 자극을 유발하고 경쟁 충동을 각성시키고, 그리고 수행자의 긴장을 완화시켜주는 효과가 결합되어 수행속도를 증가시켰다고 주장하고 이를 역생적 효과(dynamogenic effect)라고 하였다.

2) Allport의 연구

Allport(1924)는 공행자가 있는 것이 운동수행을 증가시킨다는 결과를 주장하면서 사회적 촉진이라는 단어를 처음 사용하였다. 알포트는 사회적 촉진을 동일 운동을 수행하고 있는 다른 사람의 시선이나 소리 때문에 단순히 반응이 증대되는 현상이라고 규정하였는데,

이는 공행자가 운동수행에 미치는 영향력만을 관중효과의 근본으로 한정하고 있다.

알포트는 공행자가 없이 같은 과제를 수행할 때와 수행자와 공행자 사이에 칸을 두고서 공행자의 운동수행을 전혀 알 수 없게 하고 자기의 전후 수행 기록만을 확인할 수 있도록 통제한 상황으로 나누었다. 그 후 두 가지 상황의 수행결과를 비교한 결과 문제 해결과제, 검사과제, 판단력, 운동수행 과제는 공행자가 존재하는 상황에서 수행이 증가하였고, 두 명 이상이 존재할 때는 타인과의 경쟁의식으로 인해 수행이 증가한다고 주장하였다(Carron, 1980).

3) Zajonc의 단순 존재 가설

Zajonc(1965)은 선행연구의 일관적이지 못함을 지적하고 일반화의 필요성을 주장하면서 타인의 존재가 각성을 유발하고 이 각성이 지배적인 반응(dominant response)의 방출을 유발한다는 단순 존재 가설을 제시하였다. 단순 존재 가설은 단순한 관중이나 공행자든 간에 타인의 존재 그 자체는 각성과 추동을 유발하고, 각성수준이 높아지면 지배적인 반응이 일어날 확률이 높아진다. 각성수준이 높아지면 지배적인 반응이 일어날 확률이 높아지고 수행할 기능이 단순하고 학습이 잘되어 있다면 지배적인 반응은 정확한 반응이 되므로 수행은 향상될 것이다. 수행할 기능이 복잡하고 학습이 잘되지 않았다면 지배적인 반응은 부정확한 반응이 되고 그에 따라 수행은 감소할 것이다. 즉, 프로선수들이나 운동을 오래한 기능이 좋은 선수들의 지배적인 반응은 높은 정확성을 지니고 있지만 초보자들의 경우에는 대부분의 지배적인 반응은 부정확하다. 단순 존재 가설은 많은 연구자로부터 지지를 받았고 스포츠 상황에서도 경험적 지지를 확보하였다(Burwitz & Newell, 1972; Martens, 1969).

Zajonc(1980)은 타인의 돌발적 행위에 관한 경계와 준비성의 개념을 적용하여 원 가설을 발전시켰다. 타인들의 존재는 예측할 수 없고 의미 있는 사건들이 일어날 가능성을 수반한다. 수행자는 타인들의 이러한 돌발적 행위에 대하여 경계와 준비성을 자동으로 증가시켜 대응하며, 사회촉진은 타인들의 돌발적 행위에 대한 높은 경계심의 산물로서 항상 자동으로 일어난다는 것을 설명하고 있다.

그림 10.1 Zajonc의 사회적 촉진 모형

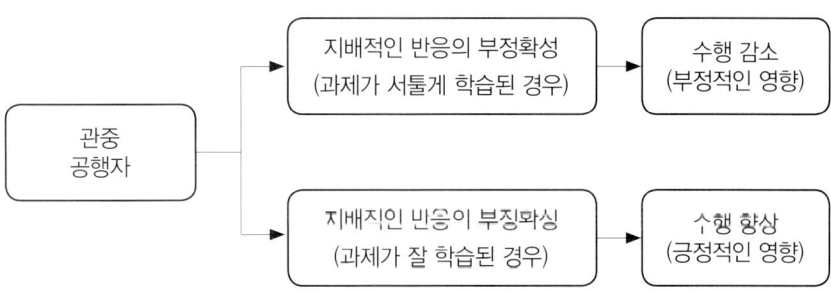

4) Cottrell의 평가우려 가설

Cottrell(1968)은 관중효과란 사회학습의 결과이며 단순한 타인들의 존재가 운동수행을 촉진하는 것이 아니라고 주장했다. 그는 단순한 타인의 존재는 반응을 억제하거나 촉진하는 충분한 조건이 되지 못하며 타인의 수행을 평가할 때만이 각성을 일으킨다고 주장하면서 개인이 갖는 걱정이 각성의 직접적인 선행요인이라는 평가우려 가설(evaluation apprehension hypothesis)를 내놓았다 즉, 타인의 존재로 인해 자기의 수행이 평가되고 관찰되고 있다는 지각의 정도를 평가우려라고 하는데 이것이 각성을 결정하고 운동수행의 결과에 다른 영향을 미치게 된다. 왜냐하면 수행자의 사회학습이 서로 다르기 때문이다. 사회적 학습경험은 관중의 특성에 따라 수행자가 지각하는 평가잠재력을 결정하는데, 이러한 평가의 상황에 경험이 많을수록 사회학습이 잘 되어 있는 상태가 되므로 다른 사람의 존재를 평가적 존재로 느끼는 정도가 낮아지게 된다. 하지만 평가 상황에 대한 경험이 적으면 다른 사람과 관중을 높은 평가적 존재로 느끼게 되어 수행력에 부정적인 영향을 미치게 된다〈그림 10.2〉.

Cottrell(1968)은 평가우려 가설을 검증하기 위해 첫째, 피험자가 혼자서 학습하는 조건, 둘째, 주의 깊게 관찰하는 두 명의 존재하는 조건, 셋째, 눈을 가린 두 명의 관중이 존재하는 세 가지 조건에서 실험하였다. 실험결과 눈을 가린 조건의 결과와 혼자 수행을 한 경우는 차이가 없지만 주의 깊은 관중 조건의 결과와는 유의한 차이를 보였다. Cottrell은 눈을 가린 관중 조건이 혼자인 조건과 수행의 차이가 없는 것은 수행자가 눈을 가린 단순한 관중을 평가자로 깨닫지 않았기 때문이라고 설명하였다.

Henchy와 Glass(1968)는 같은 과제를 수행하고 숙련된 관중 조건과 비숙련자가 지켜보는 관중 조건에서 실험한 결과 Cottrell(1968)의 연구와 비슷한 결과를 보였다. 관중의 부재 시에도 평가의 위협은 숙련된 관중 조건과 동등하게 촉진의 효과를 나타내었는데,

이는 타인의 존재가 반응의 촉진과 억제에 충분한 이유가 되지 못한다는 사실을 증명한 것이다.

Klinger(1969)는 대학교 남학생을 대상으로 혼자 또는 짝을 지어 경계 과제를 수행하도록 실험한 결과 수행은 평가 조건에서 촉진되었지만, 단순한 공행에서는 수행 향상이 없는 것으로 나타나 평가 잠재력이 사회적 촉진의 구성요소라는 사실을 증명하였다.

평가우려 가설을 증명하고자 수행된 연구들은 관중이 수행자에게 평가우려를 의식하게 하는 존재로서 관중의 내적 외적 특성이 수행자가 관중에게서 의식하는 평가우려 수준을 결정하고, 평가우려 수준은 수행자의 추동수준을 정하며 그 추동 수준에 따라 과제수행의 결과가 다르게 영향을 받는다는 관념을 뒷받침하고 있다. 즉, 실제로 관중이 있어도 수행자가 그들을 낮은 평가잠재력을 보유한 사람으로 믿어 추동이 높아지지 않게 된다. 이처럼 관중이 소유한 평가우려 수준에 대한 수행자의 생각은 사회적 경험으로부터 나오며 이 학습경험은 수행자가 관중에게 느끼는 평가우려 수준을 제어하는 중개변인으로 기능한다.

그림 10.2 Cottrell의 사회적 촉진 모형

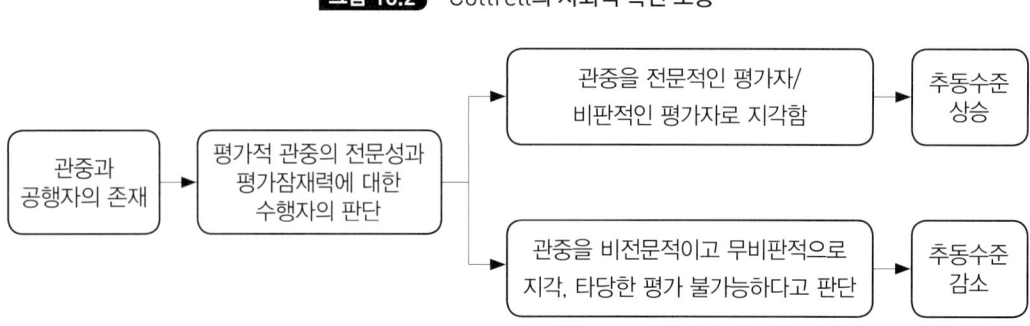

5) Sanders의 주의 분산/갈등가설

Sanders(1981)는 사회적 촉진 현상을 설명하려는 방안으로 주의 분산/갈등가설(distraction/conflict hypothesis)을 내놓았다. 이는 과제 수행 중 다른 사람의 존재가 수행자의 주의를 분산시키고, 이러한 주의 분산은 주어진 과제에 대한 주의집중을 가로막기도 하지만 다른 한편으로는 주의 분산이 유기체가 더 큰 노력으로 이를 넘어설 수 있도록 수행자의 추동 수준을 높이기도 한다는 것이다. 단순한 과제를 수행할 때 이러한 간섭효과는 수행이 촉진되지만, 복잡한 과제의 수행에서는 추동의 증가가 주의 분산의 효과를 상쇄시킬 만하지 못하기 때문에 과제 수행을 저하한다.

4. 사회적 촉진에 미치는 중재변인

평가적인 타인의 존재가 특정한 개인에게 미치는 영향을 확실하게 이해하기 위해서는 다양한 요인들을 생각해야 하는데, 이러한 요인들은 크게 개인적 변인, 과제 변인 그리고 상황적 변인으로 구분할 수 있다.

1) 개인적 변인

① **불안의 성격적 특성**: Cox(1968)의 연구에서는 불안 수준이 낮은 어린이들은 관중 앞에서 수행이 증가하고 불안 수준이 높은 어린이들은 수행이 감소했다고 보고하였다. 그는 불안 수준이 높은 어린이는 다른 사람의 존재를 평가적 상황으로 생각하기 때문에, 불안이 야기되어 수행이 방해를 받지만, 불안 수준이 낮은 어린이는 타인과 관중을 보다 효율적으로 수행을 할 수 있는 유인가로 생각하기 때문에, 수행이 향상된다고 하였다.

Ganzer(1968)도 불안 수준이 낮은 여성들은 관중의 존재로 인한 영향을 받지 않지만, 중간 정도와 높은 불안의 여성들은 관중의 존재로 인하여 부정적인 영향을 받았다고 보고하여 Cox와 유사한 결과를 도출하였다. 하지만 Martens는 개인의 불안 수준은 운동과제에 관중의 효과를 매개한다는 확실한 증거가 없다고 주장하였다. 아마도 이러한 차이는 불안척도, 피험자 집단 그리고 과제가 서로 달라서 발생할 가능성이 높다.

② **개인의 능력수준**: Singer(1965)는 평형 잡기 과제에서 일반 학생들은 선수들보다 관중이 존재하는 상황에서 수행 향상을 보였는데, 그 이유를 다음과 같이 설명하였다. 선수들은 자기가 수행하는 과제에서 뛰어난 능력을 발휘하겠다는 기대를 크게 갖게 되는데, 이것이 평가적 다른 사람의 존재로 인하여 각성수준을 높게 일으켜 수행을 저하했을 것으로 생각했다. Gates(1924)는 숙련된 수행자는 관중에 의하여 수행이 저조 되었지만, 미숙한 수행자는 관중에 의해 도움을 받았다고 발표하였고, 이것은 Zajonc의 가설과 대립하는 결과이다.

③ **개인의 각성**: 사회적 촉진 가설에 의하면 지배적 반응이 정확한 반응일 때는 관중의 존재로부터 증가한 각성수준이 수행을 촉진한다고 예측할 수 있지만 각성수준이 과하게 높으면 지각이나 수행 과정이 방해받을 수 있다. 따라서 적정한 각성수준은 잘 학습된 과제의 수행을 촉진하지만, 지속적인 각성수준의 증가는 수행을 감소한다. 이러한 관

계는 역U자 가설로 잘 설명할 수 있다. 각성과 수행 간의 관계는 지배적인 반응이 정확한지 부정확한지에 따라 서로 다른 영향을 받으며, 개인의 성격, 상황적 요인, 과제 및 각성을 일으키는 조건 등의 영향을 받는다.

2) 과제변인

관중의 존재는 간단한 과제의 수행을 돕고, 학습이 잘되지 않았거나 복잡한 과제의 수행은 방해한다. 공행자와 관중이 유발하는 각성과 수행의 관계에서 생각해야 할 또 하나의 문제는 섬세한 기술이 요구되는 소근운동기능과 대근활동이 요구되는 운동기능의 적정 각성수준이 다르다는 것이다(Oxendine, 1970). 이 가설에 의하면 유도나 역도는 높은 각성수준이 필요하고 사격, 양궁, 체조 등은 낮은 각성상태에서 운동을 수행하는 것이 효율적이다.

3) 상황적 변인

상황적 변인으로는 먼저 수행자의 특성과 관중이나 공행자의 특성을 들 수 있다. 예를 들면, 공행자나 관중이 수행자와 잘 아는 사람이면 어떠한 영향을 미치는가?, 협조적인 관중은 비협조적인 관중보다 수행자에게 더 큰 영향을 미치는가?, 높은 지위에 있는 사람이 관중일 경우 더 큰 영향을 미칠 것인가?, 등을 말한다. 그리고 성과 연령의 차이, 공행자와 관중의 크기에 대한 영향, 그리고 관중효과에 대한 수행자의 사전경험 여부도 다른 상황적 변인으로 고려해야 한다.

5. 스포츠에서의 사회적 촉진

1) 홈경기의 이점과 관중효과

McGuire 등(1992)은 스포츠 현장에서 홈경기 이점과 불리한 점에 대한 논의가 경기지역과 운동수행, 경기지역 요인과 운동수행에 중점을 둔 관계로 명백하게 이해되지 않는 점에 주목하고, 홈경기 이점의 근본 과정에 관한 연구의 당위성을 주장하였다. 이러한 시도로 Courneya와 Carron(1992)은 영토주의(territoriality) 이론에 기초하여 경기지역과 관계한 다양한 심리적, 행동적 상태(states)를 연구할 당위성을 내놓고 이를 위해 경기지역 연구의 틀을 제시하였다〈표 10.1〉.

표 10.1 경기지역 연구의 틀(Courneya & Carron, 1992)

경기지역	경기지역 요인들	주요 심리상태	주요 행동상태	운동행동 소산
홈	관중	선수	선수	1차 소산
	학습	코치	코치	2차 소산
원정	여행			
	경기규정	심판	심판	3차 소산

또한 Schlenker 등(1995)은 경기지역에 있는 홈팀의 이점 원인에 관한 연구를 종합적으로 살펴 홈팀의 수행에 긍정적인 영향을 미치는 요인들을 아래와 같이 제시하였다.

① **일상생활 조절능력:** 홈팀 선수는 원정팀 선수와 다르게 여행의 피로감과 익숙하지 않은 숙박 장소로 인하여 불편한 수면을 경험하지 않는다. 그리고 규칙적인 가정생활로 가족, 주변의 친구, 팬들로부터 사회적 지지를 쉽게 얻을 수 있다. 이에 따라 홈팀 선수들은 심리적, 신체적, 영향적 컨디션을 이상적으로 유지하여 경기를 준비할 수 있다(Wright & House, 1989).

② **친숙한 경기장:** 홈팀 선수들은 친숙한 경기장에서 시합하기 때문에 원정팀 선수보다 경기장의 물리적 조건에서 혜택을 받을 수 있다. 또한 홈팀 선수의 수행을 유리하게 하려고 달리기가 느린 내야수를 가진 야구팀이 타구 된 볼의 속도를 감속시키기 위해 잔디를 길게 자라도록 경기장을 조건화하는 것처럼 홈팀 선수의 수행에 대처한 경기시설이 홈팀을 유리하게 만든다. 또한 전략적으로도 홈 경기장의 운동 경험이 많아서 유리할 수 있다.

③ **관중의 지원:** 홈팀 선수는 지지적인 팬들 앞에서 경기하지만, 원정팀의 선수들은 팬의 지지도 부족하고 적대적인 상대 팀의 팬들 앞에서 경기해야 한다. Cox(1985)의 연구 결과 홈팀 관중이 홈팀과 원정팀 선수들을 서로 다르게 응원하고 주의를 분산시켜 주기 때문에 홈팀 선수들은 승리를 위해 더욱 공헌하고 기능적이고 촉진적인 공격성을 증가하는 것으로 나타났다.

④ **심판의 편파 판정:** 홈팀 관중들의 응원과 고함소리에 심판은 무의식적으로 홈팀에게 유리한 판정을 하기도 하는데(Wright & House, 1989), 이러한 심판의 편파 판정은 경기의 흐름에 결정적인 영향을 미칠 수도 있다.

Courneya와 Carron(1992)은 홈경기 이점을 다섯 가지 구성 요인으로 설명하였다〈표 10.1〉. 즉, 경기지역은 경기지역의 네 가지 요소인 관중(사회적 지지), 학습(친숙함), 여행(피로), 그리고 경기 규칙에 영향을 미치고 이들 요소는 선수, 코치, 심판의 다양한 심리적, 행동적 상태에 영향을 주어서 궁극적으로 운동수행에 영향을 미치게 된다.

이처럼 스포츠에서 사회적 촉진에 많은 영향을 미치는 관중의 특성에 대하여 Zillmann과 Paulus(1993)는 개별적인 관중 특성 변인이 수행력에 미치는 긍정적이고 부정적인 영향을 이해하는 데에 돕고자 Paulus(1983)의 사회촉진의 인지-동기 모형을 토대로 관중 특성과 사회촉진의 통합적 관계 모형을 내놓았다〈그림 10.3〉.

관중 특성과 사회촉진의 통합적 관계 모형을 보면 관중 상황의 다양한 특성들이 수행자가 지각하는 압력의 수준을 결정한다. 많은 경우에는 관중의 수, 관중의 기대, 관중의 평가적 특성이나 행동 수준이 높아질수록 수행자가 지각하는 압력의 수준은 높아진다. 그로 인하여 높아진 노력과 각성수준은 단순한 과제와 인지역량을 덜 요구하는 과제의 수행력 수준을 높이는데 기여한다(Seta & Seta, 1983).

한편 복잡한 과제를 수행할 때 증가한 노력 수준은 일정량의 과제 수행에 도움을 주지만 매우 복잡한 과제는 내부적으로 높은 수준의 노력이 필요하므로 복잡한 과제를 수행할 때 관중은 수행력 손상을 일으키는 인지 분산과 각성에 영향을 미친다.

관중이 수행자의 행동에 정적으로 반응하고 지지적일 때 압력 수준이 감소한다. 이때 수행자는 관중의 지지에 가치를 부여하여 긍정적 피드백을 받아 노력 수준이 상대적으로 높게 되고 이 결과 과제의 유형과 무관하게 홈경기 이점과 같은 긍정적인 효과가 나타난다. 그러나 정적인 관중 반응이 늘 압력을 감소시키거나 수행을 촉진하지는 않는다는 것이다. 예를 들면, 수행자가 자기의 수행력 수준을 유지할 수 없다고 믿을 때 이와 같은 관중의 반응은 압력을 감소시키기보다는 높일 수 있다(Baumeister, 1984). 즉, 수행자가 자기의 수행력에 자신이 없는 상태에서 관중의 반응은 오히려 압력이 증가하여 수행력을 감소시킨다는 것이다. 또한 조건화되지 않은 관중의 정적 지원은 총체적인 동기와 노력 수준을 감소시키고 수행력을 낮게 한다.

그림 10.3 관중 특성과 사회촉진의 통합적 관계 모형(Zillmann & Paulus, 1993)

2) 관중행동에 따른 코치의 역할

코치는 다양한 변인을 생각하여 선수들의 운동수행에 긍정적인 영향을 미치게 해야 한다.

먼저 코치는 새로운 복잡한 기능을 많이 학습해야 하는 어리고 초보인 선수들에게는 되도록 학습 환경에서 발생하는 평가우려를 없애 주어야 한다. 실패의 공포가 새로운 기능을 학습하고 수행하는 데 억제 요인으로 작용하는데, 코치는 이 긴장된 상황을 잘 이겨낼 수 있도록 선수에게 정신적인 준비를 시켜주어야 한다. 관중 상황에 대한 개인의 주관적인 해석은 개인이 긴장되거나 산만한 상황에 정신적으로 어떻게 대응하느냐 하는 결정에 중요한 역할을 한다는 사실은 많은 연구를 통해 발표되었다(이강헌 등, 2006).

코치들은 산만한 환경을 조성하거나 각성을 유발하는 관중과 공행자의 효과를 충분히 학습할 수 있도록 훈련함으로써 선수들의 정신적인 준비에 도움을 줄 수 있다. 가령 실제의 관중과 비슷한 영향을 줄 수 있는 모형 관중을 만들어 선수들을 훈련 시킬 수 있다. 모형 관중들은 실제 시합 상황에서 나타날 수 있는 주의 산만한 분위기를 조성하기 위하여 함성을 지르고 선수들을 괴롭히며, 심지어 야유를 퍼부어 경기 수행에 해를 끼치게 한다. 이러한 훈련이 선수들의 정신적인 준비를 강화하는 데 도움을 줄 수 있으며, 또한 스트레스 관리기법이나 주의집중 등과 함께 연습 상황에서 경쟁을 일으키는 환경을 만들어 경쟁적 공행자로부터 받는 영향에 대응할 수 있도록 해야 한다. 그리고 코치들은 선수들의 평가우려에 영향을 주는 코치 자신의 역할을 알아야 한다. 큰 위협을 느끼는 중요한 경기에서는 패배의 위협에 집중하기 때문에 각성이 과할 우려가 있다. 따라서 코치는 각성과 흥분을 막아주는 완충 역학을 하고 인간적인 격려로 패배의 불안에서 빠져나올 수 있도록 안심시켜 주는 임무를 수행해야 한다. 그리고 팀 동료의 격려도 위협적인 상호작용적 공행자의 상황을 이겨내는 데 없어서는 안 될 중요한 요소이다. 지도자들은 공행상황이나 관중에 반응하는 선수들의 개인차를 알아야 한다. 성격적 기질과 불안 경향에 대한 정보가 이 개인차를 이해하는데 유용할지 모르지만, 개인이 서로 다른 상황에 어떻게 대응하는지에 대하여 보다 세밀한 정보를 알아내는 것이 더 중요하다고 할 수 있다.

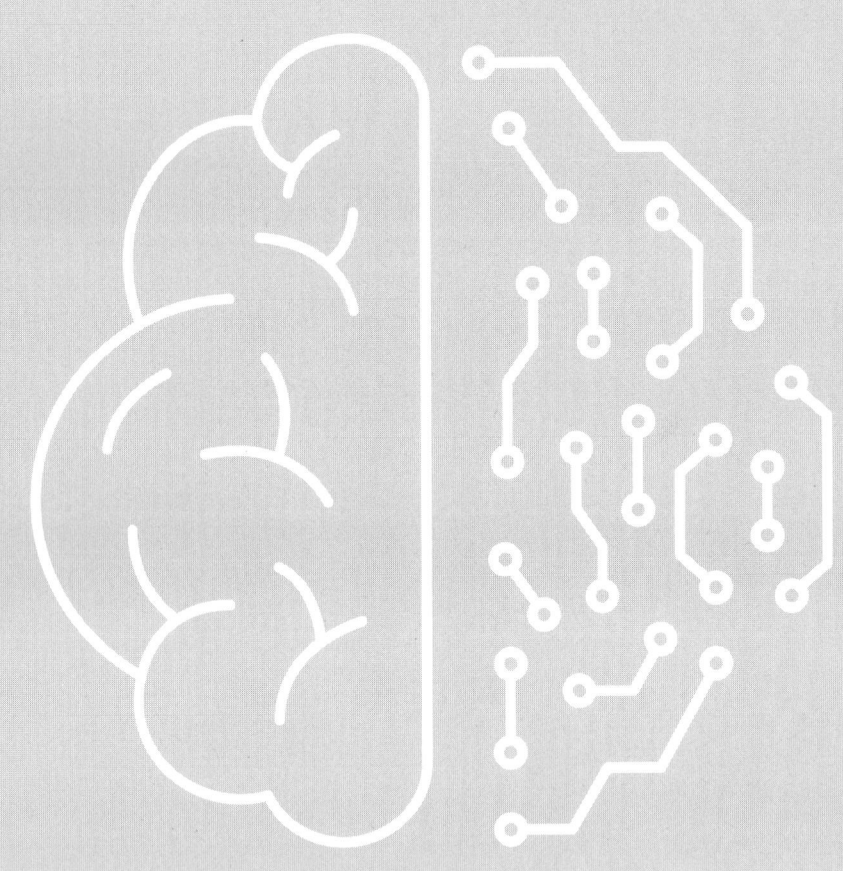

제11장

심리기술 입문

　스포츠 상황에서 대부분의 선수는 심리적 부담감을 느낄 것이다. 물론 의연하게 대처하는 선수들도 있지만, 이는 심리상담이 시작되어야 할 시기이며, 심리기술 훈련으로 극복해야 할 시점이다. 일단 심리적 불안과 스트레스를 경험한 선수들에게는 순간적인 중재로는 심리적 요인을 벗어날 수 없을 것이다. 오히려 이러한 불안과 스트레스를 해소하려는 또 다른 스트레스가 발생할 수도 있다. 이 장에서는 스포츠와 운동참여자들이 경험하는 운동수행에 방해를 주는 불안과 스트레스를 해소하기 위한 전 단계인 심리기술의 기본개념, 심리기술의 종류, 적용방법, 적용 시 주의점 등을 알아본다.

1. 스포츠 심리기술

올림픽은 최첨단 기자재와 최고의 기술수행으로 단순한 기록과 순위의 경쟁이 아닌 다변화, 다차원의 정보화 올림픽이 되었다. 스포츠심리학회는 최첨단 스포츠 정보화 환경에 적용될 수 있는 심리상담과 심리기술 훈련을 주제로 연구의 초점을 맞춰 학회를 개최하고, 그 응용 분야에 많은 관심을 보인다. 즉, 개별 면담, 첨단기술을 접목한 심리기술 훈련 도구나 프로그램 개발로 이어져 선수들의 심리관리에 온 힘을 다하고 있다. 또한, 프로구단들도 스포츠심리상담사를 초청하여 특강을 하고, 어떤 구단에서는 스포츠심리상담 코치를 정식으로 고용하는 사례가 있으며, 스포츠의학, 운동생리학 분야에서 응용 실무자의 배출 못지않게, 스포츠심리학에서도 스포츠심리상담사를 많이 배출하고, 직업창출에 초점을 맞추고 있다.

심리기술이 운동기술처럼 하나의 기술로 인지되기 시작하면서 많은 개념이 혼란스럽게 사용되고 있다. 그 유사한 용어들을 보면, 정신훈련, 정신연습, 이미지트레이닝, 정신력 훈련, 대처전략, 심리적 준비, 심리적 시연, 정신기술훈련 등이 있다. 또한 정신력(mental toughness)이라는 용어와도 비슷하다고 한다. 이 정신력의 원어적 의미는 환경상황과 관계없이 자기의 기술을 충분히 발휘할 수 있는 이상적, 내적인 심리상태를 창조하고, 유지하는 능력으로 심리기술이란 용어와는 다른 개념이다.

1) 심리기술의 정의

심리기술(psychological skill; 이하 PS)이란 생각과 감정의 조절을 통해 스포츠 상황에서 겪는 스트레스를 극복하고 경기력을 극대화하는 데 필요한 모든 정신적인 전략과 기법이다(정청희, 2004). 이러한 심리적 기술에는 의지, 자각, 자아존중감, 자신감, 적절한 각성, 주의 등이 있고, 이러한 기술들을 훈련하는 행위를 스포츠심리기술 훈련(psychological skill training; 이하 PST)이라 한다. 다시 말하면 최상의 경기력을 발휘할 수 있도록 선수들에게 이러한 자기 조절적인 기술을 습득하도록 도움을 주는 훈련 과정이다. Vealey(1988)는 PST를 "수행을 향상하게 시키고, 긍정적인 태도로 시합에 임하는 데 도움이 되는 정신 기술을 가르쳐주거나 향상시켜 주기 위해 개발된 기법이나 전략"이라고 정의하였다.

심리기술은 이완, 심상, 자신감, 각성 조절, 집중, 몰입, 목표 설정 등이 있으며, 각 기술은 상호 유기적인 관계를 맺고 있다. 심리기술을 개별적으로 익힌 다음 시합 상황에 필요한 심리기술을 적절히 혼용해서 활용해야 한다.

2) 심리기술훈련의 가치

스포츠에서 심리적 측면이나 정신력이 차지하는 비율에 대한 견해는 다양하지만, 객관적, 절대적 기준에서는 신체적 운동기술이 높은 비율을 차지할 것이다. 그러나 종목의 특성이나 경기상황 특성에 따른 상대적인 비율은 90% 이상이 될 수 있다. 세계적인 테니스 스타였던 지미코너스는 95%가 심리적 요인에 의해 결정된다고 말하였고, 전설적인 골프선수 잭 니클라우스는 그린 위에서 퍼팅 시 심상 후에 퍼팅한다고 하면서, 골프는 심리적 기술이 90% 이상이라고 말하였다.

특히 기술과 체력 요인에서 큰 차이가 없는 엘리트 선수의 경우 심리조절이 승패를 결정한다고 해도 과언이 아니다. 종목을 막론하고 모든 경기가 '멘탈게임'인 셈이다. 아마 아직도 몇몇 코치들은 '스포츠기술을 훈련할 시간도 모자라는데 심리훈련을 어떻게 따로 하느냐'고 생각하겠지만, 모든 운동 종목에서 최고의 코치들은 심리훈련의 중요성을 강조한다. 올림픽이나 각종 세계 스포츠 선수권 대회가 끝날 때마다 우승하는 팀은 틀림없이 잘 마련된 PST가 중요한 역할을 하였음을 보고하고 있으며, 2004년 아테네 올림픽 당시 미국 대표팀에는 100여 명, 중국 대표 팀에는 80여 명, 일본 대표 팀에는 60여 명의 멘탈트레이너가 적극 참여하였다는 사실은, 올림픽에서 최상의 경기력을 발휘하기 위해서는 PST가 필요함을 알려주는 증거라 할 수 있다.

Cox(1990)는 PST가 선수의 부정적인 심리요인을 제거하고, 긍정적인 생각을 갖게 하여, 마음의 여유와 안정을 유지함으로써 경기력을 향상시키기 때문에 매우 중요하다고 강조한다. 이렇듯 PST가 매우 중요하게 여겨지는 것은 선수가 생각하고, 행동하게 하는 심리요인들이 그대로 경기력에 영향을 준다고 예측하기 때문이다. Greenspan과 Feltz(1989)는 다양한 운동 종목(골프, 스키, 복싱, 농구, 배구, 체조, 야구, 테니스, 피겨스케이트, 가라데)에서 적용한 다양한 심리적 기술들이 대부분 경기력에 긍정적인 영향을 준다고 하였다.

타이거 우즈의 경우를 보아도 심리적 요인이 경기력에 얼마나 영향을 주는 것인지를 알 수 있다. 세계를 뒤흔들었던 그의 이성 관련 스캔들로 10년 이상의 세계랭킹 1위를 내주고, 지난날의 화려한 영광을 재현하려고 노력하였다. 그러나 한번 떨어진 경기력과 심리적 문제는 좀처럼 회복되지 않았다. 골프 전문가들은 그의 경기력은 예전보다 더 좋아졌다고 얘기를 하지만 심리적 요인들은 아직 예전만 못하기에 심리기술과 그 훈련의 중요성을 반증하는 것이라 할 수 있다.

물론 타고난 강인한 정신력과 심리기술을 가진 선수나 운동참여자들이 있을 수 있지만,

심리기술은 후천적으로 분명히 학습될 수 있고, 강화될 수 있다는 믿음을 가져야 한다. 그동안 전 세계의 스포츠심리학자들은 스포츠과학과 심리학으로부터 검증된 심리기법을 활용하여 확실한 훈련 기준, 전문적 유능성과 윤리적 지도 지침에 따라 개발한 정신훈련 중재기법을 비롯한 매우 다양한 지식체계를 짧은 기간에 측정하였다(Tenenbaum, 2001). 현재 이것은 수없이 많은 스포츠 현장에 적용되고 수정되면서 성과를 쌓아가고 있고 앞으로 더 활성화될 것이다.

3) 심리훈련의 효과

국내에서는 심리기술의 적용 사례연구가 검증도구나 심리기술 프로그램의 미비함 때문에 일선의 선수들만이 적용하는 일례가 있다. 그러나 외국 사례에서는 심리적인 요소들이 운동의 동기, 지속, 강도, 경기의 승패와 개인적 기술 발달까지 영향을 주고 있다는 것을 연구로 밝혔다(엄성호, 2009).

Orlick과 Partington(1988)은 동·하계 올림픽에 출전한 235명의 선수를 대상으로 메달 획득을 결정하는 심리적 구성요소를 탐색한 결과, 메달리스트들은 충분한 훈련, 명확한 목표 설정, 심상훈련, 모의훈련과 시합상황을 위한 철저한 정신적 준비를 하는 것을 발견하였다. Martens 등(1990)은 신체적 불안을 감소시키기 위해서는 이완요법, 바이오피드백, 체계적 둔감화 등이 적합한 것으로, 인지적 상태불안을 감소시키기 위해서는 합리적 정서 요법과 인지적 요법 기대 조작 등이 효과적임을 주장하였다. Maynard와 Cotton(1993)은 자주 사용하는 심리기술 방법에는 점진적 이완기법, 자생훈련, 바이오피드백, 명상, 최면, 요가, 주의집중, 통제훈련, 시각운동 행동시연 등이 다양하게 실시되며, 그중에서도 점진적 이완기법이 가장 많이 사용되는 방법의 하나이다. Greenspan과 Feltz(1989), 그리고 Vealey(1994)는 심리훈련을 적용한 수십 편의 논문을 분석해서 심상, 이완, 강화, 체계적 둔감화와 같은 훈련기법이 비숙련자나 숙련자 모두에게 스포츠 수행력을 향상해 주는 데 효과적이라고 발표하였다. 우수한 선수를 조사한 연구에서도 이들이 기술과 체력에 앞서 있을 뿐 아니라 심리기술도 뛰어난 것으로 밝혀져 심리기술 훈련의 중요성에 대한 논리적 근거를 제시해 주고 있다(Vealey, 1994; Williams & Krane, 2001). Burton(1988)은 근육긴장으로 신체적 불안을 느끼는 선수들은 점진적 이완훈련, 즉 신체적 이완기법을 활용하고, 초조함 등으로 손에 땀이 나는 신체적 불안을 느끼는 선수들은 자생훈련기법, 인지적인 극복 방법을 활용하는 것이 효과적이며, 인지적 불안을 느끼는 선수들은 운동수행에 효과적인 정신적 시연을 적용하는 것이 효과적이라고 하였다.

국내에서 보고된 연구(강성구, 최재원, 2003; 구봉진, 2003; 김병준, 장덕선, 2004; 김상태, 설정덕, 2001; 김종구, 2002; 이계윤, 윤종찬, 2001; 장덕선 등 2004; 조성룡, 오승현, 이양주, 2014)에서도 심리훈련의 효과가 양궁, 탁구, 사격, 볼링과 같은 폐쇄종목에서 있다고 보고 되었다. 정성우 등(2010)은 심리기술 훈련이 체조종목에 어떤 영향을 연구하였는데, K 선수는 최상의 연기를 성공적으로 수행하기 위해 심리기술 훈련을 통하여 경쟁상태불안을 감소시키고, 수행 전략을 향상하는 방안을 모색할 수 있었으며, 심리기술 훈련의 5개 하위요인이 상태불안과 수행 전략에 긍정적인 영향을 주는 것으로 나타났다. 주의집중 훈련과 같은 심리기술 훈련과 점진적 이완훈련이 더 효과적임을 나타냈고, 이와 관련된 연구들이 계속해서 진행되고 있으며, 이들 선행연구는 심리적 기술훈련이 경쟁불안을 감소시키고 수행을 향상하는 데 효과적이었음을 보고하고 있다. 그러나 이 연구들이 명확한 검증이 이루어지는데 어려움이 따르기도 한다. 불안과 같은 정서와 관련된 요소들을 심리기술로 완전히 제거했음을 명시하지 못하였으나 적용 대상이 단일사례나 작은 규모의 소집단을 중심으로 적용했기 때문에 긍정적 효과를 나타냈음을 보여주고 있다.

윤대현(2009)은 골프선수의 심리상담과 심리기술 훈련 효과의 단일사례연구 결과를 보고하였다. 12주간의 상담과 훈련으로 핸디캡이 줄어들었는데, 특히, 타수, 그린 적중 시 퍼팅 수, 그린적중률, 페어웨이 안착률, 스크램블링, 바운스백 능력이 좋아졌다. 그리고 심리기술 훈련에서는 불안은 낮아지고, 도전 의식, 자신감, 주의집중, 각성 조절은 증가하였다. 결론적으로 운동수행과 심리기술의 변화는 상담과 심리기술 훈련으로 가능하다고 할 수 있다. 국내 연구들은 최고 수행에 초점을 두고 선수들에게 심리적, 정서적 기술을 학습시키고, 자기관리와 개인의 성장을 도와주는 측면으로 연구가 수행되었다. 심리기술 훈련의 전체적 결과를 볼 때, 경기력 향상에는 도움이 되었고, 불안 감소, 동기부여, 목표 설정 등이 증가된 효과가 나타났다. 또한 선수들이 가지고 있는 부정적인 생각과 인지적 요인으로 발생한 경기 저해 요인의 해결 방안에서는 심리기술 훈련이 효과적인 것으로 판명되었다.

2. 심리기술 방법

1) Martens의 심리기술

Martens(1987)의 심리기술 훈련은 주로 경쟁적인 스포츠로부터 비정상적인 스트레스에 직면하는 정상적인 선수들을 위한 것이지, 생활의 정상적인 스트레스 요인들을 잘 처리하지 못하는 비정상적인 사람들을 위한 것은 아니다. 물론 정서적 충격이나 특별한 문제에 부딪혔을 때, 정상적인 선수들도 운동을 계속하기 위해서는 임상심리학자들의 도움을 받을 수는 있다. 그러나 교육스포츠심리학자들과 같이 선수들의 초정상적인 신체적 기술들을 발휘할 수 있도록 초정상적인 심리적 기술들을 쌓도록 돕는 역할을 할 수 있는 것은 아니라고 주장한다. 스포츠심리학은 정상적인 선수들을 초정상적인 선수가 되도록 도와준다. 초정상의 의미는 선수들이 우수한 신체적 기술들을 지니고 있다는 가정하에 심리적 기술들을 요구하는 경쟁적 환경에서 최적 수행을 할 수 있는 비상한 능력을 발휘할 수 있다는 것이다(장덕선 등, 2005).

Martens의 심리기술의 구성개념으로는 5가지가 존재한다. 심리적 에너지 관리, 목표 설정관리, 주의집중기술, 스트레스관리, 심상기술로 구성되어 있으며, 이들 요인은 서로 보완적으로 연결되어 있다.

도식〈그림 11.1〉을 구체적으로 살펴보면 아래와 같다.

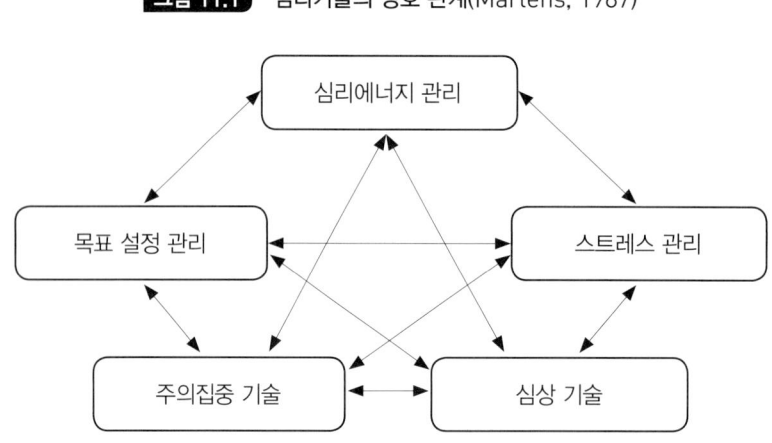

그림 11.1 심리기술의 상호 관계(Martens, 1987)

① 심리 에너지 관리는 스트레스를 조절할 수 있으며, 과중한 스트레스는 높은 심리적 에너지를 생성한다.
② 효과적인 심상을 하기 위해서는 반드시 긴장이 이완되어야 하며, 심상은 긴장 이완을 학습하는 데 유용하다.
③ 심상을 통해 선수들은 자신의 집중력을 향상하는 연습을 할 수 있으며, 효과적으로 심상하기 위해 선수들은 요구된 심상들에 대해 집중할 수 있어야 한다.

④ 특별한 목표들에 정성을 들이고, 집중하는 것이 수행을 향상하기 위한 목표 설정의 기본이다.
⑤ 도전하는 데 있어 실제적인 목표들은 행동을 활기차게 하며, 심리적 에너지는 효과적인 목표 설정을 통해 적절히 이끌어질 때 보다 효과적이다.
⑥ 너무 적거나 너무 많은 심리적 에너지는 효과적으로 심상하기 위한 능력을 훼손한다. 과거 최적 수행의 심상을 통해 선수들은 최적 심리에너지 수준들을 확인할 수 있다.
⑦ 심리에너지가 증가함으로써 주의 또한 한 점에까지 증가하며, 더 이상의 심리에너지의 증가는 최적의 주의 초점을 훼손한다. 스포츠에서 정확한 자극의 주의를 기울이는 능력이 향상됨으로써 최적 심리에너지를 발달시키기 위한 선수들의 능력은 향상된다.
⑧ 스트레스가 효과적으로 관리되었을 때, 선수들은 그들의 목표에 보다 더 집중할 수 있으며, 행동이 명확한 수행목표들에 의해 이끌릴 때, 승리에 대한 스트레스는 사라진다.
⑨ 스트레스가 관리될 때, 주의의 융통성과 집중이 크게 향상되며, 주의기술들은 스트레스의 원천인 부정적 사고들에 집중하는 것으로부터 선수들을 지키도록 도와준다.
⑩ 목표들을 심상하는 것은 선수들이 이 목표들을 달성하도록 하는 강력한 방법이며, 심상은 선수들이 매일 심상을 연습하는 동안 실제적인 목표들을 세울 때 크게 향상될 수 있다.

이러한 심리기술 훈련은 각종 스포츠에서 신체적 기술들을 학습하는 것과 유사하다. 첫째, 기본적인 것을 배워야 하는 것이다. 즉, 기본적인 것을 대신할 수 있는 것은 없으므로 선수들은 이러한 기본적인 심리기술들을 경쟁상황에서 조화시킬 수 있어야 한다. 아무런 방해 없이 조용한 방에서 긴장 이완을 배우기는 쉽다. 즉, 경쟁에서 감정이 부과되었을 때, 자신을 안정시킬 수 있는 것과는 전적으로 다르다. 탈의실에서 또는 숙소에서 긴장 이완을 배우거나 생생한 심상 훈련을 하는 것은 경쟁적인 상황에서 그것들이 필요할 때 사용할 수 없게 되어 버린다. 심리기술 훈련의 목적은 탈의실에서 배운 기술을 훈련과 시합 상황에서 사용할 수 있도록 하는 것이다.

2) Vealey의 심리기술과 방법

Vealey(1988)는 27편의 연구논문의 내용 분석에서 공통적 심리기술들을 발견하였다. 이들 심리기술은 심리기술모델(Psychology Skill Model; PSM)을 통하여 심리기술과 방법을 차별하여 심리기술 훈련이 선수들의 개인적인 요구와 개별 성장에 부합될 것을 강조하고 있다. 〈표 11.1〉 심리기술과 방법의 2단계 분류를 보여주고 있다. 심리기술을 발달시키고, 강화하기 위한 기초 심리기술(의지, 자각, 자신감 등)과 이러한 기초기술을 연습하고, 강화하는 기초단계이다. 스포츠 참여자들은 일단 기본적으로 그 스포츠에 대한 동기와 기본적인 의지가 있어야만 가능한 것이다.

표 11.1 심리적 기술과 방법(Vealey, 1988)

심리기술 'skill'	기초기술	• 의지 • 자각 • 자아 존중감 • 자신감
	수행기술	• 최적 신체적 각성 • 최적 정신적 각성 • 최적 주의 집중
	촉진기술	• 대인관계기술 • 라이프스타일 관리
심리기술 향상방법 'methods'	기초방법	• 신체훈련 • 교육
	심리기술 훈련 PST 방법	• 목표 설정 • 심상 • 신체이완 • 사고조절

첫째, 기초기술에서 의지는 성공에 대한 모든 성취욕구 또는 내적 동기로서 정의하는데, 만일 이 기술이 개발되지 않았거나 교육을 받지 못했다면, 선수들은 훈련이나 시합에 기꺼이 헌신할 줄을 모른다는 것이다. 자각은 스포츠에서 자신들의 행동 이해를 바탕으로 한다. Ravizza(1993)는 선수들이 이상적인 수행상태를 보다 많이 자각함으로써 이러한 상태를 촉진할 수 있는 조절력을 향상하고, 더 일관성 있는 수행을 하게 된다고 강조하였다. 선수의 자아존중감과 능력의 지각(자신감)은 스포츠 행동에 결정적인 영향을 준다. 이러한 기본 기술들이 적절한 수준에 도달해야 선수들은 비로소 두 번째 단계인 수행기술을 효과적으로 배울 수 있다.

둘째, 수행기술은 전통적인 심리기술 훈련을 포함하고 있다. 모든 훈련의 기본은 신체각성, 정신각성, 적절한 주의력에 있는 것이다. 주의는 정신적 각성의 일부분이지만, 여기서는 따로 분류되어 있다.

셋째, 촉진기술이다. 운동수행과 스포츠 행동을 간접적으로 도움을 주는 기술들이 여기에 속한다. 대인관계 기술은 선수들이 더 효과적으로 의사소통을 할 수 있는 중요한 촉진기술로서 선수-코치, 선수-선수 간, 대중매체 다루기 등을 포함한다. 자기 생활관리는 개인적인 발달이나 발견을 강조하는 심리기술 접근법이다. 생활관리 기술은 선수들이 자기를 신뢰하고, 효과적인 시간관리를 하고, 직업에 대한 목표와 자기재정관리에도 관심을 가지며, 삶을 더 능동적으로 계획하고, 운영하게 하기 위한 것이다. 생활관리는 효율적 시간관리가 중요하고, 운동선수 은퇴 이후의 설계도 이 생활관리에 포함된다.

 심리기술을 향상하는 방법은 2가지로 구분된다.

 첫째, 기초방법으로 수행 강화뿐 아니라 개인적 발달과 관련된 방법으로 운동수행에 영향을 주는 신체적, 정신적 과정은 적절한 신체적 연습이나 교육으로 촉진되며, 더 잘 이해할 수 있다는 것을 강조하기 위한 것이다.

 둘째, 신체 연습과 교육 후 선수들은 목표 설정, 심상, 신체이완, 사고조절 등의 4가지 기법을 이용하여 심리기술 훈련을 시행할 수 있다. 이들 기법은 우수 선수의 특성과 일치하는 전통적인 스포츠 수행향상을 위한 기법들이다. 이러한 기법들은 올림픽 선수들이 가장 많이 사용하는 심상, 이완, 사고조절, 정서적 조절, 행동적 준비 기술 등의 정신기술과 매우 일치하며, 많은 문헌에서 보고된 우수 선수의 활성화와 불안조절, 독백, 주의력 조절, 목표 설정과도 일치한다.

3) Crews의 자기조절 기법

 Crews(1993)는 최상 스포츠 수행을 위한 심리기술을 인공두뇌 이론에 바탕을 둔 자기조절 기법으로 제안하였다. 인공두뇌 이론은 신체의 다양한 체계를 비교 연구하는 인간제어시스템 과학으로서 자기-탐지, 자기-평가, 자기-강화 3단계 자기조절 작용 모델로 설명하고 있다(Kanfer & Karoly, 1972).

① 자기-탐지는 바람직한 변화를 위한 첫 번째 단계로서, 탐지를 통하여 일단 자기의 행동에 관해 자각하게 된다.
② 자각이 나타나면 선수는 설정된 목표와 기준에 수행결과를 비교함으로써 자기-평가를 하게 된다.
③ 만일 설정된 목표에 미달하거나 부정적인 결과가 나온다면 선수는 그 목표를 향하여 행동을 재조직하고, 강화시켜 긍정적인 결과를 확인한다. 이를 통해서 자기를 강화시키는 단계에 도달하는 것이다.

표 11.2 다양한 수행단계의 자기조절 전략(Crews, 1993)

구분	수행 전	수행 중	수행 후
행동적	1. 계약: 실행/제한 2. 습관계약 　먹기/자기/신체 　정신연습 3. 자기-탐지 　실행/제한/경쟁	1. 관습수정 　신체자세 2. 자기-탐지 　보조유지 　생리적 욕구	1. 관습평가 　주의력 초점유지 　정서적 조절유지 2. 자기평가 　목표/통계로 비교
인지-정서	1. 목표 설정 　수행/인지/정서/생리 2. 자아-집중 3. 독백 4. 사각화/심상 5. 바이오피드백(무의식적인 생리심리적 반응의 의식적 통제)	1. 결합/분리 2. 자아-탐지 3. 독백 4. 시각화/심상	1. 목표조정 2. 자아-집중 3. 독백 4. 시각화/심상
심리생리적	1. 바이오피드백 훈련 2. 고조된 자각	1. 고조된 자각	1. 고조된 자각

〈표 11.2〉는 Crews의 3단계의 조절 전략을 경쟁 전, 경쟁 중, 경쟁 후에도 이용할 수 있는 실행 전략을 보여주고 있다. 3가지의 행동적, 인지-정서적, 심리생리적 행동으로 구분하여 수행 전·중·후에 따른 환경과 상호작용하는 자기조절 전략을 보여주고 있다. 선수들은 중요한 시합이 다가오면, 행동적, 인지-정서적, 심리 생리적 전략을 수립하게 되는데, 이들 전략을 수행의 진행단계 즉, 수행 전이나 수행 중, 수행 후에 따라 적절히 조절하여 이용한다면, 최상수행에 도달할 수 있다는 것이다.

예를 들면, 운동수행 전에 할 수 있는 행동 전략은 자신이나 팀과의 어떤 계약이 이루어지는 단계로 이때 실행이 가능한 사항이나 제약 사항을 파악하는 것이다. 다음으로 일상적인 생활의 관리로 숙식, 신체적 연습, 정신훈련이며, 자기 탐지는 운동 실행에 대한 자기 탐지를 하는 것이다. 동시에 인지-정서 전략을 사용할 수 있는데, 목표 설정, 집중이나 독백 등이다. 마지막으로 심리생리적 전략은 자각과 자기활성화 단계인데, 수행 전 전략은 최상수행에 이르기 위해 시합이 진행되어 감에 따라 적절한 전략을 상황에 맞게 선택하여 사용할 수 있다.

3. 심리기술의 측정

운동선수의 심리기술을 측정하는 방법에는 검사지법, 면담법, 개인프로파일 작성법, 단일피험자 관찰법 등이 있다. 그중에서 가장 널리 사용되는 방법은 검사지에 의한 자기보고식 방법이다. 설문지로 널리 사용되는 것으로는 Nelson과 Hardy(1990)의 스포츠심리기술 질문지(The Sport-Related Psychological Skill Questionnaire; SPSQ)와 한국형 스포츠심리기술 검사지(Psychological Skills Tools for Korean Athletes; PSTKA)를 들 수 있다. Thomas 등(1999)이 개발한 스포츠수행전략검사(TOPS)를 김병준, 오수학(2002)이 한국형으로 제작한 설문지로 9개 하위요인(36문항)으로 혼잣말, 컨디션 조절, 심상/목표설정, 긴장풀기, 감정조절, 부정적 생각, 본능적 수행으로 구성되어 있다. 골프선수의 심리기술 검사지(우찬명, 2003), 스포츠심리기술 질문지(유진, 허정훈, 2002) 등의 스포츠심리기술 검사지들이 보고되었다. 그러나 중요한 것은 단일차원의 검사보다는 다차원적인 검사를 시행하여, 스포츠 참여자들의 심리기술 수준을 신뢰하고, 타당하게 측정하는 것이 중요하다.

4. 심리기술훈련의 실시

새로운 운동기술을 배우는 초보 운동참여자들은 그 기술에 생소하고, 매시기마다 실수를 거듭하게 된다. 이때 운동학습의 3단계 전략으로 인지적/언어적 단계, 연습단계, 자동화 단계를 거쳐 그 기술을 습득하게 된다. 이와 마찬가지로 심리기술도 하나의 기술로서 학습의 3단계(교육, 습득, 연습)와 유사한 개념으로 받아들일 수 있는 것이다.

① 교육단계: 스포츠 심리 전문가들이 선수와 지도자들에게 기본적으로 알고 있어야 하는 정보들을 알려주고, 심리기술 훈련의 필요성과 무엇을 목적으로 이루어져야 하는가에 대한 충분한 이해가 필요하다.

② 습득단계: 교육 단계를 거치고 나면 실제적으로 심리기술을 배우게 된다. 구체적인 심리기술을 배우고, 자신에게 필요한 심리기술 연습이 있다면 개인의 상황에 맞추어 적용해 볼 수 있는 단계이다.

③ 연습단계: 습득 단계를 통해 배운 심리기술들을 반복적으로 연습하는 단계이다. 자신에게 필요한 심리기술을 알게 되었고, 어떤 방법이 가장 효과적으로 적용할 수 있을지 파악

이 된 상태이기에 자동화될 수 있도록 반복연습을 꾸준히 하도록 한다.

심리기술훈련을 실시할 때, 중요한 것은 모든 방법을 완벽하게 적용하는 것이 아니라 시급한 것부터 먼저 선택해서 선수에게 알맞게 실행하는 것이다(Vealey, 2005).

다음은 심리기술훈련의 실시 단계를 간략하게 제시하고 있다〈표 11.3〉

표 11.3 심리기술 훈련의 단계

1단계	2단계	3단계	4단계	5단계
선수개인의 심리적 기술수준 평가	훈련 프로그램 선택	평과결과와 훈련에 대한 논의	훈련목표 설정	훈련의 적절성 평가

1) 대상자 탐색과 선정

심리기술 훈련의 대상자는 엘리트 선수, 초보자, 중급자, 일반 운동참여자 등 스포츠에 참여하는 모든 사람에게 해당한다. 일반적으로 심리기술하면 엘리트 선수들의 전유물로 생각하는 선입견이 있다. 하지만 초보선수가 체계적인 심리기술 훈련을 집중적으로 한다면, 훈련을 받지 않은 선수보다 운동수행력과 정신적인 측면이 더 강해질 것이다. 즉, 심리기술훈련은 부상을 당한 선수, 집중력 향상을 원하는 선수, 자기의 잠재력을 발휘하지 못하는 선수, 더 공격적이고 경쟁적일 필요가 있는 여성 선수, 그리고 스포츠에 참여한 모든 선수와 자기의 능력을 최고로 발휘하고자 하는 선수들에게 효과가 있다(Porter & Foster, 1986).

2) 시기

심리기술훈련을 시행하기 위한 적절한 시기는 정규시즌이 아닌 비시즌기나 시즌 전이 적절하다. 선수들은 새로운 심리기술을 완전히 이해하고 실제 경기에서 활용하는데 몇 달에서 1년까지도 걸리는 경우도 존재한다. 그러나 시즌 중에도 습득된 기술을 개인적으로 활용할 수도 있다.

3) 심리기술 훈련의 선택

목표 설정, 자신감, 주의집중, 심상훈련, 이완, 호흡훈련, 인지적 재구성, 체계적 둔감법, 루틴과 같은 기본적인 방법을 토대로 많은 기술이 응용될 수 있다. 국내 운동선수들의 면담과 설문조사 결과에 따르면, 무엇보다도 인지적인 요인들에 의해 경기력에 영향을 많이 받는다고 한다. 그러므로 인지적 재구성, 사고정지, 사건의 재해석 등과 같은 심리기술을 훈련 시간에 많이 투자해야 한다. 다음은 주요한 훈련법의 간단한 설명이다. 구체적인 훈련방법은 다음 장에서 소개하기로 한다.

① **목표 설정**: 목표 설정이란 자신의 상황과 상태 또는 어떤 결과에 대해 스스로 지각하고 난 후 자신의 행동계획을 설정하는 것이다.

② **자신감**: 자기에 대한 믿음과 확신을 의미한다. 긍정적 자기 대화(독백)를 통해 자기암시와 자신감을 얻기도 한다.

③ **주의집중**: 환경적인 요인이 중요하다. 자신의 종목 특성을 파악하여, 조용한 분위기를 선호하는지, 소음이 큰 환경이 좋은지 등을 확인하고, 자신이 겪는 내부와 외부의 주의 산만을 막아주고 운동수행의 집중을 할 수 있는 일관성을 길러주는 훈련을 하는 것이다. 자신만의 주의집중 단서를 만들거나 사용하고, 집중루틴을 개발하는 훈련도 포함된다.

④ **심상훈련**: 이미지트레이닝이라고 한다. 일련의 운동수행 과정이나 순서를 외부적인 동작 없이 마음속으로 생생하게 그림을 그릴 수 있는 능력을 말하며, 이것을 향상하는 훈련과정이다. 이 훈련으로 기술개발, 운동전술전략 향상, 부상재활, 자신감 향상, 불안해소 등의 효과를 볼 수 있다고 한다. 이 훈련으로 학습시간도 단축할 수 있으며, 자기의 생각과 느낌, 동작의 변화가 가능하다.

⑤ **이완**: 지나친 근 긴장이나 불안, 높은 신체적 각성을 적정수준으로 낮추는 훈련법이다. 다른 훈련을 하기 전에 실시하는 기초방법으로 운동수행과 밀접한 관계가 있다. 가장 일반적으로 사용되는 점진적 근육이완기법이 있으며, 정신적 이완, 호흡법, 명상을 통한 이완도 가능하다.

⑥ **인지적 재구성**: 인지적 재구성(cognitive restructuring)은 운동선수 자기가 걱정하는 생각이 과연 자신이 통제할 수 있는가를 생각한 다음 자신이 통제할 수 있는 부분만 신경을 쓰고 그렇지 못한 부분은 걱정하지 않는 것이다.

⑦ **체계적 둔감법**: 체계적 둔감법(systematic desensitization)은 불안이나 스트레스를 유발하는 자극에 대해 불안반응 대신에 이완반응을 나타냄으로써 불안이나 스트레스에 대해 점차 둔감해지도록 하는 방법이다.

⑧ **루틴**: 루틴(routine)은 스포츠 상황에서 심리적, 신체적으로 일정하게 하는 일련의 동작이나 절차를 의미한다.

⑨ **호흡훈련**: 호흡법은 정신적 신체적인 이완을 유도하는 것으로 호흡법의 핵심은 숨을 들

이마시고 내쉬는 과정을 가슴이 아닌 복부로 깊고 천천히 호흡하는 것을 의도적으로 반복하는 것이다.

4) 훈련시간

PST의 초기에는 1회에 15분~30분 정도가 좋으며, 주당 3~5회 정도 실시하는 것이 보통이며, 적어도 3~6개월 동안 지속해야만 효과를 본다. 그러나 기술훈련법에 따라 그 시간은 단축되기도 하고, 연장되기도 한다. 개인의 기술습득 능력과 타고난 심리적 강점으로 다르게 시간이 적용되기 때문에 유연성 있게 훈련시간을 적용하고, 활용하는 것이 효과적이다.

5) 훈련의 주관자

선수들의 심리적 문제를 잘 알고 있는 스포츠와 운동팀 내의 코치나 전문능력을 가진 스포츠심리상담사가 실시해야 한다. 가장 이상적인 것은 코치가 직접 실시하는 것인데, 국내 여건상 아직까지 코치가 독단적으로 실시하기에는 재정적 지원부족, 조직의 인식부족, 능력부재 등의 이유로 어려운 실정이다.

6) 일반적인 PST 과정

① 운동종목과 특성에 대해 파악하고, 환경적 요인이나 실제 시합상황에서 가장 많이 영향을 미칠 수 있는 심리적 요소들이 무엇인지를 파악한다. 면접과 검사 도구를 통해 선수의 심리기술이 높고 낮은 정도를 결정하고, 어떤 기술이 훈련을 필요로 하는지 등에 대한 기초적인 자료수집과 평가를 한다.

② 1단계에서 진단된 심기기술 수준에 따라 개인별 적정한 기술훈련 방법을 선택하는 과정이다. 이때 신체적, 정신적인 환경의 고려는 물론 대상자들의 동기와 재미를 유도하여 지루한 훈련이 되지 않도록 신경을 써야 할 것이다.

③ 선택된 심리기술 훈련에 대한 계획을 세워 실시해야 하므로 선수들에게 심리기술 훈련에 대한 필요성, 훈련에 참여하는 자세, 훈련용어 설명, 소개를 하는 단계이다.

④ 측정이 가능한 목표를 설정한다. 목표달성에 대한 지원, 보상 전략과 목표실패에 대한 대처전략에 대해 논의한다.

⑤ 마지막 단계로 평가는 구체적으로 실시한다. 자신에게 효과적인 기법은 어떤 것인지? 도움은 되었는지? 더 필요한 훈련은 없는지? 개인별, 상황별에 맞는 구체적인 평가항목을 만들어 실시한다.

5. 심리기술훈련의 주의점

　심리기술훈련을 실시할 때는 대상자의 태도가 무엇보다도 중요하다. 자의에 의한 것인지, 타의에 의한 훈련인지를 알고, 그에 맞는 훈련 적용이 뒤따라야 할 것이다. 국내 선수들의 심리기술 훈련 적용 사례를 보면, 본인의 자발적인 선택에 의한 것보다는 협회, 팀(구간), 지도자의 선택에 따라 결정되는 경우가 있다. 1) 대상자의 심리기술 훈련을 시작하게 된 동기를 철저히 파악하자. 2) 심리기술 훈련에 대한 믿음과 확신을 공유하자. 일반적으로 대상자들은 믿음을 갖고 접근하게 유도한다. 그러나 훈련을 담당하는 상담사나 지도자가 불신하는 예도 종종 있어서 훈련 전에 서로의 생각과 감정을 교류하는 라포단계에서 확신과 믿음을 공유해야 한다. 3) 단순하고, 작은 것에서부터 시작한다. 심리훈련에서 가장 많이 범하는 실수는 선수에게 너무 많은 정보를 주거나 너무 많은 것을 요구하는 것이다. 신체훈련처럼 심리훈련에도 이를 받아들이기 위해서는 충분한 시간이 필요하다. 어떤 심리훈련이든 선수의 삶을 복잡하게 하거나 어지럽히지 않고, 받아들이기 쉽고 적합한 쪽으로 초점을 맞춰야 한다. 선수들은 자기가 그동안 해왔던 방법을 고수하려고 하며, 자신이 이해하기 쉽고, 실행하기 쉬운 방법을 두고 갑작스럽게 변화하는 것을 달가워하지 않는다. 4) 평가는 구체적이며, 쌍방향 평가가 이루어져야 한다. 많은 연구자가 범하는 오류가 평가는 일방적으로 이루어지고, 그렇게 했다는 것이다. 대상자의 행동과 수행의 어떤 측면을 변화시키고, 의도했던 목표 설정에 도달 여부를 객관적으로 판단하고, 평가할 수 있어야 한다.

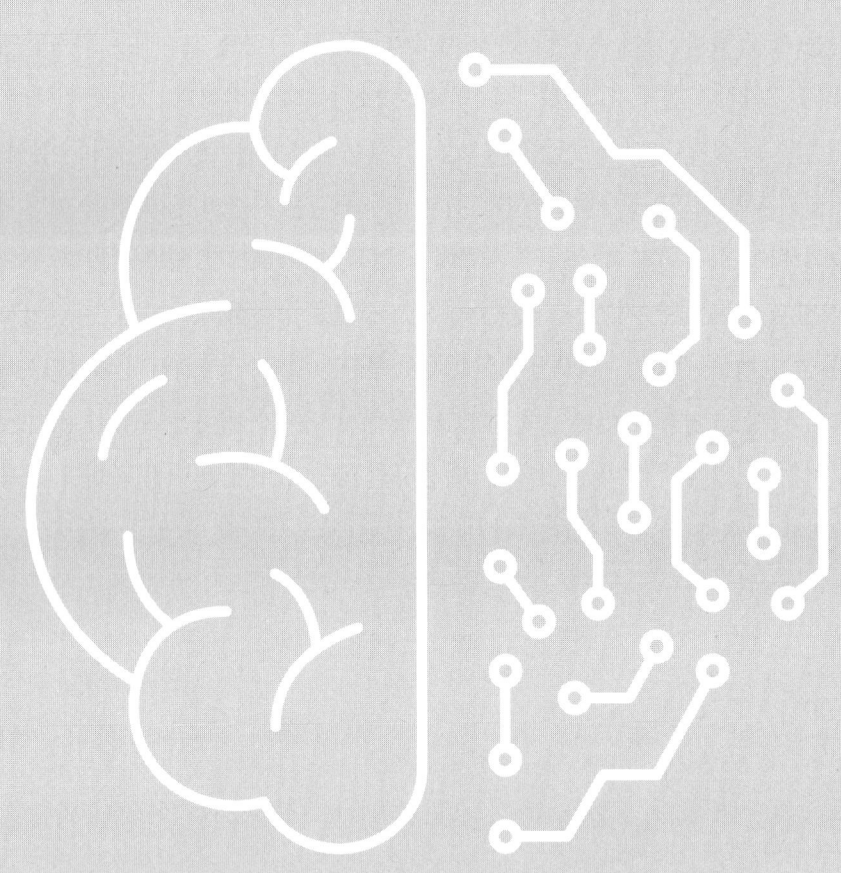

제12장

심리기술훈련의 실제

프로골퍼가 되기를 꿈꾸는 A 선수는 연습라운드에서 언더파를 기록했다. 그러나 프로 입단 테스트에만 나가면 매번 실수하여, 탈락하곤 한다. 골프는 멘탈경기로 심리적 위축이 항상 일어나고, 불안감이 높아지곤 한다. 높아진 불안은 신체적인 각성으로 이어져 정신과 신체가 긴장하게 된다. 어깨에 불필요한 힘이 들어가게 되어 스윙이 무너진다. 평소 드라이브, 페어웨이우드, 아이언 샷을 잘 치던 A 선수도 이런 경우 쌩크가 나고, 뒷땅이 발생한다. 이를 극복하는 방안으로 A 선수는 경기 중에 자기가 과도하게 긴장하였는지를 감지할 수 있어야 하고, 과도한 긴장을 느끼면 바로 스스로 각성을 낮추는 조치를 하여야 한다. 그래서 그런 시도를 여러 번 시도했다. 하지만 그 효과는 신통치 않았다.

A 선수는 PST가 필요한 상태이다. PST는 골퍼가 자신의 심리상태를 감지하는 방법을 익히게 하고, 과도하게 긴장했을 때, 이를 풀어주는 방법을 익히도록 하는 훈련이다.

자신감을 불어넣어 주며, 명상을 한 탁구 올림픽 메달리스트는 "항상 머릿속에 탁구를 그리고 작전을 구상하죠. 서비스는 이쪽에 놓고, 어느 쪽에서 치고, 어떤 볼이 오면 잘 못 치니까 이때는 어떻게 해야겠다는 생각. 꼭 포인트는 이기는 쪽으로 생각하죠. 그러면 자신감이 생기죠. 전지훈련 시 아침에 일어나자마자 바로 5분 정도 명상했는데요. 그때 상태는 아주 몸도 안 좋고 실력도 아주 좀 힘들다란 그런 상태인데 '나는 할 수 있다. 난 이긴다.' 그런 명상을 일어나자마자 계속했어요. 그게 아주 자신감을 많이 줬던 거 같아요."라고 말하였다.

이 장에서는 운동선수와 참여자들이 행할 수 있는 스포츠심리기술 훈련의 종류별 실행 과정과 구체적인 시나리오 등을 소개하고자 한다.

1. 점진적 이완기법

점진적 이완기법(progressive relaxtion technique)은 Edmund Jacobson(1938)에 의해 개발되었고 여러 이완기법 중에서 가장 널리 사용된다. 이완은 산소 소비와 심박수, 호흡수, 골격근 활동을 감소시키고, 뇌의 알파파(α-wave)와 피부 저항을 증가시킨다(박정근, 1996).

내과의사인 Jacobson은 스트레스를 받은 환자들이 종종 얼굴과 목 등에서 높은 수준의 근육긴장을 가지고 있는 것을 관찰하였다. 심지어 높은 수준의 근육긴장을 가진 환자들은 시간 대부분을 회복하는 데 시간을 할애하는 것 같았다. Jacobson은 이들에게 이런 근육긴장을 줄이는 데 도움을 줌으로써 환자의 회복을 촉진해 줄 것으로 생각하였다. 불행히도 환자들에게 그들의 긴장을 더 잘 알게 하고, 이완하라고 말하는 것은 도움이 되지 못했다. 그 후 Jacobson은 환자들에게 그들의 근육을 이완하는 데 큰 도움이 필요하다는 것을 인식하였다. 이런 목적에서 그는 환자들이 근육의 긴장과 이완의 차이를 확인하는 데 도움을 주는 등척성 수축이완 사이클(isometric contraction-relaxation cycle)을 개발하였다. 등척성 수축과 완전한 근육이완의 구별은 이완된 근육감각과 높은 긴장의 근육감각 사이에 차이를 배우는 데 도움을 제공한다. 이런 비교는 사람들에게 근육긴장이 신체 어느 부분에서 일어났을 때, 그것을 확인하게 해준다. 이런 기술을 사용함으로써 환자들은 골격 근육에서 긴장을 원하는 대로 효과적으로 줄일 수 있었다.

Jacobson의 점진적 이완 기법에서 사람들은 차례로 한 근육씩 순서대로 몸 전체의 근육을 체계적으로 수축을 한 다음, 각 주요 근육군을 이완한다. 그때 사람들은 근육에서 오는 느낌에 주의집중을 한다. 이완 훈련 시간에는 주의산만을 차단하는 환경이 필요하다. 소음의 방해가 거의 없고, 카펫이 깔려 있고, 어두운 방이 가장 최적이다.

사람들은 바닥에 누워서 훈련을 시작하고, 주요 근육군에 대한 등척성 수축을 수행한다. 수축은 대략 5초에서 7초간 유지한다. 등척성 수축 후에 가능한 한 최대로 근육을 이완한다. 그리고 근육이 이완될 때의 느낌에 집중한다. 이런 과정이 신체의 주요 근육 군에서 반복된다.

이 기법의 완성은 15분~20분 정도 소요된다. 그러나 모든 신체의 이완이 거의 자동으로 이루어지기 때문에 연습을 계속하면 신체적 이완을 성취하는 데 시간(1분 이내)이 단축된다. 근육의 긴장을 감지하고, 긴장수준을 낮추는데 쉬워짐에 따라 각 근육군을 위한 등척성 수축과 이완 사이클을 경험하지 않고서도 몸 전체의 근육을 이완하는 것을 배울 수 있다.

스포츠 경기 동안 각성수준을 조절하는 데 기여할 수 있는 근육의 긴장을 줄이는 데 사용할 수 있다. 반복적인 연습을 통해 점진이완 기법을 숙달시키면 "편안하다"라는 키워드 하나만으로도 몇 초 이내에 이완을 할 수 있게 된다. 코치의 도움이 없이 혼자서 연습할 수 있도록 자신의 목소리를 녹음하는 것도 좋다.

다음은 점진적 근육이완 훈련의 기초적인 방법을 소개한 것이다.

① "등을 대고 누워주세요." (휴식) / 팔은 편안하게 옆으로 놓고, 발은 꼬지 않은 자연스러운 자세를 취하세요." (휴식) / "천천히 호흡하세요. 이때 숨을 들이쉴 때는 '하나'를, 내뱉을 때는 '둘'을 세어 주세요." (휴식)

② "이제! 이마의 근육에 집중하세요."(휴식) / "눈살을 찌푸려서 이마의 근육을 수축하세요. 계속 찌푸린 상태를 유지하세요(약 5초 동안)."(휴식) / "이제 이마의 근육을 완전히 이완시키세요. 긴장이 풀어짐을 느껴보세요. 여러분은 더 이상 이마 근육에서 긴장을 느낄 수 없을 것입니다."(휴식)

③ "안면 근육에 집중하세요." (휴식) / "자! 모든 안면 근육을 깨물거나 눈을 가늘게 뜨는 식으로 수축하세요. 그리고 안면 근육의 긴장 정도를 느껴보세요." (휴식) / "한 번에 전체 얼굴을 이완하세요. 모든 긴장이 풀어짐을 느껴보세요." (휴식) / "얼굴이나 이마에 약간의 긴장이 남아 있는지 마음속으로 훑어보세요." (휴식) / "만약 긴장이 남아 있는 것이 느껴진다면 그 부분의 근육을 수축하세요." (휴식)

④ "이번에는 목과 목의 근육에 집중하세요." (휴식) / "목 근육을 최대한 수축하세요." (휴식) / "이완, 긴장감이 사라짐을 느껴보세요." (휴식)

⑤ "이제는 오른손으로 주먹을 쥐어서, 팔 근육을 수축시키세요. 이 상태를 타이트하게 유지하세요." (휴식) / " 이완. 손과 팔의 긴장을 이완하십시오. 근육이 이완되고 긴장이 완화됨을 느껴보세요. (휴식) / (왼손과 왼팔로 바꿔서 똑같이 반복한다.)

⑥ "여러분의 상체 부분이 따뜻해지고 이완되었음을 느껴야 합니다. 만약 어떠한 긴장이 남아 있다면 다시 과정의 처음으로 돌아가서 그 부분의 근육을 수축 이완시켜 주세요." (휴식)

⑦ "이번에는 가능한 엉덩이 근육을 수축시키세요." (휴식) / "한 번에 모든 엉덩이 근육을 이완시키고 긴장이 완화되는 것을 느껴보세요." (휴식) / "어떤 긴장이 남아 있는지 마음속으로 자기의 몸을 훑어보세요." (휴식)

⑧ "여러분의 오른쪽 허벅다리 근육을 수축시키고 한동안 그 상태를 유지하세요." (휴식) / "이완, 허벅지를 이완하세요. 그리고 근육의 이완을 느껴보세요." (왼쪽 다리도 반복하시오.)

⑨ "이번에는 오른쪽 발가락과 종아리 근육에 힘을 주어서 수축하세요. 수축 상태를 최대한 타이트하게 유지하십시오." (휴식) / "한 번에 모든 근육을 이완하세요. 근육이 이완되면서 긴장이 풀어짐을 느껴보세요." (휴식) / (왼쪽 종아리도 반복하세요.) / " 만약에 여러분의 몸 어딘가의 근육이 아직도 수축되어 있는 것이 느껴진다면, 처음으로 돌아가서 그 근육 군을 수축 이완하세요." (휴식)
⑩ "여러분의 몸은 따뜻해지고 이완됨을 느낄 수 있을 것입니다. 그리고 무겁고 전체적으로 편안한 느낌이 들 것입니다. 이런 이완된 느낌에 집중하십시오." (휴식)
⑪ "천천히 눈을 뜨세요. 이제 여러분은 심장 박동수를 젤 준비가 되었습니다."

2. 명상

명상(meditation)은 요가나 선과 같은 과정으로 기원전부터 인도와 아시아 일부 지역에서 생겨났다. 초월적 명상을 할 때, 수행자는 의자에 편안하게 앉아서 매일 10분~20분간 평상적인 숨을 쉬면서 만트라를 암송한다("mu"나 "ahhom"과 같은 단순한 소리를 이용하는 방법). 명상은 신체 내부에 사상과 감정을 집중시킴으로써 마음을 자유롭게 할 수 있으며, 이때 특정한 단어를 사용해서 또는 심상을 통해 정신집중을 할 수 있다. 명상을 잘하기 위해서는 완전한 이완 상태를 가져야 하며, 그렇게 함으로써 직면한 과제를 수행하기 위한 에너지를 더 많이 가질 수 있다.

명상의 생리적 효과로는 뇌파의 변화가 있는데, 명상의 첫 단계에서는 알파파가 나타나고, 나중에는 델타파가 나타나고, 또한 명상하면 심장박동수, 호흡, 혈압이 낮아진다. 명상의 심리적인 효과로는 학업 수행 증가, 직장에서의 생산성 향상, 반응시간 증가, 언어 학습 증가, 집중 증가 등을 볼 수 있다.

다음은 명상 훈련의 기초적인 방법을 소개한 것이다.

① 조용한 곳에서 편안한 자세로 척추를 곧게 세우고 앉는다.
② 어깨를 이완하고 무릎에 팔을 편안히 내려놓은 후 눈을 부드럽게 감는다.
③ 자기의 몸에 주의를 두면서 어떤 감각이 느껴지는지 현재에 주의를 둔다.
④ 심호흡을 몇 차례 하면서 이완한다.
⑤ 의식에 흘러가고 있는 생각과 감정의 움직임을 알아차린다.

⑥ 호흡에 주의를 두고 숨이 들어오고 나가는 것을 알아차린다.
⑦ 들숨과 날숨을 알아차리고 주의가 흩어지면 들숨과 날숨을 마음속으로 말하는 것도 좋다.
⑧ 자기의 코, 목구멍, 가슴, 배 등에서 일어나는 감각에 주의를 집중하면서 5~10분 정도 유지하도록 한다.
⑨ 명상을 마쳤으면 눈을 감은 채 훈련의 여운을 잠시 느껴본다.
⑩ 숨을 깊게 내쉬면서 천천히 눈을 뜨며 마무리한다.

3. 바이오피드백

바이오피드백(biofeedback)은 인간의 생리적 기능에 대한 정보를 얻을 수 있다. 예를 들면, 조깅 전후에 심박수를 세어서 생리적 반응정보를 알 수 있게 된다(온도계, 맥박기, 청진기 등). 인체 기능을 계속해서 측정하여 사고방식, 느낌, 감정을 알 수 있도록 하고, 신체 반응에 대한 즉각적 피드백을 갖도록 함으로써 혈압, 맥박수를 낮추고, 인체 기능을 조절할 수 있게 된다. 일반적으로 사람은 근육의 긴장이나 심박수가 많이 높아지게 될 때까지 그 변화를 잘 느끼지 못하고, 또한 의식적으로 그 수준을 조절하기가 어렵다. 바로 이러한 생리적 반응을 조절하는 기술 중의 하나가 바로 바이오피드백(생체송환)이다. 과도한 불안과 각성을 지닌 선수들에게 생체송환을 사용하는 것이 효과가 있으며, 다양한 장치에서 나오는 피드백 정보를 사용하여 선수들의 감정 상태를 진정시킬 수 있다. 생체송환 훈련에서 사용되는 기본적인 측정기술로는 뇌파검사(EEG), 근전도(EMG), 피부온도 등이 있다.

① **뇌파검사**: 뇌파검사(electroencephalogram; EEC)는 4가지 파로 감지한다. 베타(Beta)로 감지되면 일반적으로 흥분한 상태 또는 높은 각성 상태를 말하고, 알파(alpha)로 감지되면 이완 상태를 말하고, 세타(theta)는 졸린 상태를 말하며, 델타(delta)는 깊은 잠에 빠져 있는 상태를 말한다.
② **근전도 검사**: 근전도 검사(electromyograghy; EMG)는 신체나 이마 부분에 있는 근육군에 전극(electrode)을 부착하고, 시각적, 청각적 신호로 근육의 긴장 감소를 시도하는 검사이다.
③ **피부온도**: 피부온도(skin temperature)는 생체송환 방법 중 가장 비용이 싸고, 일반적으로 이용되는 방법으로 긴장하면 심장박동이 빨라지고, 손끝이 차가워지고 촉촉해지며, 손

끝의 피부온도가 감소한다. 그 외의 방법으로는 피부전기 반응(GSR), 심전도(EKG) 등이 있으며, 또한 심박수, 혈압 측정과 청진기로 심박수 측정, 호흡수 탐지, 혈액 화학작용, 피부 증발압(vapor pressure from the skin) 등이 있다.

바이오피드백과 수행과의 관계에 관한 연구가 많이 있다. 최만식(1993)은 신체 이완과 심박수 바이오피드백 훈련으로 경쟁불안의 감소효과를 증명하였으며, Witt(1980)는 6명의 축구 선수에게 12주간 1주에 2번, 1시간씩 정신시연 훈련과 이완, 생체송환을 실시한 결과, 근 긴장이 감소되었고, 6명 중 4명이 경기력 향상을 보였다고 했다. 또한 12명의 야구 선수를 대상으로 생체송환을 실시한 결과, 심박수와 EMG수준이 감소되었다. Landers(1981)는 8명의 선수를 대상으로 생리적 반응과 수행시 언어적 지시와 청각적 바이오피드백의 효과를 조사한 결과, 청각적 생체송환이 수행에 긍정적인 영향을 미쳤다. Daniels와 Landers(1981)는 사격선수들을 대상으로 심장의 박동과 박동 사이의 격발을 하도록 바이오피드백 훈련을 실시한 결과 선수들은 시합에서도 심장의 박동과 박동 사이에 격발할 수 있었고 사격점수도 향상되었다. 그 외에 그들은 생체송환이 폐쇄기술 스포츠에도 유용하게 이용될 수 있다고 언급하고 있다.

4. 심상

1) 심상의 정의

심상(imagery)은 마음속에서 그림이나 이미지와 같은 것을 보고 느끼는 과정을 일컫는다. 또한 심상은 엘리트 운동선수들이 오랜 시간 그들의 경쟁적 운동수행을 극대화하기 위해 사용한 방법이기도 하다. 심상은 과거의 이미지를 회상하거나 새로운 이미지를 창조하고 시각, 청각, 촉각, 후각, 운동감각의 모든 감각을 동원하고 외부의 자극이 주어지지 않아도 일어날 수 있다.

살며시 눈을 감고 타이거 우즈가 광고 모델로 등장하고, 공이 물보라를 일으키며, 컵에 빨려 들어가는 광고 영상을 머리에 떠올려 보자. 다시 타이거 우즈가 아닌 자신이 해저드 언저리에서 친 공이 홀컵에 빨려 들어가는 그림을 가상의 공간에 그려본다. 이처럼 심상은 직접적인 운동수행 없이 마음속의 경험을 재생하거나 과거의 경험을 바탕으로 새로운 경험을 창조하는 기술이다. 대부분의 선수는 매일 훈련에 심상을 사용하고, 코치들 역시 새로운 기술을 배우거나 이미 소유하고 있는 기술을 향상시키기 위해 선수들에게 심상의 활용을 독려한다(장덕선 등, 2005). 이렇듯 심상은 하나의 기술로서 반복적인 연습을 통해 향상될 수 있는 것이다. 단순히 마음으로 생각하고, 그림을 그리는 것으로 생각하는 것은 심상을 너무 단순하게 생각하는 접근이다. 심상능력의 향상을 위해서는 기초심상연습에서 심상조절능력, 심상의 활용까지 단계별 훈련이 되지 않으면 그 효과를 보기는 어렵다. 심상의 활용도와 중요성을 고려해 볼 때, 현장 실무자들은 무엇보다도 체계적으로 심상에 대한 인지와 그 실행 방법을 습득하여 적용해야 하는데, 국내 실정은 아직도 미진하다.

심상을 사용하는 것이 종종 새로운 스포츠 기술과 연관되는 것이지만, 운동선수들은 이런 심상을 다른 여러 가지 목적으로 사용하기도 한다(Orlick & Partington 1988). 어떤 사람은 자신감 형성을 위해, 기술 교정을 위해, 특정 기술이나 연습의 최대 효율을 준비하기 위해, 심리적 회복에 도움(예: 적응)을 위해, 동기 유발(예: 시상대에 자신이 금메달을 달고 서 있는 장면 떠올리기)을 위해 사용한다.

2) 심상의 유형

심상은 크게 내적심상과 외적심상의 두 종류로 나눌 수 있다(Mahoney & Avener, 1977). 개인의 관점에서 보고, 느끼는 심상은 내적심상이(internal imagery)라 한다. 내적 초점을 이용하는 사람은 마치 자신이 행동하고 있는 것을 보게 된다(예를 들면, 마치 자기의 눈으로 보는 것과 같은). 외적심상(external imagery)은 외부의 관찰자 시점에서 상상하는 것이다. 외적 초점을 이용하는 이는 3자의 관점에서 이미지를 보게 된다(예를 들면, 관중석에서 경기를 관람하는 것과 같은). 지금까지 연구에서는 어떤 관점이 더 나은 것인지 결론짓지 못하고 있다. 그러나 우수한 선수는 필요시 이 두 가지 관점을 앞뒤로 바꾸어 가면서 기술이나 행동 절차를 심상하는 데 두 가지를 사용하는 것으로 나타났다. 예를 들면, 체조선수가 마루 운동순서에서 도움닫기를 내적으로 하고, 백핸드 스프링 자세를 심상하는 데는 외부적 관점으로 바꿔서 형상화한다는 것이다.

Weinberg와 Gould(1995)는 심상 기술을 연습하고, 발달시키려면, 주위의 어떠한 방해가 없는 곳에서 정신적인 이완상태를 이루어야 한다고 하였다. 이러한 이완된 주의상태는 심상 동안 모든 감각을 용이하게 해준다. 심상을 하는 방법을 연습하고, 발전시킨 후에, 그 사람은 경쟁적 스포츠 환경과 같은 방해가 많은 환경 속에서도 심상을 이용할 수 있을 것이다(예: 육상, 야구 등). 결과적으로 심상 기술이 발달하면, 이러한 주의산만 요인에서도 운동 심상을 사용하는 능력에는 방해받지 않을 것이다.

3) 심상의 요소

① 심상의 선명도

선수의 심상능력은 선명도와 조절력에 의해 좌우된다. 선명도(vividness)는 모든 감각이 관여된 정도와 연관되는 것으로 실제 상황과 최대한 같은 수준으로 상상하는 것이다. 소프트볼 선수가 홈플레이트에 미끄러져 들어가는 장면을 상상한다면, 그는 반드시 보고, 느끼고, 감정을 감지해서 실제 플레이트로 미끄러져 들어갈 때 나는 소리를 들을 수 있어야 한다. 슬라이딩 동작에 대한 시야, 느낌, 감정, 소리가 명확한가? 혹은 흐릿한가? 선명도에 대해 고려해야 할 점은 오감을 이용해서 생동감 있는 이미지를 구현하는 것에는 개인마다 차이가 있다는 점이다. 예를 들면, 어떤 선수는 시각적 이미지를 명확하게 보는 데 어려움이 있을지 모르지만, 움직임에 대한 느낌을 감지하는 데는 전혀 어려움이 없을 수도 있다.

② 심상의 조절력

운동선수들은 올바른 운동 패턴의 청사진 표현을 쉽게 하려면 자신의 이미지를 조절하고 통제하는 것이 필요하다. 조절력(controllability)은 개인이 얼마나 수월하게 자기 자신의 의지대로 원하는 심상을 조정하고, 교체할 수 있는 것인지를 말한다. 비록 이런 방법이 쉬운 과제처럼 보이지만, 운동선수 대부분은 자신의 이미지를 조절하는 데 어려움을 겪고 있다. 심상의 속도를 느리게 하거나, 빠르게 하거나, 아주 뒤집어 버릴 수도 있는 운동선수는 아주 좋은 조절력을 보여주는 것이다.

마음속에서 현실감을 만들기 위해서 운동선수들은 행동을 완벽히 심상하는데 중점을 두어야 한다(Weinberg, 1984). 만약 자신이 만든 이미지가 정확하지 않다면, 다시 올바른 심상이 떠오를 때까지 마음속에서 형상화하는 것을 재시도해야 할 것이다. 이는 단지 운동선수들이 신체적으로 연습할 때, 고집하는 완벽한 연습규칙을 연장시킨 것이다.

기술이나 경기의 부분을 완전한 형태로 심상하는 것이 중요하다(Weinberg & Gould, 1995). 도움닫기도 하지 않고, 심상으로만 만든 삼단뛰기의 공중동작을 연습하거나 팔로스로우를 하지 않은 채 골프공을 퍼팅하는 것은 도움은커녕 종종 방해될 수 있다. 부분적인 심상 시연 상황에서는 시연된 심상과 시연하지 않은 심상 사이의 변화 포인트에서 실수가 나타날 수 있다.

경기에 관련된 모든 기술에 대해 심상하는 것도 중요하지만, 특정한 긍정적인 결과를 이미지화해야 한다. 예를 들면, 자유투를 심상하는 농구선수는 슛동작과 슛 결과를 이미지화해야 한다는 것이다(예, 백보드를 맞고 바스켓으로 들어가는 볼). 또한 운동선수가 심상한 결과가 자신이 원하는 결과임을 확신시켜 주는 것이 필요하다. 비록 심상을 통제하는 데 어려움이 많은 선수에게 이런 말들이 당연한 이야기로 들리겠지만, 이는 심상했던 올바른 결과를 얻는 것은 언제나 이전에 항상 일어났던 결과가 아닐 수 있다. 심상이 효과를 거두기 위해서는 운동선수가 이루고자 하는 것과 결과가 결부되는 것이 필요하다(Woolfolk et al., 1985).

우리는 마음속에 현실감을 만들기 위한 시도를 하기 때문에, 시합을 심상하는 시간은 경기를 신체적으로 끝마칠 수 있는 시간과 같아야 한다(Nideffer, 1976). 예를 들면, 하키선수가 링크를 스케이트로 완전히 타고 돌아오는 데 15초가 걸린다면, 마음속에서도 경기를 심상하는 시간이 같아야 한다. 이와 같은 시간문제는 심상이 현실에 얼마나 잘 부합되는지에 대한 자연 그대로의 측정을 제시해 준다.

4) 심상의 활용

Weinberg와 Gould(2015)는 스포츠 상황에서 심상의 활용 방법을 다음과 같이 설명하였다. 심상은 성공하는 장면을 떠올려 집중력을 향상시킨다. 심상은 동기를 유발하고 강화한다. 심상은 자신감을 높여준다. 심상은 감정을 통제할 수 있다. 심상은 스포츠 기술을 습득하고 연습하고 교정하는 데 효과적이다. 심상은 스포츠 전략을 습득하고 연습하는데 수월하다. 심상은 시합을 준비하는 과정에서 사용할 수 있다. 심상은 통증과 부상에 대한 대처능력을 높여준다. 마지막으로 심상은 자신의 문제를 파악하고 해결하는 데 도움이 된다.

5) 심상 연습

다음은 심상연습의 예시이다. 조용한 곳에서 주위의 방해를 받지 않고 시도한 후 익숙해지면 소음이 많은 곳에서도 시도해 본다.

① 연습(주변의 물체)

- 눈을 뜨고 이 물체의 자세한 부분까지 초점을 맞춰 보세요. 모양과 색깔에도 관심을 가지면서" (휴식)
- 눈을 감고 여러분이 여전히 그 물체를 쳐다보고 있는 것을 상상하세요. 모양과 색깔의 세세한 부분에까지 바라보세요." (휴식)
- "이제 눈을 뜨고 자기 손에 있는 물체와 당신이 상상했던 물체를 비교해 보세요." (휴식)
- "눈을 감고 다시 한번 이 물체를 상상하면서 바라보세요. 색깔과 자세한 부분까지 생각해 보세요." (휴식)

② 연습(자기의 집)

- "이제 여러분의 집을 상상해 보세요. 여러분은 자신의 집 앞 정원에 서 있습니다. 집의 색깔과 자세한 부분에 주의를 기울이세요." (휴식)
- "정문 쪽으로 걸어가세요. 여러분 집으로 다가갈수록 집이 어떻게 커져 보이는가를 특히 생각하고요."(휴식)
- "문을 열고 집 안으로 들어가세요. 그리고 자신의 방문 쪽으로 걸어가세요." (휴식)
- "여러분의 방안 주위를 자세히 둘러보세요." (휴식)
- "이제, 돌아서서 집 현관문 쪽으로 걸으세요." (휴식)
- "문을 열고 마당으로 나오세요. 그런 다음 돌아서서 다시 여러분의 집을 보세요." (휴식)

③ 연습(집 키우기)

- "여러분의 집을 크게 키워보세요." (휴식)
- "이제 여러분의 집을 보통 크기보다 작게 축소시켜 보세요. 그런 다음 원상태로 집을 상상해 보세요." (휴식)
- "여러분의 집을 보통 크기의 반이 될 때까지 줄여보세요." (휴식)
- "이제 여러분의 집을 아주 크게 만들어 보세요. 그런 다음 다시 정상 크기로 축소시키세요." (휴식)

④ 연습(해변의 휴식)

- "이제 아름답고 따뜻한 여름날을 생각하세요. 여러분은 해변에 서 있습니다." (휴식)
- "해변에 누웠습니다. 그리고 누워 있을 때 닫는 따뜻한 모래를 느껴보세요. 그리고 조용히 누워있을 때 태양의 따뜻함을 느껴보세요."(휴식)
- "해변에서 휴식을 취하고 있을 때, 들려오는 파도 소리를 들어보세요. 모래에 누워있는데 시원한 산들바람이 부는 것을 느껴보세요. 여러분은 지금 따뜻하고, 이완된 느낌일 것입니다."(휴식)
- "흰 구름이 멋지게 박힌 푸른 하늘을 떠올려 보세요." (휴식)
- "따뜻하고 이완된 느낌이 듭니까?"(휴식)
- "이제 눈을 뜨고 서서히 일어나세요."

5. 호흡 훈련법

호흡법은 정신적 이완을 유도하고, 신체적 이완까지도 가능하다고 한다. 호흡법은 서양의 심리적 연구 결과 보다는 동양의 기공이나 참선, 복식호흡과 같은 동양적인 성격이 더 강하다. Harris와 Williams(1993)는 호흡(breathing)은 시합 상황에서 불안과 긴장을 낮출 뿐만 아니라 혈액 중에 산소의 양을 증가시켜 수행을 향상하는 방법이라고 주장하였다. 동양의 대표적인 호흡법으로는 400여 년 전 중국에서 처음으로 기공(Gi Gong)이라는 이완 방법이 소개되었다. 기공 또는 깊은 호흡법은 근본적으로 전통 중국 의학의 주요 요소가 되었다. 중국 기공의 근본 목표는 인도의 요가에서처럼 원활한 혈액 순환을 얻는 데 있다. 그렇게 함으로써 감정의 조화와 안정됨을 확고히 하는 것이다. 또한 기공은 치유하는 과정에서 육체활동이 잘 이루어지도록 도움이 된다고 알려져 있다(Jing, 1987).

호흡법은 조심스럽게 시도되어야 한다. 전문적인 수련과정 없이 잘못된 호흡법이 실행되면, 부작용이 심심찮게 보고되기도 하였다. 우선 호흡법을 통해 이완작용을 실행하려 할 때, 활동과 이완의 기술을 배우고, 경험하게 되는데, 각 단계마다 20~30분이 소요된다. 식후 바로 이완을 수행하거나 수면하는 것을 피해야 한다. 목표는 여러 가지 다른 활동의 난세를 획득하는 것을 배우는 것이지 이완 단계만을 배우는 것은 아니다(최만식, 2004). 호흡법의 핵심은 숨을 들이마시고 내쉬는 과정을 가슴이 아닌 복부로 깊고 천천히 호흡하는 것을 의도적으로 반복하는 것이다. 예를 들면, 약 3~5초 동안 숨을 들이쉬고, 다시 3~5초 동안 숨을 참는다. 마지막으로 3~5초 동안 숨을 내쉰다.

다음은 호흡 훈련법의 수행 단계이다.

1) 다리를 뻗어 등을 대고, 누워 몸을 편안히 한다. 팔을 몸에 대지 않은 채, 겨드랑이에 붙인다. 손바닥을 위로 하고, 눈을 감는다.
2) 호흡하는 데 집중한다. 호흡하는데 편안함을 알게 된다. 움직여진다고 느껴지는 곳에 한 손을 갖다 댄다. 이곳은 아마 가슴이 아닌 배가 될 것이다. 만약 그곳이 가슴이라면 폐의 기능에 도움이 되도록 숨을 깊이 들이마시고, 내쉬어라. 그러나 인위적으로 호흡을 유지하려 하면 안 된다. 손을 단지 들었다, 내리기만 해라. 일단 이것을 실행한 다음, 자기의 손을 몸의 옆 부분에 내려놓고, 자연스러움을 유지해라.
3) 숨을 내쉴 때, 매번 내쉴 때마다 긴장을 없애는데 주의력을 기울이기 시작한다. 만약 자신에게 도움이 된다면, 혼잣말로 내쉬라고 말하고 싶어지거나 내쉴 때마다 스스로가 더욱 편안해짐을 발견할 것이다.
4) 이제 자기의 몸이 긴장을 알아차려 그 긴장을 조절할 수 있을 정도의 준비가 된 것이다. 발부터 시작한다. 다시 자연스레 그 곳에 긴장을 느끼게 되고, 편안해질 때까지 매번 숨을 내쉴 때마다 긴장이 줄어드는 것을 느끼게 될 것이다. 숨을 내쉬면서 이완한다는 말을 스스로에게 하고 싶어질 때다. 다음 단계로 다리 아랫부분과 윗부분, 등, 어깨, 손, 목, 머리, 얼굴로 한다.
5) 이젠 불편한 곳에 긴장이 느껴지는 부분에 다시 몸 상태를 읽을 준비를 한다. 다시 자연스러운 호흡과 내쉼으로 이 불편한 부분의 긴장을 줄인다. 이렇게 할 땐 불편한 몸의 부

분에서 공기가 빠져나간다고 생각하며 호흡을 내쉰다.
6) 지금부터 자기의 몸은 졸리지는 않지만, 최대한 편안하게 된다. 이제 다양한 이완활동 단계를 줄이거나 늘리는 연습을 통해 시험할 수 있다. 호흡법을 수행하기 전에 자거나 일어나기 전, 그리고 수업을 시작하기 전의 이 모든 것은 다양한 이완활동이 요구되는 시간에 시간을 제공하는 데 익숙해질 수 있다. 자신이 활동단계를 낮추고, 끌어 올림으로써 호흡인지를 연습해라. 더 많이 연습함으로써 자신의 통제는 더욱 쉽고, 효과적으로 될 것이다. 앉거나 설 때처럼 몸의 다른 부분들에 있어서 시험해야 한다.
7) 또한 앉았을 때와 섰을 때와같이 다른 자세에서도 연습해야 한다. 결론적으로 자신이 눈을 떴을 때, 높은 불안을 줄일 수 있고, 짧은 시간에 실제 활동 수준으로 바로 적응할 수 있을 것이다. 이러한 연습은 적어도 일주일에 2~5회 정도 실시하고, 매번 실시할 때는 다른 시간 때에도 연습해야 한다. 일단 자신이 호흡법에 숙달했다면, 다음으로 점진적 이완법으로 들어갈 수 있다(Henschen, 1995b).

6. 자생훈련

자생훈련(autogenic traning)은 점진적 이완 훈련과 유사하지만, 자기 스스로 체면을 유도한다는 점에서 차이가 있다. 즉, 자생 훈련은 어떻게 신체부분을 이완시키는가 보다는 신체부분을 어떻게 느끼는가에 더 중점을 두는 훈련이다. 예를 들면, 팔이 무겁고, 따뜻하게 느껴지는가에 대한 훈련을 하는 것이다. 자생 훈련은 심리적, 생리적 자기조절법으로 정신집중과 이완을 기본으로 하여 자기이완, 자기조절로 진행되는 자기 훈련법이다. 연습자는 단계적으로 공식화되고, 표준화된 짧은 문장을 통하여 주의집중을 해서 점차 신체적, 심리적 재 체계화를 경험하게 된다.

이 훈련은 1932년 독일의 Johannes shultz에 의해 처음 소개된 근육 이완 방법으로 유럽에서 널리 사용되고 있고, Schultz와 Luthe(1959)가 체계화하였다. 그는 많은 사람이 최면상태에서 체온이 올라가거나 호흡과 심장박동 등이 변하는 것을 관찰하였다. 기본적으로 이 이완법은 흉식호흡의 이론을 반복하면서 시작한다. 자생훈련법의 규칙은 다음과 같다.

편안한 자세로 두 눈을 감고 호흡은 천천히 깊게, 그리고 온몸의 힘을 빼고 다음의 지시문대로 시작한다.

1) 1단계: 무거움 훈련
   - 나의 오른팔은 무겁다.
   - 나의 왼팔은 무겁다.
   - 나의 두 팔은 무겁다.
   - 나의 오른발은 무겁다.
   - 나의 왼발은 무겁다.
   - 나의 두 발은 무겁다.

2) 2단계: 따뜻함 훈련
   - 나의 오른팔은 따뜻하다.
   - 나의 왼팔은 따뜻하다.
   - 나의 두 팔은 따뜻하다.
   - 나의 오른발은 따뜻하다.
   - 나의 왼발은 따뜻하다.
   - 나의 두 발은 따뜻하다.

3) 3단계: 심박수 훈련
   - 나의 심박수는 안정적이고 정상이다.

4) 4단계: 호흡 훈련
   - 나의 호흡은 조용하고 아주 편안하다.

5) 복부의 따뜻함
   - 나의 복부(배)는 따뜻하다.

6) 이마의 차가움
   - 나의 이마는 차갑다.

이 규칙들은 일주일 동안 하루에 두 번씩 연습하게 된다. 자생훈련은 총 6주에 걸쳐 실시된다. 각 규칙은 한 단계 동안 7번씩 반복된다. 특별히, 하루에 2번의 연습시기를 하고, 각 시기 동안 2

번씩 규칙을 반복할 수 있다. 참가자는 규칙을 반복하며 숨을 내쉬며, 곧 호흡이 리듬을 타게 된다. 모든 순서는 연습시기 동안 2번 이상을 반복하고, 각 주의 끝에는 새로운 규칙을 적용한다.

이완 기술은 운동수행에 매우 중요한데 이완은 마음이 원하는 대로 몸이 반응하는 것을 도와준다. 또한 운동선수들은 다양한 방법으로 이완법을 훈련한다. 물론 이러한 기법이 많이 만들어지고, 실시되었지만, 몇몇 선수들에게만 긍정적인 반응을 보이기도 한다. 즉 여러 방법이 있지만 수행하는 사람은 이 여러 기법 중에 자기에게 가장 잘 맞는 것을 선택해야만 한다(Henschen, 1995b). 이완은 심리적 능력의 기초기술인 것을 기억해야 한다.

7. 주의집중

주의(attention)는 선수가 숙달해야만 하는 가장 중요한 심리적 기술 중의 하나이다. 우수선수는 주의집중 능력이 뛰어나지만, 그렇지 못한 선수는 주의력이 부족하여 산만한 주변과 행동을 자주 보일 것이다. 주의는 여러 형태(폭과 깊이)가 존재하며, 그 조합도 복합적이다. 주의집중의 기술들은 여러 가지이며, 상황에 따라 각각 다르게 된다. 선수가 앞에서 논의된 이완 기술들을 통해 그들의 불안 수준을 통제하는 방법들을 알게 된다면, 주의, 집중 기술들은 매우 효과적으로 배울 수 있다. 그래서 집중은 선수들이 최적의 경기를 하기 위해서 이완기술 다음으로 숙달해야 할 심리기술인 것이다.

1) 주의의 특징

주의의 세 가지 특징으로는 1) 사람들이 집중할 수 있는 양에 대하여 한계성을 지니고 있는데 이를 '주의용량'이라고 한다. 주의한계와 범위는 단순기억의 한계로 7 ± 2로 자동적 처리능력 향상으로 주의 용량의 한계를 극복할 수 있다. 2) 주의의 준비는 각성수준과 불안수준에 직접적인 영향을 받는다. 적정각성수준은 종목의 특성과 상황에 따라 높낮이가 다르다고 한다. 폭 넓은 주의를 요하는 경우와 좁은 주의를 요하는 경우의 주의 준비 수준은 다르게 될 것이다. 3) 주의 선택은 선수들이 집중할 대상을 선정하는 것이다. 선택된 주의는 확실한 정보가 세분화된 처리과정으로 불필요한 다른 정보들은 배제된 결과이다. 엘리트 구기 종목 선수들은 상대편의 포지션과 움직임에 볼이 날아오는 속도와 방향을 견지하는 데 그렇지 않은 선수들에 비하여 뛰어난 실력을 발휘한다. 주의 용량과 더불어 볼이 날아올 것이라는 예감과 볼의 궤적, 상대방의 움직임, 공간의 인지와 경기를 보는 시야 등에서 경기 상황과 관련된 단서에 더욱 효과적으로 주의를 기울일 것으로 볼 수 있다.

2) 주의집중의 유형

Nideffer(1976)는 집중(concenturation) 혹은 주의는 선수가 주어진 상황에서 적절한 단서들에 초점을 맞추고, 특정한 기술의 수행 자체나 복잡한 상황 내에서 이러한 단서들에 대한 그들의 반응을 통제하는 능력으로 정의하였다. Nideffer는 주의집중의 유형을 주의의 폭(width)과 주의의 방향(direction)으로 나누어 모형을 제안했다〈그림 12.1〉. 주의의 폭은 선수가 순간에 다루려는 지각적 장이 얼마나 넓고(broad) 좁은(narrow)지 얼마나 많은 정보와 관련되고 방향은 선수들의 주의가 내적(internal)이냐 외적(external)이냐를 의미한다. 대부분의 선수에 있어서 주의의 바람직한 형태는 분석의 한가지(주의 방향)가 아니라 주로 많은 정보를 허락하는(주의의 폭) 것이다. 대부분의 선수는 상황에 따라 그들의 집중력을 좁히는 것을 배워야 하지만, 적절한 시기에 강화시키는 것을 배우기도 해야 한다.

〈그림 12.1〉은 스포츠 상황에서 주의집중의 네 가지 유형이다. 첫째, 넓고 외적인 유형은 상황을 재빨리 평가하는 데 이용되고 계획하고 분석하는 데 이용된다. 예를 들면, 축구선수가 순간적으로 패스할 곳을 찾는 것이다. 둘째, 넓고 내적인 유형은 계획하고 분석하는 데 이용된다. 예를 들면, 경기 전략과 계획을 발달시키는 것으로 코치가 작전을 계획하는 것이다. 셋째, 좁고 외적인 유형은 하나 또는 두 개의 외부단서에 전적으로 집중하는 데 이용된다. 예를 들면, 양궁선수나 사격선수가 과녁을 조준하는 것이다. 넷째, 좁고 내적인 유형으로 다가올 경기의 연습과 정서 상태를 통제하기 위해 이용된다. 예를 들면, 골프에서 퍼팅을 머릿속으로 연습하거나 선수가 시합전 마음속으로 기술을 연습하는 것이다.

그림 12.1 스포츠 상황에서 주의의 폭과 방향

외적

순간 패스할 곳을 찾는 축구, 농구선수	목표를 조준하는 사격, 양궁선수
작전계획을 수립하는 코치, 감독	시합전 마음속으로 심상

넓음 / 좁음

내적

3) 주의집중 방법

주의집중을 높이는 방법으로는 모의훈련, 과정지향목표, 기능의 과잉학습, 격자판 훈련, 초침 집중훈련, 주의연합전략과 분리전략 등의 방법이 있다.

① 모의훈련

경기장에서는 연습과는 전혀 다른 예측할 수 없는 많은 상황이 존재한다. 이는 주의를 분산시키고 수행의 저하를 가져오는 요인이다. 선수는 유니폼을 입는 것에서부터 경기중 실시하는 의례적인 절차와 경기 진행에 이르기까지 실제 시합과 똑같은 상황을 만들어 놓고 모의훈련을 실시한다.

② 과정지향목표

과정지향목표는 자기가 계획한 목표를 성취하기 위하여 경기에 관해 명확한 행동계획을 세우는 것이다. 경쟁의 결과나 상대방은 자기가 통제할 수 없지만, 과정지향목표는 자기가 통제할 수 있다. 즉, 과정지향목표는 결과보다는 주어진 과제를 해결하는데, 주의를 집중하도록 도와준다.

③ 기능의 과잉학습

과잉학습은 한 가지 이상의 과제를 일시에 할 수 있도록 주의의 배분 기술을 향상해 집중을 더 잘할 수 있게 돕는 것으로, 최상의 수행을 위해서는 필요하다. 즉, 선수가 기능을 자동적으로 감당하도록 함으로써 제한된 주의 용량으로 더 많은 것을 감당할 수 있게 된다.

④ 격자판 훈련

격자판 훈련은 가로와 세로 10칸씩 총 100개의 칸에 1부터 100까지의 숫자가 임의로 채워진 숫자판에서 지도자가 지시한 숫자부터 차례로 찾아내는 훈련 방법이다〈그림 12.2〉. 유럽 선수들은 보통 1분에 20~30개의 숫자를 찾는 것으로 나타났고(Harris & Harris, 1984), 우리나라의 양궁선수들은 1분에 10~20개 정도 찾는 것으로 확인되었으며, 우수선수와 비우수선수 간의 유의한 차이는 없었다(김병현 등, 1991). 숙달되면 어떠한 숫자에서나 시작할 수 있다.

그림 12.2 격자판

22	71	77	91	10	27	69	78	92	00
24	21	62	13	31	84	53	30	34	36
33	01	14	46	85	35	74	06	05	95
57	98	18	81	61	07	51	72	73	56
83	67	41	26	32	17	58	90	16	96
89	60	75	99	64	59	28	49	94	12
29	42	54	11	86	08	40	04	87	80
48	45	63	23	44	25	38	47	97	20
68	79	43	15	03	09	70	82	88	19
93	55	65	52	66	50	76	02	37	39

⑤ 초침 집중훈련

초침이 있는 시계를 이용한다. 초침의 움직임에 주의를 집중하여 1분간 5초마다 손가락을 꽉 쥐어 소리를 내거나 한쪽 눈을 깜박인다. 그다음에 1분간 10초마다 동일한 방법으로 실시한다. 마지막으로 다시 1분간 5초마다 손가락을 꽉 쥐어 소리를 내거나 한쪽 눈을 깜박인다. 이러한 절차를 2회 실시한다. 다음에 눈을 감고 '시작'신호와 함께 머릿속으로 30초를 세고 30초가 되었다고 생각하였을 때 눈을 뜨고 초시계를 확인한다.

⑥ 주의 연합전략과 분리전략

주의전략에는 선수들이 운동하는 동안 고통을 잊기 위해 주의를 과거의 즐거웠던 일을 회상하거나 변화하는 환경에 집중하는 방법의 주의 분리전략과 선수들이 자기의 호흡, 체온, 맥박 그리고 허벅지나 종아리에 느껴지는 근육지각 등과 같은 내적인 변화에 주의를 집중하는 주의 연합전략이 있다. 익숙한 일을 수행하는 경험 많은 선수는 주의 연합전략이 효율적이고 새로운 일을 수행하거나 경험이 적은 선수는 주의의 분리전략이 효과적이다.

4) 주의집중 연습

코치가 선수에게 단지 집중하라고만 말하는 것으로는 충분하지 않다. 집중은 다면적인 기술이기 때문에, 선수들은 주의 기술들을 향상하기 위해 사용될 수 있는 많은 연습 방법을 알고 있어야 한다.

① **외부의 소리 듣기(넓은-외적주의)**: 선수들은 눈을 감은 채 누워서 그들 주위에서 들리는 소리에 집중하도록 하라. (3분)
② **자기의 신체 소리 듣기(넓은-내적주의)**: 선수가 눈을 감고, 자기의 귀를 손가락으로 막고서 누워있게 한다. 그런 다음 선수는 자신 몸의 모든 소리, 위, 호흡, 심장의 쿵쿵거리는 소리에 집중한다. (2분)
③ **생각 흘려보내기(좁은-내적주의)**: 편하게 눈을 감고서 쉬는 동안 선수가 자신의 마음이 표면으로 가져오는 생각들에 집중한다. 이것은 비판단적이고, 수동적인 태도에서 행해지는 것이다. 그 생각들을 수동적으로 인식하고, 생각들이 나름의 속도로 마음속에 들어와서 나가도록 한다. (2분)
④ **문제 집어내기(좁은-내적주의)**: 자신을 괴롭히고 있는 하나의 문제를 집어내서 그에 대한 가능한 많은 해결책을 달라고 자신의 마음에 요청한다. 그 마음이 각 해결책을 제시할 때, 그것을 풍선 안에 넣고서 그것이 천천히 떠다니도록 한다. 나타날 다음의 해결책을 조용히 기다린다. 이것은 비판단적 형태로 성취될 수 있다. (5분)
⑤ **대상 연구하기(좁은-외적주의)**: 자기의 손에서 쉽게 조작할 수 있는 작은 물건(동전, 클립, 반지 등)을 가지고 와서 그 물건에만 오로지 집중한다. 만약 지루해지거나 떠돌아다니기 시작하면 그 물건에 다시 집중한다. 이 연습은 할 때마다 물건을 바꿔야 한다. (5분)
⑥ **자기의 심장박동 듣기(좁은-내적주의)**: 편안한 자세에서 눈을 감고, 자기의 심장박동 소리를 듣는다. 자기의 심장박동 소리만 들으려고 노력한다. (3분)
⑦ **마음 비우기(좁은-내적주의)**: 검은색 이외에는 어떤 생각도 하지 않는다. 자신의 마음을 조절하려고, 노력해서 자기에게 어떤 생각도 들어오지 못하게 한다. (1분)
⑧ **이동 연습**: 이것은 1회당 10분 동안, 3주 연습이다. 첫 번째 주에 선수는 아무런 그림이 없는 읽을만한 흥미로운 책을 찾아내어야 한다. 선수는 조용한 장소에서 독서하고, 그 책에 대한 이해에 초점을 맞추어야 한다. 두 번째 주, 책을 읽으면서 동시에 라디오를 들어야 한다. 이것을 10분 동안 하고 나서 주변사람에게 무엇을 읽었는지 그리고 라디오에서는 무엇이 진행되고 있었는지를 말해야 한다. 세 번째 주 동안, 선수는 10분 동안 책을 읽고, 라디오를 듣고, 동시에 텔레비전도 보아야 한다.

이것은 재미있는 연습이지만, 이를 통해 선수는 하나의 직접적인 단서초점에서 다른 것으로 빠르게 움직이는 것을 배우게 된다. 이러한 집중 연습을 연구자들이 수십 년 동안 수많은 종목의 운동선수들과 효과적으로 사용했던 것들이다. 자신의 주의 형태를 향상시킬 수 있는 자기만의 것들을 창조적으로 보완할 수 있을 것이다. 이러한 연습과 관련하여 한 가지 제안할 것은 2주 동안 매일 그것들을 연습하라는 것이다. 우리가 운동선수들과 작업을 할 때, 그들의 스포츠 심리 숙제로서 항상 위의 연습들을 적어도 매일 10분 정도는 하도록 요구했다. 여러분들이 이러한 기술들을 연습하지 않는다면, 어떻게 이러한 기술들을 숙달할 수 있겠는가?

아마도 시합할 때 집중 기술들은 모든 정신적 연습 기술 중 가장 중요 기술일 것이다. 집중, 각성, 불안, 자신감은 다른 것들에 영향을 주는 변인들로 서로 복잡한 관계를 맺고 있다.

불안이 증가함에 따라 집중력은 떨어지게 된다. 각성수준이 증가함에 따라서, 집중력은 좁아진다. 높은 수준의 자신감이 있는 운동선수들은 집중력을 잃지 않고서 더 많은 각성을 다룰 수 있다.

선수들은 모든 주의 기술에 효과적으로 적응되어 그것들을 자동으로 이용할 수 있게 되어야 한다. 누구도 선수에게 집중기술을 줄 수 없다. 그들이 스스로 배워야 한다(Henschen, 1995a).

8. 자기 대화

자기 대화는 스스로 자기 자신에게 다짐하는 말로 자화(self talk)이다. 자화는 스포츠상황에서 불안을 감소시키고 과제에 집중하고 자신감을 높일 수 있는 장점이 있다. '침착해, 집중하자, 잘하자, 차분하게, 나는 할 수 있다, 나는 최고다.'등의 단어나 문장으로 나타난다. 사람들은 항상 자신과 얘기하고, 대화한다. 그것이 긍정적이든 부정적인 대화이든 욕구 분출의 한 형태로 나타나고 자기암시는 마음가짐과 자기 대화를 통해 행동으로 나타나기도 한다. 즉, 정신은 우리의 신체를 지배하며, 마음가짐이 신체 작용에 분명한 효과를 미친다. 운동선수들이 무엇이든 할 수 있다고 또는 없다고 말한다면, 그렇게 될 것이라는 바람이 들어있는 것이다.

신체는 원하는 초점에 의지하여서 그렇게 될 것이다. 만약 말하는 것이 어떤 사물에 치중

된다면, 우리 몸은 그 사물을 취하려고 시도할 것이다. 부정적인 자기 대화는 대부분 불쾌한 정서인 고뇌, 좌절감, 노여움, 상당한 스트레스와 함께 나타나는 것이다. 아주 우수한 수행력이 입증되기 전에, 부정적인 정서는 완화시켜야 할 것이다. 긍정적이거나 부정적이든 간에 자기 대화는 수행력에 효과 있는 정서 상태를 유도해야 한다. 성공적인 선수들은 자기 대화를 잘 이끌어 내는 것으로 입증되었다. 긍정적인 자기 대화는 다음과 같이 구분된다.

1) 무언가 원하지 않는 것이 아니라 원하는 것에 초점을 두는 것.
2) 두 가지 유형의 자기 대화를 갖는 것으로 하나는 연습을 위한 자기 대화, 다른 하나는 시합을 위한 자기 대화이다. 연습을 위한 자기 대화는 긍정적이지만 내성적이며, 분석적이고 시합을 위한 자기 대화는 자신감 있고, 결정적이고, 행동지향적인 것이다.
3) 과정에 초점을 맞춰라. 내가 어떻게 했는가 혹은 무엇인가를 하려고 하는 것보다는 노력에 초점을 두는 것이다(무언가 통제할 수 있는 것). 결과지향적 자기 대화는 불안을 야기하고, 현 상태의 수행과정에 초점을 두는 것을 떨어지게 한다.
4) 현재 시간 차원. 현재 순간 자기 대화는 전적으로 과정에 몰두하는 것이다. 이 글을 읽는 대부분의 독자는 수행력이 최고점을 이루거나 이루는 시기를 경험했을 것이다. 즉 긍정적이며, 현재적인 자기 대화는 절대적인 것이다.

9. 목표설정

목표(goal)란 특정한 시간 내에 과제에 대한 정해진 효율성의 기준을 성취하는 것이다. 목표는 내용(content)과 강도(intensity)의 속성을 가지고 있으며 목표의 내용은 달성하고자 하는 목적이나 결과를 말하며 강도는 목표를 달성하기 위해 자기가 얼마나 큰 노력과 시간을 투자하는가를 말한다.

목표는 일반적인 목표(general objects goals)에서는 주관적인 목표(subject goals)와 구체적인 목표(specific objects goals)로 구분되고, 스포츠심리학자들은 경기 결과에 초점을 맞추어 설정한 결과목표(outcome goals)와 선수들의 구체적인 행동들에 초점을 맞추어 설정한 수행목표(performance goals)로 구분하였다. 결과목표는 올림픽에서 메달을 따거나 대회에 출전해서 3위 이내에 입상하는 등 시합의 결과에 중점을 둔 목표로 달성 여부가 자기의 능력뿐만 아니라 자기가 통제할 수 없는 외적인 요인에 의해 달라진다. 반면 수행목표는 자기의 과거 수행과 비교하여 달성하고 하는 목표나 기준을 말한다. 즉 결과목표는 상대방과 비교하는 것이지만 수행목표는 자기의 수행이 기준이 된다. 그래서 수행목표를 세우면 결과목표를 설정한 것보다 경기 중에 과제에만 집중할 수 있어 불안이나 부정적인 정서를 낮출 수 있고 수행 결과도 좋게 나타난다.

목표설정의 이점은 목표는 기술이 수행되는 동안 중요한 요소에 주의를 집중토록 한다. 목표는 선수를 노력하게 하고 선수의 인내심을 지속 유지 시킨다. 그리고 목표는 선수가 새로운 학습전략을 개발하도록 촉진한다(Locke & Latham, 1985). Martens(1987)는 목표설정의 원리를 따르면 수행을 향상하고, 연습의 질을 높이고, 무엇을 달성할 것인지를 명확하게 해주며, 도전감을 주므로 훈련의 지루함을 덜어준다고 하였다. 또한 목표는 달성하고자 하는 내적동기를 높이고 긍지, 만족감, 자신감을 향상하는 효과가 있다고 하였다.

지도자와 선수는 목표설정 시 다음과 같은 사항을 고려해야 한다.

① 목표는 구체적이고 객관적인 목표를 설정한다. 최선을 다하라는 말은 어느 정도 동기유발 효과가 있지만 구체적으로 목표를 설정해 주는 것만큼 효과가 크지 못하다. 목표는 구체적이며, 측정할 수 있고, 행동적인 목표 즉 수치화하는 것이 바람직하다.
② 도전적이고 현실적인 목표를 설정한다. 목표가 너무 어려우면 실패할까 봐 노력을 덜 하고 너무 쉬우면 노력을 기울이지 않는다. 목표는 어려우면서 도전할 만하고 실현이 가능한 목표를 설정하는 것이 좋다.
③ 단기목표와 함께 중기목표, 장기목표를 설정한다. 장기목표는 최종목표의 방향을 설정해 주고, 단기목표와 중기목표는 달성이 어려운 장기목표를 실현할 수 있게 해준다.
④ 결과목표보다 수행목표를 설정한다. 결과목표는 선수가 통제할 수 없지만, 수행목표는 선수가 통제할 수 있기 때문에 연습, 노력 등의 수행목표를 설정한다.
⑤ 팀의 목표를 고려하여 개인의 목표도 함께 설정한다. 목표설정 과정에서 팀 목표를 설정하고 함께 선수 개개인의 목표도 함께 설정하는 것이 응집력과 목표달성 효과를 높인다.
⑥ 목표 수정과 변화를 수용할 수 있는 융통성 있게 설정한다. 선수는 목표달성 여부가 불투명해지면 포기하게 된다. 그래서 목표는 융통성을 발휘해 상황에 따라 수정 가능하게 설정한다.
⑦ 목표설정 시 지도자와 상의하여 선수 자기가 설정한다. 목표설정 과정에서 지도자는 선수와 상의해서 선수의 의견을 반영한다. 그러면 선수는 책임감과 통제감이 생겨 목표달성을 위해 더 노력한다.

⑧ 목표를 세우면 서면으로 작성한다. 목표를 설정하면 눈에 잘 보이는 곳에 게시하고 자기와의 계약서를 작성하면 더 좋다.
⑨ 목표설정과 함께 전략도 함께 개발한다. 목표를 설정해 놓고 어떻게 달성할 것인지 구체적인 전략이나 방안을 마련하지 않는 경우가 비일비재하다. 상황에 따른 구체적인 전략을 계획한다.
⑩ 목표달성을 정기적으로 평가하고 피드백을 제공한다. 목표달성의 효과를 높이려면 주기적으로 피드백을 제공하는 것이 바람직하다. 수치화하는 것이 바람직하고 평가회를 통해 설정한 목표와 수행 수준을 비교한다.

스포츠 상황에서 목표설정의 원리를 적용하면 불안이 감소하고 과제에 집중할 수 있고 목표달성이 쉬워진다. 지도자는 목표설정의 원리를 고려하여 목표를 설정할 때는 준비단계, 교육단계, 평가단계로 구분하여 설정하는 것이 바람직하다.

① **준비단계**: 지도자는 개인과 팀의 목표를 파악한다. 선수의 잠재능력, 신념, 연습시간, 개인기술, 팀전력, 재미, 심리기술 등을 고려한다.
② **교육단계**: 지도자는 목표설정에 대한 가치, 효과, 목표의 유형, 목표설정의 원리 등을 소개하고 교육한다.
③ **평가단계**: 선수나 팀이 목표를 설정하고 실행하면 목표달성 여부를 정기적으로 평가해 주어야 한다. 평가단계에서 너무 쉽거나 어려운 목표는 도전감을 줄 수 있는 목표를 수정하는 것이 좋다.

선수들은 목표설정 과정에서 목표달성의 진도를 파악하지 못하고, 구체적이며 측정할 수 있는 목표를 설정하지 못하며 너무 많은 목표를 설정하고 결과목표를 설정하는 경우가 흔히 발생한다. 이때 지도자는 목표를 주기적으로 평가하고 재설정하며 목표를 수치화해 준다. 그리고 어린 선수에게는 목표의 우선순위를 정해서 점진적으로 설정하고 선수가 통제할 수 있는 수행목표로 설정해 주는 것이 바람직하다.

10. 인지적 재구성

선수들은 불안과 긴장을 겪는 스포츠 상황에서 다가올 일에 대해 부정적인 생각을 한다. 부정적인 생각이 머리에 떠오르면 선수가 할 수 있는 최고의 방법은 부정적인 생각을 긍정적인 생각으로 바꿔주는 것이다. 인지적 재구성(cognitive restructuring)의 기본원리는 운동선수 자기가 걱정하는 생각이 과연 자신이 통제할 수 있는가를 생각한 다음 자신이 통제할 수 있는 부분만 신경을 쓰고 그렇지 못한 부분은 걱정하지 않는 것이다. 즉, 부정적인 생각을 찾아내서 긍정적인 생각으로 바꾸는 데 효과가 높은 기법이다. 예를 들면, "배구에서 서브가 코트 밖으로 벗어날 것 같다.", "골프공이 페널티 구역에 빠질 것 같다.", "농구의 자유투를 실수할 것 같다.", "이번 경기에서 질 것 같다." 등 집중을 방해하는 수많은 부정적인 생각이 떠오를 수 있다. 위 예들은 아직 일어나지 않은 일이기 때문에 부정적인 생각을 긍정적으로 바꿔주는 것이 중요하다.

인지적 재구성은 지각, 중지, 반박, 대체의 4단계로 진행된다.

1) 1단계 지각은 부정적인 생각을 찾아낸다.
2) 2단계 중지는 꼬리에 꼬리를 무는 부정적인 생각에 stop, 중지 명령을 내린다.
3) 3단계 반박은 부정적인 생각을 논리적으로 반박한다.
4) 4단계 대체는 합리적이고 긍정적인 생각으로 바꾼다.

11. 체계적 둔감법

체계적 둔감법(systematic desensitization)은 불안이나 스트레스를 유발하는 자극에 대해 불안반응 대신에 이완반응을 나타냄으로써 불안이나 스트레스에 대해 점차 둔감해지도록 하는 훈련 방법으로 1958년 남아공의 심리학자 조셉웰피가 개발하였다. 선수들이 스포츠 수행에 대해 과도한 불안을 느낀다면 체계적 둔감법을 이용하여 불안을 낮출 수 있다. 체계적 둔감법은 점진적 이완기법, 불안위계 작성, 이완상태에서 불안위계에 따라 실시된다. 즉 체계적 둔감법을 이용하기 위해서는 점진적 이완기법을 사전에 학습해야 하고, 불안위계 작성, 그리고 이완상태에서 불안위계에 따라 실시한다.

체계적 둔감법 훈련을 위해서는 불안을 일으키는 상황을 중요도 순서에 따라 10개

정도를 준비한다. 불안은 중요도가 낮은 순서부터 극도의 불안을 일으키는 중요도가 가장 높은 순서대로 배열한다.

불안을 일으키는 상황이 준비되면 불안을 유발하는 상황과 점진적 이완기법을 접목한다. 우선 첫 번째 불안 위계 상황을 심상하고 긴장과 불안이 느껴지면 점진이완 기법을 활용하여 긴장을 제거한다. 불안을 느끼지 않을 때까지 계속해서 불안 유발과 이에 따른 대처를 반복한다. 첫 번째 단계에 대해 아무런 불안을 느끼지 않으면 상위 단계로 높인다. 상위 단계를 상상해 보고 불안이 유발되면 다시 점진적 이완기법을 실시한다. 이처럼 불안 상황에 대한 점진적 이완기법은 가장 높은 수준의 불안을 일으켰던 마지막 불안 단계까지 계속한다. 반복된 연습으로 선수들은 불안 상황에 대해 점차 둔감해지며 최종적으로는 가장 높은 수준의 불안을 일으켰던 상황을 극복할 수 있게 된다.

〈표 12.1〉은 배구에서 Weinberg와 Gould(1995)가 제시한 체계적 둔감화의 적용의 방법이다.

표 12.1 배구선수의 체계적 둔감화 훈련

강도	연습 내용
1	평상시 연습을 시행한다.
2	시합 전에 준비운동을 한다.
3	경기장 방송에서 우리 팀이 소개된다.
4	첫 게임을 준비한다.
5	10대 2로 앞서는 상황에서 서브를 넣는다.
6	내가 좋은 플레이를 한 다음에 서브할 준비를 한다.
7	10대 2로 앞서는 상황에서 서브 리시브를 준비한다.
8	내가 막 실수를 한 다음에 서브 리시브를 준비한다.
9	14-13 상황에서 매치 포인트를 결정한 서브를 넣는다.
10	13-14 상황에서 매치 포인트를 결정할 리시브를 준비한다.

12. 루틴

 루틴(routine)은 선수들이 최상의 운동수행을 발휘하는 데 필요한 이상적인 상태를 갖추기 위한 자신만의 특이한 행동이나 행동양식이라 정의할 수 있다. 우수선수들의 루틴을 살펴보면, 위기 상황이나 일반상황에서도 항상 일정하며, 일관성이 있다는 것이다. 모든 운동은 예비동작과 실제 수행동작이 있는데, 루틴은 바로 수행 전 동작을 말한다. 징청희 등(2009)은 루틴의 중요성으로 3가지를 주장하였다. 첫째, 선수들이 부적절한 내적, 외적 방해로 인해 정신이 산만해질 때, 운동과 무관한 것을 차단해 준다. 둘째, 루틴은 다음 수행에서 상기하여야 할 과정을 촉진하고, 다음 상황에 대한 친근감을 제공한다. 셋째, 수행에 앞서 사전에 설정된 수행과정을 제공함으로써 일관된 수행을 도와준다.
 루틴은 경기전 루틴, 경기 중 루틴, 경기 후 루틴, 미니루틴(수행루틴)을 구분된다.

① 경기전 루틴은 준비운동, 장비의 준비, 필수적인 전술에 대한 재검토, 지도자 팀 동료와의 대화, 정신적 준비 등을 포함한다.
② 경기 중 루틴은 수행 중간에 모든 수행에 대해 조절할 수 있도록 휴식, 재정비, 재집중 등이 포함된다.
③ 경기 후 루틴은 신체적인 부분, 장비 부분, 심리적 감정적인 부분을 포함한다.
④ 미니루틴은 운동수행에서 특정한 동작을 하기 직전의 수행루틴으로 인지적 요인과 행동적 요인을 포함한다.

 수행자들이 숙달해야만 하는 최종적 심리적 기술은 정신적 루틴이다. 이 루틴은 개인마다 독특하며, 수행을 최적으로 진행이 되기 위해 정신적으로 준비하는 것이다. 이러한 루틴은 정신적 기술의 몇 가지를 포함하거나 가능한 한 모두 포함한 기술이다. 이완, 집중, 심상, 자기 대화는 대부분 정신적 루틴의 일반적인 부분이다. 만약 시합 전 정신적 루틴이 효과적이라면, 선수들은 시합에서 이상적인 정신 상태에 도달하게 될 것이다.
 다음은 양궁선수의 시합루틴으로 시합장에 도착하여 시합이 끝난 후까지의 행동과정은 〈표 12.2〉과 같다.

표 12.2 양궁선수의 시합루틴의 예

취침 전	먼저 장비를 확인한다. 화살에 이름이 지워지지 않았는지 확인하고 깃, 노크 포인트로 확인한다. 그리고 조누기대가 흔들지 않도록 나사를 잘 조이고, 노킹이 잘 매어져 있는지 다시 한 번 확인 한다. 약간의 긴장감은 되지만 "나는 할 수 있다!", "나는 최고다!"라고 생각하면서 나에게 자신감을 심어준다. 잠들기 전에 거울을 보면서 시합 때 해야 할 자세를 잡아보고 자세를 잘 느낀다. 다시 한 번 "나는 최고다."라고 생각하고, 평소보다 일찍 잠자리에 든다.
기상 후	천천히 눈을 뜬 후, 자리에서 일어난다. 가장 먼저 창문을 열어 날씨(바람, 비 햇빛)를 확인하고, 시합을 어떻게 풀어 나갈 것인지 한 번 생각해본다. 시합 때 입을 단체복을 챙긴 뒤 씻으러 간다. 얼굴을 씻고, 양치를 끝내고, 거울을 보며, 자세 느낌을 다시 한 번 잡아본다. 그리고 "잘 해 보자!"라고 생각하고. 단체복을 챙겨 입는다. 그리고 아침식사는 많이 먹지 않도록 하고, 천천히 먹는다.
시합 1시간 전	최대한 편하게 쉴 수 있도록 하다. 어느 정도 긴장이 되지만 복식호흡과 이미지 트레이닝으로 마음을 가라앉힌다. "나는 할 수 있다.", "자신 있게 하자.", "다 잘 될 것이다."라는 긍정적인 생각들로 자신감을 심어준다.
시합 5분 전	조준기 위치를 확인하고, 화살을 다시 한 번 점검한다. 의자에 앉아 조용히 시합을 기다린다. 거리감을 익히기 위해서 틈틈이 타깃을 본다. 시합 1분 전이라는 방송이 나오면, 의자에서 일어나 몸을 서서히 움직인다. 그리고 "자신 있게 하자.", "나를 믿고 시합을 하자."라는 말로 나에게 파이팅을 외친다.
경기 후	오늘 경기에 무척 만족한다. 자신 있게 시합을 이끌어 나갔으며, 나 스스로도 대견스럽고, 자랑스럽다. 이번 시합을 통해 내 자신이 한 단계 더 올라선 것 같다.

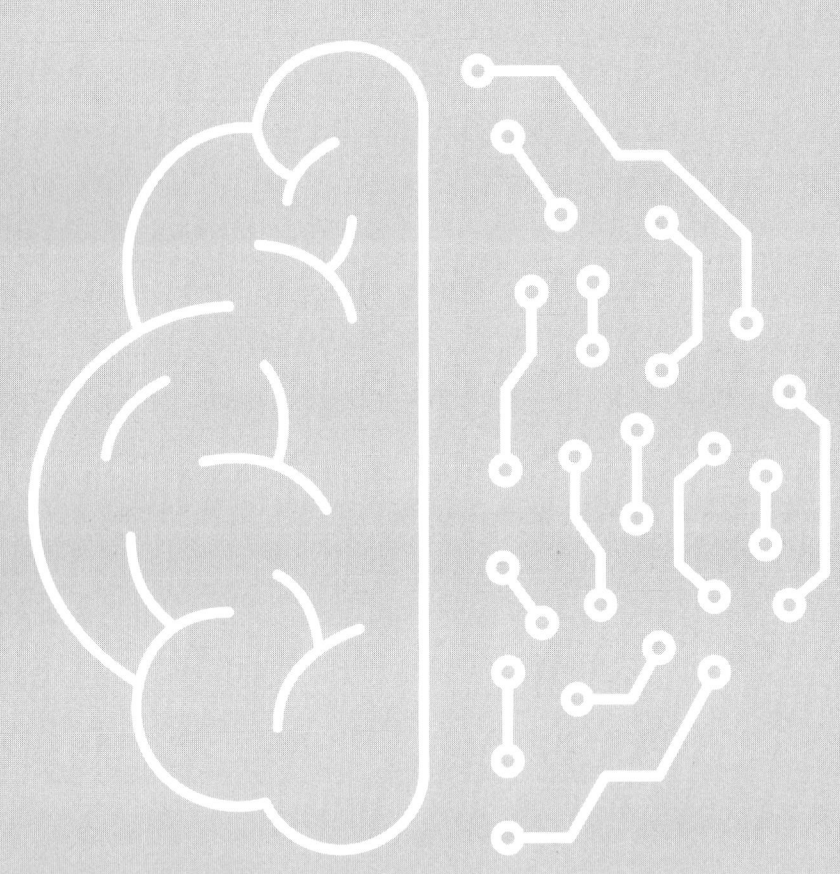

제13장

건강운동 심리학

　현대인들은 조직화하고 세분된 현대생활 속에서 다양한 스트레스와 불안에 시달리고 있으며 정신장애로 인하여 괴로움을 겪는 사람들이 많아지고 있다. 이러한 정신장애를 치료하기 위해 약물과 심리치료에 의존하고 있지만 꾸준한 신체활동과 운동이 정신건강에 효과적이라는 과학적인 결과들이 보고되면서 사람들은 운동에 참여하고 있다.

　건강운동심리학은 일반인과 동호인들의 체력과 건강증진, 행복과 삶의 질 향상에 운동이 어떠한 영향을 주는지를 관심 분야로 살펴보고 있다. 이러한 건강운동심리학의 이해를 돕기 위해서 건강운동심리학의 정의, 운동과 정신건강, 심리적 효과, 운동심리 이론, 중독, 운동참여와 실천 중재 전략에 관하여 살펴보고자 한다.

1. 건강운동심리학의 이해

1) 건강운동심리학의 정의

운동이 개인의 체력과 건강증진, 행복한 생활에 순기능적인 영향을 준다는 사실은 다양한 선행연구를 통해 검증되었으며 모두가 알고 있는 주지의 사실이다. 따라서 운동에 참여하지 않는 많은 사람을 운동할 수 있게 만드는 일은 운동전문가, 건강전문가, 그리고 공공 기관의 중요한 임무라고 할 수 있다. 이를 성취하기 위해서는 개인의 인지, 태도, 행동을 변화시키고 동기와 개인에게 영향을 주는 사회적 요인들에 대한 이해가 우선되어야 한다. 즉, 건강운동심리학은 건강한 삶을 영위하기 위하여 일반인을 목적으로 운동에 대한 개인의 인지, 태도, 행동, 사회적 요인에 대한 이해를 토대로 운동참가와 지속 동기, 운동지속을 위한 전략 그리고 운동의 심리적인 효과 등을 과학적으로 검증하는 학문이라 할 수 있다. Rejeski와 Thompson(1993)은 건강운동심리학을 체력의 매개변인들을 증진하고 설명, 유지, 향상하기 위해 심리학의 과학적, 교육적 그리고 전문적인 지식과 관심사를 반영하는 것이라고 정의하였다.

2. 운동과 정신건강

1) 운동과 성격

운동으로 인한 신체 변화는 자기의 신체 이미지, 자기개념, 자긍심을 높일 수 있는데 Sonstroem과 Morgan(1989)은 운동에 참여한 성인남녀, 대학생, 초등학생, 중등학생의 모두에게 체력의 향상과 자긍심 사이에 긍정적인 관계가 있다고 보고하였다.

운동과 성격에 대하여 Blumental 등(1982)은 실험 대상을 유산소성 운동집단과 근력운동과 유연성 운동집단의 두 집단으로 분류하고 피험자를 무선으로 배정한 후 12주간 운동을 시행한 결과 두 집단에서 A형 행동 성격이 뚜렷하게 감소하였다. 특히 유산소성 운동을 시행한 집단이 근력운동과 유연성 운동을 함께 시행한 집단보다 정신적 스트레스에 대한 심장의 반응도를 낮추는 데 훨씬 더 효과적인 것으로 나타났다. 따라서 장기적인 운동과 유산소운동이 A형 행동 성격을 감소시킬 수 있고, 그 결과 심장질환으로 인한 사망을 감소할 수 있는 실용적인 방법이라고 할 수 있다. A형 행동(type A behavior) 성격은 시간 강박증, 과도한 경쟁심리, 쉽게 각성하는 적대감 등의 특징을 소유하고 있으며 특히 심장질환 환자에게서 주로 발견되는 정서적 특징으로, 분노와 적대감이 심장병 발병의 가장 큰 원인이 된다(Friedman & Rosenman, 1974).

Courneya 등(1999)은 성격 5요인 중에서 성실성과 외향성이 높은 사람일수록 빠르게 걷기 같은 중강도의 운동이나 달리기 같은 고강도 운동에 더 많이 참여하지만, 정서적인 불안정성이 높은 사람은 운동에 참여하거나 실천하는 행동이 낮다고 하였다.

2) 운동과 정서

정서(emotion)란 인간의 마음에 나타나는 기쁨과 슬픔, 유쾌함과 불쾌함, 즐거움, 공포, 화, 수치심 등의 주관적인 느낌을 말한다. 많은 연구 결과 운동과 신체활동이 성인들의 자긍심과 활력 감의 긍정적인 정서를 높이고 불안, 긴장, 노여움, 의기소침 등의 부정적인 정서를 감소시키는 것으로 보고되고 있다. 우울증 환자를 대상으로 한 연구에서는 유산소운동과 무산소 운동이 단순한 레저 활동보다 우울증 질환에 더욱 효과적인 것으로 나타났다. 달리기와 같은 유산소운동이 단순한 레저 활동보다 우울증 질환에 더욱 효과적이며, 특히나 신체활동의 참여를 높임으로써 노인들의 정서 상태는 긍정적인 효과를 보이는 것으로 밝혀졌다. Snyder(1974)는 건강한 성인을 대상으로 활발한 운동의 참여와 심리적 행복감은 긍정적인 관계가 있으며 남성보다 여성에게서 더 효과적이라고 보고하였다. Biddle과 Mutrie(2001)는 기분상태검사지(POMS)를 사용한 연구를 분석한 결과 운동과 활력은 긍정적인 관계가 있고, 운동과 긴장, 분노, 혼동, 피로 요인은 부정적인 관계가 있다고 보고하였다.

3) 운동과 기분

신체운동과 기분상태 사이의 긍정적인 관계는 주자 상승감(runner's high)이 대표적이다. 주자 상승감은 달리는 동안에 느끼게 되는 행복감, 만족감, 도취감 또는 쾌감으로 달리는 사람은 기대하지는 않지만, 높은 편안함과 시공간을 초월한 기분을 경험하는 것이다. 이 주자 상승감은 달리는 모든 사람이 경험하지는 않지만, 9~78%가 경험한다(Sachs, 1984).

Markoff 등(1982)은 기분상태검사지(POMS)를 활용하여 실험한 결과 1시간 달리기 후 긴장과 분노 요인에서 점수가 뚜렷하게 감소하였다고 보고하였다. 그리고 마라톤 선수와 조깅하는 동호인, 운동을 하지 않는 통제집단을 비교 분석한 연구에서도 마라톤 선수, 조깅하는 동호인, 운동을 하지 않는 통제집단 순으로 긍정적인 기분상태가 높은 것으로 나타났다.

수영종목에서도 기분상태에 긍정적인 효과를 보였는데 초급자와 중급자 모두 수영 운동 후 긍정적인 기분상태를 경험하였다. 특히 고강도 운동보다 저강도 유산소성 운동이 기분상태에 효과가 높은 것으로 이해할 수 있다. 이양주(2013)의 연구에서도 풀코스 마라톤 참여자들을 대상으로 운동자각도를 측정한 결과 저강도로 참여할수록 만족감, 몰입, 지속 등이 높게 나타났다.

4) 운동과 불안

운동과 불안과의 관계를 분석한 많은 연구를 보면 운동 후 불안 수준이 감소한다는 것을 알 수 있다. Bahrke와 Morgan(1978)은 20분간의 고강도 운동과 정적 휴식, 비형식적 명상이 상태불안 감소에 효과적인지를 실험한 결과 모든 집단에서 일정하게 효과가 나타났음을 보고하였고, 특히 높은 수준의 상태불안 특징이 나타난 사람에게서 유의한 감소가 나타났다. Morgan(1987)은 7개의 연속 실험 결과를 기초로 상태불안을 효과적으로 감소시키기 위해서는 최소한 최대 운동능력의 70%의 강도 이상으로 운동해야 한다고 제안하였다.

Petruzzello 등(1991)은 운동과 불안에 대한 100편의 논문을 분석한 결과 운동은 불안을 감소시키는 효과가 있으며 특히 무산소 운동보다 유산소운동이 효과가 높다고 보고하였다. Focht와 Koltyn(1999)은 고강도의 저항운동은 불안을 높이지만 저강도의 저항운동은 불안을 감소시킨다고 하였다.

5) 운동과 우울증

우울증(depression)은 낙담, 낮은 자존감, 비애, 자포자기 등의 특징을 가지고 있으며 성급함, 결단력 부족, 잦은 피로감, 사회적 은둔에서 자살까지도 이어지는 특징이 있다. 일반적으로 심각한 우울증 환자에게는 약물요법을 사용하였지만, 최근에는 운동이 우울증 치료에 미치는 효과가 다양한 연구를 통해 입증되고 있다.

North 등(1990)은 80개의 논문을 메타 분석한 결과 운동은 나이와 상관없이 우울증 수준을 감소시키고 정상인보다 우울증세를 가진 환자들에게 더 큰 효과가 있는 것으로 보고하였다. 또한 운동 기간이 길고 주당 운동 빈도가 높을수록 효과가 큰 것으로 나타났지만, 운동의 강도에서는 우울증의 변화와 관련이 없었다. 그리고 장기간 운동의 우울증 감소 효과가 레저 활동, 심리치료, 이완보다 큰 것으로 나타났고 운동과 심리치료가 더해질 때 가장 큰 효과를 보였다. 따라서 우울증을 치료하기 위한 가장 유용한 방법은 운동과 심리치료를 병행하는 것이라 할 수 있다. Buckworth와 Dishman(2002)은 우울증 환자를 위한 운동

지침으로 주당 3회~5회, 20분~60분, 최대 심박수의 55%~90%의 ACSM의 기준을 활용해도 괜찮다고 하였다.

6) 운동과 스트레스

스트레스가 유발하면 다수의 사람은 다양한 방법으로 최선을 다해 대처하고자 노력하며 운동도 중요한 대처 방법의 하나이다. 운동과 스트레스의 관계에 관한 연구는 유산소성 운동이 주를 이루고 있다.

Crew와 Landers(1987)는 유산소성 운동과 스트레스 반응에 관한 34편의 연구를 메타 분석 한 결과 유산소성 운동에 참여한 사람들이 심리적인 스트레스에 대해 덜 민감하게 반응하고 스트레스를 받은 후에도 평상시의 수준으로 빠르게 회복된다고 보고하였다. 또한 장기간 운동이 단기간 운동보다 효과가 높으며, 스트레스를 받는 동안보다 스트레스를 받은 후 회복할 때 더 효과적이었고 높은 수준의 스트레스를 감내하는 데에도 효과적이지만 낮은 수준의 스트레스는 더욱 잘 감당하는 것으로 나타났다. Buckworth와 Dishman(2002)은 유산소운동을 30분 하는 것이 스트레스 감소에 가장 효과적이며 2~3개월 꾸준하게 참여하면 스트레스를 감소하는 효과가 높다고 하였다.

7) 운동과 인지능력

운동이 인지능력과 역량에 미치는 영향에 관한 연구가 미흡하고 연구 방법에도 문제점들이 발견되어 쉽사리 결론을 내리기는 어렵다. 단기간에 걸친 높은 강도의 운동은 정신적 기능을 향상하게 시키지만, 장기간의 격렬한 운동은 선수가 우수한 신체적성을 갖추지 않는 한 수행을 방해하게 한다. 하지만 운동이 인지기능을 측정하기 위해 사용된 종속변인 중 산술 능력, 반응시간, 예민성, 기억력에 긍정적인 영향을 주는 것으로 보고되고 있다(Thomas et al., 1994). Pollastschek와 O'Hagan(1989)은 어린이들의 인지능력의 발달은 신체활동을 통한 심리운동과 신경근육의 개발과 매우 밀접한 관련이 있다고 하였고, Williams(1986)는 운동 후에는 대뇌에 혈액 공급이 증가하여 지능에 관련된 대뇌피질의 활동이 높아져 인지기능이 향상될 수 있다고 하였다. Tomporowski(2003)는 45편의 연구 논문을 분석한 결과 일시적인 유산소운동은 운동참여자의 인지과정에 선택적으로 영향을 미치며 특히 반응속도와 정확도를 높임으로써 문제해결 능력과 집중력을 높여준다고 하였다. 따라서 운동이 참여자들의 인지기능을 향상하게 시키고 노인들에게 발생하는 인지능력의 저하를 예방하거나 감소하는 데 긍정적인 기능을 할 수 있을 것이다.

3. 운동의 심리적 효과에 대한 가설

운동이 심리적 요인에 미치는 효과에 관한 연구는 계속해서 진행되었고 다양한 가설이 제시되었다. 운동과 정신건강의 관계를 심리학적인 측면에서 논하기도 하였고, 운동이 생리적인 변화를 불러와 인간의 정신건강에 기여한다는 생리학적인 측면에서 설명하기도 하였다. 하지만 하나의 가설만으로는 그 기전을 명확하게 설명하기에는 한계가 있다.

1) 주의분리 가설

사람은 일상적인 생활방식에서 분리됨으로써 적당한 불안, 생리적 활성화 등 긍정적인 정서 상태가 발생한다는 것으로 주의 분리 또는 타임아웃(time out)이라고도 한다(Morgan, 1985). 따라서 운동은 명상이나 독서처럼 일상생활에서 일어나는 스트레스로부터 일시적으로 주의를 분리해 기분을 전환해 준다.

2) 인지행동 가설

인지행동 가설은 운동이 불안, 우울증, 스트레스 같은 부정적인 정서를 감소하고 없애는 데 도움을 주는 긍정적인 감정과 사고를 유발한다는 것이다.

3) 사회적 상호작용 가설

친구나 동료들과 함께 운동하는 과정에서 발생하는 사회적 상호작용이 정신건강을 개선하는 데 효과가 있다는 것이다(North et al. 1990). 즉, 혼자 운동하는 것 보다 자기가 중요하다고 생각하는 사람들과 운동하거나 집단에 소속되어 운동하는 것이 효율적이라는 것이다.

4) 열발생 가설

운동을 하면 체온이 상승한다. 운동은 대뇌 온도를 높임으로써 신경 전달물질의 대사 작용에 영향을 미쳐 정서변화를 일으킬 수 있다. 목욕탕의 온탕에 들어가면 체온이 높아지고 기분이 전환되며 긴장을 감소시키는 것과 유사하다.

5) 모노아민 가설

운동을 하면 세로토닌, 카테콜아민, 노르에피네프린, 도파민 등의 대사산물의 상승을 일으켜 긍정적인 정서 상태를 유인한다는 것이다(Morgan & O'conner, 1988). 즉, 운동을 하면 신경전달물질이 많아지며, 이에 따라 신경계의 작용이 증가하여 심리적, 인지적, 정서적으로 긍정적인 현상이 나타난다는 것이다.

6) 뇌 변화 가설

운동에 참여하면 대뇌피질의 혈관 밀도가 높아지고 혈류량이 증가하며 뇌 구조에도 변화가 나타나기 때문에 인지기능 및 능력 등이 향상된다. 최근 뇌 활동을 촬영하는 첨단 기법이 도입되면서 운동에 꾸준히 참여하면 뇌의 구조와 기능이 긍정적으로 변화되는 결과들이 제시되고 있다.

7) 생리적 강인함 가설

운동을 규칙적으로 참여하면 스트레스를 규칙적으로 주는 것과 비슷하므로, 버티는 능력이 높아진다. 따라서 지속적인 운동 참여로 인하여 발생하는 생리적 스트레스에 대한 내성의 증가는 일상생활에 발생하는 다양한 스트레스에 대한 내성도 함께 증가시킨다.

8) 사회심리적 가설

운동을 하면 기분이 좋아질 것이라고 기대하므로 운동 후에 기분이 좋아진다는 가설로 위약효과에 의해 심리적인 효과가 나타난다.

4. 운동심리 이론

운동심리 이론은 사람들이 운동을 개시하고 지속하는데 관련된 요인과 행동의 변화를 이해하는 데 도움을 준다. 운동심리 이론에는 건강신념 모형, 합리적 행동 이론, 계획적 행동 이론, 자기효능감 이론, 변화단계 이론, 사회생태학 이론 등이 있다.

1) 건강신념 모형

건강신념모형(health belief model)은 사람이 특정한 건강행동의 참여 여부는 건강의 위협에 대한 개인의 지각과 특정 건강행동을 시행하는 것이 위협을 낮추는 데 효과적일 것이라는 믿음에 의해 결정된다고 가정한다. 즉, 운동에 참여하지 않는 것이 자신의 건강을 위협한다고 느끼고 규칙적인 운동 참여가 위협을 낮추는 데 효과적이라고 생각하면 규칙적인 운동 참여를 결정한다는 것이다. 또한 나이, 성, 인종 등의 개인배경 요인과 성격과 동료 압력 등의 심리 사회적 요인, 그리고 지식 등의 구조적인 요인이 건강행동을 예측하는 데 중요한 역할을 한다(Rosenstock et al., 1988).

건강신념 모형을 운동에 적용했을 때 운동하는 데 영향을 미치는 신념은 다음과 같다(김병준, 2006). ① 운동을 시행하지 않으면 건강상에 문제(비만, 고혈압, 심장질환 등)가 발생할 수 있다는 인식(질병 발생의 가능성 인식). ② 질병에 한 번 걸리면 삶의 질에 부정적인 영향을 미친다는 인식(질병의 심각성 인식). ③ 운동을 시행하면 건강상 혜택이 따라온다는 인식(혜택 인식). ④ 운동을 시행하는 데 따른 혜택과 비용(방해 요인 인식)의 차이에 대한 인식.

2) 합리적 행동 이론

합리적 행동 이론(theory of reasoned action: TRA)은 어떠한 행동을 할 것인가 또는 하지 않을 것인가에 대하여 개인의 의도가 행동을 결정하는 유일한 요인이라는 이론이다(Fishbein & Ajzen, 1975). 본래는 투표 참가를 설명하기 위해 개발된 것으로 개인의 의사결정 부분에서 행동을 예측한다. 의도는 운동에 대한 태도와 주관적 규범에 따라 결정된다. 태도는 어떤 행동의 실천에 대한 개인이 갖는 생각이며 주관적 규범은 어떠한 행동을 하는 데 사회적 압력을 얼마나 받는가를 말한다. 즉, 운동을 하는 것이 중요하다고 생각하고(운동에 대한 태도), 운동을 해야 한다는 주변 사람들의 기대와 압력을 받는 것(주관적 규범)에 의해 운동의 의도가 형성된다. 이 이론은 인간 행동을 설명하는 데 많은 지지를 받았으며 많은 연구 결과에서 운동에 대한 개인의 태도와 주관적 규범이 운동의도를 예측하며, 운동의도가 운동지속을 결정할 수 있다고 설명하고 있다.

3) 계획된 행동 이론

계획된 행동이론(theory of planed behavior: TPB)은 합리적 행동 이론에 행동통제 인식을 추가한 이론이다(Ajzen, 1985). 이 이론에 따르면 운동 행동을 위한 의도는 운동에 대한 태도, 주관적 규범, 행동통제 인식의 세 가지 요인에 영향을 받는다〈그림 13.1〉. 즉, 개인이 운동에 참여할 것인지 하지 않을 것인지에 관한 결정을 해야 한다면, 운동에 대한 태도가 긍정적이고 운동에 대한 주관적 규범이 있고 운동 참여에 영향을 주는 요인들에 대한 통제를 스스로 잘 한다고 판단할수록 운동을 하고자 하는 의도는 높아진다. 운동에 대한 태도와 주관적 규범은 합리적 행동 이론과 동일한 개념이고, 행동통제 인식은 행동을 돕거나 억제하는 것에 대하여 개인이 얼마나 통제감을 느끼는가를 의미한다. 이러한 행동통제 인식은 개인의 의지, 친구 관계, 과거의 경험 등의 다양한 요인에 의해 영향을 받는다. 즉, 자기 행동을 방해하는 다양한 요인을 이겨내기 위해 부지런히 노력하고, 많은 자원(돈, 시간, 기술, 배우자 지원)과 참여기회가 부여되는 사람일수록 행동을 통제할 수 있는 지각이 뛰어날 것이다(이강헌 등, 2005). Hausenblas 등(1997)은 계획된 행동 이론이 합리적 행동 이론보다 운동 행동을 더 예측하는 데 좋다고 설명하였다.

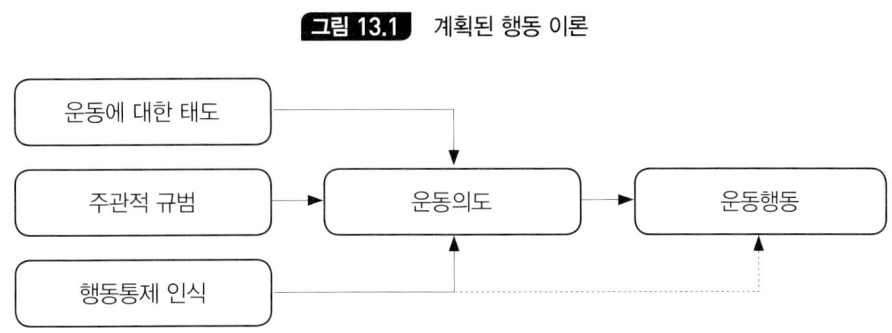

그림 13.1 계획된 행동 이론

4) 자기효능감 이론

자기효능감(self-efficacy)은 특정한 상황에서 주어진 과제를 성공적으로 해낼 수 있다는 개인의 믿음과 확신을 의미한다. 자기효능감 이론에 따르면 특정한 행동은 자기효능감으로 예측이 가능하고 자기효능감이 높을수록 행동의 실현 가능성도 높아진다고 본다(Bandura, 1986). 자기효능감이 높은 사람은 자기의 능력을 신뢰하며 도전적인 과제를 선택하고 반복되는 실패에도 목표 달성을 위하여 지속적인 노력과 주의를 기울이며 수행결과에 대해 내적으로 귀인을 한다. 반면 자기효능감이 낮은 사람은 자기의 능력을 믿지 못하고 쉽게 포기하며 도전적인 과제를 회피하고 수행결과에 대해 외적으로 귀인을 한다. 그리고 자기효능감은 과거의 수행, 간접경험, 언어적 설득, 신체와 정서 상태라는 네 가지 원천에 의해 결정되며 과거수행에 대한 성취경험이 자기효능감 형성에 가장 큰 영향력을 미친다.

5) 변화단계 이론

변화단계 이론(stage of change theory)은 운동실천을 위한 매우 효과적인 이론으로 운동행동의 변화를 무관심, 관심, 준비, 실천, 유지의 5단계로 구분한다(Prochaska & Velicer, 1997).

① **무관심**("할 생각이 없다 또는 안 하겠다"): 현재 운동을 하지 않고 있으며 6개월 이내에도 운동을 시작할 의도가 없고 운동에 관련된 행동 변화의 필요성을 배척하는 단계이다.

② **관심**("할 수도 있다"): 현재는 운동을 하지 않지만, 6개월 이내에 운동을 시작할 의도가 있는 단계이다.

③ **준비**("하겠다"): 현재 운동을 하지만, ACSM의 지침(주당 3회 이상, 1회 20분이상 기준)을 충족하지 못하는 수준이고 30일 이내에 ACSM의 지침을 채우는 수준으로 운동을 시작할 마음이 있는 단계이다.

④ **실천**("하고 있다"): ACSM의 지침을 만족하는 수준의 운동을 해왔지만, 아직 6개월 미만인 단계이다. 운동 동기가 높고 운동에 투자도 많이 했으며 운동으로 인한 손실보다 혜택을 더 많이 인식하지만 가장 불안한 단계로 아래 단계로 내려갈 우려가 가장 크다.

⑤ **유지**("계속해 왔다."): 지침을 만족하는 수준의 운동을 6개월 이상 해왔으며 운동이 안정 상태에 진입하였고, 아래 단계로 내려갈 가능성은 낮은 단계이다. 변화 단계 이론에 의하면 운동을 습관화하기 위해서는 많은 단계를 지나야 하고 유지 단계를 지나면 종결 단계에 돌입한다.

⑥ **종결 단계**: 운동을 5년 이상 계속해서 참여했고, 더 이상 퇴보가 이루어지지 않으며 운동을 평생 습관화한다. Cardinal(1997)은 운동을 5년 이상 계속해서 해왔고 평생 운동에 참여할 자신감이 있는 성인 551명을 대상으로 조사한 결과 운동하는 사람의 약 16%가 종결 단계에 있다고 하였다. 또한 종결 단계에 돌입한 사람은 시간 부족, 게으름, 피곤함, 날씨 등과 같은 운동 방해 요인에도 얽매이지 않고 운동 수준이 퇴보하지 않는다고 하였다.

변화 단계 이론에서 행동을 변화시키는 요인에는 자기효능감, 의사결정 균형, 변화 과정 등이 있다.

자기효능감은 무관심 단계에서 가장 낮고 유지 단계와 종결 단계에서 가장 높다. 가장 낮은 무관심 단계에서 가장 높은 유지 단계로 진전됨에 따라 자기효능감도 비례해서 점차 높아지는 경향이 나타난다.

의사결정 균형은 원하는 행동을 했을 때 기대되는 손익을 평가하는 것이다. 낮은 단계에 포함될수록 혜택보다는 손실을 크게 느끼고 단계가 높아짐에 따라 손실은 낮게 인식하고 혜택은 증가한다(Prochaska et al., 1994). 즉 무관심 단계와 관심 단계에 속하면 혜택보다는 손실을 더 많이 인식하고 준비 단계에서는 혜택과 손실이 비슷하고 실천과 유지 단계로 들어가면 혜택에 대한 인식이 손실보다 커지게 된다.

변화 과정은 한 단계에서 다른 단계로 이동하기 위해서 사용하는 전략으로 인지과정과 행동적 과정을 지나며 다음 단계로 변화가 일어난다. 인지과정은 운동에 관한 생각, 태도, 느낌을 변화시키는 과정으로 이를 위해 필요한 정보를 얻는 과정이며 행동적 과정은 변화를 유인하기 위해 행동적인 측면에서 새로운 시도를 하는 것을 의미한다. 예를 들면, 운동용품을 잘 보이는 곳에 놓거나 TV 리모콘을 잘 보이지 않는 곳에 놓는 것을 말한다.

6) 사회생태학 이론

사회생태학 이론은 사람들이 운동하는 이유를 개인적인 관점뿐만 아니라 사회적 환경, 물리적 환경, 정책 변인, 자연환경 등을 모두 고려해야 한다는 것이다. 이 이론에 따르면 인간과 환경은 서로 분리될 수가 없고 지속적인 상호작용을 통하여 서로에게 영향을 미치고 보완적인 관계를 유지하고 있다고 할 수 있다. 사회적 환경 요인에는 운동을 지지해 주는 행동, 운동에 대한 의욕을 높이는 정책, 문화, 사회적 분위기, 운동을 위한 자원과 시설에 대한 정책 등을 포함한다. 물리적 환경은 인공적 요인과 자연적 요인으로 구분되는데, 인공적 환경 요인은 정보, 도시화 수준, 교통 환경, 건축물, 오락시설, 여가시설 등이 있으며 자연적 환경 요인에는 지리적 조건과 날씨 등이 있다. 둘레길이나 자전거도로를 설치하고 자전거 이용을 촉진하고 이에 따른 다양한 정책과 지원방안을 도입하는 것은 생태학 이론을 토대로 운동 실천을 장려하는 대표적인 예이다.

5. 운동중독

운동중독(exercise addiction)은 규칙적으로 운동하는 것에 대하여 자기의 심리적, 생리적인 부분을 의존하는 것으로, 운동참여자의 약 9%가 운동중독에 빠져 있는 것으로 보고되고 있다(Carron et al., 2003). 운동중독은 운동을 하지 않고 24~36시간 후에 금단증상이 일어나며 일, 가족, 부상 등과 같은 다양한 이유로 운동을 할 수 없을 때 나타난다. 또한 긍정적인 중독과 부정적인 중독으로 구분되며 긍정적인 운동 중독자는 운동을 통제할 수 있지만 부정적인 운동 중독자는 운동에 지배받는다.

긍정적 운동 중독자는 규칙적인 신체활동에 참여할 때 많은 심리적, 신체적 이득을 얻으며 그들의 신체활동은 가족, 일, 친구와 같은 일상생활의 다른 부분과 성공적으로 연합하며 심리적인 강인함을 주고 개인의 생활 만족도를 높인다(Glasser, 1976). 반면 부정적 운동 중독자는 운동에 대한 극단적인 의존으로 가정, 직장, 대인관계에서 다양한 문제를 일으킨다. 그들은 운동을 중단하게 되면 불안, 우울, 극단적인 과민 증상을 자주 보이고 이로 인한 휴식 부족, 불면증, 피로 등에 의해 대인관계가 소홀해지고 근육의 긴장, 소화불량, 불규칙한 생활 등으로 이어진다.

운동중독은 정신질환 및 통계 편람(DSM-5)의 기준을 적용하고 있으며 내성, 금단증상, 의도 효과, 통제 상실, 시간 효과, 다른 활동 감소, 지속의 7가지 항목에서 3개 이상에 해당하면 운동중독으로 판단한다. 따라서 운동중독을 관리하기 위해서는 운동에 대한 올바른 자기통제가 중요하다.

6. 운동참여와 중재 전략

규칙적인 운동 참여가 다양한 심리적, 신체적 효과를 제공하여 사람들의 삶의 질을 향상한다는 경험적 인식에 따라 사람들의 운동 참여는 나날이 증가하고 있다. 그러나 아직도 사람들은 좌업 생활을 하고 있고 이에 따라 심리적, 신체적인 고통을 받고 있으며 운동을 시작한 절반 이상의 사람들이 수개월 내에 운동을 그만두고 있다. 여기에서는 운동경험모형과 운동지속 요인, 운동지속을 위한 전략을 살펴보고자 한다.

1) 운동경험모형

운동경험모형(natural history of exercise model)은 운동의 시작과 포기, 지속적 참가를 연구하기 위한 중요한 틀로 Sallis와 Hovell(1990)이 제안하였다. 이 모형은 좌업생활 단계, 운동참여 단계, 운동지속 및 포기 단계, 운동재개 단계로 구성되어 있다〈그림 13.2〉. 이 네 가지 단계 사이에 있는 세 번의 운동행동 전환에 주안점을 두고 운동행동 결정요인을 말하고 있다.

그림 13.2 운동경험모형(Sallis & Hovell, 1990)

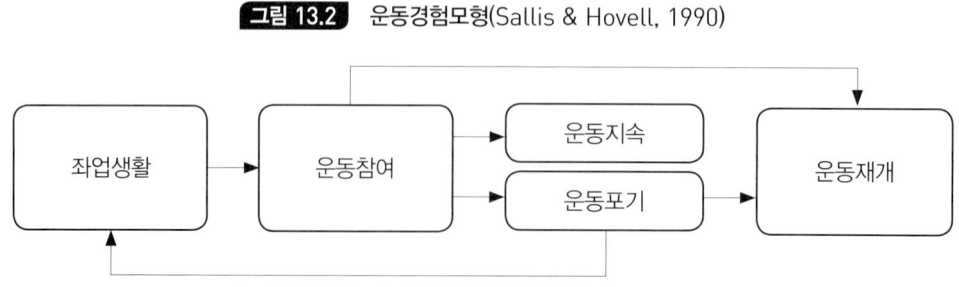

① 좌업생활에서 운동참여로 전환

　사람들이 운동에 참여하는 이유는 매력적인 몸매를 가꾸기 위해, 건강과 행복을 유지하고 증진하기 위해, 사교, 재미와 즐거움 그리고 긍정적인 심리적 변화를 위하여 참여한다. 반면 운동에 참여하지 않는 이유는 시간적인 여유가 없고, 신체적 정신적 피로, 운동 장소와 장비의 부족 그리고 운동의 효과에 대한 지식이 부족하기 때문이다. Sallis 등(1986)은 성인 1,400명을 대상으로 운동참여 예측 요인을 알아보았는데 운동을 하지 않던 상황에서 활발한 신체활동에 잘 적응하는 사람들의 특징을 도출하였다. 운동에 잘 적응하는 사람들의 특징으로는 운동프로그램을 성공적으로 수행할 수 있다는 자신감이 높고, 건강한 생활양식에 대한 지식을 가지고 있으며, 규칙적인 운동의 중요성과 가치에 대한 지식을 가지고 있었다. 그리고 높은 수준의 자기 통제력과 규칙적인 운동의 중요성과 가치에 좋은 태도를 가지고 있고 운동을 시작할 때 과체중과 비만이 아닌 것으로 나타났다.

② 운동참여에서 운동지속 및 운동포기로 전환

　규칙적인 운동의 심리적, 생리적 영향은 일정 기간 이상 운동을 지속해야만 얻을 수 있다. 하지만 운동을 시작한 사람들의 50%가 운동을 시작하고 6개월 이내에 운동을 포기하는 것으로 보고되고 있다. 다양한 연구를 종합하면 운동지속 결정요인으로 자기 동기, 시간적 여유, 배우자의 지지, 건강, 시설의 접근성 등이 있으며 운동포기 요인에는 시간의 부족, 직업, 흡연, 비만, 그리고 운동에 대한 불쾌감 등으로 나타났다.

③ 운동포기에서 운동재개로 전환

　운동을 포기했다가 다시 시작한 때를 말하는 것으로 이 부분에 관한 연구는 매우 미흡하다. 이 시기에 밝혀져야 할 중요한 내용을 살펴보면 아래와 같으며 스포츠심리학자들은 운동재개로 전환에 대한 결정요인들을 규명할 필요가 있다.

　첫째, 운동을 처음에 시작하기가 어려운지 아니면 운동을 포기한 후 다시 하기가 어려운가? 둘째, 운동을 포기한 후 다시 참여한 사람들은 운동을 계속하는지 아니면 운동을 포기하는가? 셋째, 운동 재개 요인과 운동지속 요인은 어떠한 것인가?

2) 운동지속 요인

　운동지속에 미치는 요인은 개인적 요인, 상황적 요인, 프로그램 요인, 행동적 요인 등으로 구분할 수 있다.

① 개인적 요인

운동의 지속적 참여에 미치는 개인적인 요인은 과거의 운동 경험, 운동에 대한 지식과 태도, 성격 요인, 체지방과 건강 상태, 연령, 성, 직업, 교육수준, 사회경제적 지위 등이 있다.

과거의 운동 경험은 개인의 운동지속을 결정하는 신뢰성이 가장 높은 예측 요인이라 할 수 있다. 가령 6개월 동안 운동프로그램에 계속해서 참여해 온 사람은 계속해서 이 프로그램에 참여할 가능성이 높으며, 학생 시절에 운동 경험이 많은 사람은 성인 되어서도 계속해서 운동프로그램에 참여할 것이다.

운동에 대한 지식과 태도는 동기유발에 중요하지만, 운동의 지속적 참여에 대한 예측력은 그다지 높지 않다. 또한 적당한 신체활동에 대한 지식의 부족과 부정적인 태도는 일부 사람들에게 운동의 지속적 참여를 위한 방해물이 된다(Weinberg & Gould, 1995).

성격 요인에서 자기 동기부여가 잘 되어있고 Type A 성격을 소유한 사람이 운동프로그램에 더 오래 참여한다. 그러나 Type A 성격의 사람들은 매우 급한 성향을 보여서 운동기능의 학습이 느리거나 잘 안되면 Type B 성격의 사람보다 더 많이 운동을 중도에 포기하기도 한다.

높은 체지방과 체중의 많은 운동참여자들이 운동초기에 느끼는 신체적 부담과 고통이 높을 것이며 이에 따라 느끼는 운동에 대해 부정적인 인식과 운동능력의 감소는 지속적인 운동 참여를 방해할 것이다. Dishman(1987)은 질병이 없는 건강한 상태에 있는 사람이 운동 참여율이 높으며 운동을 오래 참여한다고 하였다.

연령에서는 20대 이후에는 나이가 증가할수록 운동 참여율도 비례해서 높아지다가 70대에서 다시 감소하고, 성별에서는 20대는 남성이 높고 30대~40대에는 여성이 높아지며 50대 이상에서는 남성의 운동참여가 높은 것으로 나타났다(김병준, 2006). 또한 교육 수준과 소득이 높은 사람들은 그렇지 못한 사람들보다 운동에 더 적극적으로 참여한다. 노동직 종사자는 사무직에 종사하는 사람들보다 여가 시간에도 운동하기를 더 싫어하는 것으로 밝혀졌다(박정근, 1996).

② 상황적 요인

운동의 지속적인 참여에 미치는 상황적 요인은 사회적지지, 운동시설의 편리성, 집단의 규모, 응집력, 운동시간, 지역 특성 및 기후 등이 있다.

가정과 사회로부터의 지지는 지속적인 운동참여와 긍정적인 관계가 있으며, 무엇보다도 배우자의 지원은 상황적인 요인 중 가장 큰 영향을 미친다. 그리고 부모, 또래, 친구 등으로부터의 지지와 격려도 유사한 결과가 나타났는데, 이것은 지속적인 운동 참가에 중요한 유인가로 작용한다.

사람들은 운동하려고 멀리 이동하려고 하지 않기 때문에 시설이나 장소가 집이나 직장에 가까운 곳에 있고 편리할수록 운동을 시작하기 쉽고, 계속해서 운동에 참여할 수 있다.

소규모의 운동집단에 참여하는 사람들이 대규모 운동집단이나 혼자 참여하는 사람들보다 지속해서 운동에 참여하고 응집력이 높은 집단일수록 운동지속이 높다.

사람들은 시간이 부족하거나 맞지 않으면 보통 운동을 포기하지만 매우 바쁜 직업에 종사하면서 운동을 지속하는 사람들을 볼 수 있다. 이들은 자기의 생활에 우선순위를 설정하고 먼저 해야 할 일 중 하나로 운동을 선택하기 때문에 시간의 부족은 운동에 대한 동기의 결여라고 할 수 있다.

지역 특성 및 기후도 운동참가자들에게 많은 영향을 준다. 대도시에서는 주로 헬스클럽이나 체육관을 선호하고 이러한 혜택이 부족한 지방에선 주로 야외 종목을 선호하게 된다. 그리고 규칙적으로 걷기, 달리기, 등산 등에 참여하는 비나 눈이 내리는 날에는 참여 빈도가 적어진다.

③ 프로그램 요인

운동의 지속적 참여에 미치는 프로그램 요인은 운동강도, 프로그램의 구성, 지도자의 자질 등이 있다. 처음 운동을 시작하는 사람들은 저강도에서 점진적으로 부하를 높이는 것이 바람직하다. 연구 결과 고강도로 운동할 때의 포기율은 적당한 강도에서 운동할 때의 포기율(25~35%) 보다 두 배 정도 높은 것으로 나타났다(Sallis et al., 1986). 운동프로그램은 참여자의 특성에 맞추어 운동하는 사람이 재미를 느끼고 좋다고 판단이 들게 구성해야 하며 일반적으로 혼자 운동하는 것 보다 집단으로 운동하는 것이 운동지속에 긍정적이다. 지도자는 운동프로그램의 구성에서 가장 중요한 요인으로 운동참가자들에게 존경과 사랑을 받는 지도자는 많은 사람이 모이지만 그렇지 않은 경우에는 많은 사람이 운동을 포기한다. 따라서 지도자들은 운동기능뿐만 아니라 코칭 방법, 회원의 복지와 안전에도 힘써야 한다.

④ 행동적 요인

운동의 지속적 참여에 미치는 행동적인 요인은 흡연, 직업 그리고 소득 등이 있다. 일반적으로 흡연자들은 운동을 쉽게 그만두고 주변의 운동시설을 잘 활용하지 않으며 운동강도가 높거나 운동에 자주 참여하는 것을 좋아하지 않는다.

3) 운동지속을 위한 중재 전략

운동지속을 위한 중재 전략으로는 환경적 접근, 강화적 접근, 목표설정과 인지적 접근, 의사 결정적 접근 그리고 사회적 지지적 접근 등의 다섯 가지 범주로 구분할 수 있다(Weinberg & Gould, 1995).

① 환경적 접근

물리적 환경은 행동을 만드는 단서가 된다. 행동을 만드는 단서인 자극은 언어가 될 수 있고 상징적이거나 신체적인 것이 될 수도 있다. 가령 공공건물의 엘리베이터 근처에 계단으로 오르내리기를 지지하는 포스터를 부착하면 계단 이용률이 증가한다. 운동프로그램을 시작하기 전 참가자들에게 운동에 빠지지 않고 지속해서 참여하겠다고 서약서를 받는다면 그렇지 않은 사람보다 더 높은 지속률을 보이게 된다. 또한 운동을 시작할 때 참여자에게 운동을 선택하게 하면 운동을 지속하는 내적동기와 출석률을 높여줄 것이다.

② 강화적 접근

강화(reinformance)는 미래 행동의 중요하게 관여하는 결정요소이다. 보상은 지속적인 운동 참여를 위한 긍정적인 강화이다. 가령 운동프로그램에 잘 참여하는 사람에게 운동용품을 주거나 수강료를 할인해 주는 것이다. 하지만 이러한 방법은 운동초기에는 도움을 주지만 장기적으로 효과가 작으므로 장기적으로 운동지속을 유인하기 위해서는 또 다른 강화나 동기유발이 계속해서 제시되어야 한다.

운동지도자가 참가자들에게 운동프로그램 중 개인의 구체적인 요구에 알맞은 피드백을 제공하거나 각 개인의 운동수행 특성과 수행 결과에 관해서 알려주는 것은 운동지속을 촉진한다. Martin 등(1984)은 운동프로그램 중 개인에게 피드백을 주는 방법이 운동프로그램이 끝날 때 모든 참여자를 칭찬하는 방법보다 효율적이라고 보고하였다. 그리고 자기의 행동을 스스로 감시하고 자기의 긍정적인 행동에 대해 자신을 보상하는 방법은 운동을 유지하는 데 효과적이다.

③ 목표설정 및 인지적 접근

목표설정은 운동 행동과 운동지속을 높이기 위한 전략으로 사용되며 사람들이 운동하는 동안에 무엇을 생각하고 어디에 주의의 초점을 맞추는지 역시 운동지속을 위해 중요하다. Martin 등(1984)은 참여자 스스로 목표를 설정하였을 때 출석률이 83%로 나타났고 운동

프로그램이 끝난 후에도 47%가 운동을 유지하였으며, 내적 주의집중(근육, 호흡)을 사용한 사람들보다 외적 주의집중(경치, 음악)을 사용하는 사람들이 더 높은 운동지속을 보인다고 보고하였다.

④ 의사결정적 접근

운동프로그램을 작성할 때 자기가 참여할 운동프로그램의 구성과 효과를 타인들과 논의하고 프로그램 제작에 직접 참여하는 것은 실제 운동프로그램에 참여하고 운동을 지속하는 데 많은 도움을 준다. 특히 의사결정 대차대조표는 운동 참여를 결정하는 데 도움을 주며 지속적인 운동 참가를 높여준다(Weinberg & Gould, 1995).

⑤ 사회적지지 접근

사회적지지는 운동프로그램에 참여하는 다른 사람에 대한 긍정적인 태도와 정보적이고 물질적인 도움이다. 배우자, 가족, 친구, 그리고 사회의 사회적지지는 운동참여와 지속에 긍정적인 영향을 미친다. 사회적지지에는 도구적 지지, 정서적 지지, 정보적 지지, 동반적 지지, 비교 확인 지지 등이 있다(Wills & Shinar, 2000).

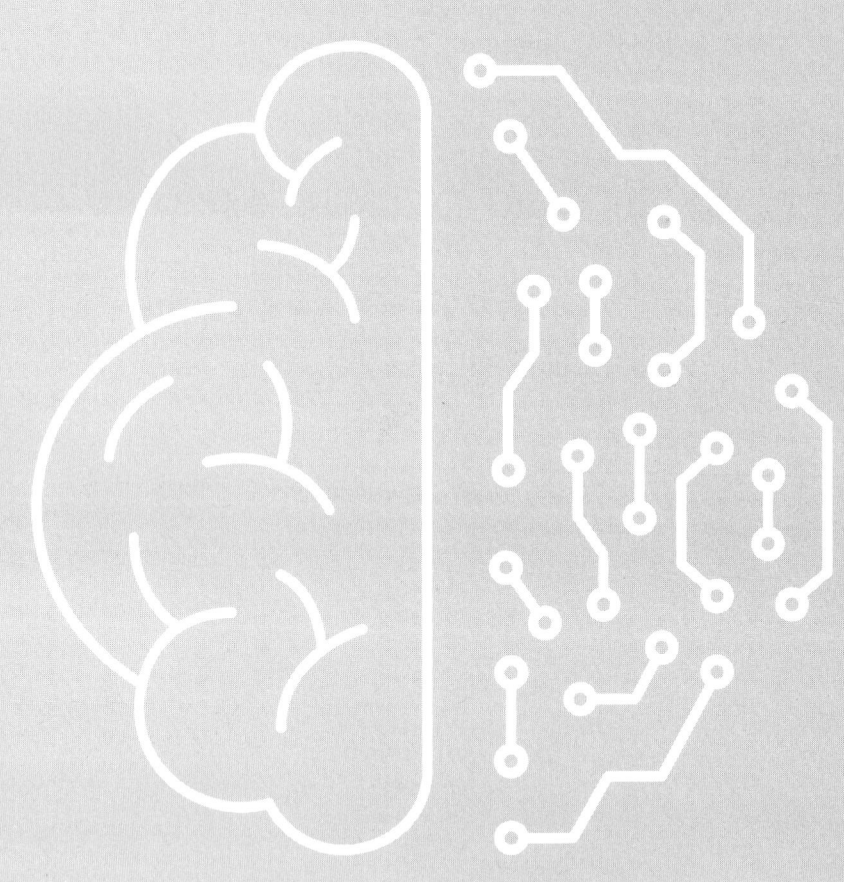

제14장

스포츠 심리상담

　스포츠의 세계에서 스포츠 멘탈코칭과 심리상담이 관심을 받는 이유는 무엇일까? 단순한 과제를 수행하는 역도, 100m 달리기, 마라톤에서조차 심리적 영향을 받지 않는 것은 없기 때문이다. 2011년 대구 세계육상선수권에서 자메이카의 우사인 볼트는 너무 긴장한 나머지 100m 출발대에서 부정 출발을 범하는 바람에 실격 처리되었다. 선수라면 이런저런 이유로 자기 능력을 100% 발휘하지 못하기 마련이다. 선수들은 자기 자신에 대해 누구보다도 잘 알고 있고, 안다고 생각한다. 그러나 스스로 해결할 수 없는 사건과 상황이 많이 있는 것이다. 이런 때에 필요한 것이 바로 멘탈코칭과 스포츠심리상담이고, 전문적인 훈련을 받은 스포츠(코칭)심리상담사가 그 문제들을 풀어주게 된다. 이 장에서는 스포츠심리상담의 정의, 상담 모델, 상담과정과 기술, 상담프로그램, 상담사례 등에 대해서 알아보겠다.

1. 스포츠심리상담의 정의

상담(counseling)이란 전문적인 훈련을 받은 상담자와 심리적 어려움으로 타고난 잠재력을 마음껏 발휘하지 못하는 내담자 간의 상호작용을 통하여 내담자의 문제를 해결할 뿐만 아니라 내담자가 행복한 삶을 살아가도록 돕는 과정으로 정의한다. 즉, 상담자와 내담자가 만남을 통해서 지금까지와는 다른 인간관계를 맺고 진솔한 의사소통과 새로운 학습 과정을 배워 현재 내담자가 당면하고 있는 문제를 해결할 뿐 아니라 앞으로 내담자가 만나게 될 삶의 고난을 극복하고 행복한 삶을 추구할 수 있는 성숙한 사람으로 변화하도록 돕는 과정을 말한다(노안영, 2006).

최근 스포츠심리학은 스포츠 참여자의 문제해결과 더 깊은 이해를 위한 접근방식으로 스포츠심리상담의 필요성을 제기하고 있다. 외국의 경우는 이미 스포츠 분야의 직업으로서 스포츠심리컨설턴트나 스포츠심리학자의 역할이 두드러지고, 직업 창출까지 이어지고 있다 (Nideffer, Feltz, & Salmela, 1982; Orlick & Partington, 1987).

국내 스포츠심리학자는 교육과 연구에 중점을 두고 활동하고 있지만, 최근 들어 스포츠심리상담사의 배출과 현장의 요구에 부응하기 위하여 활발하게 상담 현장에 뛰어들고 있다. 그러나 지도자 대부분은 운동수행과 경기력 향상을 위한 신체적 훈련의 부수적인 측면으로 생각하는 경향이 많다. 경쟁에서 승리만큼 선수들의 심리적 복지와 완벽한 인격자로의 성장에도 주의를 둬야 하는데 그렇지 못하다. 현장의 목소리를 더 많이 듣고, 코치-선수 관계에서 스포츠심리학자의 역할을 모색하여 적극적으로 개입해야 할 때이다. 이러한 시점에서 스포츠심리상담은 현장에 다가가고, 그들을 이해하고, 관리해 주고, 상생하기 위해서 가교역할을 한다. 스포츠심리학자는 스포츠나 운동 상황에서 발생하는 여러 심리적인 문제들을 보다 적극적인 방법으로 스포츠심리학의 여러 이론과 상담기법을 접목해 보고, 아울러 효과적인 상담을 통해 내담자의 이익과 복지 증진을 위한 전략과 감정 및 관계에 관한 문제해결 방안을 모색하며, 현장적용에 필요한 프로그램의 설계 및 수행할 수 있는 능력을 배양해야 한다. 미국 응용심리학회(AASP)는 스포츠심리상담을 운동수행, 운동, 건강, 사회적 측면과 관련하여 상담을 제공하는 것이라고 하였다. 따라서 스포츠심리상담은 상담자와 선수가 상담이나 대화라는 형식을 통하여 인간관계를 가짐으로써 선수의 적응상의 문제가 해결되고, 인간적 성장이 이루어지는 전문적인 심리지도 기법으로 정의할 수 있다. 그러나 스포츠와 관련된 상담에 대한 완벽한 정의는 논쟁의 여지가 있다. 즉 상담의 기준점이 어디에 있는가에 따라 달라질 수 있는 것이다. 내담자(대부분 운동선수)의 행동을 보는 관점이 학자별로 차이가 있기 때문이다. 아래에서는 임상 스포츠심리학자와 교육 스포츠심리학자의 이론적 입장을 설명하기로 한다.

2. 스포츠심리상담 모델

1) 교육상담모델

　스포츠심리학적 입장에서 선수들은 정서적으로 문제가 있거나 증상을 다루기보다는 상황적 문제해결과 자각에 주력하는 면이 더 많아서 임상적인 입장보다는 상담심리적 입장이 더 설득력이 있어 보인다(장덕선 등, 2005). 스포츠 상황에서 경쟁이 있는 경우는 참여자들이 어떤 형태로든 겪게 되는 긴장과 초조함, 결과에 대한 불확실성 등의 심리적 경험을 하게 된다. 이러한 감정을 정상적인 행동(정서)으로 보는 것이 교육상담 모델이다. Martens(1990)은 경쟁 상황에서 선수들이 경험하는 정상적인 행동을 초 정상적인 행동으로 유도하도록 도와주는 것이라고 하였다.

　〈그림 14.1〉은 임상과 교육 스포츠심리학자의 역할을 설명하기 위해 정상과 비정상 범위를 보여주고 있다. 선수들이 신경증이나 우울증과 같은 심각한 심리적 문제가 있을 때, 그들의 행동은 정상의 왼쪽에 있게 될 것이다. 그들의 행동이 왼쪽으로 가면 갈수록 그 정도는 심각해지며, 임상적, 정신과적 전문가의 도움이 필요하게 되는 것이다. 반면 오른쪽으로 치우친다는 것은 극히 정상적인 행동을 초월적인 정상행동으로 유도한다는 것으로 극복, 대처 방안, 훈련 등으로 가능하다는 견해고, 이것은 교육 스포츠심리학자의 역할 영역이 될 것이다. 최고의 엘리트 선수들은 초 정상적 행동을 많이 경험한 사람들이 될 가능성이 크다. 예를 들면, 배구나, 농구와 같은 구기 종목에서 결정적인 순간에는 그 팀에서 가장 뛰어난 선수에게 그 순간을 결정짓게 하는 것이다. 우수선수들은 초 정상적인 경험을 많이 가져보았기 때문에 많은 관중 앞에서 극도의 긴장과 흥분 속에서도 의연하게 대처하고, 절정의 운동수행을 보여주게 되는 것이다.

그림 14.1 임상과 교육 스포츠심리학자의 차이(Martens, 1990)

임상스포츠심리학자	교육스포츠심리학자	
비정상적 행동	정상적 행동	초정상적 행동

운동선수와 참여자들은 비정상적인 행동을 보이지 않기를 바라며, 극복하는 방법을 모색한다. 이때가 바로 스포츠심리기술 훈련의 적기인 것이다. 심리기술 훈련은 주로 경쟁적인 스포츠에서 비정상적인 스트레스에 직면하는 정상적인 선수들을 위한 것이지, 생활 스트레스 요인들을 잘 처리하지 못하는 비정상적인 사람들을 위한 것은 아니다. 또한 심리기술은 전문적으로 훈련된 임상 치료사들의 정신요법을 대체하기 위해 사용될 수 없지만, 정상적인 선수들도 정서적 충격 또는 특별한 문제들을 경험할 때, 운동을 계획하기 위해 임상심리학자의 도움이 요구될 수 있다. 그러나 스포츠심리학을 특별히 연구하지 않은 임상심리학자들은 교육 스포츠심리학의 의무를 수행하기 위한 지식이나 기술이 없어서 선수들에게 큰 도움을 줄 수 없다(장덕선 등, 2005).

2) 임상 상담 모델

임상 상담 모델의 입장은 운동선수와 참여자들이 불안, 초조, 스트레스, 트라우마와 같은 극도의 정서를 자동으로 극복할 수 있는 능력을 소유하지 못한다고 본다. 그 때문에 강제적, 의도적인 극복과 대처를 위한 전략에 초점을 두고 있다. 이 접근은 상담자가 특별한 역할을 함으로써 선수들이 가진 잠재 능력을 효과적으로 발휘하도록 도와주는 것이다. 특정 증상에 따른 중재 전략을 수립하고, 개인별, 팀별, 상황별에 맞는 전략을 실행하도록 중재하는 것이다. 그들의 책임은 내담자의 문제를 정확하게 진단, 평가하고, 그 해결책을 주는 것이다. Perna 등(1995)은 임상 접근에서 상담은 교육적 접근과 유사한데, 시즌과 정규 시즌을 통하여 팀과의 빈번한 접촉을 유지하며, 주로 임상심리학의 전형을 이용하기도 한다. 문제가 발생했을 때, 임상 상담자는 즉각 중재 전략을 주기도 하지만, 종종 약물남용에 대한 상담과 식이 질환같이 장기간 또는 입원환자를 위한 치료를 하기도 한다(장덕선 등, 2005).

일반적인 스포츠와 운동 상황에서 임상 상담 모델의 무용론을 주장하는 측면도 있다. 그러나 장시간의 경쟁불안, 스트레스, 슬럼프, 부상, 트라우마 등에 노출된 그들은 심각한 스트레스 반응, 우울증, 무기력증과 같은 임상적인 증상이 심심찮게 보고되기도 한다. 이러한 경험을 한 선수들이나 운동 참여자들은 극단적인 행동을 보여주기도 한다. 도박, 폭력, 승부조작, 자살, 금지약물 복용 등으로 더 이상 스포츠와 운동 상황으로 돌아오지 못 하는 일도 있다. 그러므로 이들에게 임상심리학자의 도움은 필요하고, 임상 스포츠심리학자들은 그들을 정상적, 초 정상적 행동으로 이끌어야 한다.

3. 심리상담사의 역할과 윤리

1) 스포츠심리상담사의 역할

미국 응용스포츠심리학회(Association for Applied Sport Psychology: AASP)에서는 다음과 같이 스포츠심리 현장 적용의 서비스 규정을 제시하고 있다.

스포츠심리상담사는 개인, 조직, 집단에 스포츠와 관련된 심리적 요인이 어떠한 역할을 하는지에 관한 정보를 전달할 수 있어야 하고 스포츠와 운동 상황에 적용할 수 있는 인지, 행동, 정서 및 사회심리적 기술을 가르칠 수 있어야 한다. 또한 스포츠와 운동 상황에서 다양한 심리적 요인을 이해하고 측정하여 경기력 향상을 위해 도움을 주어야 하며 운동 지속 실천 방안, 집단응집력, 의사소통 등의 프로그램을 개발하고 평가할 수 있어야 하고 그러한 내용을 개인, 집단, 조직을 위해 지도할 수 있어야 한다.

2) 스포츠심리상담사의 윤리강령

스포츠심리상담사의 윤리강령은 일반원칙 6조와 일반윤리 25개 조항으로 구성된다. 일반원칙은 제1조 전문성, 제2조 정직성, 제3조 책무성, 제4조 인권존중, 제5조 타인존중, 제6조 사회적 책임으로 구성된다. 일반윤리는 제1조 전문적, 학술적 관계, 제2조, 전문성의 범위, 제3조 개인차, 제4조 권력남용과 위협, 제5조 개인적 문제와 갈등, 제6조 인권보호, 제7조 다른 회원의 영향, 제8조 심리기법의 부당한 적용, 제9조 부적절한 관계, 제10조 물품, 제11조 의뢰, 제12조 제3자의 요청, 제13조 위임과 감독, 제14조 상담 기록, 제15조 상담 비용, 제16조 공개 강연, 제17조 상담 동의서, 제18조 비밀보장, 제19조 연구 동의서, 제20조 연구수행, 제21조 연구 관련 속임 행동, 제22조 참가자에 방해가 되는 자료수집, 제23조 연구 정직성, 제24조 윤리 규정과 직장 업무의 상충, 제25조 윤리 문제의 해결 절차로 구성되며 세부적인 사항은 AASP 홈페이지와 자료를 확인하기 바란다(한국스포츠심리학회, 2009).

4. 상담의 절차와 과정

심리상담의 절차는 상담준비(내담자의 상담 신청, 접수, 상담 준비, 상담실의 물리적 환경조성 등), 상담과정의 행정적 지원과 사례관리, 그리고 상담이 끝난 후 후속 관리를 포함하는 개념이고 과정은 상담자와 내담자의 관계가 시작해서 종결까지 발달하는 역동적인 순서로 상담자의 이론과 경험에 따라 차이를 보인다.

1) 상담 전 절차

상담 전 절차는 상담 신청과 접수, 접수 면접, 상담자 배정, 심리검사가 포함된다. 내담자가 상담을 신청하면 접수자는 이를 접수한다. 접수면접은 내담자의 인적사항, 호소문제, 스트레스, 현재의 기능 상태, 과거력, 가족관계, 이전의 상담 경험 등에 관한 정보를 수집하는 것이며 내담자에게 상담 동의서를 받는다. 심리검사는 상담 초기에 내담자를 이해하기 위해 실시한다.

2) 상담과정

상담과정은 상담자가 내담자를 처음 대면하는 순간부터 시작되며 라포형성, 문제확인, 상담목표 설정 및 계획, 상담작업, 종결단계로 구분할 수 있다(강진령, 2022).

① **라포형성**: 상담자와 내담자가 상호 존중과 신뢰를 토대로 상담 관계를 시작하는 동시에 심리적 개입에 필요한 정보를 수집한다.
② **문제확인**: 내담자가 호소하는 문제를 확인한다.
③ **상담목표 설정 및 계획**: 상담목표를 설정하고 계획을 세운다. 즉, 내담자의 호소문제를 토대로 상담의 우선순위를 정하고 기대되는 성과를 구체화하며, 실행계획을 수립한다.
④ **상담작업**: 상담목표를 성취하기 위해 본격적으로 상담작업이 시작된다.
⑤ **종결단계**: 종결은 상담목표가 이루어져 더 이상 상담자의 도움이 필요 없거나 상담을 계속할 수 없을 때 이루어진다.

3) Hill과 O'Brian(1999)의 상담과정

Hill과 O'Brian(1999)은 상담 과정에는 탐색, 통찰, 실행의 과정이 상호작용적으로 일어난다고 하였다〈그림 14.2〉.

① **탐색단계**
- 내담자와 의사소통이 원활하게 하고 상담관계를 발전시킨다.
- 내담자가 자신의 이야기를 하도록 용기를 북돋아 준다.

- 내담자가 자신의 사고와 감정을 탐색할 수 있도록 격려한다.
- 내담자에게 감정의 각성을 촉진하도록 돕는다.
- 내담자의 관점에서 내담자를 이해하도록 노력한다.

② **통찰단계**
- 내담자가 자기의 행동, 인지, 감정에 내재한 규칙을 자각하도록 돕는다(행동, 인지, 감정에 내재한 유형을 인식하도록 돕는다).

③ **실행단계**
- 내담자가 새로운 가능한 행동을 탐색할 수 있도록 용기를 준다.
- 내담자에게 필요한 기술을 가르친다.
- 변화를 시도하는 내담자를 돕기 위해 전략을 만든다.
- 시도된 변화에 관한 피드백을 제공한다.
- 변화를 측정하고, 행동계획을 수정하도록 내담자를 돕는다.
- 내담자의 변화에 관한 감정의 과정을 이해하도록 돕는다.

그림 14.2 Hill & O'Brian의 상담과정

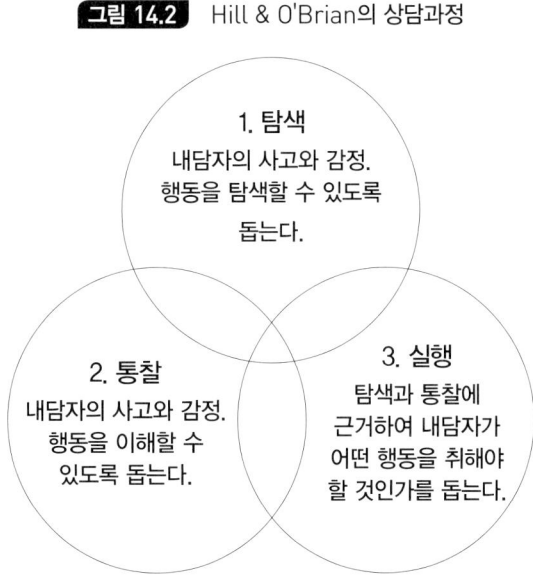

5. 상담의 초기 기술

상담은 적극적인 경청과 공감을 기반으로 이루어진다. 적극적인 경청(active listening)은 상대방의 언어적, 비언어적 메시지와 그 메시지 속에 담긴 의미까지 듣고 중요한 메시지

를 상담자의 언어로 내담자에게 돌려주는 것을 의미한다. 공감(empathy)은 내담자를 판단하지 않고 내담자의 지각 세계로 들어가 내담자가 경험하는 모든 것에 신중하고 날카롭게 귀를 기울이는 것이다.

탐색단계에서 필요한 기술로는 주의집중과 적극적인 경청, 재진술, 개방형 질문, 감정의 반영 등이 연습되어야 하고, 통찰단계에서는 도전/직면, 해석, 자기개방, 즉시성이 연마되어야 하고, 실행단계에서는 정보제공, 직접적 안내, 실행단계 직행하기 등이 연습되어야 한다. 아래에서는 3단계의 기술 중 몇 가지만 실제 스포츠와 운동상황의 사례를 들어 제시하고 있다.

사례별 상담자의 반응을 위해 빈칸을 채워보는 연습을 해보자.

1) **재진술(paraphrasing) – 내담자의 진술 내용이나 의미를 상담자가 반복하거나 다른 참신한 의미의 말로 바꾸어 말하는 것을 말한다.**

   내담자 : 야구 투수로 이것저것 교정해야 할 구질이 너무 많아요. 그런데 팀의 막내로 홈경기뿐만 아니라 원정경기에서 선배들 뒷바라지하느라 정신이 없어 미치겠어요. 개인적으로는 나도 A급 투수가 되어 TV에도 나오고, 해외에도 진출하고 싶은데 말이에요. 연습할 시간이 너무 없어요. 일과에 지쳐 차분히 연구할 시간이 없네요. 진짜 뭘 어찌해야 할지 정말 혼란스러워요. 그냥 포기할까도 생각해 봤는데 그럴 수는 없잖아요.

   상담자(재진술) : _____

2) **감정반영(reflection) – 내담자의 감정에 대한 명확한 파악을 포함하여 내담자 진술을 반복하여 말하고 재표현하는 것이다. 내담자의 말이나 행동 이면에 있는 느낌과 감정을 알고, 그것을 표현해 준다.**

   내담자 : 저도 팀의 다른 선수들(배구선수)처럼 잘하고 싶어요. 운동도 열심히 하고, 선후배들하고 잘 친하고, 근데 원래 제가 그런지, 잘 안 움직여요. 제 마음은 그게 아닌데 연습 때나 시합 때도 그냥 입 딱 다물고 왜 그런지 정말 모르겠어요. 마음에 드는 선수한테 마음 속으로는 말을 걸고 싶은데, 막상 그 상황에 딱 부닥치면 입 다물고 어물거리고, 참 내가 싫어요. 뭐 좋은 방법이 없을까요. 이게 아닌데 말이에요.

   상담자(감정반영) : _____

3) 직면(confrontation) – 스스로 깨닫지 못하고 있는 어떤 불일치나 모순, 혹은 부적응적 사고나 반응 양식을 상담자가 지적하여 내담자가 이를 검토해 보도록 하는 기법이다.

내담자 : 이제 프로선수로의 생활이 얼마 안 남았다고 생각해요. 몸도 예전 같지 않고, 생각 없이 살았나 봐요. 모아 놓은 돈도 없고, 체력은 떨어지고, 아이들은 초등학교도 가야 하고, 가장으로 뭔가 해야 하는데 저에게 가정은 정말 중요해요. 운동 다음으로 가정에 대해 많이 생각해요. 그런데 비시즌에는 합숙도 많고, 원정경기 때는 집도 자주 비우고, 1년에 얼마 집에 안 들어가는 것 같아요. 밖에 있을 때가 더 행복하네요. 부모님들도 연세가 많으시고…

상담자(직면) : _____

4) 자기개방(self-disclosure) – 내담자가 진술하는 어떤 경험이나 감정과 연관되는 상담자의 체험이나 개인적 정보를 내담자에게 공개하는 것으로 서로의 관계형성이 있고 난 후에 실시해야 효과적인 연습이 된다. 자기 경험에 근거하여 공개하고, 조언을 덧붙여도 된다.

내담자 : 우리나라에서 볼링선수로 산다는 것은 쉽지 않아요. 뭐 대학을 졸업하면 어디 갈 데도 없고, 출세를 할 수 있는 방법이 없어요. 실제로 구기 하는 애들은 프로팀으로 가면 그래도 어느 정도 먹고 살잖아요. 그 애들 받는 연봉을 보면 참 부러워요. 1억, 10억, 100억이다 뭐 그러는데… 우리 같은 선수들은 실업팀에 가더라도 반의반도 못 받아요. 그리고 선수 생명도 짧고, 고생은 고생대로 하는데 왜 내가 볼링을 시작했나 싶기도 하고요. 이런 열악한 조건에서 제가 제대로 된 직업을 가지고 돈을 벌어 제대로 사람 구실 할 수 있기나 할까요.

상담자(자기개방) : _____

5) 정보제공(information provide) – 실제 내담자를 교육하거나 지시를 내리는 과정이다.

내담자 : 요즘 농구 인기가 예전만 못해요. 그래서 대학 졸업 후 진로에 대해 고민하는데… 선수로서는 이제 끝난 것 같아요. 그래서 선수 출신으로 대학원에 진학하고 싶지만, 군대 문제도 있고, 실업팀은 없고, 프로로 가기도 힘들고, 어떻게 결정해야 하는데… 대학원 진학으로 결정할까 봐요.

상담자(정보제공) : _____

6. 상담프로그램 개발

스포츠심리상담 프로그램으로 포함되어야 할 기본적인 개념은 선수 중심적이어야 한다는 것이고, 모든 인적, 물적 자원을 총동원하여 선수들의 최대 발달과 최적 성장을 지원해야 하며, 팀이나 조직의 방침과 동화되어 종합적으로 운영되어야 한다. 〈그림 14.3〉은 상담 프로그램 개발의 전형적인 6단계를 보여주고 있다(장덕선 등, 2005). 1단계에서는 최우선으로 생활환경 조사가 이루어져야 한다. 설문지와 면접법을 이용하여 실시되어야 한다. 2단계에서는 문제에 대한 진술과 대안을 마련해야 하고, 심각성의 정도를 확인하여 임상 접근인지, 교육상담 접근인지를 결정해야 한다. 3단계에서는 구조화된 목적과 목표 설정이 이루어지는데, 장기목표와 세분된 단기목표로 구분되어 설정되어야 한다. 4단계에서는 해결책 모색을 위해 다양한 채널을 이용하여 그 방법을 찾아야 한다. 5단계에서는 실행단계로 기존 프로그램과 변형되고, 맞춤형 프로그램 개발이 병행되어야 한다. 6단계에서는 평가 단계로 자체평가와 내담자 반응평가를 통해 프로그램의 수정과 피드백을 제공해야 한다.

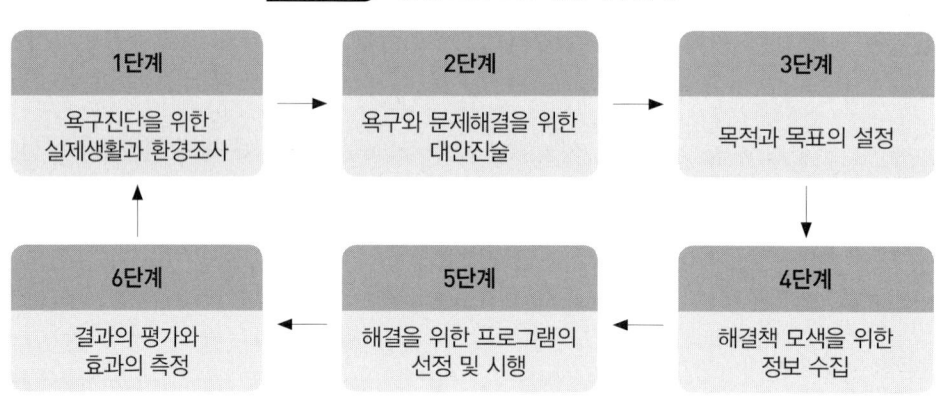

그림 14.3 상담프로그램 개발의 6단계

7. 스포츠심리상담 사례

최근에는 스포츠심리상담을 주제로 한 연구물들이 많이 보고되었다. 특정 종목으로 축구단 멘탈코칭과 양궁팀 상담, 사격팀 루틴훈련, 수영카운셀링, 골프상담, 기계체조 심리상담, 농구상담, 그리고 운동참여자들을 위한 신체활동 증진을 위한 상담, 운동요법을 적용한 학교폭력 상담 등의 연구들이 있다. 이들 연구 중 일부 사례를 아래에 간략히 제시하고자 한다.

1) 축구 사례

2002년 월드컵의 성공적인 개최와 4강 신화로 한국 축구계에서는 스포츠심리학의 중요성을 인식해 축구선수 훈련 프로그램에 심리훈련을 포함한다거나 프로축구단에서 스포츠심리학자를 고용하는 등의 고무적인 변화가 일고 있다. 축구선수의 기술능력으로 최고의 선수는 심리기술이 우수하고, 뛰어난 선수는 인지능력이 좋으며, 좋은 선수는 축구기술이 좋고, 보통 선수는 체력적인 요인을 가지고 있다고 할 수 있다. 즉 보통에서 최고의 선수로 발전할수록 체력보다는 심리기술이 뛰어나다는 것을 말한다.

축구는 개개인의 경기력을 끌어올려 팀 전력을 극대화하는 운동이다. 축구 경기력에 심리적인 요인은 큰 영향을 미친다. 선수들은 편안한 마음과 함께 자신감을 갖고 있을 때, 최고의 경기력이 나온다. 최고의 선수가 되기 위해서는 인지능력, 축구기술, 체력과 함께 심리기술 또한 중요한 역할을 하고 있다. 팀이 뒤지고 있는 상황에서 개인이나 전체 팀원들이 심리적 불안감을 느끼지 않기 위해서는 긍정적인 심리상태가 요구된다. 프로축구에서는 2007년 FC서울을 시작으로 많은 팀에서 전문 심리상담사를 고용하여 경기력 향상을 유인하고 있다.

2) 사격 사례

사격의 집중루틴 훈련 사례를 알아본다. 평소 좋은 점수를 내는 선수라도 긴장하거나 심리적으로 불안한 상태에서는 좋은 성적을 내기가 어렵다. 10m 공기소총 'A' 선수의 예를 들면, 연습에서 메달권 기록을 보였지만, 실전에서는 좋은 성적을 내지 못했다. 그래서 학교의 지원으로 심리상담을 통해 심리적 부담을 덜어내고 우승하게 되었다.

▶ 사격 집중루틴의 이해

경쟁하는 선수들에게 경기력에 영향을 미치는 결정적인 요소는 사격에서 집중력과 주의력을 들 수 있다. 집중력은 외부 세계를 지각하기 위해 자기의 감각을 이용하는 인식 과정이라 하고, 주의력은 주의가 좁혀진 상태로 어떤 자극에 대하여 주의를 기울이거나 선택된 자극에 대해 주의를 유지하거나 자극에 주의를 지속하는 능력을 말한다. 집중을 방해하는 정신 산만의 주요인은 실생활 과제보다 주변 환경이 더 크게 영향을 줄 때, 내적 요인에 의해 방해를 받을 때이다. 이러한 집중력을 향상하기 위해서는 외적, 내적 정신 산만한 요소를 최소화하고, 관련된 결정적 단서에 집중할 가능성을 최대화하는 것일 것이다.

선수들은 자신의 주의 능력을 평가하여 중요한 순간에 결정적 단서에 얼마나 집중하는지를 평가하고, 산만함은 언제 일어나는지를 평가하는 것이 선행되어야 한다. 그런 다음 집중 단서를 만들어 집중이 흐트러졌을 때, 이 특정 단서를 이용하여 재집중을 유도해야 할 것이다. 우수선수와 비 우수선수는 루틴에서 차이를 보인다고 한다. 우수선수는 일관성과 안정성이 필요할 때일수록 집중 능력을 최대로 발휘하고, 그렇지 못한 선수는 산만해진다고 한다.

이때 필요한 것이 수행루틴이라 할 수 있다. 수행루틴은 내적, 외적 방해 요인을 차단하고, 침착함을 유지하게 하고, 행동에 앞서 사전에 설정된 수행 과정을 제공함으로써 일관되게 수행하도록 도움을 주게 되는 것이다. 사격선수들이 활용하는 집중력 기법으로는 일반적인 소음 훈련, 비난 훈련, 불공정한 심판훈련, 불운에 대한 훈련법 등이 있다. 아래의 사례는 장덕선 등(2005)의 사격 상담사례를 재구성하였다.

① **사격 집중루틴 훈련의 효과 사례(1)**

대상 : 루틴 훈련의 참여자는 속사권총의 B 선수(31세)이다. B 선수는 14년 운동경력으로 국가대표 경험은 없다.

방법 : 심리기술 질문지를 사용, 질문지별로 개별 평균을 구한 후, 기초선과 처치 기간의 변화 양상을 그래프로 제시.

- 집중력 훈련을 위한 심층 면담 시행: 집중력 훈련의 필요성을 인식하여 사격훈련(60~70%, 주 평균 36시간), 체력 훈련(10%, 주 평균 5시간), 정신훈련(30~40%, 주 평균 20시간)이 시합에서 차지하는 비중과 현재 훈련량의 차이를 점검.

- 집중력 훈련 및 프로그램 제작 배경 : 초기 단계에서 선수의 장단점을 파악, 훈련의 목표 설정. 집중력 훈련 프로그램은 최고의 경기 상황에서의 생각, 말, 기분을 고려하여 B 선수와 논의 후 개발, 프로그램은 특히 사격에 맞게 격발루틴과 극복 루틴을 같이 제작.

- 최고 경기와 최악 경기의 비교 : 출전한 시합 중 최고 잘했던 경기와 못 했던 경기를 비교, 차이가 무엇이고, 어디에서 기인하는지를 알아보았다(표 14.1, 표 14.2, 그림 14.4).

　ⓐ 선수가 경기 시작 전 자신에게 한 말과 생각
　ⓑ 경기가 진행되는 동안 하는 말과 생각
　ⓒ 시합 동안 주의집중의 차이

최고 경기	최악의 경기
• 주변의 소리가 하나도 안 들린다. • 내 총소리도 안 들린다.	• 최악일 때 총소리가 들린다. • 남의 총소리도 들리면서 내 템포대로 못 쏘고, 남의 템포에 말리게 된다.

- B 선수의 루틴 프로그램 및 훈련과제

  루틴에 포함된 말이나 행동은 자기 질책, 억압, 과거 반성 등이 아닌 자연발생적, 자신감 고양, 미래지향적, 긍정적 사고에 도움이 되도록 구성.

  그동안의 B 선수의 습관을 바탕으로 제작.

  B 선수의 불안, 자신감 결여, 긴장 등으로 인한 실수로 인해 발생할 수 있는 기록을 위해 극복 루틴도 함께 제작.

표 14.1 선수의 전반적 집중루틴

준비/위치잡기	실탄장전	attention	스타트	
• 스타크 약 90 정도 • 3번과 2번 사이 수평이동 조준선외치기 : 9번(6탄까지) • 기다린다	• 실탄장전 하면서 "조준선 보자" 5회 외치기 • 탄창손잡이: 착 착 착 착 착 • 어깨들기: 과감하게 "아자" • 스타크 90 확인 • 탄창 넣기 • 자세잡기 "자연스럽게"	조준선 외치기 (2회)	조준선 정확히 보자.	⇩

- 과제내용 1차
  - 나의 격발루틴 그림, 내용 완성(8초, 6초, 4초)
  - 실수루틴 기능부전 수습 루틴 만들기
  - 다음 시합 상상하고(실제처럼 사격장 상상), 루틴대로 시합하기(매일)
  - 목표적중위치 표시하고, 격발 후 실제 적중 위치 표시하기
  - 격발루틴(8초, 6초, 4초) : 잠자기 전 이미지 트레이닝 1회+실수루틴 훈련 1회
  - 일지 기록

- 과제내용 2차
  - 계속 이대로 하겠다.
  - 사격장에서 매일 실제 시합 상상하고, 반 코스(월, 수, 금 : 전반부/ 화, 목, 토 : 후반부)를

루틴을 적용하여 시합하기(격발루틴+실수 후 루틴 철저히 지키기)
- 잠자기 전에도 반 코스 시합 1회 실시(실제 시간으로)
- 훈련일지 적기
- 격발루틴 실수 후 루틴 일지에 적어서 제출

- 집중루틴의 시행 및 효과
  - 집중루틴의 질적 평가 : 면담형식의 평가 → 면담 내용 도식화
  - 루틴훈련효과, 시뮬레이션, 일지 쓰기, 이미지 훈련
  - 면담과정

- 집중루틴 시행 효과

  주의력 검사지(양적 평가)

표 14.2 B 선수의 전반적 집중루틴

BET		OET		BIT		OIT		NAR		RED	
전	후	전	후	전	후	전	후	전	후	전	후
4	4	2	0	8	8	1	1	4	5	5	3

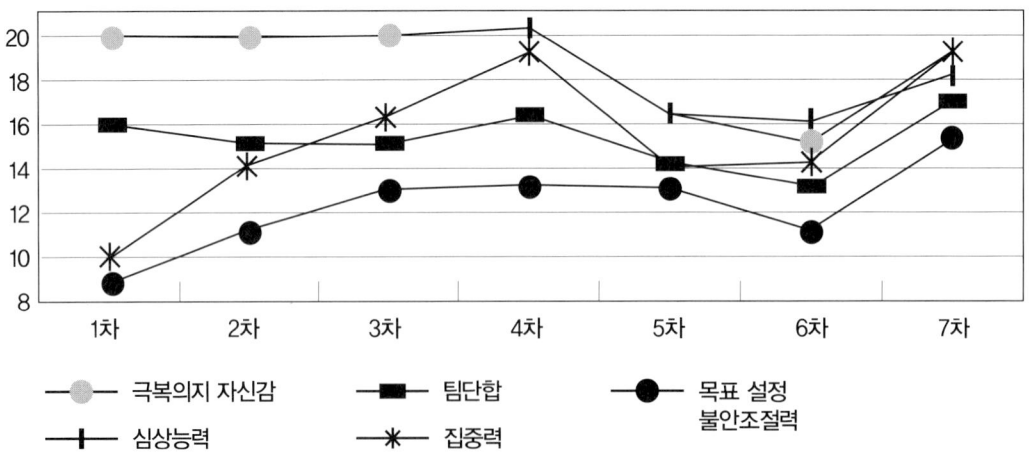

그림 14.4 B 선수의 전반적 심리기술

② 사격 집중루틴 훈련의 효과 사례(2)
　　대상 : 8년 경력의 C 선수(만 21세 남자, 10m 공기소총사격선수)

- 집중력 훈련 (가장 단순한 AB설계 적용)
　A 단계 : 집중력, 주의력 질문지가 1~2주 간격으로 4회, 반복측정
　B 단계 : 개별 면담, 질문지측정, 수행평가를 위한 시합, 기록 수집

집중루틴
- 선수의 개인적 습관과 장점을 최대한 존중
- 훈련과 시합 때 습관적으로 하는 행동과 생각을 포함
⇒ 시합 부담 상황에 최고 시합 때의 행동과 생각의 흐름을 유지할 수 있도록 구성
루틴 프로그램 : 4개월 훈련 후 집중력과 주의력, 수행평가를 시행

결과 : 집중 조절 능력 향상
주의집중 유형 – 긍정적 형태 향상, 부정적 형태 감소
수행 기록 향상 – 출전한 5회 시합에서 모두 결선 진출

3) 양궁 사례

① 양궁팀의 특성: 양궁 경기는 안정된 신체적, 기술적 자세에 정신력을 고도로 집중하여 조준한 화살을 정확히 날려 보내는 것이다. 작은 오차에도 멀어질수록 크게 나타나게 되어 기록에 중요한 영향을 미친다. 자세의 동요 없이 신체적 안정성과 고도의 심리적 긴장과 압박을 극복할 수 있는 정신적 안정성이 필요하다. 또한 일정한 페이스로 계속 슈팅해야 하는 심리 생리적 안정성 또한 필요하다.

② 양궁의 심리기술 훈련의 필요성: 오늘날 양궁 종목에 있어 심리기술 훈련의 필요성과 중요성이 강하게 요구되고 있다는 것은 기정화된 사실로 받아들여지고 있다. 양궁 경기방식이 Olympic FITA 라운드로 1 대 1 토너먼트로 개정되면서, 고도의 경쟁 상황으로 진행되어 선수들에게 과도한 긴장과 불안, 승패에 대한 부담감을 크게 유발하는 실정이다. 극도의 긴장 유발 상황에서 나타나는 심리상태는 직접적으로 경기 결과에 영향을 미치게 된다. 최상의 양궁 수행력을 발휘하기 위해서는 자기조절능력과 다양한 시합 상황

에서 효과적인 심리기술과 전략이 전개될 필요가 있다. 결국 이를 위해서 스포츠심리상담과 심리기술 훈련의 적용이 절실하게 요구된다.

③ 국가대표 양궁팀 심리기술 훈련의 목적: 세계 최고의 한국 양궁 수행력을 유지에 기여해야 하고, 스포츠심리상담 및 심리기술 훈련 패러다임 도입에 따른 조직적 훈련 상승효과를 기대하고, 한국 양궁계의 체계적 심리기술 훈련 시스템 마련이 요구되기 때문이다. 또한 한국 양궁 특성을 반영한 스포츠심리상담 및 심리기술 훈련 기법의 현장 반영과 자기개발 및 자아 성장을 통한 자기관리 능력 함양, 미래 유능한 양궁 지도자로서의 심리적 기술 능력 배양을 목적으로 실시한다.

1) 심리상담의 실제 1

- 1998년 방콕 아시안 게임에 출전하는 남녀 국가대표 양궁 선수들을 대상으로 약 9개월 동안 심층 면담과 부분 관찰 등을 활용하여 심리기술 훈련을 시행한 연구는 양궁 경기에 대한 심리기술 훈련의 현장 적용 가능성을 보여준 계기가 되었다.
- 2000년 시드니 올림픽 양궁 국가 대표선수들을 대상으로 선수와의 집단 및 개인 면담 그리고 관찰을 통해 선수 개인이 갖고 있는 심리적 문제를 인지 재구성 기법을 이용하여 처치하였으며, 각 개인에 적합한 운동수행 전 루틴 프로그램을 개발 적용했다. 실제 훈련에 활용한 결과, 시합 불안 감소와 주의 집중력 강화, 시합에 대한 몰입 등에 큰 효과가 있는 것으로 보고 있다.
- 2004년 아테네 올림픽 참가한 양궁 국가대표 남녀 선수를 대상으로 12개월 동안 체계적이고, 과학적인 심리기술 훈련을 하여, 금메달 4개 중 3개 획득의 원동력을 마련한 것은 매우 고무적인 일로 여겨지고 있다.
- 2008년 베이징올림픽을 기점으로 세계최강의 한국 양궁계에 적지 않은 인식의 변화가 나타났다. 즉, 30여 년 철옹성처럼 지켜온 여자 개인전에서의 금메달 획득 실패와 올림픽 사상 최초로 기대했던 남자개인전에서 금메달을 아깝게 놓쳐버렸기 때문이다. 이러한 실패의 원인 분석 결과, 무엇보다도 선수들의 심리조절 능력 부족으로 나타났으며, 이는 곧 국가대표팀에서의 지속적이고, 체계적인 심리기술 훈련의 부재에서 기인한 것으로 분석하였다.

2) 심리상담의 실제 2

내담자: Y시 중학교 양궁부 선수들로써 평균 연령은 15세이며, 모두 남학생이다.

① 상담 경위

감독은 청소년 시기에 있는 선수들이 심리적으로 상당히 불안정한 발달단계에 있다는 것과 지역적으로 선수들이 문화와 교육적인 부분에서 상당히 뒤처져 있는 것을 고려해 장기적으로 선수들을 관리해 주기를 원한다. 감독은 선수들이 연습 때는 성적이 잘 나오는데 시합장에만 가면 죽을 쑤고 온다고 하였다.

② 문제의 진단과 개념화

감독의 말대로 선수들은 훈련 때는 성적이 괜찮다가도 시합에만 나가면 성적이 나오지 않는 것이 반복되면서 운동에 대한 흥미와 재미를 거의 잃어버린 듯 보였다. 그리고 전반적으로 양궁을 왜 해야 하는가에 대한 목표 의식이 없고, 자신감이 모두 낮아 분위기가 상당히 침체되어 있다는 느낌을 받았다.

- 상담 때 개인적인 대답

  A : "양궁을 왜 하는지 모르겠다.", "연습 때는 전국 최고 기록이지만 실전은 최악이다."
  B : "원래부터 자세가 안 좋았다.", "잡생각이 생겼다. 여자 친구에 대한 고민이 있다."
  C : "양궁에 대한 믿음을 못 가지겠다.", "가정형편 때문에 버스비도 고민이 된다."
  D : "자신감이 없으니까, 자세까지 흐트러지는 것 같다. 새로운 자세에 적응하는 것도 겁이 나서 못 하겠다."
  E : "기록이 계속 떨어지면서 흥미가 사라졌다."
  F : "운동을 해야 하는지 안 해야 하는지 모르겠다. 쓸모가 없는 것 같다. 말하면 맞을 것 같다."
  G : "기록이 안 나오고 자세가 안 나오니까 하기가 싫다. 시합 때 자신감이 별로 없다."

③ 대책

- 상담구성 : 시간적인 제약을 고려하여 선수 7명과 상담자 1명이 동시에 작업을 하는 집단상담의 형식, 시간은 1회기 당 90분으로 실시.
- 상담계획 : 선수들의 낮은 자신감과 동기, 목표의식 부재 등을 고려하여 내적 성장과 심리기술 훈련을 통한 자신감 회복에 목표를 두었다.

④ 상담과정

- 목표 설정에 대한 설명을 해주고, 목표 설정

상담계획

월	다룰 주제	세부 목표		내용
4	동기향상 & 목표 설정	1주	첫 면접	왜 운동을 해야 하는가?
		2주	목표 설정	
		3주	훈련	
		4주	시합	
5	동기향상 & 목표 설정	1주	인생 그래프 그리기	양궁은 내게 어떤 의미가 있는가?
		2주	내게 영향을 끼친 사람은	
		3주	피드백주기(hot-seat)	
		4주	나를 힘들게 하는 것은?	
6	불안관리	1주	내가 가진 비합리적 신념	
		3주	인지적 재구성	
7	불안관리	1주	불안 다루기	불안에 직면시키고, 불안을 자신이 통제할 수 있는 능력을 기른다.
		3주	미해결된 불안 다루기	
8	집중력 훈련	1주	루틴 설정하기	루틴 설정으로 집중력을 기른다.
		3주	루틴 적용 후 평가하기	
9	집중력 훈련	1주	루틴 수정하기	
		3주	루틴 완성하기	
10	집중력 훈련	1주	심상 교육	심상 훈련으로 집중력을 기른다.
		3주	심상 만들기	
10	집중력 훈련	1주	심상 적용 후 평가하기	
		3주	심상 완성하기	
11	이완 훈련	1주	근육 이완법 & 호흡법	이완 훈련으로 불안을 통제하고, 자신감을 기른다.
		3주	명상법 & 이미지법	
12	자신감 훈련	1주	긍정적 자기 대화	자신감 훈련으로 자신있게 훈련에 임할 수 있게 한다.
		3주	칭찬 사례	

(장기목표, 중간목표, 단기목표, 수행목표, 기술목표, 태도목표, 행동목표)

- 같은 입장에서 상담을 들어 경청
- 여러 선수의 실제 이야기 사용
- 계속해서 질문을 던짐
- 결과, 상담자 평가 (예시)

    A : "대단한 것 같아. 목표가 술술 나오는 것 같아서 해볼 만하다."

    장기목표 – 전 세계에서 활을 제일 잘 쏘는 사람이란 주제로 유명해지기

중간목표 - 국제대회 나가보기, 국내대회 우승 3회 이상

단기목표 - 3차 평가전에 등수 4위 안에 들면서 편안하게 활쏘기

수행목표 - 시합 때나 연습 때나 똑같은 자세와 마음으로 쏘기, 연습 때 기록보다 3점 이하로 떨어지지 않는다.

기술목표 - 끝을 조준하도록 하고, 왼팔은 가만히 지켜 주면서, 오른쪽 팔은 놓치시 않고, 부드럽고 깊숙이 슈팅하기

- 결과, 상담자 평가 (예시)

  태도목표 - 항상 긍정적인 마음가짐으로 쏘기, 활을 쏠 때만큼은 집중하기

  행동목표 - OO안 때리기, 코치 선생님께 반항하지 않기

  B : "좋아요. 왠지 실천할 수 있을 것 같아요."

  C : "목표를 설정해 보니 기분이 좋다."

  심리기술 훈련도 이들에게 중요하지만, 내면에 깔린 고민(여자 친구, 가정형편, 선배 태도에 대한 불만, 아버지의 반대)을 극복할 수 있도록 내적 성장이 이루어질 때, 이들의 수행에도 변화가 있을 것으로 생각이 든다.

3) 양궁 국가대표 심리기술 훈련 프로그램

▶ 1단계 심리기술 훈련의 적용 과정 및 내용

(1) 심리기술 훈련에 대한 요구 분석 및 기초 심리교육 시행

이를 위해 2009년 1월 첫 주 태릉선수촌 입촌과 함께 선수와 지도자를 대상으로 집단면담 시행

- 주 1회, 60분 진행 (45분 강의 15분 질의 및 응답) 정도의 심리특강 시행
- 심리특강 내용 : 양궁과 심리기술 훈련의 이해, 심리기술 훈련의 적용 과정, 이완 및 호흡법을 이용한 각성 조절 훈련, 동기유발과, 목표 설정 훈련 등

(2) 팀워크 강화를 위한 집단상담 시행

2009년 국가대표 양궁선수로 선발된 남자 선수 8명, 여자 선수 8명 총 16명 선수 대상으로 팀워크 강화를 위한 집단상담

목적
- 선수 개인의 자아를 발견하고, 성찰할 기회 제공
- 지도자와 선수 간 이해를 통해 팀워크를 강화
- 정신력 강화 및 생활 자세 확립을 목적

▶ **2단계 심리기술 훈련의 적용 과정 및 내용**

(1) 개인별 심리상담을 통한 심리기술 훈련 적용
- 상담은 자율 신청으로 이루어진 1:1 개인 상담 형태로 운영
- 상담을 시행하기 전에 비밀보장 부분에 대한 서면 및 구두 약속
- 심리상담 이외의 시간은 상담에 따른 심리기술 훈련의 적용 여부 관찰, 지도자 상담, 연습 기록 시 관찰 등이 이루어짐
- 1:1 개인 상담은 개별성 원리를 중점으로 실시
- 심리상담은 선수 개인별 심리적 불편함과 고민 등을 중심으로 진행
- 원인과 증상, 실천 능력에 따라 정신 분석, 인간중심, 인지주의, 행동수정, 현실주의 등의 상담 접근법과 통합적 상담 접근을 폭넓게 적용

(2) 훈련단계에서 사용된 주요 심리기술 훈련 프로그램
- 목표 설정 훈련
- 적정 각성 상태 조절 훈련
- 유지훈련
- 집중력 향상 훈련
- 신체감각 인식화 훈련

(3) 효과 여부 확인 방법
- 연습 상황과 공식 시합 및 선발전 기간을 활용
- 관찰 및 비디오 촬영
- 감정 조절 훈련
- 스트레스 관리 훈련
- 집중력 향상을 위한 루틴 훈련
- 슈팅 포인트에 대한 심상 훈련

- 자신감 향상 훈련

▶ **3단계 심리기술 훈련의 적용 과정 및 내용**
세계양궁선수권대회 대비 체계적으로 종합적인 심리기술 훈련 적용

- 본격적인 세계양궁선수권대회에서 심리기술 훈련 영역별 세부 프로그램을 월, 주간 훈련계획서에 포함함

- 총 5단계
    1단계 – 기초 심리기술 훈련 프로그램화
    2단계 – 심층 심리기술 훈련 프로그램화
    3단계 – 심리기술 훈련의 숙련화
    4단계 – 심리기술 훈련의 완성화
    5단계 – 심리기술 훈련의 실전화

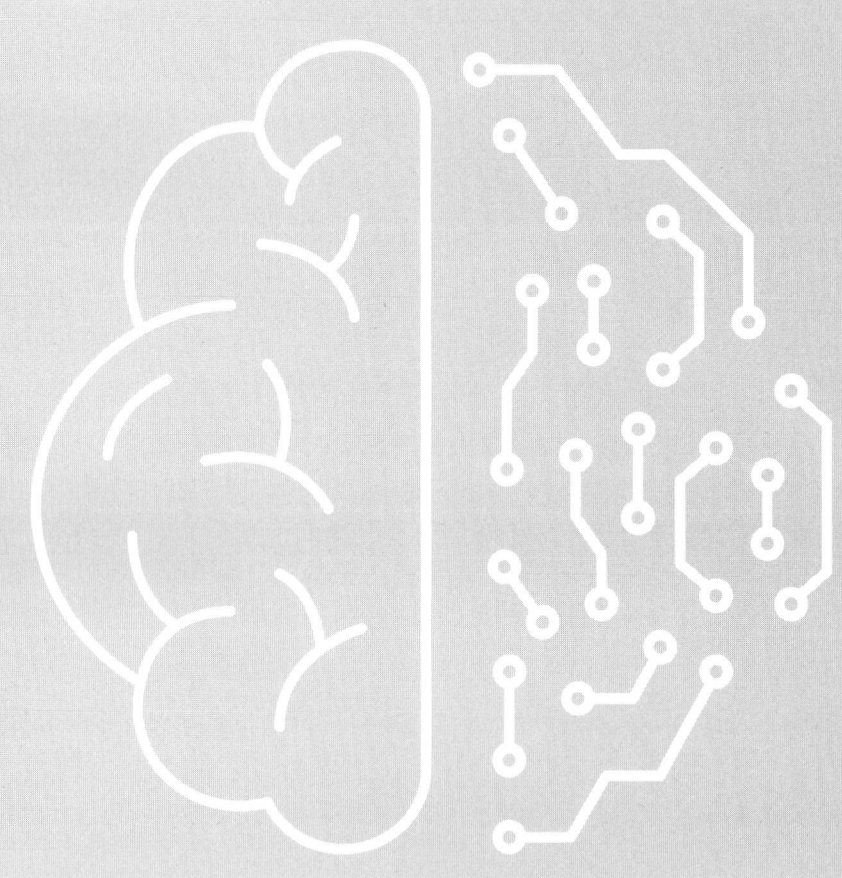

제15장

스포츠 코칭

    스포츠 상황에서 훌륭한 코칭이란 무언인가? 존 우든(John Wooden) 감독은 코치들에게 좋은 본보기이다. 전설적인 UCIA 농구감독 존 우든은 UCLA 재직 12년 동안 NCAA 우승을 10번이나 했으며 7년 연속 우승(67-73년)을 했다. 1975년 은퇴할 때까지, UCLA에서 27년 동안 620승 147패로 승률 .808, 총 코치생활 40년 동안 885승 203패로 승률 .813, NCAA 토너먼트 게임에서 38연승, 4시즌 동안 88연승이라는 금자탑을 세운 훌륭한 감독을 우리는 잘 알고 있다. 미국 3,000개 대학 중에서 한번 우승하기도 쉽지 않은데 그것도 우승 10번, 7년 연속 우승한다는 것은 우든 감독의 훌륭한 리더십을 들지 않을 수 없다. 사람들은 그가 농구 코치뿐만 아니라 다른 종목을 맡더라도 우승시킬 수 있다고 말한다. 그는 선수(퍼듀대학)와 코치로 명예의 전당(National Basketball of Fame)에 뽑힌 유일한 사람이다.

  이 장에서는 스포츠 코칭의 개념, 스포츠 코칭 리더십 모델, 강화와 처벌, 코칭행동의 보완 등에 관하여 알아본다.

1. 스포츠 코칭의 개념

스포츠에서 코칭이란 선수가 운동에 참여하는 데 관련된 지식이나 체력, 기술, 전술 및 전략, 태도, 철학 등을 효과적으로 습득하도록 코치가 해야 할 총 체적인 행위를 의미한다 (박정근, 2004). 즉, 스포츠 상황에서의 코칭이란 코치가 해야 할 당연한 임무로서 선수들을 훈련하고, 지도하고, 관리하는 면에서 효과적인 발전을 가져오게 하는 총체적인 인간 대 인간의 지도력 기술을 말한다. 또한, 선수들에 관한 체력적인 면, 기술적인 면, 팀 관리 등을 어떻게 하면 효과적으로 잘 이루어 나갈 수 있는가 하는 전체적인 과정을 의미한다. 코칭에서는 가장 이상적인 방법이 어떤 한 가지 방법이라고 단정할 수 없으나 코치는 의미 있는 해답을 구하는 데에 최선을 다해야 한다. 이러한 답을 구하려 하지 않는 코치는 스포츠 세계에서 살아남기 어려운 무기력한 코치가 될 것이다.

스포츠 현장에 있어서 선수들에게 세세한 기술을 지도하는 것은 코치나 감독의 의무이고 역할이다. 선수들에게 기술을 습득시키기 위해서 가장 중요한 부분은 코치나 감독의 열정이다. 지도자의 진지한 태도는 저절로 선수에게 전해져서 진지한 태도로 훈련에 몰두시켜 좋은 결과를 얻을 수 있다. 즉, 코치나 감독의 역할이 팀에 중요하다고 볼 수 있다. 그러나 어떤 감독은 심한 욕설과 처벌 등으로 선수들에게 정신적 신체적으로 피해를 주어 스포츠 수행에 악영향을 미치는 경우가 있는가 하면, 어떤 감독은 훌륭한 지도력으로 좋은 결과를 가져오는 일도 있다.

2. 코칭 리더십 모델

훌륭한 스승 밑에서 훌륭한 제자가 배출되는 것처럼 우수한 코치가 우수한 선수를 배출해 내는 것은 두말할 것도 없는 일이다. 그러면 어떤 코치가 우수한 코치이며 훌륭한 코치인가? 정확한 답을 말하기 쉽지 않다. 어느 한 가지 방법만이 최상의 방법이라고 말하기는 어려운 것이다. 그러나, 훌륭한 코치와 그렇지 못한 코치 간에는 어떤 특성의 차이가 있을 것이다. 박정근(2004)은 오랫동안 스포츠팀을 지도하여 꾸준히 좋은 성적을 유지하고 있을 뿐만 아니라, 주위에서도 훌륭한 지도자라는 평을 받는 24명의 엘리트 코치를 선발하여 그들의 코칭 방법과 코치자질을 탐색하기 위하여 귀납적 방법을 사용해서 내용분석을 하였다. 개별 인터뷰를 통한 코칭 자질에 대한 자료 분석 결과는 태도 및 철학, 전문성, 선수육성능력, 지도방법, 선수관리, 경험, 심리적 전략, 기타의 8가지 차원으로 나타났다. 구체적으로 태도 및 철학 차원은 성실성과 노력, 선수에 대한 사랑, 솔선수범 및 모범, 신뢰, 운동에 대한 애착, 책임감 범주로 분류되었다. 전문성 차원은 공부하는 자세, 실기와 이론 겸비, 자기계발 범주로 분류되었다. 선수육성능력 차원은 선수분석능력과 발굴능력 범주로 분류되었다. 지도방법 차원은 지도방법, 결과보다는 과정의 중요성으로 분류, 선수관리 차원은 선수관리 범주, 경험 차원은 경험 범주로, 심리적 전략 차원은 동기와 의사소통 범주로, 기타 차원은 승부사적 기질, 위기관리능력, 공과 사 구분 3차원으로 분류되었다. 엘리트 코치들이 지녀야 할 코치자질에 대한 모델을 〈그림 15.1〉과 같이 요약할 수 있다. 이 모델은 현장에서 선수들을 지도할 때에 코치들이 필수적으로 지녀야 할 자질에 관한 모델을 제시했다는 점에서 코칭 연구에 이바지했다는 것을 보여주고 있다.

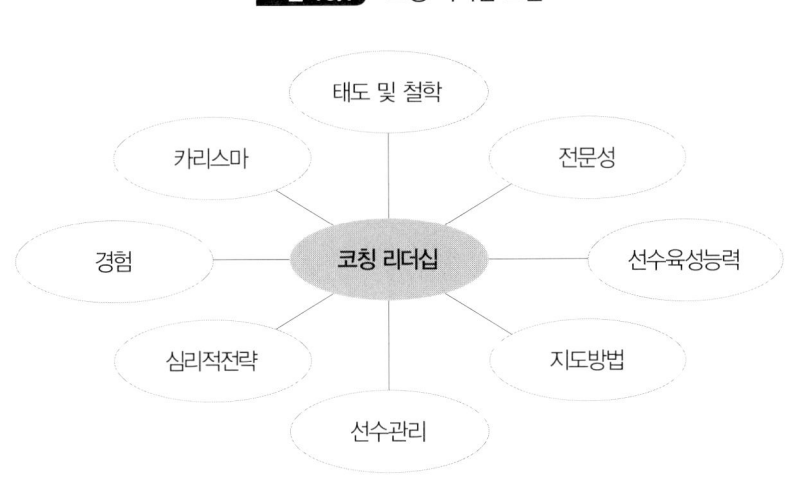

그림 15.1 코칭 리더십 모델

1) 태도 및 철학

코치들의 태도나 철학이 코칭 리더십에 가장 중요한 요인으로 나타났다. 성실성과 노력, 솔선수범, 모범, 신뢰, 책임감, 선수와 운동에 대한 사랑 이러한 특성들은 코치가 지녀야 할 필수적인 자질들이다. 특히 코치의 성실성과 끊임없는 노력은 훌륭한 지도자가 되는 데 결정적인 역할을 한다. 끊임없이 노력하지 않는 지도자는 스포츠 분야에서 살아남기가 어렵다는 것을 쉽게 알 수 있다. 한국적 리더십의 본질은 동고동락, 솔선수범, 희생정신이라 할 수 있을 정도로 지도자의 희생정신은 상당히 중요한 부분이라 생각한다. 선수들에게 항시 믿음과 진실로 대하며 희생정신으로 목표달성을 위해 항상 최선의 노력을 다하는 코치는 선수들에게 모범이 될 수 있으며 또한 언행이 일치되는 코치야말로 선수에게 신뢰를 줄 수 있다.

선수에 대한 애정과 사랑하는 마음이 있어야 하고, 자기가 지도하는 종목에 대한 애착과 열정을 가져야 우수코치가 될 수 있다. 이러한 코치의 태도와 철학 차원은 선행연구(유진, 정지혜, 1999) 결과에서 밝혀진 엘리트 농구 여자고등학교 코치들의 태도 및 철학과 많은 부분(페어플레이, 승부근성, 인내/노력, 책임감, 진실성, 따뜻한 마음, 원만한 대인관계)에서 유사하게 나타났다.

2) 전문성

코치는 과거의 선수 시절에 경험했던 그 경험과 기술을 선수들에게 그대로 지도 하는 방법은 지양해야 한다. 코치는 부단히 코칭과학을 공부해야 한다. 코치는 코칭에 필요한 심리학, 생리학, 트레이닝론, 영양학, 해부학, 역학, 교육학 등에 과학적 지식을 공부하고 연구하여 날로 치열해지는 경쟁에 대처해야 할 것이다. 예를 들면, 선수들의 경기력 향상을 위해 필수적인 전문체력 훈련 강화, 훈련할 때에 요구되는 에너지 공급 및 영양섭취, 선수들의 부상예방과 그에 대한 대처방안, 심리기술 등에 관해 공부하고 끊임없이 자기계발을 해서 실기와 이론을 겸비하는 코치가 되어야 한다. 만약 지도자가 무식하거나 연구하는 자세가 부족한 코치는 선수들도 무시하는 경향이 있을 것이다. 앞에서는 말하지 않을지 모르나 뒤돌아서서는 선수들이 코치를 놀리게 되며, 이러한 코치들은 선수들의 존경심을 자아낼 수 없게 된다. 과학적인 이론을 바탕으로 현장의 실제 상황을 조화롭게 연구하는 지도자는 훌륭하다고 볼 수 있다. 실기와 관련 이론이 겸비된 코치는 선진 이론과 기능을 접하기가 훨씬 쉽게 된다. 경영학 측면에서 보면 우수한 경영자가 가진 공통적인 특성으로는 날마다 자기계발을 게을리하지 않는 사람을 중요한 특성으로 뽑았다고 한다. 항상 재테크에 최소 5%를 투자하는 정신을 가지기 바란다.

3) 선수육성능력

훌륭한 선수는 태어나는가 아니면 만들어지는가에 대해서는 운동 종목의 특성에 따라 선천적인 영향이 크게 또는 적게 미치는 종목이 있지만, 우수한 선수를 양성하기 위한 필연적인 단계는 합리적이고 과학적인 선수 선발 과정이다. 따라서, 선천적인 요인이 우수해야 함은 물론이지만, 후천적인 트레이닝과 여건이 갖추어져야 한다.

훌륭한 지도자는 선수의 소질과 장래성을 발견해야 한다. 코치는 우수한 잠재 능력을 갖춘 자를 선발하여 우수한 기량을 갖도록 지도하는 동시에 좋은 성적을 내야 한다. 그러므로 코치는 천부적인 운동 소질을 타고난 선수를 선발할 줄 아는 능력을 지녀야 한다. 대개 선수들의 잠재능력을 파악하기 위하여 운동적성검사를 많이 활용하고 있다. 선수들의 체력, 정신력, 지적능력, 의지력, 인성 등 기타 선수 자질에 관한 많은 요인들을 고려하여 선발해야 한다. 예를 들면, 신장, 골격, 체격 형태, 체력과 같은 유전적 요인, 선수의 성격과 의지에 영향을 미치는 성장 배경에 관한 사회적 요인, 운동종목별 운동을 시작할 시기와 최고의 성적을 내는 시기가 다른 만큼 적정 연령을 생각해야 한다. 또한 운동상황에서 정보를 적절히 받아 운동기능을 행하는 지적 능력도 고려되어야 한다.

이와 같이 전문 스포츠 종목의 특성에 부합하는 경기능력의 장래성을 주관적 또는 객관적 방법에 따라 예측하는 일이 코치에게는 아주 중요하다. 그러므로 일선 코치는 항상 예리한 판단으로 주관적인 방식에 따른 선수의 장래성을 찾는데도 게을리해서는 안 된다. 장래성이 없는 선수에게 막대한 시간과 노력을 기울이는 것은 선수나 코치를 위해서도 바람직하지 않은 일이다. 객관적, 주관적으로 선발된 선수 가운데는 초기에는 뛰어난 동작이 잘 나타나지는 않지만, 일정한 시기가 지난 후에 기술이 발전되는 선수도 있으므로 학습 초기의 결과만으로 선수의 장래성을 속단하는 일은 바람직하지 못하고 삼가야 한다.

4) 지도방법

코치는 스포츠의 기본기와 각종 기술을 가르치는 사람으로서, 숙련된 선수를 지도하든, 초심자들을 지도하든 효과적인 지도방법으로 선수들이 기술을 습득하게 하는 것이 코치의 역할이다. 이러한 효과적인 기술 지도 방법은 다양하겠지만 몇 가지만 설명하고자 한다.

① **연습목표를 명백하게 지도한다.**

지도자는 명쾌한 비전과 꿈을 제시해야 하며 목표를 설정해야 한다. 목표설정은 동기유발, 자신감, 정신력 등과 같은 심리적 상태에 긍정적 영향을 미친다. 이와 같이 코치는 명확하고 구체적인 목표를 설정하여 선수들이 목표에 도달할 수 있도록 해야 한다. 선수들에게 도달해야 할 목표를 명백히 인식시키는 일과 선수 자신들이 스스로 자발적으로 이러한 목표를 이룰 수 있도록 해야한다.

② **코치는 지도기술이 탁월해야 한다.**

강의, 시범, 관찰법은 코치의 지도기술 가운데 꼭 알아야 하는 부분이다. 강의법은 선수들에게 연습할 내용을 설명하기 위하여 여러 가지 기법을 사용하는데 주로 설명, 분석, 토의의 과정을 거쳐 성과를 얻게 된다. 시범법은 가르치려는 동작을 보임으로써 선수들의 이해를 촉진하는 방법이다. 시범을 효과적으로 보이기 위해서는 관찰의 효과를 이용하여야 한다. 관찰할 것이 무엇인지 미리 알리고, 모든 선수가 잘 보일 수 있는 위치를 선택하여 여러 각도에서 시범해야 하며, 옳지 않은 동작을 먼저 보이고, 옳은 동작을 시범하는 것이 효과적이다. 관찰법은 영화, 슬라이드, 사진, 그림, 자석철판, 전문잡지, 연구물 등 시청각 교재를 최대한 활용함으로써 시범의 기술에서 나타나는 오류, 불명확한 자세, 기술 등을 정확하게 분석함으로써 효과적인 지도를 할 수 있다. 또한 코치는 각종 기술을 연습할 때마다 연습 계획서를 지참해서 지도에 임하여야 한다.

③ **코치는 합리적이고 보다 능률적인 트레이닝 계획을 세워야 한다.**

선수들의 경기력 향상을 위해서는 효과적이고 합리적인 트레이닝을 지도해야 한다. 트레이닝을 시도하는 대상을 올바르게 진단하고 처방하며, 프로그램을 잘 계획해야 한다. 또한 선수들이 얼마나 자각성을 가지고 트레이닝에 자율적으로 참여하는가가 중요하다. 그러므로 코치는 선수들에게 스스로 합리적이고 계획적인 트레이닝을 하도록 안내자 역할을 충실히 해야한다. 트레이닝은 스포츠 종목에 따라 그 방법을 달리해야 하므로 코치는 트레이닝에 대한 전문적인 지식을 가지고 있어야 한다. 또한 트레이닝 지식을 선수 스스로 갖게 하여 선수 자신의 기초체력이나 전문 체력을 강화할 수 있도록 해야 한다. 분기 계획안으로는 준비기간, 강화 기간, 완성 기간으로 구분하고 이 기간을 통하여 기초체력의 강화, 기초 기능 및 집단기능 육성(팀 스포츠일 경우), 그리고 점차적인 완성기로서 시합훈련 능력을 기른다. 다음 단계는 월간계획, 주간 계획, 일일 계획이 수립돼 보다 구체적이고 능률적인 지도가 이루어져야 한다.

④ **선수의 개별적 심리 적성을 파악해야 한다.**

코치는 선수들의 심리적 특성을 잘 파악해서 경기력에 영향을 미치는 장애물 요인이 무엇인지를 파악하고 그것을 대처해 나갈 수 있는 심리기법을 가르쳐주어야 한다.

5) 선수관리

팀에서 선수에게 주는 혜택이 크다든지, 선수가 팀에 대한 자발적 동기가 크다든지, 팀의 목표성취에 대한 기대치가 크다든지, 다른 팀과 비교해서 소속팀이 좋다고 생각하면 선수들의 팀 응집력은 강해진다. 팀 응집력이 강해지면 선수들이 팀에 대한 애착이 강해지고, 자부심도 증대되어 경기력에 긍정적인 영향을 미치게 된다.

특히 단체종목에서는 팀 구성원의 분위기는 매우 중요하므로 팀 분위기를 높여 주고 조성하여 주는 것은 코치 임무의 하나이다. 모든 구성원이 독자적 기능을 발휘하면서 그들의 힘이 전체가 되게끔 해야 한다. 특히 반목과 반발, 불필요한 경쟁 등으로 인해 구성원 간에 불화를 일으켜 팀워크를 해치는 일은 없애야 한다

따라서 코치는 항상 팀 구성원이 분위기 조성을 위하여 팀 미팅, 독특하고 명랑한 분위기, 정신적 안정을 가질 수 있도록 배려하여 팀의 분위기를 좋게 함으로써 경기력을 극대화할 수 있다

팀 분위기가 운동기술 습득 못지않게 중요하기 때문에 팀 관리에 세밀한 관심을 기울여야 한다. 팀은 노련한 고참선수와 패기 있는 소장 선수들이 다 필요하다.

어떤 때는 노장선수들이 말썽을 부려 소장 선수들이 나쁜 점을 본받을 수 있기 때문에 코치는 항상 이 점을 유의하여야 한다.

또한 팀을 성공적으로 이끌어 가기 위해서는 주전과 후보선수들을 잘 조율하는 것이 아주 중요하다. 서로가 후보선수가 되지 않기 위하여 더 열심히 노력하고 경쟁할 수 있도록 해야 한다. 그러나 때로는 후보선수가 되었을 때 자신감 상실과 실망으로 팀에 적응을 잘 못하는 경우도 발생한다. 팀에 불평이나 불만이 있게 되면 그 팀은 문제를 지니게 되므로 코치는 이런 상태를 주의해서 잘 조정해야 한다.

하급생이 주전이고 상급생이 후보에 있을 때 상급생은 하급생에 대한 열등감, 우울감을 지니게 되며 심지어는 그러한 마음이 하급생에 대한 미움으로 이어질 수 있다.

이러한 상황에서 하급생이 거만하거나, 선배에 대한 미안함으로 인해 팀 생활이 어렵게 될 수 있다. 이럴 때 코치는 주전에게는 더 잘할 수 있도록, 교만하지 않도록 도와주고, 후보에게는 주전이 될 수 있도록 용기를 주며, 더 많은 관심으로 포기하지 않고 노력할 수 있도록 도와주어야 한다. 주전과 후보에게 대하는 코치의 태도는 이중적이지 않아야 한다. 특히 학원스포츠에서의 지도자는 '학생답게, 운동선수답게, 선배답게, 후배답게' 행동할 수 있게끔 지도하고 유도해야 한다.

조직의 훌륭한 리더는 교향악단의 지휘자와 같다. 관악기, 현악기, 타악기 등 각 각의 다른 소리를 모아 멋진 화음으로 만들어 내는 사람이 훌륭한 지도자가 될 수 있다. 조직에는 마음 맞는 사람만 있는 것이 아니다. 별별 사람들이 다 있다. 이런 상황에서도 팀을 잘 조화롭게 끌어 나가는 사람이 훌륭한 지도자가 될 수 있다.

6) 심리적 전략

코치는 연습 의욕을 환기하면서 지도해야 한다. 코치는 선수들의 기능을 높이기 위해서는 무엇보다 연습 의욕을 높여 주는 것이다. 재미없고 기계적이며 반복적인 연습은 흥미와 의욕을 잃게 하고 심지어는 슬럼프에 빠지게 된다. 코치는 선수로, 하여금 자발적으로 연습할 수 있도록 흥미있는 연습계획을 세워야 한다. 그러므로 코치는 항상 연습 의욕을 어떻게 환기하느냐에 신경을 기울여야 하며 부단히 공부하지 않으면 안 된다. 연습 의욕을 환기시키려면 흥미를 유발한다든지, 선수로 하여금 필요로 운동할 수 있도록 해야 하고 성공의 기쁨을 만끽할 수 있도록 해주어야 한다. 선수들이 어떤 기술 동작을 시행하여 성공하여 만족감을 느낄 때 연습 의욕은 왕성해지고, 이와 반대의 경우에는 활동 의욕이 떨어지기 쉽다. 또한 선수로 하여금 자신의 목표를 자각해서 자기 스스로 훈련에 임할 수 있도록 하는 것이다. 이처럼 선수 스스로 하고자 하는 자세를 갖도록 코치는 부단히 배려 함으로써 더 큰 성과를 얻을 수 있다. 또한 지도자는 누구하고든, 어디에서나, 언제든지 의사소통을 효과적으로 할 수 있는 의사소통 능력이 뛰어나야 한다. 효과적으로 의사소통하는 능력을 키우는 것이 지도자에게는 필요하다.

7) 경험

코치들은 선수들의 경기력을 향상하게 시키고 기록 경신을 이룩하기 위해 선수 훈련과 지도에서 더 체계적이고 합리적인 방법을 추구해야 하며, 올바른 기술, 전술, 그리고 지식을 가르치고 관리할 수 있는 능력을 지니고 있어야 한다. 이러한 코칭 능력은 과거 우수한 선수였다고 훌륭한 지도자가 되는 것이 아니라 경험을 바탕으로 자기가 지도하는 종목에서의 전문 지식을 열심히 배우고 노력해야 유능한 코치가 될 수 있다. 그래서 코치의 풍부한 경험과 경륜은 상당히 중요하다. 특히 코치는 과거에 스포츠 활동을 통해 얻은 풍부한 경험을 바탕으로 훈련에 대한 계획을 수립하고 기술을 지도하며 또한 시합 때 효과적인 경기전략과 전술을 선수에게 제공하여 선수의 경기력을 최대로 발휘시키게 하는 코칭의 임무를 지니고 있다(유진, 정지혜, 1999).

코치는 그 분야의 경험을 실제로 오래 쌓아가기 전까지는 코칭의 성격에 대하여 깊은 지식을 갖추기가 쉽지 않다. 왜냐하면, 경험이 부족한 코치는 선수 지도에서 오는 예상치 못한 변수 등을 예측할 수 있는 통찰력을 발휘하기가 쉽지 않기 때문이다.

8) 카리스마

코치는 승부기질과 승부근성, 위기관리 능력을 필수적으로 지녀야 한다. 김응룡, 박종환,

정봉수 감독 등을 승부사적 기질이 강한 감독 또한 카리스마가 뛰어난 감독들이라고 한다. House(1976)는 카리스마적 리더십론을 제안했다. 그는 다음과 같은 특성이 카리스마에 공헌한다고 믿었다: ① 부하는 리더의 신념이 옳다고 신뢰한다. ② 부하의 신념이 리더의 신념과 비슷하다. ③ 부하는 리더를 의심하지 않고 수락한다. ④ 부하는 리더에 애정을 느낀다. ⑤ 부하는 리더에 기꺼이 복종한다. ⑥ 부하는 높은 업적목표를 지닌다. ⑦ 부하는 자신이 집단의 성공에 공헌할 수 있다고 믿는다.

또한 카리스마적 리더의 특성은 높은 자신감, 자신의 신념과 이념이 도덕적으로 옳다는 강력한 확신 등을 들 수 있다. 이러한 리더의 특성과 부하의 리더에 대한 자각에 따라서 지도자의 카리스마가 형성된다.

본 논문에서는 코치들에게 나타나지 않은 특성이지만 사전 연구에서 나타난 신앙적인 믿음, 지혜, 마음가짐 또한 중요한 특성으로 볼 수 있다. 지도자의 생활자세가 성실하며 모범이 되어야 선수들이 지도자에 대한 믿음을 가질 수 있다. 즉, 지도자는 도덕적, 윤리적으로 깨끗해야 한다는 것이다. 이러한 면은 지도자의 신앙에 의해서 많이 나타난다. 현재 많은 선수나 코치들이 최상의 경기력을 발휘하는데 있어서 신앙의 힘이 아주 중요하다고 하였다. 박정근 등(1995)의 연구에서 국가대표급 선수 162명을 인터뷰해본 결과 31명이 신앙의 힘으로 경기력을 발휘한다고 하는 것을 보면 신앙의 힘이 대단히 크다고 볼 수 있다. 감독에게 필히 지녀야할 특성으로 신앙을 꼽는 감독으로는 축구의 차범근, 이영무, 배구의 김철용, 농구의 최명룡 감독 등을 들 수 있다. 신앙의 힘은 어려운 상황에서도 적극적으로 대처하려는 의지와 뚜렷한 철학관과 일관성을 유지하는데 도움이 된다고 볼 수 있다. 또한 지혜롭고 코치로서의 마음가짐을 지닌 지도자가 우수코치가 될 수 있다.

Lipman-Blumen(1996)이 언급했듯이 지도자의 행동 스타일은 천성적인 것이 아니라 어린 시절부터 학습되는 것이며, 성공과 실패라는 인생 역정을 통해서 강화되기 때문에 리더십 행동은 노력을 통해 바뀔 수 있으며, 보다 성공적으로 리더십을 배울 수 있는 것이다. 훌륭한 코치가 되기 위해서는 위에서 언급한 8가지 능력을 다 갖추어야 한다.

3. 코칭행동의 강화와 처벌

코치는 스포츠 상황에서 선수들의 동기부여와 경기력 향상을 위하여 강화와 처벌을 자주 사용한다.

강화(reinforcement)는 바람직한 행동이 나타난 후에 자극을 내밀어 줌으로써 다음에 그 반응이 나타날 확률을 높이는 것으로, 정적 강화와 부적 강화가 있다. 정적 강화는 어떠한 반응의 빈도를 높이기 위해 주어지거나 제시되는 자극을 의미한다. 예를 들면, 선수가 좋은 플레이를 하면 잘했다고 칭찬하고 엄지척하는 것이 정적 강화이다. 부적 강화는 고통스럽거나 불쾌한 자극을 제거해 줌으로써 바람직한 반응의 빈도를 높이는 것이다. 예를 들면, 열심히 훈련에 참여한 선수들에게 체육관 청소를 줄여주는 것은 부적 강화이다.

처벌(punishment)은 어떠한 행동이 나타날 가능성을 감소시키는 자극으로 정적 처벌과 부적 처벌로 나뉜다. 정적 처벌은 어떠한 행동이 나타난 후에 고통스럽거나 불쾌한 자극을 주어지거나 부여해 줌으로써 그 반응의 확률을 낮추는 것이다. 예를 들면, 선수가 잘못했을 때 소리를 쳐 그 동작을 다음에 하지 못하게 하는 것이 정적 처벌이다. 부적 처벌은 금지형 처벌로 어떠한 반응이 나타날 빈도를 감소하기 위해 제거되거나 박탈되는 자극을 의미한다. 예를 들면, 레드카드를 받은 축구 선수에게 세 경기 출전 금지를 내리는 것이 부적 처벌이다.

정정 강화와 정적 처벌은 더해서 행동에 영향을 미치는 것이고 부적 강화와 부적 처벌은 무언가를 빼서 행동 변화에 영향을 미치는 것이다.

스포츠 현장에서 코치들은 처벌이 행동수정에 강력한 효과가 있다고 믿고 있지만 선수들의 생각은 그렇지 않다. 선수들은 격려와 칭찬을 자주 해 주는 코치를 좋아하고 지도자가 긍정적인 지도방법을 사용하면 선수들은 동료에게 관심을 두고, 흥미, 응집력, 그리고 코치 선호도 등이 높게 나타났다.

코치들은 처벌이 바람직하지 못한 행동을 단기간에 없애는 데 도움이 된다고 믿지만 스포츠심리학자들은 처벌이 미치는 부정적인 영향력이 더 크다고 주장한다. Smoll과 Smith(1989)는 처벌은 선수에게 실패에 대한 공포를 불러일으켜 승리를 위해 노력하기보다는 실패의 고통을 회피하게 하고 시합에서 승패의 결과에 너무 집착하게 해 집중력을 저하하고 안전 위주로 경기해 경기력이 감소한다고 하였다.

선수의 행동을 변화시키기 위해서 칭찬은 80~90% 이상 사용하고 처벌은 10~20%만을 사용해야 한다. 하지만 스포츠 현장에서는 처벌이 너무나 손쉽게 사용되기 때문에 Weinberg와 Gould(2015)는 어쩔 수 없이 처벌을 사용할 때 바람직한 처벌행동 지침을 다음과 같이 제안하였다.

같은 규칙을 위반하면 위반한 모든 선수에게 같은 처벌을 한다. 선수가 아니라 바람직하지 않은 행동을 처벌한다. 규칙 위반에 대한 처벌 규정을 정할 때는 선수의 의견을 수렴한다. 운동장 돌기 같은 신체활동은 처벌로 사용하지 않는다. 개인적인 감정으로 선수를 처벌하지 않는다. 연습 중에 선수가 실수한 부분은 처벌하지 않는다. 전체 선수 앞에서 개인 선수에게 처벌하거나 창피를 주지 않는다. 처벌이 필요할 시에는 단호함을 보여준다. 개인의 잘못을 팀 전체의 잘못으로 돌리지 않는다. 나이를 고려해서 처벌을 내리고 처벌이 필요한 선수에게는 처벌의 이유를 정확하게 이야기한다.

4. 코칭행동의 보완

코칭행동은 선수들이 자기의 운동종목, 팀 동료, 그리고 코치에 대해 갖는 태도에 영향을 미친다. 코치가 선수의 실수와 관련한 기술을 지도하고 격려하고 설명을 위주로 의사소통을 하면 선수들은 스포츠에 재미를 느끼고 코치에 대한 호감도와 팀 선호도가 높아지게 된다(Smoll & Smith, 1989). 실수에 대한 교정 피드백을 자주 제공해 주면 어린 선수들을 포함한 선수들의 운동 재미와 코치에 대한 긍정적인 평가를 높이는 것으로 나타났다. 즉 스포츠 상황에서 선수가 실수하면 코치가 해야 하는 가장 바람직한 행동은 선수를 다독이면서 기술과 관련된 피드백을 제시해 주는 것이다.

Smoll과 Smith(1989)는 코치의 행동지침을 만들어 코치들을 교육시켜 바람직한 코칭행동을 습득하게 하였다〈표 15.1〉. Smoll과 Smith(1989)는 연수에서 코치들이 올바른 행동을 보이면 강화와 독려, 기술을 지도하고, 연수 참가자, 연수 코치와 긍정적인 관계를 맺고 실패의 공포를 낮추는 데 중점을 두고 교육하였다. 선수들의 심리적 변인을 검사한 자료와 코치 행동을 녹화한 자료를 분석해 보니 연수를 받은 코치에게 배운 선수들이 운동 재미가 더 높았다. 그리고 선수들은 연수받은 코치가 연수를 받지 않는 코치보다 운동 지식과 코칭 능력이 더 높다고 판단하였고 선수들의 자아 존중감도 전보다 크게 높아졌다. 따라서 코치 연수를 통해 코치의 행동을 긍정적으로 변화시킬 수 있고, 변화된 코치 행동은 선수의 운동 재미와 자아 존중감에 긍정적인 영향을 미친다는 것을 알 수 있다.

표 15.1 코치 연수 프로그램(Smoll & Smith, 1989)

상황	권장사항	금지사항
선수가 좋은 플레이를 할 때	즉시 칭찬(결과와 노력 칭찬)	선수의 노력을 당연한 것을 받아들임
선수가 실수할 때	즉시 격려하고 교정 설명	실수는 비난하고 처벌함

장난치고 주의가 산만할 때	어떻게 해야 하는지 명확하게 설명하고 모든 선수가 팀의 일원임을 강조	계속된 간섭과 위협
효과적인 연습분위기 만들 때	시범과 설명을 보이고 긍정적인 태도로 정확하게 설명	냉소적인 태도로 설명하고 격려함

참고문헌

제1장 스포츠코칭심리학 개관

유진(1997). 스포츠심리학. 서울: 중앙대학교 출판부.

박정근(1996). 스포츠심리학. 대한미디어.

정청희, 이용현, 이홍식, 정용철(2009). 스포츠심리학의 이해와 적용. 메디컬코리아.

Culver, D. M., Gilvert, W. D., & Trudel, P. (2003). A decade of Qualitative research in Sport Psychology Journals : 1990~1999. The Sport Psychologist, 17, 1~15.

Dishman, R. K. (1983). Identity crises in North American sport psychology: Academics in professional issues. Journal of Sport Psychology, 5, 123~134.

Dzewaltowski, D. A. (1995). The ecology of physical activity and sport: Merging science and practice. Journal of Applied Sport Psychology, 9, 254~276.

Gill, D. L. (1986). Psychological dynamics of sport. Champaign, IL: Human Kinetics.

Gill, D. L. (2000). Psychological Dynamics of Sport and Exercise, 2nd edition. Champaign, Illinois : Human Kinetics.

Henry, F. M. (1981). Physical deucation: An academic discipline. In G. A. Brooks(Ads.), Perspectives on the academic discipline of physical education. Champaign, Il: Human Kinetics.

Landers, D. M. (1995). Sport psychology: The formative years, 1950~1980. The Sport Psychologist, 9, 406~417.

Martens, R. (1977). Sport Competition Anxiety Test. Champaign, IL: Human Kinetics.

Martens, R. (1979). About Smocks and Jocks. Journal of Sport Psychology, 1, 94~99.

Martens, R. (1987). Science, knowledge and sport psychology. The Sport Psychologist, 1, 29~55.

Morgan, W. P. (1989). Sport psychology in its own context: A recommendation for the future. In J. S. Skinner, C. B. Corbin, D. M. Landers, P. E. Martin, & C. L. Wells(Eds.), Future directions in exercise and sport science research. Champaign, IL: Human Kinetics.

Roberts, G. C. (1989). When motivation matters : The need to expand the conceptual model. In J. S. Skinner, C. B. Corbin, D. M. Landers, P. E. Martin, & C. L. Wells (Eds.), Future directions in exercise and sport science research. Champaign, IL: Human Kinetics.

Smith, R. E. (1989). Scientific issues and research trends in sport psychology. In J. S. Skinner, C. B. Corbin, D. M. Landers, P. E. Martin & C. L. Wells(Eds.), Future directions in exercise and sport science research. Champaign, IL: Human Kinetics.

Tripplett, N. (1898). The dynamogenic factors in pacemaking and competition. American Journal of Psychology, 9, 507~553.

Vealey, R. S., & Garner-Holman, M. (1998). Applied sport psychology: measurement issues. In J. L. Duda(Ed). Advances in Sport and Exercise Psychology, measurement (pp. 393~398). Morgantown, WV: Fitness Information Technology, Inc.

Weinberg, R. S., & Gould, D. (1995). Foundations of Sport and Exercise Psychology. Human Kinetics.

Williams, J. M. (1994). Applied sport psychology: Goals, Issues, and challenges. Journal of Applied Sport Psychology, 7, 81~91.

| 제2장 스포츠와 성격 |

박정근(1996). 스포츠심리학. 대한미디어.

최만식(2004). 스포츠심리학. 무지개출판사.

Allport, G. W. (1973). Personality: A psychological interpretation. New York: Holt.

Bowers, K. S. (1973). Situationism in psychology: An analysis and a critique. Psychological Review, 80, 307-336.

Carron, A. V. (1980). Social psychology of sport. Ithaca, NY: Movement Publication.

Cattell, R. B. (1965), The scientific analysis of persnality. Baltimore MD: Penguin

Hardman, K. (1973). A dual approch to the study of persnality and performance insport. In H. T. A. Whiting, K. Hardman, L. Henry, & M. Jones(Eds.). Personality and performance in physical education and sport. London: Kimpton.

Hollender, E. P. (1967). Priciples and methods of social psychology. Oxford University Press.

Martens, R. (1975). Social psychology and physical activity. New York: Harper and Row.

Maslow, A. (1943). Dynamics of persnality organnization. Psychological Review, 50, 514~539.

Morgan, W. P. (1978). Sport personology: The credulos-skeptical argument inperspective. In W. F. Straub(Ed.), Sport psychology: An analysis of athlete behavior. Mouvement.

Phares, E. J. (1988). Introduction to personality(2nd ed.). Scott: Foresman andCompany.

Rushall, B. S. (1972). The status of personality research and application in sports and physical deucation. Paper presented at the Physical Education Forum, Dalhousie University, Halifax, Nova Scotia(January).

Rushall, B. S. (1975). Psychodynamics and personality in sport: Status and values. In H. T. A. Whiting(Ed.), Readings in sport psychology. London: Lepus.

Schurr, K. T., Ashley, M. A., & Joy, K. L. (1977). A multyvariate analysis of maleathlete characteristics : Sport type and success. Multyvariate Experimental clinical Research, 3, 53~68.

Sheldon, W. H. (1942). The varieties of temperament. New York: Harper & Bros.

Smith, R. E., Smoll, F. L., & Hunt, E. (1977). A system for the behavioral assessment of athletic coaches. Research Quarterly, 48, 401~407.

Williams, J. M. (1980). Personality characteristics of the successful female athlete. In W.F. Straub (Ed.), Sport psychology: An analysis of athlete behavior. Ithaca, NY: Movement.

| 제3장 스포츠와 동기 |

김병준(2021). 스포츠심리학의 정석. 레인보우북스

박정근(1996). 스포츠심리학. 대한미디어.

Amabile, T. M. (1979). Effects of external evaluation on artistic creativity. Journal of personality and social Psychology, 37, 221~233.

Amabile, T. M., DeJony, W., & Lepper, M. R. (1976). Effects of externally imposed deadlines on subsequent intrinsic motivation. Journal of personality and social Psychology, 34, 92~98.

Anderson, R., Manoogina, S., & Reznick, J. (1977). The understanding and enhancing of intrinsic motivation in preschool children. Journal of Personality and social Psychology, 34, 915~922.

Boggiano, A. K., & Ruble, D. N. (1979). Competence and the over justification effect: A developmental study. Journal of Personality and social Psychology, 37, 1462~1468.

Carron, A. V. (1980). Social Psychology of sport. Ithaca, NY: Mouvement Publications.

Deci, E. L. (1975). Intrinsic motivation. New York: Plenum.

Deci, E. L., & Betley, G. M., Kahle, M., Abrams, L., & Porac, J. (1981). When trying to win: Competition and intrinsic motivation. Pers. Soc. Psychol. Bulletin, 7, 79~83.

Deci, E. L., & Casciom, W. F. (1972). Changes in intrinsic motivation as a function of negative feedback and threats. Eastern Psychological Association Convenience. Boston. Mass : April.

Deci, E. L., & Ryan,, R. M. (1980). The empirical exploration of intrinsic motivational processes. In L. Berkowitz(ed.). Advances in Experimental Social Psychology, 31, New York: Academic Press.

Deci, E. L., & Ryan,, R. M. (1985). The General causality orientations scale: Self-determination in personality. Journal of Research in Personality, 19(2), 109-134.

Deci, E. L., & Ryan,, R. M. (2000). The "what" and "why" of goal pursuits: Human needs and self-determination of behavior. Psychological Inquiry, 11(4), 227-268.

Duda, J. L. (1993). Goals: A social-cognitive approach to the study of achievement motivation in sport. In R. N. Singer (Ed.), Handbook of research on sport psychology (pp. 421-436). New York: MacMillan.

Dweck, C. S. (1986). Motivational processes affecting learning. American Psychologist, 41, 1040~1048.

Fontain, C. (1975). Causal attribution on simulate versus real situations: When are people logical, when are they not? Journal of Personality and Social Psychology, 32, 1021~1029.

Hieder, F. (1958). The Psychology of interpersonal relations. New York: Wiley.

Iso-Ahola, S. E. (1977). Immediate attributional effects of success and failure in the field: Testing some laboratory hypotheses. European Journal of Social Psychology, 7, 275~296.

Maehr, M., & Nicholls, J. (1980). Culture and achievement motivation: A second look. In N. Warren(Ed.), Studies in cross-cultual psychology, vol 2. (pp. 53~75). New York: Academic Press.

McHugh, M. C., Duquin, M. E., & Frieze, I. H. (1978). Beliefs about success and failure: Attribution and the female athlete. In C. A. Oglesby(Ed.). Women and sport: From myth to reality. Philadelphia: Lea & Febiger.

Nicholls, J. (1984). Concepts of ability and achievement motivation. In R. Ames & C. Ames(Eds.), Research on motivation in education: Student motivation, Vol. 1(pp. 39~73). New York: Academic Press.

Orlick, T. D., & Mosher, R. (1978). Extrinsic awards and participant motivation in a sport related task. International Journal of Sport Psychology, 9(1), 27~39.

Pittman, T. S., Dacy, M. E., Alafat, K. A., Wetherill, K. V., & Kramer, N. V. (1980). Informational versus controlling verbal rewards. Personality and Psychology Bulletin, 6, 228~233.

Roberts, G. (1993). Motivation in Sport: Understanding and enhancing the motivation and achievement of children. In R. N. Singer, M. Murphey, & K. L. Tennant(Eds.). Hnadbook of research on sport psychology(pp. 421~436). New York: Macmillan.

Rotter, J. B. (1966). Generalized expectancies for internal versus external control of reinforcement. Psychological Monographs. 80, (1, whole No. 609).

Sage, G. H. (1977). Introduction to Motor Behavior : A Neuro-Psychological Approach(2nd ed.). Reading, MA : Addison-Wesley.

Spink, K. S. (1977). Attribution and athletics. Unpublished master's thesis, University of Western Ontario.

Spink, K. S., & Roberts, G. C. (1980). Ambiguity of outcome and causal attributions. Journal of Sport Psychology, 23, 237~244.

Weinberg, R. S., & Gould, D. (2015). Foundation of Sport and Exercise Psychology (6th ed.). Champaign, IL : Human Kinetics.

Weiner, B. (1972). Theories of motivation: From mechanism to Cognition. Chicago: Rand-McNally.

| 제4장 스포츠와 불안 |

박정근(1996). 스포츠심리학. 대한미디어.

최만식(2001). 개인종목 선수들의 메타동기 상태와 각성효과에 대한 연구. 한국체육학회지, 40(3), 149~160.

최만식(2004). 스포츠심리학. 무지개출판사.

Apter, M. J. (1982). Beyond the autocentric and the allocentric. In M. J. Apter, J. H. Kerr, & M. P. Cowles(Eds.), Progress in reversal theory(pp. 339~348). Amsterdam: Elsevier.

Apter, M. J. (1982b). The experience of motivation: The theory of psychological reversals. London: Academic Press.

Baddeley, A. D. (1972). Selective attention and performance in dangerous environments. British Journal of Psychology, 63, 537~546.

Barr, S. A., McDermott, M. R., & Evans, P. (1993). Predicting perseverance: A study of telic and paratelic frustration. In J. H. Kerr, S. Murgatroyd, & M. J. Apter(Eds.), Advances in reversal theory(pp. 123~136). Amsterdam: Swets & Zeitlinger.

Burton, D. (1988). Do anxious swimmers swim slower? Re-examining the elusive anxiety-performance relationship. Journal of Exercise and Sports Psychology, 10, 45~61.

Cook, M. R., & Gerkovich, M. M. (1990). Reliability and validity of the ParatelicDominance Scale. In J. H. Kerr, S. Murgatroyd, & M. J. Apter(Eds.), Advances in reversal theory (pp. 177~188). Amsterdam: Swets & Zeitlinger.

Cooke, L. E. (1981). A critical appraisal of the Yerkes-Dodson law. Unpublished doctoral dissertation, University of Leeds, UK.

Cratty, B. M. (1973). Movement behavior and motor learning. Phil.: Lea & Febiger.

Fazey, J. A., & Hardy, L. (1988). The inverted-U hypothesis : A catastrophe for sport psychology. British Association of Sports Sciences Monograph No. 1. Leeds : National Coaching Foundation.

Fisher, A. C. (1976). Psychology of sport. Mayfield Publishing Company.

Gould, D., & Krane, V. (1992). The arousal-athletic performance relationship: Current status and future direction. In T. Horn(Ed.), Advances in sport psychology (pp. 119~141). Champaign, IL: Human Kinetics.

Gould, D., Petlichkoff, L., Simons, J., & Vivera, M. (1987). Relationship between Competitive State Anxiety Inventory-2 subscale scores and pistol shooting performance. Journal of Sport Psychology, 9, 33~42.

Hammerstein, J., & Burton, D. (1995). Anxiety and the Ironman: Investigation the antecedents and consequences of endurance athletes' state anxiety. The Sport Psychologist, 9, 29~40.

Hanin, Y. (1986). The state-trait anxiety research on sports in the USSR. In C. D. Spielberger & R. Diaz-Guerrero(Eds.), Cross-cultural anxiety (pp. 45~64). Washington: Hemisphere.

Hanin, Y. (1989). Interpersonal and group anxiety in sports. In D. Hackfort & C. D. Spielberger(Eds.), Anxiety in sports : An international perspective (pp. 137~151). Series in Health Psychology and Behavioral Medicine. New York: Hemisphere Publishing.

Hanin, Y. (1993). Optimal performance emotions in top athletes. In S. Serpa, J. Alves, V. Ferriera, & A. Paula-Brito(Eds.), Proceedings of the VIII World Congress of Sport Psychology(pp. 229~232). Lisbon, Portugal: International Society of Sport Psychology.

Hanin, Y., & Syrja, P. (1995). Performance affect in junior ice hockey players : An application of the individual zones of optimal functioning model. The Sport Psychologist, 9, 169~187.

Hardman, K. (1973). A dual approach to the study of personality and performance in sport. In H. T. A. Whiting, K. Hardman, L. Hendry, & M. Jones(Eds.), Personality and performance in physical education and sport. London: Kimpton.

Hardy, L. & Fazey, J. (1987). The inverted-U hypothesis : A Catastrophe for sport psychology. Paper presented to the North American Society for the Psychology of Sport and Physical Activity annual conference, Vancouver, Canada.

Hardy, L., & Parfitt, G. (1991). A catastrophe model of anxiety and performance. British Journal of Psychology, 82, 163~178.

Hebb, D. O. (1955). Drives and the C. N. S. (Conceptual Nervous System). Psychological Review, 62, 243~254.

Hull, C. L. (1943). Principle of behavior. NY: Appleton-Crofts.

Jones, G., & Cale, A. (1989). Relationships between multidimensional and competitive state anxiety and cognitive and motor components of performance. Journal of Sports Sciences, 7, 229~240.

Jones, G., Hanton, S., & Swain, A. B. J. (1994). Intensity and interpretation of anxiety symptoms in elite and non-elite sports performers. Personality and Individual Differences, 17, 657~663.

Jones, G., Swain, A. B. J. (1992). Predispositions to experience debilitative and facilitative anxiety in elite and non-elite performance. The Sport Psychologist, 9(2), 201~211.

Kerr, J. H. (1985). A new perspective for sports psychology. In M. J. Apter, D. Fontana, & S. Murgatroyd(Eds.), Reversal theory: Applications and developments. Cardiff: University College Cardiff Press·New York: Lawrence Erlbaum Associates Inc.

Kerr, J. H. (1985b). The experience of arousal: A new basis for studying arousal effects in sports. Journal of Sports Sciences, 3, 169~229.

Kerr, J. H. (1989). Anxiety, arousal and sport performance: An application of reversal theory. In D. Hackfort & C. D. Spielberger(Eds.), Anxiety in sports : An international perspective(pp. 137~151). [Series in Health Psychology and Behavioral Medicine.] New York: Hemisphere Publishing.

Kerr, J. H. (1997). Motivation and Emotion in Sport. Psychology Press Ltd., Publishers.

Kirkcaldy, B. D. (1983). Catastrophic performances. Sportswissenschaft, 1, 46~53.

Klavora, P. (1978). An attempt to derive inverted-U curves based on the relationship between anxiety and athletic performance. In D. M. Landers & R. W. Christina(Eds.), Psychology of motor behavior and sport-1977(pp. 369~377). Champaign, IL: Human Kinetics.

Krane, V. (1990). Anxiety and athletic performance : A test of multidimensional anxiety and catastrophe theories. Unpublished doctoral dissertation. University of North Carolina at Greensboro.

Krane, V. (1993). A practical application of the anxiety-athletic performance relationship: The zone of optimal functioning hypothesis. The Sport Psychologist, 7, 113~126.

Krane, V., & Williams, J. M. (1987). Performance and somatic anxiety, cognitive anxiety and confidence changes prior to competition. Journal of Sport Behavior, 10, 47~56.

Landers, D. M. (1980). The arousal-performance relationship revisited. Research Quarterly for Exercise and Sport, 51, 77~90.

Lazarus, R S., & Averill, J. R. (1972). Emotion and cognition with specual reference to anxiety. In C. O. Spielberger(Ed.), Anxiety: Current trends in theory and research(Vol. 2). New York: Academic Press.

Lazarus, R. S. (1966). Psychological stress and coping process. NY: McGraw-Hill.

Martens, R. (1974). Arousal and motor performance. Exercise and Sport Sciences Reviews, 2, 155~188.

Martens, R. (1977). Sport competition anxiety test. Champaign, IL: Human Kinetics.

Martens, R., & Landers, E. M. (1970). Motor performance under stress : A test of the inverted-U hypothesis. Journal of Personality and Social Psychology, 16, 29~37.

Martens, R., Burton, D., Rivkin, F., & Simon, J. (1980). Reliability and validity of the Comepetitive State Anxiety Inventory(CSAI). In C. H. Nadeau, W. C. Halliwell,

K. M. Newell, & G. C. Roberts(Eds.), Psychology of motor behavior and sport(pp. 91~99). Champaign, IL: Human Kinetics.

Martens, R., Burton, D., Vealey, R. S., Smith, D. E., & Bump, L. A. (1983). Competitive State Anxiety Invento-

ry-2. Unpublished manuscript, University of Illinois at Urbana-Champaign.
Martens, R., Burton, D., Vealey, R.S., Bump, L. A., & Smith, D. E. (1990a). Development and validation of the Competitive State Anxiety Inventory2(CSAI-2). In R. Martens, R. S. Vealey, & D. Burton(Eds.),
Martens, R., Vealey, R. S., & Burton, D. (Eds.). (1990b). Competitive anxiety in sport. Champaign, IL: Human Kinetics.
McGrath, J. E. (1970). Major methodological issues. In J.E. McGrath (Ed.), Social and psychological factors in stress (pp. 19~49). New York: Holt, Rinehart, & Winston.
Morgan, W. P. (1979). Prediction of performance in athletics. In P. Klavora & J. V. Daniels(Eds.), Coach, athlete and the sport psychologist(pp. 173~186). Champaign, IL: Human Kinetics.
Morgan, W. P. (1980). The trait psychology controversy. Research Quarterly for Exercise and Sport, 51, 50~76.
Morgan, W. P., & Hammer, W. M. (1971). Psychological effect of competitive wrestling. AAHPER.
Naatanen, R. (1973). The inverted-U relationship between activation and performance: A critical review. In S. Kornblum(Ed.), Attention and performance(pp. 155~174). London: Academic Press.
Ogilvie, B. C. (1968). Psychological consistencies within the personality of high-level competitions. Journal of the American Medical Association, 205, 156~162.
Prapavessis, H., & Grove, J. R. (1991). Precompetitive emotions and shooting performance: The mental health and zone of optimal function models. The Sport Psychologist, 5, 223~234.
Raglin, J. S., & Turner, P. E. (1993). Anxiety and performance in track and field athletes : A comparison of the inverted-U hypothesis with zone of optimal function theory. Personality and Individual Differences, 14, 163~171.
Selye, H. (1956). The Stress of Life. New York: Mcgraw-Hill.
Selye, H. (1974). Stress Without Distress. NY: American Library.
Smith, R. E., Smoll, F. L., & Schutz, R. W. (1990). Measurement and correlates of sport-specific cognitive and somatic trait anxiety: The Sport Anxiety Scale. Anxiety Research, 2, 235~245.
Sonstroem, R. J. & Bernardo, P. (1982). Intraindividual pregame state anxiety and basketball performance: A re-examination of the inverted-U curve. Journal of Sport Psychology, 4, 235~245.
Spence, K. W. (1956). Behavior theory and conditioning. New Haven: Yale university press.
Spielberger, C. D. (1972). Anxiety: Current trends in theory & research. N. Y.: Academic.
Swain, A. B. J., & Jones, G. (1993). Intensity and frequency dimensions of competitive state anxiety. Journal of Sports Sciences, 11, 533~542.
Taylor, J. A. (1953). A personality scale of manifest anxiety. The Journal of Abnormal and Social Psychology, 48(2), 285~290.
Thom, R. (1975). Structural stability and morphogenesis [D. H. Fowler, Trans.]. New York: Benjamin-Addison Wesley.
Welford, A. T. (1976). Skilled performance. Brighton, UK: Scott, Foresman & Co.
Yerkes, R. M., & Dodson, J. D. (1908). The relation of strength of stimulus to rapidity of habit formation. Journal of Comparative Neurology and Psychology, 18, 459~482.
Zajonc, R. B. (1965). Social facilitation. Science, 149, 269~274.
Zeeman, E. C. (1976). Catastrophe theory. Scientific American, 234, 65~82.

| 제5장 스포츠와 자신감 |

김원배(1999). 스포츠 - 자신감 질문지(SSCQ)의 타당성 검증. 한국스포츠심리학회지, 10(2), 107~123.
박정근(1996). 스포츠 심리학. 대한미디어.

신정택, 육동원, 정재은(2003). 이전수행과 스포츠자신감이 골프경기 수행에 미치는 효과. 한국스포츠심리학회지, 14(3), 29~42.

Bandura, A., & Adams, N. E. (1977). Analysis of self-efficacy theory of behavioral change. Cognitive Therapy and Research, 1, 287~310.

Bandura, A. (1977). Self-efficacy: Toward a unifying theory of behavioral change. Psychological Review, 84, 191~215.

Bandura, A. (1977b). Social learning theory. Englewood Cliffs, NJ: Prentice-Hall.

Bandura, A. (1986). Social foundation of thought and action: Asocial cognitive theory. Englewood Cliffs, N. J.: Prentice-Hall.

Brokovec, T. D. (1976). The role of expectancy and physiological feedback infearresearch. In G. E. Schwartz & D. Shapiro(Eds.). Consciousness and selfregualtion: Advances in research(Vol.1) (pp. 261~312). New York: Plenum.

Brokovec, T. D. (1978). Self-efficacy: cause or reflection of behavioral change. In S. Rachman(ED.). Advances in behavior research and therapy(Vol. 1)(pp. 163~170). Oxford: Perhamon.

Eysenck, H. J. (1978). Expectations as causal elements in behavioral change. In S. Rachman(ED.), Advances in behavior research and therapy(Vol. 1)(pp. 171~175). Oxford: Perhamon.

Feltz, D. L. (1982). Path analysis of the causal elements in Bandura's theory of self-efficacy and an anxiety-based model of avoidance behavior. Journal of Personality and Social Psychology, 42. 764~781.

Feltz, D. L. (1982b). Developing self-efficacy through sport. Journal of Physical Education, Recreation, and Dance, March, 24~26.

Feltz, D. L. (1983, May). Gender differences in the causal elements of Bandura's theory of self-efficacy on a high-avoidance motor task. Paper presented at the North American society for the Physical Activity Annual Meeting, East Lansing, MI.

Feltz, D. L. (1988). Self-confidence and sports performance. In New yorkK. B. Pando lf(Ed.), Exercise and sport sciences reviews(pp. 423~457). New York: MacMillan.

Feltz, D. L., & Mugno, D. A. (1983). A replication of the path analysis of the causalelements in Bandura's theory of self-efficacy and the influence if autonomic perception. Journal of Sport Psychology, 5, 263~277.

Feltz, D. L., Landers, D. M., & Raeder, U. (1979). Enhancing self-efficacy in a highavoidance moter task: A compareson of modeling techniques. Journal of Spert Psychology, 1, 112~122.

Feltz, D. L., Marcotullio, S. & Fitzgerald, C. (1985). The effects of different forms of invivo emotive imagery on self-efficacy and competitive endurance performance. Paper presented at the North American Society for the Psychology of Sport and Physical Activity, Gulfport, Miss.

Girodo, M., & Wood, D. (1979). Talking yourself out lf pain: The importance of believing that you can. Cognitive Therapy and Research, 3, 23~33.

Gould, D., Eklund, R. C., & Jackson, S. A. (1992). 1988 U. S. Olympic wrestling excellence: I. Mental preparation, Precompetitive cognition, and affect. The Sport Psychologist, 6, 358~382.

Gould, D., Greenleaf, C., Lauer, L., & Chung, Y. (1999). Lessons learned from Nagano. Olympic Coach, 9, 2~5.

Gould, D., & Weiss, M. R. (1981). The effects of model similarity and model talk on self-efficacy and muscular endurance. Journal of Sport Psychology, 3, 17~29.

Harter, S. (1978). Effectance motivation reconsidered: Toward a development model. Human Kinetic Publisher, Inc.

Highlen, P. S., & Bennett, B. B. (1979). Psychological characteristics of successful and nonsuccessful elite wrestlers: An exploratory study. Journal of Sport Psychology, 1, 123~137.

Jones, G., & Swain, A. (1995). Predisposition to experience debilitative and facilitative anxiety in elite and nonelite performance. Sport Psycholosist, 9, 201~211.

Kavanagh, D., & Hausfeld, S. (1986). Physical performance and self-efficacy under happy and sad moods. Journal of Sport Psychology, 8, 112~123.

Kazdin, A. E. (1974). Covert modeling, model similarity, and the reduction of avoidance behavior. Behavior Therapy, 5, 325~340.

Lee, C. (1982). Self-efficacy as a predictor of performance in competitive gymnastics. Journal of Sport Psychology, 4, 405~409.

Lewis, S. (1974). A comparison of behavior therapy techniques in the reduction of fearful avoidance behavior. Behavior Therapy, 5, 648~655.

Locke, E. A. (1968) Toward a theory of task motivation and incentives. Organizational Bahavior and Human Performance, 3, 157~189.

Locke, E. A., Shaw, K. N., Sri, L. M., & Latham, G. P. (1981). Goal setting and task performance: 1969~1980. Psychological Bulletin, 90, 125~152.

Mahaney, M. J., & Avener, M. (1977). Psychology of the elite athlete: An exploratory study. Cognitive Therapy and Research, 1, 135~141.

McAuley, E. (1983, May). Modeling and self-efficacy: An examination of Bandura's model of behavioral change. Paper presented at the North American Society for the Psychology of Sport and Physical Activity Annual meeting East Lansing, MI.

McAuley, E. (1985). Modeling and self- efficacy: A test of Bandura's model. Journal of Sport Psychology, 7, 283~295.

Ness, R. G., & Patton, R. W. (1977, March). The effect of external cue manipulation upon weight-lifting performance. Paper presented at the American Alliance of Health, Physical Education, and Recreation, Seattle, WA.

Orlick, T., & Partington, J. (1988). Mental links to excellence. The Sport Psychologist, 2, 105~130.

Spreemann, J. (1983). The influence of model gender, model perceived ability and subject perceived ability on muscular endurance and self-efficacy. Unpublished master's thesis. Michigan State University, East Lansing.

Tarshis, B. (1977). Tennis and mind. New York: Tennis Magazine.

Vealey, R. (1986). Conceptualization of sport-confidence and competitve orientation: Preliminary investigation and instrument development. Journal of Sport Psychology, 8, 221~246.

Weinberg, R., Gould, D., & Jackson, A. (1979a). Expectations and performance: An empirical test of Bandura's self-efficacy theory. Journal of Sport Psychology, 1, 320~331.

Weinberg, R. S., Gould, D., & Jackson, A. (1979b). Expectations and performance: An empirical test of Bandura's self-efficacy theory. Journal of Sport Psychology, 8, 221~246.

Weinberg, R. S., Smith J., Jackson, A., & Gould, D., (1984). Effect of association, dissociation and positive self-talk strategies on endurance performance. Psychomotor Learning, 9(1), 25~32.

Weiner, B. (1974). Achievement motivation as conceptualized by attribution theorists. In B. Weiner(Ed.), Achievement motivation and attribution theory.(pp. 3~66). Morristown, NJ: General Learning Press.

Weiss, M. R., & Horn, T. S. (1990). The relationship between children's accuracy estimates of their physical competence and achievement-related characteristics. Research Quarterly for Exercise and Sport, 61, 150~258.

White, R. W. (1959). Motivation reconsidered: The concept of competence. Psychology, Champaign IL: Human Kinetic.

Wolpe, J. (1978). Self-efficacy theory and psychotherapeutic change: A square peg for a round hole. In S. Rachman(Ed.). Advances in behavior research and therapy(Vol.1)(pp. 231~236). Oxford: Pergamon.

| 제6장 의사소통 |

최만식(2004). 스포츠심리학. 무지개출판사.

Anderson, M. P. (1959). What is communication? Journal of Communication. 9(1), 5~12.

Bavelsa, A., & Barrett, D. (1951). An experimental approach to organizational communication. Personnel. March.

Dieffenbach, K., Gould, D., Moffet, A. (2002). The coach's role in developing champions. Olympic Coach, 12, 2-4.

Rosenfeld, L., & Wilder, L. (1990), Communication fundamentals : Active listening. Sport Psychology Training Bulletin, 1(5), 1~8.

Vealey, R. S. (2005). Coaching for the Inner Edge. Champaign: Fitness Information Technology.

Weinberg, R. S., & Gould, D. (1999). Foundation of Sport and Exercise Psychology. 2nd. Champaign, IL : Human Kinetic.

| 제7장 스포츠집단과 응집력 |

최만식(2004). 스포츠심리학. 무지개출판사.

박정근(1996). 스포츠심리학. 대한미디어.

Arnold, G. E., & Straub, W. F. (1972). Personality and group cohesiveness as determinants of success among interscholastic basketball team. In I. D. Williams & L. M. Wankel(eds.), Preceedings of the fourth canadian psychomotor learning and sports psychology symposium. Ottawa, Ontario; Department of national Health and Welfare.

Bass, M. M. (1963). The orientation inventory. Consulting Psychologists Press.

Brawley, L. R., Carron, A. V., & Widmeyer, W. N. (1988). Exploring the relationship between cohesion and resistance to disruption. Journal of Sport and Exercise Psychology, 10, 199~213.

Budge, S. (1981). Group cohesiveness reexamined. Group, 5, 10~18.

Carron, A. V. (1980). Social psychology of sport. Ithaca, NY; Movement Publications.

Carron, A. V. (1982). Cohesiveness in sport groups : Interpretations and considerations. Journal of Sport Psychology, 4, 123~138.

Carron, A. V., & Chelladurai, P. (1981). Cohesion as a factor in sport performance. International Review of Sport Sociology, 16, 21~41.

Carron, A. V., & Chelladurai, P. (1982). Cohesiveness, coach-thlete compatibity, participation orientation, and their relationship to relative performance and satisfaction. Paper presented at NASPSPA conference, College Park, MD.

Cartwright, D. (1968). The nature of group cohesiveness. In D. Cartwright & Zander(Eds.) Group Dynamics. New York ; Harper and Row, 91~109.

Cartwright, D., & Zander, A. (1968). Group dynamics : research and theory(3rd ed.).

Chellandurai, P. (1981). Group cohesiveness, leadership, and athletic performance. Candian Association for Health, Physical Education, and Recreation Journal, 47(5), 15~21.

Eitzen, D. S. (1975). Groupn structure and group performance. In D. M. Landers, D. V. Harris, & R. W. Christina(Eds.) Psychology of sport and motor behavior University Park, PA ; College of Health, Physical Education, and Recreation, Pennsylvania State University.

Forsyth, D. R. (1990). Group dynamics. Pacific Grove, California: Brook/Cole Publishing.

Hardy, C. J. (1990). Social loafing: Motivational losses in collective performance. International Journal of Sport Psychology, 21, 305~327.

Harkins, S. G., Latan, B., & Williams, K. (1980). Social loafing: Allocating effort or taking it easy?. Journal of Experimental Social Psychology, 16, 457~465.

Ingham, A. G., Levinger, G., Graves J., & Peckham, V. (1974). The Ringlemann effect: Studies of group size and group performance. Journal of Personality and Social Psychology, 10, 371~384.

Klein, M., & Christiansen, G. (1969). Group composition, group structure and group effectiveness of basketball teams. In J. W. Loy & G. S. Kenyoun(Eds.), Sport, culture, and society. New York: Macmillan.

Landers, D. M., & Crum, T. F. (1971). The effect of team success and formal structure on interpersonal relations and cohesiveness to baseball team. International Journal of Sport Psychology, 2, 88~96.

Latane, B., Williams, K., & Harkins, S. (1979). Many hands make light the work: The causes and consequences of social loafing. Journal of Personality and Social Psychology, 37, 822~832.

Lenk, H. (1969). Top performance despite internal conflict: An antithesis to a functionalistic proposition. In J. W. Loy & G. S. Kenyon(Eds.), Sport, culture, and society. New York: MacMillan, 393~397.

Lewin, K. (1941). Self-hatred among Jews. Contemporary Jewish Record, 43, 219~32.

Lewin, K. (1943). Forces behind food habits and methods of change. Bulletin of the National Research Council, 108, 35~65.

Martens, R. (1970). Influence of participation motivation on success and satisfaction in team performance. Research Quarterly, 41(4) 510~518.

Martens, R., & Peterson, J. A. (1971). Group cohesiveness as a determinant of success and member satisfaction in team performance. International Review of Sport Sociology, 6, 49~61.

Martens, R., Landers, D. M, & Loy, J. (1972). Sport cohesiveness questionnaire. Washington ; AAHPER.

Melnick, M. J., & Chemers, M. M. (1974). Effects of group social structure on the success of basketball team. Research Quarterly, 45(1), 1~8.

Peterson, J. A., & Martens, R. (1972). Success and residential affiliation as determinants of team cohesiveness. Research Quarterly, 43, 62~76.

Ruder, M. K. & Gill, D. L. (1982). Immediate effects of win-loss on perceptions of cohesion in intramural volleyball team. Journal of Sport Psychology, 4, 227~234.

Shaw, M. E. (1974). An overviews of small behavior. General Learning Press.

Tuckman, B. W. (1965). Developmental sequences in small groups. Psychological Bulletin, 63, 384~399.

Widmeyer, W. N., Brawley, L. R., & Carron, A. V. (1990). The effects of group size in sport. Journal of Sport & Exercise Psychology, 12, 177~190.

Williams, K. B., Harkins, S., & Latane, B. (1981). Identifiability as a deterrent to social loafing: the cheering experiments. Journal of Personality and Social Psychology, 40, 303~311.

Zander, A. (1971). Motives and goals in groups. New York Academic.

| 제8장 스포츠와 리더십 |

김정완, 김정남(2002). 변혁적 리더십이 운동선수의 지도자 동일시와 신뢰, 그리고 운동행동에 미치는 효과. 한국스포츠심리학회지, 13(3), 43~64.

김정한, 박종흠, 우정기, 최정일(2004). 교육행정 및 경영의 이해. 도서출판 형설.

문성철(1994). 고교 남자선수의 코치의 지도행동에 대한 인식연구. 한국체육학회지, 33(2), 321~331.

박정근(1996). 스포츠심리학. 대한미디어.

박정근, 이석준, 김학신(1995). 선수들의 코치리더십 선호도 조사. 한국체육학회지, 34(1), 36~44.

윤재만, 이계윤(2006). 중국 운동선수들의 지각된 변혁적 리더십, 팔로워십, 지도자 신뢰, 운동만족도 간의 관계. 한국스포츠심리학회지, 17(4), 43~56.

이계윤, 백종수(2008). 한중 운동선수들이 지각한 변혁적, 거래적 리더십이 성취동기, 운동몰입, 지도효율성에 미치는 영향. 한국스포츠심리학회지, 19(1), 1~18.

조건상, 김현식, 이제행(2004). 모험 스포츠 리더십 유형에 따른 지도자 신뢰와 지도 효율성의 관계. 한국체육학회지, 43(2), 91~100.

Avolio, B. J., & Bass, B. M. (1988). Transformational leadership, charisma, and beyond. In J. G. Hunt, B. R. Baliga, H. P. Dachler, & C. A. Schriesheim(eds.). Emerging leadership vistas. Lexington Mass : Lexington Books. 29~49.

Ayman, R., & Chemers, M. M. (1978). A cross-cultural study on the effect of leadership style on worker productivity and job satisfaction. Paper presented at the International Association for Cross-Cultural Psychology, Munich.

Bales, R. F., & Slater, P. E. (1945). Role differentiation in small decision-making groups. In Parson, T., & Males, R. F. (Eds.), Family socialization and the interaction process. New York : The Free Press.

Bass, B. M. (1985). Leadership and Performance beyond Expectations. NY; The Free Press.

Bass, B. M. (1990). From transactional to transformational leadership : learning to share the vision. Organizational Dynamics, 18, 19~31.

Bass, B. M. (1997). Does the transactional transformational paradigm transend organizational and national boundaries?. American Psychologist, 52, 130~139.

Burns, J. M. (1978). Leadership. New York : Harper & Row.

Bycio, P., Hackett, R. D., & Allen, J. S. (1995). Further assessments of Bass's conceptualization of transactional and transformational leadership. Journal of Applied Psychology, 80, 468~478.

Carlyle, T. (1907). Heroes and hero worship. Boston : Adams, (Originally published, 1841).

Case, B. (1987). Leadership behavior in sport : Afield test of the situational leadership theory. International Journal of Sport Psychology, 18, 256~268.

Chelladurai, P. (1978). A multidimensional model of leadership. Unpublished doctoral dessertation, University of Waterloo, Waterloo, Ontario.

Chelladurai, P., & Carron, A. V. (1978). A reanalysis of formal structure in sport. Candian Journal of Applied Sport Sciences, 2, 9~14.

Chelladurai, P., Imamura, H., Yamaguchi, Y., & Miyauchi, T. (1988). Sport leadership in a cross-national setting: The case of Japanese and Canadian university athletes. Journal of Sport & Exercise Psychology, 10, 374~389.

Chelladurai, P., Malloy, D., Imamura, H., & Yamaguchi, Y. (1987). A cross-cultural study of preferred leadership in sports. Canadian Journal of Sport Sciences, 12, 106~110.

Chelladurai, P., & Saleh, S. D. (1980). Dimensions of leader behavior in sports : Development of a leadership scale. Journal of Sport Psychology, 2, 34~45.

Danielson, R. R. (1974). Leadership in coaching : Description and evaluation. Unpublished doctoral dissertation, University of Alberta.

Danielson, R. R. (1978). Contingency model of leadership effectiveness: An empirical investigation of its application in sport. Motor Learning, Sport Psychology, Pedagogy, and Didactics of Physical Activity, Landry, E.N., & Orban, W.A.R. (Eds.), Book 7. Miami; Symposia Specialists.

Deluga, R. J. (1988). Relationship of transformational and transactional leadership with employee influencing strategies. Group & Organization Studies, 13, 456~467.

Farmer, R. N., & Richman, B. M. (1965). Comparative managrment and economic progress. Homewood, Illinois: Irwin.

Fiedler, F. E. (1967). "A Theory of Leadership Effectiveness". New York : McGraw Hill, P7~8.

Fiedler, F. E. (1981). Leadership effectiveness. American Behavior Scientist, 24(5), 619~632.

Fleishman, E. A. (1957). The leadership opinion questionnaire. In Stogdill, R.M. and Coons, A.E. (eds.). Leadership behavior: Its description and measurement. Columbus: The Ohio State University Press.

Fleishman, E. A. (1973). "Twenty Years of Consideration and Structure" In E. A leisman and J. G. Hunts(eds). Current Development in the study of Leadership. Carbondale : Southern llinois University, 3.

Fleishman, E. A., & Harris, E. F. (1962). Patterns of leadership related to employee grievances and turnover. Personnel Psychology, 15, 43~56.

Gibb, C. A. (1969). Leadership. Middlesex, England : Penguin Books.

Gordon, S. (1988). Decision styles and coaching effectiveness in university soccer. Canadian Journal of Sport Sciences, 13, 56~65.

Hamphill & Coons (1957). Developement of the leader behavior descriptions questionaire. In Stogdill, R. M., Coons A. E. (Eds.), Leader Behavior: its description and measurement. Columbus, Ohio: Ohio State University, 39~51.

Harter, J. J., & Bass, B. M. (1988). Superiors' evaluation and subordinates' perceptions of transformational and transactional leadership. Journal of Apllied Psychology, 73, 695~702.

Hendry, L. B. (1969). A personality study of highly successful and ideal swimming coaches. Research Quarterly, 40, 299~304.

House, R. J. (1977). A 1976 theory of charismatic leadership. In J. G. Hunt & L. L. Larson(eds.), Leadership : the cutting edge. Carbondale, Ill. Southern Illinois University Press.

Kahn, R. L. (1951). An analysis of supervisory practices and components of morale. In Gurtzkow, H. (Ed.), Groups, leadership, and men. Pittsburgh : Carnegie Press.

Katz, D., & Kahn, R. L. (1953). Leadership practices in relation to productivity and morale. In Cartwright, D., & Zander, A. (Eds.), Group dynamics. New York : Harper & Row.

Kent, T. W., Crotts, J. C., & Azziz, A. (2001). Four factors of transformational leadership behavior. Journal of Leadership and Organization Development, 22(5), 221~229.

Kointz, H., & O'dommel, C. (1981). "Management". New York : mcgraw~Hill international Book company, (p. 661).

Landdy, F. J. (1985). Psychology of work behavior. Chicago : The Dorsey Press.

Loy, J. W. (1969). Social psychological characteristics of innovators. American Sociological Review, 34, 73~82.

Lowe, K. B., Kroeck, K. G., & Sicasubramaniam, N. (1996). Effectiveness correlates of transformational and transactional leadership : A meta~analysis MLQ literature. Leadership Quarterly, 7, 385~425.

Martens, R. (1987). Coaches guide to sport psychology. Champaign, IL: Human Kinetics.

Negandhi, A. R. (1975). Comparative management and organization theory: A marriage needed. Academy of Management Journal, 18, 334~344.

Penman, K., Hastad, D., & Cords, W. (1974). Success of the authoritarian coach. Journal of Social Psychology, 92, 155~156.

Podsakoff, P. M., Mackenzie, S. B., Morrman, R. H., & Fetter, R. (1990). Transformational leader behaviors and their effect on followers' trust in leader, satisfaction, and organizational citizenship behaviors. Leadership Quarterly, 1(2), 107~142.

Riemer, H., & Chelladurai, P. (1995). Leadership and satisfaction in athletes. Journal of Sport and Exercise Psychology, 17, 276~293.

Shamir, B., House, R. J., & Arthur, M. B. (1993). The Motivational Effects of Charismatic Leadership : A Self-

~Concept Based Theory. Organization Science, 4, 1~17.
Spink, K. S., & Twardochleb, T. (1996). Modifying the Leadership Scale for Sports for an exercise setting (abstract). Journal of Sport & Exercise Psychology, 18, (Suppl.), 78.
Stogdill, R. M. (1974). Handbook of leadership : A survey of theory and research. New York : Free Press.
Swartz, J. L. (1973). Analysis of leadership styles of college-level head football coaches from five mid western states. Unpublished doctoral dissertation, University of Northern Colorado.
Terry, P. C. (1984). The coaching preferences of elite athletes competing at Universiade 83. Canadian Journal of Applied Sport Sciences, 9, 201~208.
Wright, P. L. (1996). Managerial leadership. New York : Routledge.
Yammarino, F. J., & Bass, B. M. (1990). Transformational leadership and multiple level of analysis. Human Relations, 43, 975~995.
Yukl, G. A. (1981). Leadership in Organization Englewood Cliffs. New Jersey : Prentice Hall.

| 제9장 스포츠와 공격성 |

박정근(1996). 스포츠심리학. 서울 : 대한미디어.
최만식(2004). 스포츠심리학. 무지개출판사.
Anderson, C. A., & Anderson, D. C. (1984). Ambient temperature and violent crime Test of the linear and curvilinear hypotheses. Journal of Personality and Social Psychology, 46, 91~97.
Arms, R. L. Russell, G. W., & Sandilands, M. L. (1979). Effects of viewing aggressive sports on the hostility of spectators. Social Psychology Quarterly, 42, 275~279.
Bandura, A. (1973). Aggression : A social learning analysis. Englewood Cliffs, NJ : Prentice-Hall.
Bandura, A., & Walters, R. H. (1963). Social learning and personality development. New York : Holt, Rinehart & Winston.
Baron, R. (1977). Human aggression. New York : Plenum.
Berkowitz, L. (1965). The concept of aggressive drive : Some additional considerations. IN L. Berkowitz(Ed.), Advances in experimetnal social psychology(Vol. 2. pp. 301~329). New York : Academic Press.
Bird, A. M., & Cripe, B. (1986). Psychology and sport behavior, ST. Louis, MO : C. V. Mosby.
Brice, J. D. (1990). Frustration ice hockey : Extent, antecedents, and consequences. Unpublished master's thesis, University of Waterloo, Ontario, Canada.
Buss, A. H. (1961). The psychology of aggression. New York : Wiley.
Cox, R. H. (1985). Sport psychology : Concepts and applications. Dubuqe, IA : Wm. C. Brown.
Dollard, J., Doob, L., Miller, N., Mowrer, O., & Sears, R. (1939). Frustration and aggression. New Haven, CN : Yale University Press.
Gibson, J. (1984) Aggression and violence in hockey : The socialization process. 1984 olympic scientific congress, July 19~26, University of Oregon, Eugene, Oregon.
Goldstein, J., & Arms, R. (1971). Effects of observing athletic contests on hostility. Sociometry. 54, 83~91.
Husman, B. F., & Silva, J. M. (1984). Aggression in Definitional and theoretical considerations. In J. M. Silva & R. S. Weinberg(Eds.). Psychological foundations of sport(pp. 246~260). Champaign, IL : Human Kinetics.
Lanman, E. (1970). Aggression in relation to play and sports. Chicago : Athletic Institute.
Lorenz, K. (1966). On aggression. New York : Harcourt, Brece & World.
Martens, R. (1975). Social psychology and physical activity. New York : Harper & Row.
Masolw, A. (1943). Dynamics of personality organization. Psychological Review, 50, 514~539.
McGuire, E. J. (1990). The antecedents of aggressive behaviour in professional ice hockey. Unpublished doctoral

dissertation, University of Waterloo, Waterloo, Ontario, Canada.

McGuire, E. J., Courneya, K. S., Widmeyer, W. N., & Carron, A. V. (1992). Aggression as a potential mediator of the home advantage in professional ice hockey. Journal of Sport & Exercise Psychology, 14, 148~158.

Russell, G. W., & Drewry, B. R. (1976). Crowd size and competitive aspects of aggression in ice hockey. An archival study. Human Relations, 29, 723~735.

Varca, P. E. (1980). An analysis of home and away game performance of male college basketball team. Journal of Sport Psychology, 2(3), 245~257.

Smith, M. D. (1975). The legitimation of violence : Hockey playets' perceptions of their reference groups' sanctions for assault. Canadian Review of Sociology and Anthropology, 12, 72~80.

Smith, M. D. (1979). Social determinants of violence in ice hockey: A review. Canadian Journal of Applied Sport Sciences, 4, 76~82.

Straub, W. F., & Williams, J. M. (1984). Cognitive sports psychology. Lansing, N. Y.: Sport Science Associates. Varca, P. (1980). An analysis of home and away performance of male college basketball teams. Journal of Sport Psychology, 2, 245~257.

Volkamer, M. (1971). Investigations into the aggressiveness in competitive social systems. Sportwissenschaft, 1, 33~64.

Widmeyer, W. N., & Birch, J. S. (1984). Aggression in professional ice hockey : A strategy for success or a reaction to failure?. Journal of Psychology, 117, 77~84.

제10장 사회적 촉진

박정근(1996). 스포츠심리학. 서울: 대한미디어.

이상헌, 구우영, 성구인, 성용각(2006). 운동행동과 스포츠 심리학. 대한미디어.

Allport, F. H. (1924). Social psychological. Boston: Houghton Mifflin.

Baumeister, R. F. (1984). Choking under pressure: Self-consciousness and Paradoxical effects of incentives on skillful performance. Journal of personality and Social Psychology, 46, 610-620.

Burwitz, L., & Newell, K. M. (1972). The effects of the mere presence of coactors on learning a motor skill. Journal of Motor Behavior, 4, 99-102.

Carron, A. V. (1980). Social Psychology of Sport. Ithaca, NY: Movement Publications.

Cottrell, N. B. (1968). Performance in the presence of other human beings: Mere presence, audience and affiliation effects. In E. C. Simme, R. A. Hoppe, & G. A. Milton(Eds.), Social Facilitation and Imitative Behavior(91-110). Boston: Allyn & bacon.

Cottrell, N. B. (1972). Social facilitation. In C.G.McClintock(Ed.), Experimental social psychology. New York: Holt, Rinehart & Winston.

Courneya, K. S., & Carron, A. V. (1992). The home advantage in sport competitions: A literature review. Journal of Sport and Exercise Psychology, 14, 13-27.

Cox, F. N. (1968). Some relationships between test anxiety, presence or absence of male persons and boys: performance on a repetitive motor task. Journal of Experimental Child Psychology, 6, 1-12.

Cox, R. H. (1985). Sports psychology: Concepts and applications. Dubuque, IA: Brown.

Cratty, B. J. (1983). Psychology and physical activity. Englewood Cliffs, N.J.: Prentice Hall.

Ganzer, V. J. (1968). Effects of an audience and test anxiety on learning and retention in a serial learning situation. Journal of Personality and Social Psychology, 8, 194-199.

Gates, G. S. (1924). The effects od an audience upon performance. Journal of abnormal and Social Psychology, 18, 334-342.

Henchy, T., & Glass, D. C. (1968). Evaluative apprehension and the social facilitation of dominant and subordinate responses. Journal of Personality and Social Psychology, 4, 446-454.

Klinger, E. (1969). Feedback effects and social facilitation of vigilance performance. Psychonomic Science, 14, 161-162.

Martens, R. (1969). Effect of an audience on learning and performance of a complex motor skill. Journal of Personality and Social Psychology, 8, 347-359.

McGuire, E. J., & Widmeyer, W. N., Courneya, K. S., & Carron, A. V. (1992). Aggression as a potential mediator of the home advantage in professional ice hockey. Journal of Sport and Exercise Psychology, 14, 148-158.

Oxendine, J. B. (1970). Emotional arousal and motor performance. Quest, 1, 23-32.

Paulus, P. B. (1983). Group influence on individaul task performance. In P. B. Paulus(Ed.), Basic group process, New York: Springer-Verlag.

Sanders, G. S. (1981). Driven by distraction: An integrative review of social facilitation theory and research. Journal of Experimental Social Psychology, 17, 227-251.

Schlenker, B. R., Pillips, S. T., Boniecki, K. A., & Schlenker, D. R. (1995). Championship Pressure: Choking or triumphing in one's own territory? Journal of Personality and Social Psychology, 68, 633-643.

Seta, C. E., & Seta, J. J. (1990). Increments and decrements in performance arousal levels as a function of audience composition. Unpublished manuscipt. The University of North Carolina at Greensboro.

Singer, R. N. (1965). Effects of spectators on athletes and non-athletes performing a gross motor task. Research Quarterly, 36, 473-482.

Wright, C. R. & House, T. (1989). The diamond appraised. New York: Simon and Schuster.

Zajonc, R. B. (1965). Social facilitation. Science, 149, 269-274.

Zajonc, R. B. (1980). Copresence. In P. Paulus(Ed.), Psychology of group influence, Hillsdale, NJ: Erlbaum.

Zillmann, D., & Paulus, P. B. (1993). Spectators: Reactions to sports events and effect on athletic performance. In R. N. Singer, M. Murphy, & L. K. Tennant(Eds.), Handbook of research on sport psychology, New York: Macmillan Publishing Company.

제11장 심리기술 입문

강성구, 최재원(2003). 프로골프선수들의 심리기술 훈련 프로그램 개발. 한국스포츠심리학회지, 14(2), 265~285.

구봉진(2003). 사격 선수를 위한 합리적 인지 재구성 기법의 적용 효과 검증. 한국체육학회지, 42(3), 197~210.

김병준, 오수학(2002). 한국판 스포츠수행전략검사(TOPS)의 타당화(1) : 문항개발과 요인탐색. 한국체육측정평가학회지, 4(1), 13~29.

김병준, 장덕선(2004). 시합회상법을 이용한 국가대표 사격선수의 심리문제 진단과 심리훈련 설계. 한국스포츠심리학회지, 15(2), 93~114.

김상태, 설정덕(2001). 골프선수들의 심리기술 훈련 효과. 한국체육학회지, 40(1), 129~146.

김종구(2002). 수영경기의 심리기술 프로그램개발 및 효율성 검증. 한국체육학회지, 41(5), 177~188.

엄성호(2009). 현대스포츠심리학. 무지개출판사.

우찬명(2003). 골프선수의 심리적 기술 검사지 개발. 미간행박사학위논문. 한양대학교 대학원.

유진, 허정훈(2002). 스포츠 심리기술 질문지 개발과 타당화. 한국체육학회지, 41(3), 41~50.

윤대현(2009). 주니어 골퍼의 상담 및 심리기술 훈련 효과에 관한 단일사례연구. 한국스포츠심리학회지, 20(3), 133~154.

이계윤, 윤종찬(2001). 심리훈련이 양궁선수의 경쟁 상태 불안과 시각적 주의협소 및 수행력에 미치는 영향. 한국스포츠심리학회지, 12(1), 195~210.

장덕선, 김병준, 구해모, 신동성(2004). 단일사례 사격선수의 집중루틴 훈련의 효과. 한국스포츠심리학회지, 15(1), 79~95.

장덕선, 이에리사, 정구인(2005). 스포츠카운슬링. 태근문화사.

정성우, 이현수, 안정덕(2010). 심리기술 훈련이 남자체조 도마종목에 미치는 영향에 관한 사례연구. 한국스포츠심리학회지, 21(4), 53~69.

정청희(2004). 운동수행 향상을 위한 심리기술 훈련. 서울 : 무지개사.

조성룡, 오승현, 이양주(2014). 심리기술훈련이 여자 실업팀 볼링선수의 스포츠심리기술과 경기력에 미치는 영향. 코칭능력개발지, 16(2), 175-187.

Burton, D. (1988). Do anxious swimmers swim slower? : Reexamining the elusive anxiety-performance relationship. Journal of Sport & Exercise Psychology, 10, 45~61.

Cox, R. H. (1990). Sport psychololgy. Wm. C. Brown Publishers.

Crews, D. (1993). Self-regulation strategies in sport and exercise. In R. N. Singer., M. Murphy., & Tinnant, L. K. (Eds.), Handbook on research in sport psychology(pp. 557~568).

Greenspan, M. J., & Feltz, D. F. (1989). Psychological interventions with athletes in competitive situations : A review. The Sport Psychologist, 3, 219~236.

Kanfer, F. H., & Karoly, P. (1972). Self-control : A behavioristic excursion into the lion's den. Behavior therapy, 3, 398~416.

Martens, R. (1987). Coaches guide to sport psychology. Champaign, IL : Human Kinetics.

Martens, R., Vealey, R. S., & Burton, D. (1990). Competitive anxiety in sport. Champaign, IL : Human Kinetics.

Maynard, I. W., & Cotton, P. C. J. (1993). An investigation of two stress-management techniques in a field setting. The Sport Psychologist, 7, 375~387.

Nelson, D., & Hardy, L. (1990). The development of an empirically validated tool for measuring psychological skill in sport. Journal of Sports Sciences, 8, 71.

Orlick, T., & Partington, J. (1988). Mental links to excellence. The Sport Psychologist, 2, 105~130.

Porter, K., & Foster, J. (1986). The Mental Athlete. Inner training peak performance. Janeart, LTD.

Ravizza, K. (1993). Increasing awareness for sport performance. In J. M. Williams(Eds.). Applied sport Psychology : Personal growth to peak(pp. 148~157). Palo Alto, CA : Mayfield.

Tenenbaum, G. (2001). The practice of sport psychology. Morgantown, WV : Fitness Information Techology.

Thomas, P. R., Murphy, S. M., & Hardy, L. (1999). Test of Performance Strategies : Development and preliminary validation of a comprehensive measure of athletes' psychological skills. Journal of Sports Sciences, 17, 697~711.

Vealey, R. S. (1988). Future directions in psychological skills training. The Sport Psycholosist, 2, 318~336.

Vealey, R. S. (1994). Current status and prominent issues in aport psychology intervention. Medicine and Science in Sport and Exercise, 26, 495~502.

Vealey, R. S. (2005). Coaching for the Inner Edge. Morgantown, WV : Fitness Information Technology.

Williams, J. M., & Krane, V. (2001). Psychological Characteristics of Peak Performance. In J. M. Williams (Ed.), Applied Sports Psychology: Personal Growth to Peak Performance (4th ed., pp. 162-178). Mountain View, CA: Mayfield.

| 제12장 심리기술훈련의 실제 |

김병현, 박경래, 윤종찬, 이왕우, 장윤진, 백주현(1991). 양궁선수들의 경기력 관리 전산화 프로그램 개발에 관한 연구. 연구보고서. 체육과학연구원.

박정근(1996). 스포츠심리학. 도서출판 대한미디어.

장덕선, 이에리사, 정구인(2005). 스포츠카운슬링. 도서출판 태근.

정청희, 이용현, 이홍식, 정용철(2009). 스포츠심리학의 이해와 적용. 서울 : 메디컬코리아.

최만식(1993). 경쟁불안 감소에 대한 점진적 이완훈련과 심박수 바이오피드백 훈련효과. 한국스포츠심리학회지, 4(2),

97~109.

최만식(2004). 스포츠심리학. 도서출판 무지개사.

Daniels, F. S., & Landers, D. M. (1981). Biofeedback and shooting performance: A test of disregulation and systems theory. Journal of Sport Psychology, 4, 271~282.

Harris, D., & Harris, L. (1984). The Athlete's Guide to Sport Psychology: Mental Skills for Physical People. Champaign, IL: Leisure Press.

Harris, D. V., & Williams, J. M. (1993). Relaxation and energizing techniques for regulation of arousal. In J. M. Williams(Ed.), Applied sport psychology : Personal growth to peak performance(2nd ed., pp. 185~199). Mountainview, CA : Mayfield.

Henschen, K. P. (1995a). Attention and concentration skills for performance. In Sport Psychology : An Analysis of Athletic Behaveior(3rd Ed). Eds K. P. Henschen and W. F. Straub. Longmeadow, MA : Movement Publications. pp. 177~182.

Henschen, K. P. (1995b). Relaxation and performance. In Sport Psychology : An Analysis of Athletic Behaveior(3rd Ed). Eds K. P. Henschen and W. F. Straub. Longmeadow, MA : Movement Publications. pp. 163~167.

Jacobson, E. (1938). Progressive relaxation. Chicago : University of Chicago Press.

Jiang, Z. (1987). The history of Qi Gong and its relationship to the health of the human body. Unpublished Masters Thesis University of Utah, Salt Lake City, UT.

Landers, D. M. (1981). Arousal, attention and skilled performance : Futher considerations. Quest, 33, 271~283.

Locke, E. A., & Latham, G. P. (1985). The application of goal setting to sports. Journal of sport Psychology, 7, 205~222.

Mahoney, M. J., & Avener, M. (1977). Psychology of the elite athlete: An exploratory study. Cognitive Therapy and Research, 1, 135~141.

Martens, L. (1987). Coaches guide to sport psychology. Champaign, IL : Human Kinetics.

Murphy, S., & Jowdy, D. (1992). Imagery and mental practice. In T. Horn(Ed.), Advances in sport psychology. Champaign, IL : Human Kinetics.

Nideffer, T. (1976). Test of attentional and interpersonal style. Journal of Personality and Social Psychology, 34, 394~404.

Orlick, T., & Partington, J. (1988). Mental links to excellence. The Sport Psychologist, 2, 105~130.

Schultz, J. H., & Luthe, W. (1959). Autogenic training: A psychophysiologic approach to psychotherapy.

Weinberg, R. S. (1984). Mental preparation strategies. In J. Silva & R. S. Weinberg (Eds.), Psychological foundations of sport(pp. 145~156). Champaign, IL : Human Kinetics.

Weinberg, R. S., & Gould, D. (1995). Foundation of Sport and Exercise Psychology. Champaign, IL : Human Kinetic.

Weinberg, R. S., & Gould, D. (2015). Foundation of Sport and Exercise Psychology. (6. utg.) USA: Human Kinetic.

Woolfolk, R., Parrish, M., & Murphy, S. (1985). The effect of positive and negative imagery on motor skill performance. Cognitive Therapy and Research, 9, 335~341.

| 제13장 건강운동심리학 |

김병준(2006). 운동심리학 이해와 활용. 레인보우북스.

박정근(1996). 스포츠 심리학. 대한미디어.

이강헌, 구우영, 정구인, 정용각(2005). 운동행동과 스포츠 심리학. 대한미디어.

이양주(2013). 마라톤 애호가들의 운동자각도와 몰입, 심리적만족, 운동지속 및 중독의 관계. 미간행박사학위논문, 단국대학교 대학원.

Ajzen, I. (1985). From intentions to action: A theory of planned behavior. In J. Kuhl., & j. Beckmann (Wds.), Action control: From cognition to behavior. New York: Springer-Verleg.

Bahrke, M. W., & Morgan, W. P. (1978). Anxiety reduction following exercise and medication. Cognitive Therapy and Research, 2, 323~333.

Bandura, A. (1986). Social foundations of thought and actions: A social cognitive theory. Englewood Cliffs, NJ: Prentice Hall.

Biddle, S. J. H., & Mutrie, N. (2001). Psychology of physical activity: Determinants, Well-being and interventions. New York: Routledge.

Blumental, J. A., Williams, R. S., Wallace, A. G., Williams, R. B., & Nedles, T. I. (1982). Physiological and psychological variables predict compliance to prescribed exercise therapy in patients recovering from myocardial infraction. Psychosomatic Medicine, 44, 519-527.

Buckworth, J., & Dishman, R. K. (2002). Exercise psychology. Champaign, IL: Human Kinetics.

Cardinal, B. J. (1997). Construct validity of stages of change for exercise behavior. American Journal of Health Promotion, 12, 68~74.

Carron, A. V., Hausenblas, H. A., & Eastabrooks, P. A. (2003). The psychology of physical activity. McGraw-Hill.

Crews, D. J., & Landers, D. M. 91987). A meta-analytic review of aerobic fitness and reactivity to psychological stressors. Medicine and Science in Sport and Exercise, 19(5), 114~120.

Courneya, K. S., Bobick, T. M., & Schinke, R. J. (1999). Does the theory of planned behavior mediate the relation between personality and exercise behavior. Basic and Applied Social Psychology, 21, 317~324.

Dishman, R. K. (1987). Exercise adherence. In W. P Morgan., & S. N. Goldston(Eds.), Exercise and mental health(pp. 57~83). New York: Hemisphere.

Dishman, R. K. (1988). Exercise adherence: Its impact on public health. Champaign, IL: Human Kinetics.

Fishbein, M., & Ajzen, I. (1975). Belief, attitude, intention, and behavior: An introduction to theory and research. Reading, MA: Addison-Wesley.

Focht, B. C., & Koltyn, K. F. (1999). Influences of resistance exercise of different intensities on state anxiety and blood pressure. Medicine and Science in Sports and Exercise 31, 456~463.

Friedman, M., Rosenman, R. H. (1974). Type A behavior and your heart. New York: Knopf.

Glasser, W. (1976). Positive addiction. New York: Harper & Row.

Hausenblas, H. A., Carron, A. V., & Mark, D. E. (1997). Application of the theories of reasoned action and planned behavior to exercise behavior: A meta-analysis. Journal of Sport & Exercise Psychology, 19, 36~51.

Markoff, R. A., & Ryan, P., & Young, T. (1982). Endorphins and mood changes in long distance running. Medicine and Science in support. Behavior Modification, 8, 3~21.

Martin, J., Dubbert, P., Katell, A. D., Thompson, J. K., Raczynski, J. R., Lake, M., Smith, P. O., Webster, J. S., Sikora, T., & Cohen, R. E. (1984). The behavioral contreol of exercise in sedentary adults: Studies 1 through 6. Journal of Consulting and Clinical Psychology, 52, 795~811.

Morgan, W. P. (1985). Affective beneficence of vigorous physical activity. Medicine and Science in Sport and Exercise, 17, 94~100.

Morgan, W. P. (1987). Reduction of state anxiety following acute physical activity. In W. P. Morgan & S. E. Goldston (Wds.), Exercise and mental health(pp. 105~109). Washington, D.C: Hemisphere.

Morgan, W. P., & O'conner, P. J. (1988). Exercise and mental heath. In R. K. Dishman(ed), Exercise adherence, 19~121. Champaign, IL: Human Kinetics Publishers, Inc.

North, T. C., & McCullagh, P., & Tran, Z. V. (1990). Effect of exercise depression. In K. B. Pandolf & J. O. Holloszy (Eds.), Exercise and Sports Sciences Reviews, Vol. 18(pp. 379~415). Baltimore: Williams & Wilkins.

Petruzzello, S. J., Landers, D. M., Hatfield, B. D., Kubitz, K. A., Salazar, W. 91991). A meta-analysis on the anxiety-reducing effects of acute and chronic exercise: Outcomes and mechanisms. Sports Medicine, 11, 143~182.

Pollatschek, J. L., & O'Hagan, F. J. (1989). An investigation of the psycho-physical in fluences of a quality daily physical education programme. Health Education Research: Theory and Practice, 4, 341~350.

Prochaska, J. O., Velicer, W. F. (1997). The transtheoretical model of health behavior change. American Journal of Health Promotion, 12, 38~48.

Prochaska, J. O., Velicer, W. F., Rossi, J. S., Goldstein, M. G., Marcus, B. H., Rakowski, W., et al. (1994). Stages of change and decisional balance for twelve problem behavior. Health Psychology, 13, 39–46.

Rejeski, W. J., & Thompson, A. (1993). Historical and conceptual roots of exercise psychology. In P. Seraganian(Ed.), Exercise Psychology: The influence of physical exercise on psychological processes, 3~35.

Rosenstock, I. M., Stretcher, V. J., & Becker, M. (1988). Social learning theory and the health belief model. Health Education Quarterly, 15, 175~183.

Sallis, J. F., Haskell, W. L., & Fortmann, S. P., Vranizan, K. M., Taylor, C. B., & Solomon, D. S. (1986). Predictors of adoption and maintenance of physical activity in a community sample. Preventive Medicine, 15, 331~341.

Sallis, J. F., & Hovell, M. F. (1990). Determinants of exercise behavior. In K. B. Pandolf & J. O. Holloszy(Eds.), Exercise and sport science reviews, 18(pp. 307~330). Baltimore: Williams & Williams.

Snyder, M. (1974). The self-monitoring of expressive behavior. Journal of Personality and Social Psychology, 30, 526~537.

Sonstroem, R. J., & Morgan, W. P. (1989). Exercise and self-esteem: Rationale and model. Medicine and Science in Sport and Exercise, 21, 329~337.

Thomas, R. J., Landers M. D., Salazar, W., & Etnier, J. (1994). Exercise and cognitive function. C. Bouchard, R. J. Shephard, and T. Stephens (Eds.), Physical Activity, Fitness, and Health (pp. 521~529). Champaign, IL: Human Kinetics Publishers.

Tomporowski, P. D. (2003). Cognitive and behavioral responses to acute exercise in youths: A review. Pediatric Exercise Science, 15, 348~359.

Weinberg, R. S., & Gould, D. G. (1995). Foundations of sport and exercise psychology. Champaign, IL: Human Kinetics.

Williams, H. G. 91986). The development of sensory-motor function in young children. In V. Seefeldt (Ed.), Physical Activity and well-being (pp. 105~122). Reston, VA: American Alliance for Health, Physical Education, Recrestion and Dance.

Wills, T. A., & Shinar, O. (2000). Measuring perceived and received social support. In S. Cohen, L. G. Underwood & B H Gottlieb (Eds.), Social support measurement and intervention (pp. 86~135). New York: Oxford University Press.

제14장 스포츠심리상담

강진령(2022). 상담과 심리치료 이론과 실제. 서울: 학지사.
노안영(2006). 상담심리학의 이론과 실제. 서울: 학지사.
한국스포츠심리학회(2009). 스포츠심리상담. 레인보우북스.
장덕선, 이에리사, 정구인(2005). 스포츠카운슬링. 도서출판 태근.
Hill, C. E. & O'Brien, K. M. (1999). Helping skills : Facilitating Exploration, Insight, and action. Washington, DC

: American Psychological Association.

Martens, R. (1990). Coaches guide to psychology. Human Kinetics pub.

Morrill, W. H., Oetting, E. R., & Hurst, J. C. (1974). Dimensions of counselor functioning. The Personnel and Guidance Journal, 6, 354~359.

Nideffer, R., Feltz, D. L., & Salmela, J. (1982). A rebuttal to Danish and Hale : a committee report. Journal of Sport Psychology, 4, 3~6.

Orlick, T., & Partington, J. (1987). The sport psychology consultant : Analysis of critical components as viewed by Canadian Olympic athletes. The Sport Psychologist, 1, 4~17.

Perna, F., Neyer, M., Murphy, S. M., Ogilvie, B. C., Murphy, A. (1995). Consultutions with sport organizations : A cognitive-behavioral model. In S. M. Murphy(Ed.), Sport Psychology Interventions(pp. 235~252). Champaign, IL : Human Kinetics.

제15장 스포츠 코칭

박정근(2004). 응용 코칭론. 서울: 도서출판 21세기교육사.

박정근, 문익수, 최만식(1995). 국가대표선수들의 심리적 방해요인과 대처방안에 관한 연구. 한국스포츠심리학회 추계학술발표회 논문집.

유진, 정지혜(1999) 농구 코칭 경험에 대한 질적 연구(I). 한국스포츠심리학회지, 10(1), 3-22.

House, R. J. (1976). A theory of charismatic leadership. in J.G. Hunt/L. Larson(eds.), Leadership: The cuting edge, Illinois Univ. Press, 1977, pp. 189-207.

Lipman-Blumen, J. (1996). The connective edge: Leading in an interdependent world. San Francisco, CA: Jossey-Bass Publishers.

Smoll, F. L., & Smith, R. E. (1989). Leadership behavior in sport: A theoretical model and research paradigm. Journal of Applied Social Psychology, 19, 1522-1551.

Weinberg, R. S., & Gould, D. (2015). Foundation of Sport and Exercise Psychology. 6rd. Champaign, IL : Human Kinetic.

찾아보기

ㄱ

각성 21, 45, 61
감정반영 262, 309
강화 11, 21, 59, 87
건강신념모형 243, 309
건강운동심리학 10, 16
격동기 122, 128, 309
격발루틴 266~268, 309
격자판 224~225, 309
결과목표 228~230, 309
경쟁불안 22, 61, 69
경쟁상태불안 검사지 22, 65
경쟁특성불안 검사지 66
계획된 행동이론 244
공격성 5, 9, 28, 31, 40, 146
공격적 행동 5, 9, 161, 165
과잉학습 224
과정지향목표 224
과제 응집력 132
과제지향 57~59, 122, 148
과제지향 리더 148,
관계지향 148~152
관중 5, 9, 16, 18, 119, 161
관찰 학습 95, 166
교육상담 257, 264
구조화 주도 행동 146
권위적 행동 151, 155
귀인모형 50~55
귀인 요인 54
귀인이론 4, 7, 45, 47~50
규정행동 155
근전도 67, 213
긍정적 사고 21, 267

ㄴ

긍정적 자기대화 227
긍정적 피드백 150, 151, 155

내담자 256, 258~261
내부집단 122
내재적 귀인 52
내적동기 7, 21, 46~49
내적심상 215
내적주의 226
뇌변화가설 243
뇌파 67, 212
뇌파검사 67, 213

ㄷ

다차원 리더십 모형 154
다차원불안 접근 71
단서초점 227
단순존재 가설 182
대각적 의사소통 109, 110
대리 경험 84
대인 간 매력 134
대처전략 78, 126, 194, 206
델타 213
도전 23, 28, 53~56, 83, 88
동기 4, 7, 16~21, 29
동기유발 4, 7, 57, 105, 126

ㄹ

라포 87, 207, 260
루틴 5, 10, 126, 204, 205, 233

리더십 5, 9, 11, 21, 90, 132
리더행동 153, 155
링겔만 효과 125

ㅁ

명상 5, 10, 196, 205, 209, 240, 242, 272
모노아민 가설 242
모델링 36, 85, 91, 100, 153, 166, 170, 171, 175
모의훈련 196, 224
목표 10, 17, 21, 45, 56, 75, 120, 131, 144, 151~158, 162~168, 194~230, 245, 252, 260, 264~285
목표설정 10, 21, 46, 126, 228~230, 252, 281
목표지향 75
몸짓 언어 109
무동기 48
무임승차 전략 126
문화적 연구 150
문화적 접근 145, 150
미니루틴 233
미시건대학 연구 147
민주적 행동 151, 155

ㅂ

바이오피드백 10, 196, 202, 213, 305
반무임승차 전략 126
반전이론 23, 74~79

배려성 146, 147
베타 213
변혁적 리더십 151~154, 299
변화단계 이론 243, 245
병행운동 39
보복성 태클 161
복식호흡 218, 234
본능 이론 164
부적강화 286
부적처벌 286
불안 16, 19~23, 30, 39, 40~42, 51~97, 100, 138, 185, 190~201, 205, 209, 213, 220~248, 258, 265~272, 292, 304
불안 감소효과 214, 240
비교연구 150
비언어적 메시지 106~108, 114, 261
비언어적인 의사소통 106, 111
빙산형 프로파일 42

ㅅ

사격팀 루틴훈련 264
사고조절 200, 201
사회생태학 이론 243, 247
사회심리적 가설 243
사회 응집력 132, 133
사회적 지지 90, 150~155, 187, 252
사회적 촉진 16, 179~188, 302
사회적 태만 125, 126, 132
사회학습이론 36, 166
상담 11, 17, 19~25, 74, 124, 193, 197, 206, 255~274, 304
상태불안 62~66, 70~79, 196, 240
상태특성불안척도 65, 66
상향적 의사소통 109, 110

상호의존 120
상호작용 가설 242
상호작용 모델 30, 36
상황부합 이론 148, 149
상황이론 148
상황적 접근 145, 148
생리적 각성 62, 66, 69, 76, 87, 91~97
생리적강인함 가설 243
생리적/정서적 각성 84, 100
생리적 척도 67
선명도 216
선호행동 155
성격 16, 18~46, 53, 143~146, 158, 162, 170, 185, 186, 190, 218, 238, 250, 281, 284, 291
성격검사지 35
성격구조 29, 34, 37
성격연구 22, 27, 43
성격유형 27
성격이론 4, 6, 27, 30, 36
성격측정 27, 35, 36, 37, 42
성공성취 157
성취동기 이론 50
성취목표성향 4, 7, 56, 57
세타 213
소집단-대집단 123
수단적 공격 162, 163
수정된 좌절공격가설 164, 167
수평적 의사소통 109, 110
수행기술 200
수행루틴 233, 266
수행목표 199, 228, 229, 230, 272, 273
순응성 5, 8, 138
스트레스 7, 21, 61~64, 78, 139, 189, 193~199, 205, 210, 228, 231~238, 241~243, 258, 260, 274
스포츠경쟁불안척도 66

스포츠동기 58
스포츠 리더십 5, 9, 150~156, 299
스포츠리더십 척도 155
스포츠수행전략 검사 203
스포츠심리기술 질문지 203
스포츠심리기술 훈련 194, 209, 258
스포츠심리학의 역사 6, 18
스포츠응집력질문지 134, 135
스포츠자신감 89, 90, 295
스포츠자신감이론 89
스포츠 집단 119, 131, 136, 150
스포츠 코칭 4, 5, 11, 277, 278, 308
스포츠(코칭)심리상담 255
스포츠(코칭)심리상담사 255
시합루틴 233, 234
신체적 불안 66, 72, 73, 196
신체적 상태불안 63
실제적 생산성 124
실제행동 155
심리기술 10, 16, 193~209, 222, 230, 258, 265~275, 280, 303~305
심리에너지 관리 198
심리적 핵 29
심리훈련 23~25, 195~197, 207, 265, 304
심상 10, 21, 92, 98, 194~205, 212, 214~217, 232, 268, 272
심상기술 198
심상능력 215, 216, 268
심상훈련 5, 21, 196, 204, 205

ㅇ

안정성 8, 28, 51~56, 122, 133~136, 239, 266, 269
알파파 210, 212

언어적 메시지 106, 107, 108, 114, 261
언어적 설득 84, 86, 92, 94, 100, 115, 245
여자 운동선수 41
역-U자 가설 70
열발생 가설 242
오하이오 주립대학 연구 146
완성기 122, 128, 282
외적규제 48, 49
외적동기 7, 46, 48
외적심상 215
외적주의 226
욕구위계이론 33
욕구이론 69, 70, 72
우울증 239, 240, 242, 257, 258
운동경험 모형 248
운동발달 4, 16, 17
운동제어 4, 16, 17, 23
운동중독 5, 10, 247, 248
운동지속 238, 244, 248~253, 306
운동학습 4, 15~17, 19~23, 203
원인적 귀인 50, 96
유능성 동기이론 87
유해스트레스 64
응집력 5, 8, 21, 119, 121, 126~140, 229, 250, 259, 282, 286, 297
응집력 모형 131
응집력 이론 5, 8, 131
의도 51, 105~116, 130, 162~173, 206, 219, 244~248, 258
의무감 규제 48, 49
의사결정 46, 68, 109, 122, 133, 145, 244, 246, 253
의사소통 5, 8, 21, 47, 94, 100~124, 139, 144, 152, 170, 201, 256, 260, 284, 297

의사소통 네트워크 109, 110
의식적 듣기 113
인과성 47, 51, 52
인관관계지향 149
인지능력 241, 265
인지적 불안 66, 72, 73, 76, 196
인지적 상태불안 63, 196
인지적 재구성 5, 10, 204, 205, 231, 272
인지 평가 이론 47
인지행동가설 242
일차-이차 집단 123
임상상담 258

ㅈ

자기개방 262, 263
자기결정이론 7, 48
자기관리 197, 270
자기대화 5, 10
자기조절 기법 201
자기지향 57, 58
자기효능감 82~93, 100, 243, 245
자생훈련 5, 10, 196, 220, 221
자신감 이론 7, 84, 89, 93, 94
자신감 측정 4, 7, 92
자신감 향상 전략 4, 7, 94
자아수행 94, 95
잠재적 생산성 124
재진술 262
적극적 행동 5, 9, 163
적대적 공격 162, 163
적정 각성 이론 70, 71
적정 기능역 모델 73, 74
전형적인 반응 29, 30
점진적 이완기법 10, 196, 210, 231, 232
접촉 스포츠 63
정리기 122, 128

정보제공 262, 263
정서 23, 31, 35, 40, 58, 61~67, 72~88, 97, 100, 105, 133, 144, 175, 196~198, 223, 228, 239~245, 253, 257~259
정신건강 5, 10, 21, 23, 42, 237, 238, 242
정신건강 모델 77
정신력 39, 194, 195, 269, 274, 281
정신분석 이론 32
정적강화 177, 286
정적처벌 286
조절력 200, 216, 268
좌절공격가설 164
주의 5, 10, 21~23, 33, 53, 62~68, 78, 107, 109, 114, 146, 151, 157, 162, 183~207, 210~229, 242, 245, 252~256, 262~274, 283, 288, 304
주의력 83, 200, 201, 202, 219, 222, 265, 268
주의분리가설 242
주의분산갈등가설 184
주의연합전략 224
주의집중 5, 10, 21, 62, 184, 189, 196~205, 210, 220~225, 253, 262, 266, 269
주자상승감 239
중재전략 237
직면 63, 83, 197, 212, 258, 262, 272
직접운동 39
질문지법 37
집단 5, 8, 16, 21, 35~43, 63, 73, 77, 91~93, 115, 119~157, 170, 173, 181, 185, 197, 238~242, 250, 259, 270~273, 282, 285, 297
집단상담 271, 273

집단생산성 이론 124
집단역동 119, 121, 122, 124
집단 응집성 8, 130, 138
집단의 크기 121, 125, 132, 139
집단형성 122
집중력 28, 68, 83, 97, 198, 204, 217, 223, 227, 241, 265~274, 286
집중력 훈련 266, 269, 272
집중루틴 205, 265, 266, 267, 268, 269, 304

ㅊ

참여동기 58, 88
참여모델 94, 95, 100
처벌 5, 11, 47~49, 55, 105, 115, 165, 167, 172, 175, 277, 285
청정효과 165, 169
체격이론 30
체계적 둔감법 5, 10, 204, 205, 231
초침집중 225
촉진기술 200, 201
최소화 전략 126
침묵 108, 122

ㅋ

카리스마 151~154, 279, 284, 285
카타스트로피 이론 76
코칭 5, 11, 13, 17, 19~25, 32, 38, 79, 113, 144, 150~157, 251, 255, 264, 277~290
코칭리더십모델 278
코칭행동측정체계 38
쾌락가변역 75
쾌락지향 75

쾌적스트레스 64

ㅌ

통제성 54
투사법 38
특성론 접근 145
특성불안 22, 65, 78
특성이론 34, 145

ㅍ

평가우려가설 183
평행적 스포츠 40
폐쇄종목 197
포괄적 접근 151
폭력 근절책 174
폭력 162, 173~177
표명 불안척도 65
프로이트 32, 164
피드백 79, 105, 115, 287

ㅎ

하버드대학 연구 148
하향적 의사소통 109, 110
학습된 무기력 55
할당전략 126
합리적 행동이론 244
해산기 122, 128
행동관찰법 37
행동적 접근 146
현상학적 이론 33
협응 손실 124
형성기 122, 128
호흡 훈련 218
홈경기 186
확인규제 48, 49

저자 소개

이양주
- 단국대학교 경기지도학과 졸업
- 단국대학교 대학원 체육교육학 석사
- 단국대학교 대학원 스포츠심리학 박사
- 단국대학교 스포츠과학대학원 교수
- (사)한국코칭능력개발원 부원장
- KCDC 스포츠코칭심리상담센터 회장
- 한국체육학회 평생회원
- 대한무도학회 이사, 편집위원
- 스포츠코칭심리상담사 1급, 스포츠심리상담사 1급 수료

박정근
- 고려대학교 체육교육과 졸업
- 미시건주립대학교 대학원 체육행정학 석사
- 미시건주립대학교 대학원 스포츠심리학 박사
- 호서대학교 체육학과 교수(전), 용인대학교 객원교수(현)
- (사)한국코칭능력개발원 원장
- ㈜인터내셔널스포츠그룹 대표이사
- International Journal of Coaching Science 발행인
- 스포츠심리상담사 1급, 스포츠코칭심리상담사 1급

최만식
- 경상국립대학교 체육교육과 졸업
- 고려대학교 대학원 스포츠심리학 석사, 박사
- 미시건주립대학교 박사후과정(Post·Doc)
- 가톨릭관동대학교 스포츠레저학전공 교수
- (사)한국코칭능력개발원 사무총장
- 한국스포츠심리학회 이사
- 스포츠심리상담사 1급

김정후
- 강릉원주대학교 체육학과 졸업
- 강릉원주대학교 대학원 스포츠심리학 석사
- 고려대학교 대학원 스포츠심리학 박사
- 가톨릭관동대학교 체육교육과 교수
- (사)한국코칭능력개발원 서울센터 부회장
- KCDC 스포츠코칭심리상담센터 부회장
- 코칭능력개발지 편집위원
- 스포츠코칭심리상담사 1급

안종성
- UNC at Charlotte 대학 골프팀 선수
- 부산외국어대학교 골프지도경영 학사
- 서울대학교 대학원 스포츠심리학 석사
- 서울대학교 대학원 스포츠심리학 박사
- 부산외국어대학교 사회체육학과 교수
- KCDC 스포츠코칭심리상담센터 부회장
- 스포츠코칭심리상담사 1급

김용빈
- 서울대학교 체육교육과 졸업
- 서울대학교 대학원 스포츠심리학 석사
- 인하대학교 대학원 스포츠심리학 박사
- 오산대학교 e스포츠과 교수
- KCDC 스포츠코칭심리상담센터 부회장
- 스포츠코칭심리상담사 1급